한국
혁명

한국혁명

불평등 해소의 새로운 길

박세길 지음

더봄

촛불시민혁명은
장구한 '한국혁명'의 시작이다!

　참으로 오랫동안 품어온 의문이 있었다. 그것은 의식의 심연 속에 꿈틀거리는 자존심과도 깊이 연관된 것이었다.

　세계사를 공부하다 보면 수많은 혁명들이 등장한다. 시간 순으로 나열하면 미국혁명, 프랑스대혁명, 러시아혁명, 중국혁명 등이 있다. 제3세계 나라들 사이에서도 혁명은 줄을 잇는다. 멕시코혁명, 알제리혁명, 쿠바혁명, 베트남혁명, 리비아혁명, 이란혁명……. 항일투쟁에서 북한정권 수립까지를 아우르는 조선혁명도 있다. 모두가 자랑스럽게 혁명 앞에 나라 이름이 붙어 있다.

　한국현대사에도 민주화 대장정을 아로새긴 빛나는 투쟁들이 있었다. 1960년 4월혁명, 1979년 부마항쟁, 1980년 5·18광주민주화운동, 1987년 6월민주항쟁 등이다. 하나하나가 더없이 소중한 역사의 일부임에 틀림없다. 하지만 세계인이 기억할 만한 나라 이름이 붙은 혁명은 없다.

　그것은 무엇을 의미하는가? 우리는 전 세계에서 보기 드물게 산업화와 민주화에 동시에 성공한 나라라는 사실에 대해 무한한 자부심을 갖고 있다. 그러한 자부심은 충분히 근거가 있는 것이고 앞으로도 계속 간직할 만한 가치가 있다. 하지만 제대로 된 혁명을 경험하지 못한 것 또한 분명하다.

혁명이 지상 목표이거나 모든 것의 판단 기준이 될 수는 없다. 하지만 혁명은 전혀 새로운 가치와 질서, 문화를 탄생시키는 고도의 창조적 과정이다. 제대로 된 혁명이 없었다는 것은 그만큼 창조적이지 못했다는 이야기이다. 새로운 가치와 질서를 창조하고 이를 통해 세계사를 선도하지 못했다는 것이다.

지난날 한국의 산업화와 민주화 과정을 지배한 것은 추격전략이었다. 구미 선진국과 일본은 우리가 부지런히 뒤쫓아 가야 할 대상이었다. 그들처럼 선진 산업국가, 선진 민주국가를 만드는 것이 이 나라 백성을 지배한 꿈이었다. 그러다 여차하면 앞질러 보자는 의욕도 발휘했다.

분명한 것은 그동안 우리들은 남들이 걸었던 길을 허겁지겁 뛰다시피 뒤쫓아 갔다는 사실이다. 우리 자신이 만든 길을 걸어간 것이 아니었다. 제대로 된 혁명을 경험하지 못했다는 것은 바로 이런 의미이다.

촛불시민혁명! 그것은 추격전략에서 벗어나 미지의 영역에 뛰어들어 새로운 것을 일구어내는 창조전략으로의 전환을 알리는 신호탄이었다. 남들이 걸었던 길을 뒤쫓아 가는 것이 아니라 새로운 길을 가겠다는 집단의지의 표명이었다. 장구한 '한국혁명'의 시작을 알리는 역사적 사건이었다.

도대체 무엇을 근거로 이런 판단을 내릴 수 있는 것인가. 세 가지 근거를 들 수 있다.

첫째, 수많은 징표들이 혁명의 불가피성을 알리고 있다. 기존 체제 안에서는 더 이상 답을 찾을 수 없음이 확연해지고 있다.

본문에서 자세히 다뤘지만, 간단하게 예를 들면 이렇다. 한국은 R&D 투자 세계 1위이지만 생산성, 경쟁력, 경제성장률 모두가 바닥을 기고 있다. 비정규직 문제가 심각해지면서 그 해법으로 정규직으로의 전환을 추구해 왔지만 결과적으로 문제를 더욱 악화시켰을 뿐이다. 4차 산업혁명이 밀려오면서 2025년경 노동자의 70%가 위험에 처할 것으로 예상되지만 뚜렷한 대책이 없다. 모두가 기존의 틀 안에서는 더 이상 답을 찾을 수 없는 경우들이다.

둘째, 촛불시민혁명은 새로운 미래를 열 수많은 요소들을 잉태했다. 촛불시민혁명은 새로운 역사의 시작이다.

촛불시민혁명은 새로운 시대를 이끌어 갈 주체 세력이 역사 앞에 자신의 존재를 드러낸 무대였다. 동시에 새로운 사회의 구성 원리를 선보인 무대이기도 했다. 기묘하게도 촛불시민혁명의 특성과 그 주역인 청년세대의 속성 그리고 자연 생태계를 관통하는 원리가 일치한다. 더욱 흥미롭게도 앞으로 우리가 만들어가야 할 새로운 사회의 구성 원리 또한 앞서의 것들과 일치한다. 과연 이러한 일치는 단순한 우연의 결과일까, 아니면 역사적 필연이 빚어낸 것일까?

촛불시민혁명은 때로는 직설적으로 때로는 수수께끼로 다가올 미래를 예고했다. 이제 이를 제대로 판독하고 이해하는 것이 가장 중요한 과제가 되었다. 그 과제를 푸는 것이 바로 이 책의 임무이다.

셋째, 혼미를 거듭하는 세계정세는 한국이 인류사의 등불이 되어야 할 운명에 처하도록 했다.

트럼프 현상과 브렉시트 등에서 볼 수 있듯 미국과 유럽은 저열한 포퓰리즘에 의해 지배되고 있다. 중동 지역은 민주화 이후 혼미한 사태를 거듭하고 있다. 한때 좌파 벨트를 형성했던 남미 역시 방향을 잡지 못하고 배회하고 있다. 이러한 시기에 터진 한국의 촛불시민혁명은 각별한 의미를 가질 수밖에 없다.

한국은 주변 열강의 지배와 간섭으로 지난 한 세기 동안 숱한 시련을 겪었지만 동시에 인류사에 많은 빚을 진 나라이다. 이제 그 빚을 갚을 때가 되었다. 바로 한국혁명으로 새로운 시대를 여는 것이다.

단채 신채호 선생은 혁명의 모색기였던 1923년 '조선혁명선언'을 발표함으로써 혁명은 적극적으로 기획하고 실천적으로 모색하는 것임을 분명히 했다. 지금 우리는 그와 같이 한국혁명을 기획하고 모색해야 할 때이다.

오늘날 불평등 해소는 전 세계적으로 가장 중요한 이슈로 떠올라 있다. 만약 불평등 해소를 위해 사용되었던 전통적 해법들이 큰 문제없이 작동한다면 그다지 심각하게 고민할 필요가 없을 것이다. 문제는 전통적 해법들이 모두 무력화되어 있다는 데 있다.

이론적 기초를 기준으로 볼 때 불평등 해소의 전통적 해법은 마르크스주의와 케인스주의로 대별된다. 생산수단의 사회화를 추구했던 마르크스주의 해법은 사회주의 실험의 역사적 실패와 함께 설득력을 상실한 지 오래이다. 재정 수단을 통한 불평등 완화를 추구했던 케인스주의 역시 곳곳에서 그 한계를 드러내고 있다. 이러한 조건에서 한국혁명은 마르크스주의와 케인스주의 모두를 뛰어넘는 전혀 새로운 방식으로 불평등을 해소시켜 나갈 것이다.

한국혁명은 촛불시민혁명으로부터 출발하여 다양한 영역에서의 구조적 변화를 포괄할 것이지만 핵심 공정은 '경영혁명'이다. 경영혁명은 사람 중심 경제로의 전환을 통해 다양한 경제 주체들 사이에 수평적 협력 관계를 형성시킨다. 그 과정에서 불평등을 원천적으로 해소시켜 나갈 것이다.

미리 밝혀두지만 이 책은 경영혁명에 대해 하나의 아이디어로서 주장하는 것이 아니다. 1, 2, 3, 4차 산업혁명에 대한 분석을 바탕으로 역사의 필연임을 논증할 것이다. 경영혁명은 역사 발전의 합법칙적 결과이다.

촛불시민혁명은 많은 깨달음을 안겨다 주었고 해답의 실마리를 풍성하게 제공했다. 또 감당할 수 없을 만큼 숱한 영감을 샘솟게 했다. 한동안 나의 머리는 끝없이 솟아나는 영감으로 뜨거운 열기에 휩싸여 있었다. 광장은 최고의 교과서였고, 시민들 모두가 위대한 스승이었다.

나름대로 통찰력 있는 사람이라면 촛불시민혁명 속에서 한국혁명의 단초들을 찾아내는데 큰 어려움이 없을 것이다. 촛불시민혁명으로부터 시작된 한국혁명은 이전에 없던 전혀 새로운 유형의 혁명이다. 새로운 사유 체계와 방법론에 의거하고 있으며 좌우 구도를 완전히 넘어선 지점에서 전혀 새롭게 펼쳐진다. 결코 좌파 혁명의 연장선에 있지 않고 구조적 모순에 대한 근본적 해결을 추구하면서도 폭넓은 사회적 합의를 바탕으로 진행된다. 과거 혁명들을 특징지었던 격렬함은 예술적 부드러움으로 대체된다. 촛불시민혁명이 보여준 모습 그대로이다.

정치권을 중심으로 시대교체의 필요성을 역설하는 경우가 부쩍 늘었다. 누구나 직감하듯이 현실은 이미 새로운 시대를 향해 발걸음을 재촉하고 있다. 사람들은 새로운 시대의 실체가 무엇인지 궁금해 하고 있다. 이 책은 한국혁명이 만들어 낼 새로운 시대의 모습에 대해 많은 이야기를 나눌 것이다.

자신의 삶을 역사의 진행 방향과 일치시키는 것은 참으로 어렵고도 힘든 일이다. 특히나 역사의 변곡점을 통과하는 시기에는 더욱 그렇다. 그런 점에서 촛불시민혁명은 시대의 어둠을 밝히는 거대한 등불이다. 어느 방향으로 가야 하며 어떻게 살아야 할지를 알려 주었다. 참으로 감사한 일이 아닐 수 없다. 거듭 감사하는 마음으로 이 책을 촛불시민혁명에 함께 한 모든 시민들에게 바친다.

2017년 3월

박세길

차례

제1장

새로운
대한민국의 시작,
촛불시민혁명

혁명은 도둑같이 찾아온다더니, 정말 딱 들어맞았다. 1980년대에 젊은 시절을 보낸 사람들은 1987년 6월민주항쟁의 추억이 워낙 강한 탓에 그것을 넘어서는 상황이 발생하리라고는 꿈에도 생각 못했다. 하지만 2016년 하반기 6월민주항쟁을 훌쩍 넘어서는 대사건이 발생했다. 촛불시민혁명이 일어난 것이다.

촛불시민혁명은 국내외 정세가 혼미를 거듭하고 있던 시기에 한줄기 빛을 쏘아 올리듯이 불시에 솟구쳐 올랐다. 촛불시민혁명은 세계인의 이목을 집중시키며 경이로운 장면들을 잇달아 선보였다. 촛불시민혁명은 스스로를 창조함으로써 미래를 잉태했다. 그것은 새로운 역사의 시작이었다.

1

무엇이 시민들을 분노하게 했는가?

촛불시민혁명은 기간과 참가자 규모에서 사상 최고를 기록했다. 2016년 10월 29일부터 2017년 3월 11일 헌법재판소 탄핵 결정 다음 날까지 134일 동안 20회의 대규모 촛불집회가 있었다. 2016년 12월 3일 6차 촛불집회에는 전국적으로 주최 측 추산 232만 명이 참여했다. 2017년 3월 4일에는 누적인원 1500만 명이 넘는 대기록을 세우기도 했다.

도대체 이토록 수많은 사람들이 꾸준히 거리로 쏟아져 나온 이유가 무엇일까? 단 하나의 이유로만 설명하기에는 너무나 많은 사람들이 지속적으로 투쟁에 참여했다. 시민들이 촛불시민혁명과 같은 거대한 물결을 일으키려면 오랜 분노의 축적 과정이 있어야 한다. 대한민국 국민을 둘러싸고 어떤 일들이 있었는지 그간의 사정을 살펴보자.

장황하게 수치를 늘어놓지 않더라도 누구나 외환위기 이후 한국 사회의 모순이 얼마나 심화되어 왔는지 잘 알고 있다.

외환위기와 함께 상륙한 신자유주의[1]는 돈 놓고 돈 먹는 머니 게임이 경제 전반을 지배하도록 하면서 승자독식을 찬미의 대상으로 만들었다. 한 편에서는 그 어느 때보다 쉽게 돈을 벌 수 있게 되면서 '이대로!'라는 환호가 울려 퍼졌다. 또 다른 한편에서는 돈벌이의 재물이 된 인간들이 극심한 고용불안, 비정규직 양산, 청년실업의 희생양이 되었다. 소름 끼칠 정도로 사회적 양극화와 불평등이 심화되어 갔다. 이를 압축적으로 보여주는 장면으로 두 부류의 거대한 돈더미를 들 수 있다.

한편에서는 생존의 벼랑 끝으로 내몰린 다수의 사회구성원들이 빚으로 연명하면서 거대한 규모의 가계부채가 누적되었다. 그 규모는 2017년 초 현재 1300조 원을 넘어섰다. 가구당 평균 부채도 6700만 원 수준에 이른다. 세금 등을 내고 실제 쓸 수 있는 돈을 뜻하는 가처분소득 대비 원리금 상환액 비율은 27%에 이르렀다. 손에 쥔 돈이 100만 원이라면 27만 원을 빚 갚는 데 쓴다는 뜻이다.

그 반대편에는 부자들의 여유 자금으로 이루어진 시중 부동자금이 900조 원을 훌쩍 넘어섰다. 또한 부의 축적 정점에 있는 대기업 안에는 감당할 수 없을 만큼 돈이 넘쳐났다. 2008년 이후 5년 간 20대 대기업 집단의 사내유보금은 322조 원에서 589조 원으로 두 배 가까이 늘어났다.

부의 양극화는 한국 경제를 중증 질환에 빠져들게 했다. 빠르게 늘어난 가계부채는 소비를 감소시키면서 내수 시장을 얼어붙게 만들었다. 내가 살던 동네는 과거 중산층이 거주하는 그런대로 살 만한 동네였다. 1990년대 중반만 해도 동네 안에 웬만한 것은 다 있었다. 그러던 것이 어느 순간부터 하나둘씩 사라져 갔다. 자주 가던 목욕탕마저 문을 닫고 말았다. 여러 가지

---

1) 1980년대 중반 이후 미국과 영국을 중심으로 자본주의 세계를 지배했던 사조. 금융자본 이익 극대화를 중심으로 경제를 운용했다. 신자유주의라는 이름은 비판적 입장에 서 있던 사람들이 붙인 것이다. 당사자들은 글로벌 스탠다드(Global standard)라 불렀다. 보다 자세한 내용은 뒤에서 다룰 예정이다.

요인이 복합적으로 작용한 결과이겠지만 일차적으로 소비 감소가 초래한 결과임은 분명했다.

소비 감소는 내수 시장 위축으로 이어졌다. 이는 다시 투자기회 감소를 초래하면서 돈이 제대로 돌지 않는 '돈맥경화증'을 심화시켰다 돈이 돌지 않자 경제는 마비 증세를 보이며 활력을 잃어갔다.

사회적 양극화, 불평등 심화는 시간이 지나면서 개선되지 않은 채 고착화되는 경향을 보였다. 이는 누구나 노력하면 성공의 사다리를 오를 수 있는 개방사회에서 신분 상승이 차단된 폐쇄사회로 전락했음을 말해주는 것이었다. 각종 여론조사 결과도 국민의 60% 이상이 신분 상승 가능성이 봉쇄된 것으로 파악하고 있다. 신신분사회로의 역주행이 일어난 것이다. 더욱 심각한 것은 새로운 신분질서가 대를 이어 재생되고 있다는 점이었다. 금수저, 흙수저 논란은 이를 반영하고 있다.

삼포세대를 넘어 N포세대의 칭호까지 얻은 청년세대의 현실은 우리 모두를 우울하게 만들었다. 청년세대의 노력 정도와 능력은 단군 이래 최고이다. 앞선 세대와는 비교도 되지 않는다. 하지만 청년세대를 둘러싸고 있는 현실은 그들이 기대했던 것과는 너무나 거리가 먼 것이었다. 기성세대는 민주화와 산업화를 통해 얻은 과실을 영악하게 지켜냈다. 그러면서 외환위기 이후 심화된 사회적 모순을 청년세대에게 떠넘겼다. 20대의 절반이 실업자 신세가 되어 거리를 배회해야 했고 어렵사리 직장을 구해도 대부분 비정규직으로 흘러들어가야 했다. 이처럼 청년세대가 사회 구조적 모순의 집중적인 희생양이 된 것은 유사 이래 없었던 일이다.[2]

갈수록 상황이 나빠지고 있다는 사실이 사람들을 깊은 절망 속으로 몰아넣었다. 과거에는 아무리 상황이 어렵고 나빠도 오늘보다 나은 내일을 기약할 수 있었다. 내일의 희망으로 오늘의 고통을 견딜 수 있었다. 어느 순간부터 바로 그 희망이 사라졌다. 부모가 비정규직으로 살아왔지만 자녀가 정규직이 되면 사람들은 희망을 가질 수 있다. 반대로 부모는 정규직으로 살아왔는데 자식이 비정규직이라면 희망을 갖기 어렵다. 한국 사회가 직면한 현실이 바로 이것이다.

사회 구조적 모순은 견디기 어려울 만큼 심화되어 있다. 문제는 모순을 양산하고 있는 시장이 스스로 이를 해결할 능력을 상실해 버렸다는 데 있다. 뒤에서 보다 자세히 살펴볼 기회가 있겠지만 전형적인 시장실패 상황에 직면해 있는 것이다. 이럴 때는 국가가 전면에 나서야 한다. 정치권력에게 문제 해결의 일차적 책임이 있는 것이다. 하지만 반복해서 경험했다시피 그동안 정치권력은 이 지점에서 끊임없이 헛발질만 계속해 왔다. 되는 일이 하나도 없었다 해도 과언이 아니다.

실망과 분노가 겹겹이 쌓여 가는 와중에 정치권력의 무능과 무책임을 적나라하게 드러내는 초대형 사건이 터졌다. 바로 한국 사회 전체에 좀처럼 지워지지 않을 상처를 남긴 세월호 참사였다.

사람 목숨의 값어치는 다 똑같지만 각인되는 이미지는 다 다르다. 어느 학자는 백만 명이 죽었다는 소식보다 단 한 사람의 죽음에 대한 생생한 이미지가 더 강렬한 영향을 미칠 수 있다고 이야기한 바 있다. 304명에 이르는 세월호 참사 희생자의 절대 다수는 수학여행을 가던 고등학생들이었다.

---

2) 김영하의 <퀴즈쇼>에는 청년세대가 자신들의 처지를 어떻게 인식하고 있는지를 묘사하는 유명한 구절이 나온다.

"우리는 단군 이래 가장 많이 공부하고, 제일 똑똑하고, 외국어에도 능통하고, 첨단 전자제품도 레고 블록 만들듯 다루는 세대야. 안 그래? 거의 모두 대학을 나왔고 토익 점수는 세계 최고 수준이고 자막 없이도 할리우드 액션영화 정도는 볼 수 있고, 타이핑도 분당 300타는 우습고, 평균 신장도 크지. 악기 하나쯤은 다룰 줄 알고. 맞아. 너도 피아노 치지 않아? 독서량도 우리 윗세대에 비하면 엄청나게 많아. 우리 부모세대는 그중에서 단 하나만 잘해도, 아니 비슷하게 하기만 해도 평생을 먹고 살 수 있었어. 그런데 왜 지금 우리는 다 놀고 있는 거야? 왜 모두 실업자인 거야? 도대체 우리가 뭘 잘못한 거지?"

누구나 사랑해마지 않는 꽃다운 청춘들이었다. 이들은 죽음을 눈앞에 둔 극한 상황에서도 구명조끼를 서로 양보할 만큼 깊은 우정을 보였고 자신보다 부모 걱정을 먼저 했다. 과연 청춘들은 처참하게 죽어가는 친구들의 모습을 어떤 시선으로 보았을까? 어렵사리 전해진 여러 소식들은 세월호 참사 당시의 생생한 영상을 우리들의 심장에 날선 칼로 새겨 넣었다.

가슴을 쥐어뜯는 안타까움과 함께 세월호 참사는 거대한 분노의 마그마를 형성했다. 문제를 쉽게 이해하기 위해 세월호 참사를 대형 재난의 하나였던 삼풍백화점 붕괴 사건과 비교해 보자.

1995년 6월 29일 서울 서초동 소재의 삼풍백화점이 갑작스럽게 붕괴하는 사건이 발생했다. 지상 5층, 지하 4층, 그리고 옥상의 부대시설로 이루어진 삼풍백화점 붕괴로 모두 501명이 목숨을 잃고 6명이 실종되었으며 937명이 부상당했다. 한국전쟁 이후 최대 규모의 인명 피해였다.

사망자 수는 세월호 참사보다 삼풍백화점 붕괴 사건이 더 많다. 그런데 삼풍백화점 붕괴 사건 때는 세월호 참사와 같은 거센 분노가 일지 않았다. 도대체 어떤 차이가 있었던 것일까? 삼풍백화점 붕괴는 초고속 압축성장이 빚어낸 부실공사가 결정적 원인이었다. 대형 사건을 알리는 조짐도 무수히 많았다. 제대로 신경 썼더라면 사전에 예방이 충분히 가능한 사건이었다. 이 점에서 정부는 비난을 면할 수가 없었다. 하지만 사건 자체에만 초점을 맞추면 이야기가 달라진다. 건물은 먼지 기둥을 일으키며 불과 20초 만에 붕괴되었다. 정부가 손을 쓸 겨를이 전혀 없었던 것이다.

세월호 참사는 달랐다. 세월호 참사는 충분히 구조가 가능한 사건이었다. 이른바 골든타임이 있었던 사건이었다. 그 시간에 특수부대를 긴급 투입해 선체 진입을 시도했다면 전원은 아니더라도 상당수를 구조할 수 있는 시간적 여유가 있었던 것이다. 그러나 정부는 그런 노력을 전혀 하지 않았다. 사건 현장에 있던 해경은 제 발로 빠져나온 사람들을 배에 옮겨 싣는 정도의 역할만 했다.

청와대 간부는 현장 관계자에게 대통령에게 보고할 영상을 올리라는 독촉만 했다. 청와대 벙커 안에는 전반적인 상황을 파악하고 관련 조직을 진두지휘할 수 있는 첨단 시설이 갖추어져 있었다. 노무현 정부 때 만든 시설이었다. 그러나 그토록 다급한 상황에서 이 시설은 이용되지 않았다. 가장 심각한 문제는 최고 책임자인 대통령의 행적이었다. 문제의 세월호 7시간 동안 대통령이 자리를 비운 것이다. 이 시간 동안 박근혜 대통령이 무엇을 했는지를 둘러싸고 아직까지도 의혹이 끊이지 않고 있다. 분명한 것은 세월호와 관련해서 대통령이 책임 있는 역할을 전혀 하지 않았다는 사실이다. 가히 하늘조차도 고개를 돌릴 일이 벌어진 것이다.

세월호 참사는 최고 책임자인 대통령을 중심으로 정치권력이 가장 중요한 국민의 생명을 전혀 책임지지 않았음을 폭로했다. 시민들은 실체적 진실에 한 걸음 더 가까이 다가갈 수 있었다. 집권 여당과 정부가 왜 그토록 자신들의 삶을 개선하는데 무능하고 무책임한 자세로 일관했는지를 이해할 수 있었다. 통치권을 행사하던 자들에게 국민의 삶은 애초부터 주요 관심사가 아니었던 것이다. 그들은 오직 기득권을 챙기는 데만 혈안이 되어 있었다. 그들은 규제까지 완화해가면서 부동산 투기 분위기를 끌어올리고자 애썼고 서민들에게 빚내서 집을 사라고 독촉했다.

비선실세 최순실의 국정농단 사태는 이 모든 것을 단순명료하게 드러냈다. 최순실 사태는 최고 책임자인 대통령이 얼마나 무식하고 무능한지, 국가의 일에 대해 얼마나 무관심하고 무책임한지를, 그러면서도 특권 남용에는 얼마나 지독히도 골몰했었는지를 적나라하게 드러냈다. 더불어 대통령 주변 인물과 정권 실세들이 그러한 대통령에게 빌붙어 어떤 모습으로 일관했는지 발가벗기듯이 드러냈다.

사실 최순실의 존재에 관한 이야기는 오랫동안 뜬소문처럼 떠돌고 있었다. 하지만 그 내용이 너무도 얼토당토아니해서 대부분은 믿으려 하지 않았다. 최순실 사태가 막 불거지기 시작했던 2016년 여름 한 공개 강연회에서 강사가 박근혜 정권에서 영향력 1위가 누구냐고 묻자 청중에서 최순실이라는 답변이 나왔다. 말도 안 되는 소리를 한다며 모두가 웃었다. 그런데 그 뜬소문이 말 그대로 진실임이 드러난 것이다. 시민들은 망연자실했다. 시민들은 자신들의 심정을 하나의 문구로 표현했다.

"이게 나라냐!"

최순실 사태는 들끓고 있던 분노에 불을 붙였다. 마침내 쌓이고 쌓인 분노가 대폭발을 일으켰다. 분노한 시민들이 거리로 쏟아져 나왔다. 광장은 거대한 인파로 채워졌다. 촛불시민혁명의 막이 오른 것이다.

2

시민, 촛불 리더십을 발휘하다

촛불시민혁명을 두고 일각에서는 그것을 혁명이라고 부를 수 있는지 회의적 반응을 보이기도 한다. 혁명의 필수 요소인 사회구조적 변화를 수반했다고 보기 어렵다는 이유에서이다. 이 점에 관해서는 촛불시민혁명이 아직은 초입 단계이기 때문에 속단하기 힘들다. 그럼에도 감히 혁명이라고 부를 수 있는 것은 혁명의 일차 척도인 새로운 시대를 이끌어 갈 주체 세력이 등장했기 때문이다.

촛불시민혁명의 주역은 참가자의 70%에서 90%를 차지했던 '자발적 시민'이었다. 그 어떤 조직 동원과도 무관하게 전적으로 개인의 결심만으로 참여했다는 의미에서 자발적 시민들이었다.

자발적 시민들 대부분은 기성 조직에 구속되는 것을 꺼렸다. 시민들은 깃발을 중심으로 일사분란하게 움직이는 운동 단체들에 대해 적지 않은 경계심을 드러냈다. 그러한 조직들이 개인의 자유를 구속하고 있다고 파악한 것이다. 시민들은 '장수풍뎅이연구회', '정다운 개돼지 연합', '민주묘총' 등 세상에 없는 조직의 깃발을 들고 나가는 것으로써 역설적으로 자신들의 의사를 표시하기도 했다. 그러면서도 그들 나름대로의 방식으로 연대망을 구축했다. 20대의 어느 직장인은 집회에 혼자 나가기 아쉬워 페이스북에 '혼자 온 사람들'이라는 이름의 페이지를 개설했다. 집회 현장에 '혼자 온 사람들' 깃발을 들고 나가자 비슷한 처지의 300여 명이 함께 모여 행진했다.

촛불시민혁명은 그 어떤 위계질서도 허용하지 않았다. 촛불시민혁명을 이끈 별도의 지휘부는 존재하지 않았다. 나를 대표하는 것은 오직 나 자신이었다. 판단과 결정의 주체 또한 촛불시민혁명에 참여한 시민 개개인이었다. 그러한 조건에서 수평적 연대와 협력이 광범위하게 이루어졌다.

자발적 시민들은 참가자의 절대다수를 차지했을 뿐만 아니라 촛불시민혁명의 전개 과정 전반을 지배했다.

촛불시민혁명의 과정 내내 투쟁방식과 관련해서 폭력과 비폭력을 사이에 두고 논쟁이 일어났다. 시민들은 민중단체들 일각에서 청와대 진격투쟁을 제기하는 것에 맞서 비폭력 평화집회를 주장했다.

시민들은 청와대 진격투쟁을 주장하는 단체 사이트로 몰려가 자제를 호소하기도 했고 경찰 차벽에 올라간 사람들을 내려오도록 설득했다. 청와대 근처까지 행진해 갔다가도 때가 되면 광화문 광장으로 질서 있게 퇴각하기도 했다. 스티커 부착을 통해 공권력 행사의 상징인 경찰 차벽을 평화의 상징인 꽃벽으로 둔갑시키기도 했다. 물리적 장애를 예술로 극복한 것이다.

결국 촛불시민혁명은 전 세계가 경이로운 시선을 보냈을 만큼 전례 없이 평화롭게 진행되었다. 11월 12일부터는 단 한 명의 연행자도 발생하지 않았다. 이 모든 과정은 어떤 절차를 거쳐 합의한 것이 아니었다. 다만 압도적 다수의 시민들이 자신들의 의사대로 실천함으로써 결과적으로 그렇게 된 것뿐이었다.

시민들은 왜 이런 선택을 했을까? 사실 시민들의 가슴 속에 들끓고 있던 분노의 수위로만 본다면 촛불시민혁명은 지극히 폭력적 양상을 띠어야 했다. 여기저기서 공권력을 상징하는 물체들을 부수고 뒤엎고 불태우는 일이 다반사로 일어났어야 했다. 그런데 시민들은 놀라울 만큼 자제력을 발휘했다.

시민들은 진실로 승리를 열망하고 있었다. 그들은 일차적으로 박근혜 퇴진이라는 정치적 목표를 달성함으로써 세상을 바꾸는 길을 열고 싶어 했다. 그들은 어떻게 하면 승리할 수 있는지를 고심했고 그래서 얻은 결론이 비폭력 평화집회였다. 비폭력 평화집회만이 더욱 많은 사람들의 참여를 이끌어 낼 수 있고, 절대 다수 국민의 지지와 공감을 얻을 수 있으며, 투쟁을 더욱 더 오래 지속시킬 수 있다고 본 것이다. 요컨대 승리의 요건을 충족시킬 수 있다고 확신한 것이다.

시민들의 판단은 정확히 맞아떨어졌다. 비폭력 평화집회로 진행되면서 집회 참여에 두려움을 느끼던 사람들도 부담 없이 합류할 수 있었다. 어린 아이를 동반한 가족, 연인, 친구 단위의 참여가 확산되었다. 역사적 현장에 함께 하지 못하면 후회할 것이라는 생각도 크게 작용했다.

덕분에 촛불집회 참가자 수는 횟수를 거듭하면서 모두의 예상, 심지어 주최 측의 기대치마저 뛰어넘는 수준으로 크게 증가했다. 참가 규모에 대한 주최 측의 추산은 다양한 지점에서 과학적 뒷받침을 받았다. 서울시가 집회장 인근 전철역 사용자 수를 제시한 것은 그중 하나이다. 덕분에 경찰 추산과의 엄청난 차이에도 불구하고 대부분의 언론들은 주최 측 추산을 근거로 기사를 작성했다.

비폭력 평화집회가 펼쳐낸 갖가지 장면은 비교적 냉정한 관찰자 입장을 견지하던 다수 국민들을 감동시켰다.

경찰, 특히 의경과의 충돌을 최대한 자제하면서 꽃을 전달하고 포옹하는 모습은 의경도 대한민국 국민의 일원이며 누군가의 사랑스런 자식이라고 생각하는 국민들의 공감을 얻었다. 엄청난 인파가 몰렸음에도 자발적 청소로 평소 때보다도 깨끗해진 광장의 모습은 집회 참가자들이야말로 광장의 진정한 주인임을 입증하는 증거가 되었다. 다양한 형태로 펼쳐진 정감 어린 자원봉사는 촛불시민혁명을 딱딱하고 격렬한 정치투쟁보다는 훈훈한 축제의 장으로 느끼도록 만들었다.

물론 시민들이 비폭력 평화집회만을 기계적으로 고집했던 것은 아니다. 시민들은 박근혜와 정치권 일각이 자신들의 인내력을 시험하고 있다고 여기는 순간 언제든지 폭력시위로 돌변할 수도 있음을 내비치기도 했다. 12월 3일 6차 촛불집회는 촛불이 횃불로 바뀔 수 있음을 알리며 한층 격화한 양상을 보였다.

시민들의 놀라운 자제력은 구호에서도 나타났다. 시민들은 국회가 탄핵소추안을 가결할 때까지는 오직 박근혜 즉각 퇴진(하야 혹은 탄핵) 구호 하나에 집중했다. 각자 나름대로 외치고 싶은 요구가 많았을 것임에도 최대한 자제했다. 그럼으로써 그토록 다양한 사람들이 모였음에도 촛불시민혁명은 흐트러짐 없이 하나의 흐름을 유지할 수 있었다. 더불어 목표를 선명하게 드러낼 수 있었다.

이 모든 것이 작용하면서 촛불집회는 압도적 지지를 받았다. 촛불집회 참가자들이 외쳤던 박근혜 탄핵은 상당한 고강도 정치 구호임에도 불구하고 80% 정도 국민의 지지를 얻을 수 있었다.

일련의 과정을 거쳐 촛불집회는 국민여론을 정확히 반영한다는 정식이 확립되었다. 이 정식은 어느 누구도 부인하지 못할 확고한 것이었다. 적어도 국회가 박근혜 탄핵소추안을 가결할 때까지는 보수 언론 매체들조차도 대부분 촛불시민혁명 입장에서 기사를 내보냈다. 참으로 이례적인 일이 아닐 수 없었다.

정치권 역시 촛불집회 동향에 전적으로 규정당할 수밖에 없었다. 12월 초 박근혜가 자신의 거취와 관련해 공을 국회로 떠넘기는 꼼수를 부렸다. 정치권 일각이 박근혜 탄핵과 관련해 극심한 동요를 보였다. 하지만 12월 3일 촛불집회가 사상 최대인 232만 명 규모로 벌어지자 정치권의 동요는 일거에 정리되었다. 12월 9일 국회는 234명의 압도적 찬성으로 박근혜 탄핵소추안을 가결시켰다.

자발적 시민들은 촛불시민혁명을 자신들의 의사대로 이끌어 가면서 정치권과 시민사회운동까지도 선도했다.

10월 29일 서울 청계천 광장에서 첫 촛불집회가 열렸을 때 더불어민주당 등 야권은 촛불집회에 당 차원의 조직적 참가는 하지 않기로 했다. 촛불집회와 거리를 둔 것이었다. 이는 정치권이 처음부터 촛불시민혁명을 주도할 의지도 능력도 없었음을 입증하는 것이었다. 이후 상황도 크게 다르지 않았다. 정치권은 정치적 요구를 제기하는 데서 언제나 한 걸음 느렸다. 시민들이 박근혜 즉각 퇴진과 하야를 외칠 때 정치권은 거국 중립내각을 만지작거리고 박근혜의 질서 있는 퇴진을 모색하고 있었다. 시민들이 박근혜 탄핵을 외칠 때도 섣부른 요구로 보고 일정한 거리를 두었다.

촛불집회의 주최 측 역할을 한 것은 1600여 개의 단체로 구성된 '박근혜 퇴진 비상국민행동'(퇴진행동)이었다. 퇴진행동은 촛불집회의 실무적 준비를 전담하는 등 매우 의미심장한 역할을 수행했다. 하지만 퇴진행동이 시민들을 정치적으로 선도했다는 증거는 찾아보기 쉽지 않다. 시민들은 대부분 자신의 판단에 따라 행동했다. 퇴진행동은 당사자들의 표현대로 판을 깔아

주는 역할에 충실했을 뿐이다.

자발적 시민들은 촛불시민혁명의 방향을 결정했다는 점에서 분명하게 리더십을 발휘했다. 그것도 매우 긴 기간 동안 지속적이면서도 일관되게 이루어졌다. 일시적이고 돌발적인 상황에서 일어나는 즉흥적 리더십과는 차원이 달랐다. 이는 흔히 찾아볼 수 있는 현상이 아니었다. 그동안 지속적이면서 일관된 리더십은 지도자나 소수 그룹의 전유물로 간주되는 경향이 강했기 때문이다.

촛불시민혁명은 그 어떤 조직에도 구속되기를 꺼려하는 자유롭고 독립적인 개인들의 연대로 이루어졌다. 그러면서도 역설적으로 시대를 움직이는 집단지성의 실체를 가장 강렬한 모습으로 드러냈다. 나보다는 우리가 뛰어날 수 있음을 예술적으로 형상화하는 데 성공했던 것이다.

촛불시민혁명의 주역으로서 시민은 대중과 엘리트 사이의 이분법적 구분이 더 이상 무의미함을 확인해 주었다. 그들은 대중이지만 동시에 엘리트

---

3) 20세기 초 러시아혁명의 아버지 레닌은 지도 그룹으로서 전위와 대중을 엄격히 구분했다. 전위는 지도 주체였고 대중은 대상이었다. 그 반대는 성립될 수 없었다. 대중은 전위가 의식화하고 조직해서 동원해야 할 대상이었다. 당시 대중은 대부분 문맹 상태로서 지적 수준이 매우 낮았기 때문에 이러한 접근 방식은 상당히 타당했다.

하지만 20세기 후반을 넘어서면서 뚜렷한 변화가 일어났다. 전위와 대중 사이를 가르던 장벽이 허물어지기 시작한 것이다.

먼저 엘리트를 양성했던 대학교육이 널리 일반화되었다. 한국의 경우는 대학교육 이수자가 경제활동 인구 중 다수를 차지하고 있다. 인터넷 보급은 소수의 정보 독점을 허물고 개인의 정보 획득과 전파 능력을 비상하게 강화시켜 주었다. 정치적 자유의 신장과 맞물리면서 수평적 네트워크가 기존의 수직적 위계질서를 빠르게 대체해 나갔다. 자유롭고 독립적인 개인들의 연대가 세상을 움직이기 시작한 것이다.

이러한 변화는 전 세계적으로 나타난 보편적 현상이었다. 엘리트에 의존하지 않고 스스로 참여하여 만들어 가는 흐름이 널리 확산된 것이다.

유튜브의 성공은 이 점을 잘 드러낸다. 본디 구글은 전문가들이 제작한 콘텐츠 위주의 동영상 사이트를 만들고자 했다. 하지만 그 시도는 완전 실패로 끝났다. 반면 20대 중반의 청년들이 만든 유튜브는 대성공을 거두었다. 유튜브는 사용자들이 만든 동영상을 자유롭게 올리고 볼 수 있도록 한 사이트였다. 결국 구글은 기존 사이트를 포기하고 유튜브를 거액에 인수해야 했다.

였다. 그들은 정치지도자의 판단에 의존하지 않고 스스로 판단하고 결정했다. 그들은 SNS를 기반으로 정보를 교환하고 여론을 만들어 전파했다.

촛불시민혁명은 리더십에 관한 엘리트주의 사고를 완전히 격파했다. 촛불시민혁명은 오늘날 리더십은 쌍방향으로 흐르는 수평적 리더십이 대세임을 분명히 해주었다. 더불어 결정적인 순간에는 집단지성에 기초한 리더십이 지도자나 소수 그룹의 그것보다 우월할 수 있음을 입증했다.[3]

3

청년세대가 만들어 온 역사

촛불시민혁명은 매우 경이로운 장면들로 가득차 있다. 촛불시민혁명의 주역인 시민들은 세계 그 어느 곳에서도 찾아볼 수 없는 전혀 새로운 집회 문화를 선보였다. 그 속에서 시민들의 독특한 정체성도 드러났다.

촛불시민혁명은 자유롭고 독립적인 시민들이 수평적으로 연대하는 매우 독특한 양상을 보였다. 도대체 어떻게 해서 이런 장면들이 만들어질 수 있었을까? 어느 모로 보나 우연의 결과라고 보기는 힘들었다. 일련의 역사적 과정을 거쳐 만들어진 결과물임이 틀림없었다. 그 역사를 만든 주역은 청년세대였다.

촛불집회는 어떻게 진화해 왔는가?

우리 역사에서 촛불집회(혹은 촛불시위)가 처음 모습을 드러낸 것은 2002년이었다.

그해 6월 13일 경기도 의정부에서 심미선, 신효순 두 여중생이 미군 장갑차에 깔려 목숨을 잃는 참변이 발생했다. 여러 정황에 비추어 볼 때 고의적 살해 가능성이 매우 컸다. 그럼에도 불구하고 한국 정부는 두 여중생을 살해한 미군을 법정에 세울 수 없었다. 불평등하기 짝이 없는 한미행정협정SOFA 규정을 근거로 미군 당국이 범인 인도를 거부했기 때문이었다. 결국 범인은 미군 법정에 섰는데, 11월경 미군 법정이 범인들에게 내린 평결은 '무죄'였다.

분노의 물결이 일시에 전국을 강타했다. 온라인 공간에서는 두 여중생을 추모하는 커뮤니티가 무서운 기세로 확산되었다. 그러던 중 '앙마'라는 네티즌이 두 여중생을 추모하는 촛불행사를 가질 것을 제안하였다.

"죽은 이의 영혼은 반딧불이 된다고 합니다. 광화문을 우리의 영혼으로 채웁시다. 광화문에서 미선이 효순이와 함께 수천수만의 반딧불이 됩시다.
토요일, 일요일 6시, 우리의 편안한 휴식을 반납합시다.
검은 옷을 입고 촛불을 준비해 주십시오.
누가 묻거든, 억울하게 죽은 우리 누이를 위로하러 간다고 말씀해 주십시오.
촛불을 들고 광화문을 걸읍시다."

앙마의 제안은 온라인 공간을 타고 빠르게 퍼져 나갔다. 11월 30일 저녁 6시가 되자 광화문에는 아무도 예상하지 못한 일이 벌어졌다. 수만 명의 사람들이 손에, 손에 촛불을 들고 나타난 것이다. 그렇게 촛불집회가 시작되었고, 매주 토요일마다 광화문 거리를 촛불로 가득 채우기에 이르렀다.

촛불집회는 명백히 집회의 하나였다. 집회와 시위와 관한 법률은 일몰 이후 야간집회를 금지하고 있었다. 하지만 경찰은 광범위한 촛불집회 참여와 거센 분노를 막을 수 없었다. 결국 경찰은 야간이라도 문화제는 가능하다는 조항을 빌어 촛불집회를 허용할 수밖에 없었다. 촛불집회가 얻은 귀중한 승리였다.

이후 각종 이슈가 발생할 때마다 촛불집회가 이어졌으나 야간집회의 한 형식을 크게 넘어서지 못했다. 그러던 중 2008년 미국산 광우병 위험 쇠고기 수입 결정으로 촛불시위가 촉발되면서 한층 강력한 힘을 발휘했다.

2008년 촛불시위는 5월 2일부터 7월 12일까지 연인원 300여 만 명이 참여한 것으로 추산되었다. 촛불시위가 길게 이어지는 동안 72시간 릴레이 시위처럼 장시간에 걸친 마라톤 시위가 등장했는가 하면 촛불문화제로 시작하여 다음날 새벽까지 경찰과 대치하는 철야시위도 일상화되었다.

5월 2일 서울 청계천 광장에 모여 처음 촛불을 든 것은 10대 여학생들이었다. 사람들을 그들에게 '촛불소녀'라는 이름을 선사했다. 여학생들은 "아직 연애도 못해 봤고, 하고 싶은 것도 많은데, 빨리 죽고 싶지 않아요"라면서 "미친소, 너나 먹어!"라고 외쳤다. 소녀들의 입에서 터져 나온 이 간명하고 직설적인 구호는 어른들의 감성을 뒤흔들어 놓았다. 결국 소녀들의 외침은 거대한 촛불시위의 대폭발을 일으키는 뇌관이 됨과 동시에 촛불시위의 전개 방식까지 결정하고 말았다.

촛불시위의 주역은 처음 촛불을 든 10대에서부터 세상에 대한 문제의식이 충만해져 있던 30대까지를 아우르는 청년세대였다. 청년세대는 2008년 촛불시위 과정에서 자신들의 속성을 그대로 표출했다.

촛불시위 참가자들 다수는 그 어떤 조직에도 구속되는 것을 꺼렸다. 심지어 누군가가 가르치려 들거나 이끌려고 하면 강한 거부감을 드러내기도 했다. 말 그대로 촛불시위의 중심은 참가자 각자였다. 그러다 보니 참가자들이 한곳에 모여 집회를 할 때도 준비된 연사의 정치연설이 아닌 참가자들의 자유로운 발언이 줄을 이었다. 전체 대열을 이끌고 가는 지도부도 따로 존재하지 않았다. 시위 참가자들 각자가 판단해 움직였고 필요하면 즉석에서 열띤 토론을 벌이기도 했다.

청년세대는 2008년 촛불시위에서 이전 세대와는 전혀 다른 방식으로 사회적 공감대를 형성하는 데 성공했다. 그들은 촛불시위를 함께 어울려 춤추고 노는 축제의 장으로 만들었다. 그들에게 투쟁과 놀이는 처음부터 하나였다. 아울러 이전 시기 집회 시위를 지배했던 비장함과 강인함을 부드러움과 여유로움으로 대체했고, 물리적 힘을 문화적, 예술적 상상력과 재기발랄함으로 대체했다. 그럼으로써 보는 사람들 사이에서 저절로 폭소와 박수가 터져 나오도록 만들었다.

청년세대는 2008년 촛불시위를 통해 자신들의 잠재력을 폭발적으로 발산했다. 그들은 온라인 공간에서 터득한 특유의 확장성을 바탕으로 거대한 시위 대열을 형성했다. 또한 특유의 재기 발랄함을 바탕으로 분위기에서 모두를 압도했다. 온라인에서의 왕성한 활동을 결부시킴으로써 여론을 흔들 수 있었으며, 이를 통해 이명박 정부를 궁지에 몰아넣었다. 결국 이명박 대통령이 졸속 추진에 대해 대국민 사과를 함과 동시에 재협상을 통해 30개월 미만 쇠고기만을 수입하는 조치를 취해야 했다.

청년세대가 주도한 2008년 촛불시위는 이전 시기 '운동단체'들이 주도했던 전통적 집회 시위와는 사뭇 다른 양상을 보였다.

전통적 집회 시위는 소속 단체가 있는지에 따라 참가인가 참관인가 혹은 구경꾼인가가 확연히 갈라진다. 반면 2008년 촛불시위는 이러한 경계선이 전혀 존재하지 않았다. 누구든지 촛불만 들면 당당한 촛불시위대의 일원이 될 수 있었다. 그런 점에서 촛불시위는 지극히 개방적이었다.

전통적 집회 시위는 단상 지도부와 단하 대중 사이에 수직적 위계질서가 확립되어 있다. 2008년 촛불시위에는 이 같은 위계질서가 완전히 제거되었다. 촛불시위 참가자 모두는 동격이었으며, 그들 관계는 지극히 수평적이었다. 국회의원이 오거나 중학생이 오더라도 똑같은 촛불의 한 명이었다.

전통적 집회 시위는 통일성을 중시했다. 지도부 지휘에 따라 통일적으로 움직였고 구호도 통일적으로 외쳤다. 그러나 2008년 촛불시위에서는 이러한 통일성을 전혀 찾아볼 수 없었다. 촛불시위는 참가자 각자가 자기 입맛에 맞게 기획하고 연출했다는 점에서 다양성이 극대화된 시위 형태였다.

이렇듯 2008년 촛불시위는 '지극히 개방적이고 수평적이며 다양성이 극대화된 전혀 새로운 관계'를 거대한 행위 예술로 표현해낸 사건이었다. 개방성, 수평성, 다양성을 바탕으로 누구든지 시위대의 일원이 될 수 있었으며 모두가 시위의 중심에 설 수 있었고 각자 자신의 속성에 맞게 시위를 연출할 수 있었다. 이는 곧 촛불시위가 지도부와 대중, 주체와 객체의 분리를 온전히 극복했음을 말해준다. 시위대 모두가 기획의 주체였고 스스로를 이끈 지도부였던 것이다.

청년세대는 2008년 촛불시위를 주도하면서 새로운 집회 시위 문화를 정착시키는 데 성공했다. 하지만 그 과정에서 낡은 문화에 익숙해 있던 사회운동권 세력과 적지 않은 문화 충돌을 경험해야 했다. 특정 개인이나 집단이 쓸데없이 분위기를 주도하려고 하거나 폭력적 방식에 집착했던 것이 그 단적인 예이다. 문화 충돌은 일부 시민단체 간부가 시위 참가자들에게 멱살을 잡힐 정도로 심각했다.

문화 충돌은 청년세대에게 좋지 않은 기억을 남기면서 집회 참가를 꺼리도록 만들었다. 여기에다 경찰의 광범위하면서도 집요한 탄압이 더해지면서 오랫동안 대규모 촛불집회의 재현을 어렵게 만들었다.

시행착오를 통한 학습효과였을까? 겉으로 드러나지는 않았지만 심도 있는 사회적 성찰 과정이 이어졌던 것인가? 참으로 불가사의하게도 2016년 촛불시민혁명에 이르러서는 모든 것이 달라졌다.

촛불시민혁명에는 10대부터 70대에 이르기까지 모든 세대가 고르게 참여했다. 개인적으로 참여한 시민들이 압도적 다수를 차지했지만 노동조합 등 운동 조직도 자신들의 방식대로 조직적 참여를 했다. 2008년 기준으로 보면 갈등과 충돌을 일으킬 수 있는 요소들이 골고루 갖추어져 있었다. 하지만 세대 갈등이나 조직 대중과 일반 시민 사이에 문화 충돌은 거의 찾아볼 수 없었다.

촛불시민혁명을 전체적으로 보면 2008년 촛불시위를 통해 확립된 문화적 특성들이 고스란히 재현되었다. 그 속에서 조직 대중은 상당한 절제력을 발휘하면서 촛불집회 특유의 문화에 적응했고, 자발적 시민들은 이들 조직 대중을 내심 경계하면서도 최대한 포용하는 태도를 취했다. 전통적 방식에 따라 진행된 민주노총 중심의 민중단체집회 역시 다양성의 일부로 받아들였다.

오히려 이질적인 두 세계 사람들이 어우러져 강력한 시너지 효과를 만들어냈다. 촛불집회가 박근혜의 즉각 퇴진을 요구하는 정치집회 성격이 강해지자 정치투쟁 경험이 풍부한 고참 세대와 운동단체의 역할이 도드라졌다. 2008년 문화 충돌을 야기했던 당사자들이 일반 시민 속으로 무난하게 녹아들었던 것이다. 이 모든 결과로 더 없이 위력적인 집회가 만들어질 수 있었다.

새로운 종의 탄생

촛불집회는 전통적인 집회 시위와 매우 다른 문화를 보였다. 그 촛불집회 문화를 주도적으로 이끌어 간 것은 청년세대였다. 도대체 촛불집회 고유의 문화와 청년세대 사이에는 어떤 연관이 있는 것일까?

이에 대해 해답을 찾기 위해서는 먼저 청년세대의 범위부터 정확히 설정할 필요가 있다. 이 책에서는 1990년대에 10대를 보낸 사람들 이후부터를 청년세대로 간주하고자 한다. 2017년 현재 기준으로 보면 대략 40대 중반까지를 포함한다고 볼 수 있다.

그렇다면 굳이 1990년대에 10대를 보낸 사람들까지 청년세대로 봐야하는 이유는 무엇인가? 바로 그들로부터 시작해서 전혀 새로운 종의 인류가 등장했다고 할 정도로 이전 세대와는 확연히 다른 세대 특성을 보여주었기 때문이다.

1990년대 10대부터 전혀 새로운 세대 특성이 나타난 것은 일차적으로 급격한 환경 변화에 따른 것이었다.

1990년대는 한국 사회가 질적으로 새로운 국면에 접어들던 시기였다. 냉전체제가 해체되고 민주화가 정착되었으며 경제성장의 성과가 가시화되는 등 역사의 국면을 바꾼 굵직한 변화들이 잇달아 일어났다. 1~2자녀가 보편화되고 인터넷의 확산 등 디지털 문명이 본격적으로 꽃을 피우기 시작한 것도 이 무렵이었다. 과연 이러한 환경 변화가 기성세대와 청년세대 사이에 어떤 차이를 만들어냈을까?

청년세대는 대식구 속에서 눈칫밥을 먹고 자랐던 기성세대와 달리 1~2자녀가 보편화되면서 귀한 대접을 받고 자랐다. 자연스럽게 자신을 중심으로 세상을 보는 시각이 형성될 수밖에 없었다. 먹고사는 문제로 자신을 돌볼 여유가 없었던 기성세대와 달리 청년세대는 비교적 경제적으로 여유로워진 삶을 살면서 자기 계발과 자아실현에 보다 많은 관심을 쏟을 수 있었다.

청년세대는 한층 민주적이고 자유로운 환경 속에서 자라나면서 굳이 주눅든 삶을 살 이유가 없었다. 기성세대처럼 자기표현을 억제하며 침묵의 시간을 보낼 이유가 없었다. 또한 인터넷의 확산 덕분에 정보를 수집하고 가공 유통시키는 등 개인의 힘으로 해결할 수 있는 영역도 급속히 확장되었다. 대학교육 일반화로 평균적인 개인 능력 역시 기성세대에 비해 월등히 우월해졌다.

이 모든 요소가 작용하면서 개인으로서의 '나'를 중심으로 세상을 보는 데 익숙한 전혀 새로운 세대가 잉태되었다. 그들에게 '나'는 모든 것의 출발점이자 중심이었으며 동시에 목표였던 것이다.

이러한 모습은 철저히 집단 가치를 우선하면서 개인을 앞세우는 것을 경멸했던 기성세대와 확연히 구별되는 것이었다. 그렇다면 기성세대는 왜 집단 가치를 우선했던가. 따지고 보면 그 역시 시대 상황의 산물이었다.

기성세대가 산업화와 민주화를 향해 나아갈 무렵 그들을 둘러싼 조건은 열악하기 그지없었다. 개인 힘으로 해결할 수 있는 것은 어디서도 찾아보기 힘들었다. 오직 집단의 힘만으로 돌파 가능했다. 자연스럽게 기성세대는 집단 이익을 앞세웠고 집단 이익에 헌신하는 것을 최고의 미덕으로 삼았다. 그들에게 개인의 삶은 누리고 즐겨야 할 것이 아닌 희생해야 할 그 무엇이었다. 그들은 집단에 속해 있을 때 마음이 편했고 힘을 발휘했다. 집단주의가 체질화되다 보니 개인의 좋고 나쁨보다는 집단 공통의 가치로 옳고 그름을 판단하는 경향이 매우 강했다.

개인으로서의 나를 우선시하는 청년세대와 집단 가치를 우선시했던 기성세대의 차이는 여러 차이들을 파생시켰다.

각자가 중심인 조건에서 맺을 수 있는 관계는 수평적인 것밖에 없다. 청년세대는 생래적으로 수평 지향성이 강할 수밖에 없었다. 일상의 많은 부분을 차지했던 온라인 활동은 수평 지향성을 더욱 강화시켰다. 온라인 활동은 친구, 이웃 등의 표현에서 알 수 있듯이 기본적으로 수평적 네트워크를 기반으로 형성되어 있다. 온라인 활동에서 권위를 앞세우면 비웃음꺼리가 된다.

이와는 정반대로 기성세대는 수직적 관계에 체질적으로 익숙해져 있었다.

이전 시기에는 군대와 관료조직은 물론이고 민간 기업들도 엄격한 수직적 위계질서를 바탕으로 움직였다. 진보적 성향의 사회단체라고 해서 별반 다르지 않았다 청년 특유의 열정이 넘치던 학생운동조차도 선후배 사이에 엄격한 위계질서가 형성되어 있었다.

수직적 위계질서에서는 상층 지도부 중심의 일치단결과 상명하복이 불문율처럼 통용되었다. 조직 구성원들은 이를 바탕으로 일사불란함을 과시했다. 집단주의가 발현된 방식이었다. 산업화와 민주화 모두 그렇게 이루어졌다. 이러한 과정이 일상적으로 반복되면서 기성세대 사이에서는 수직적 인간관계가 체질로 굳어버렸다.

두 세대의 확연한 차이는 청년세대는 강한 개방성을, 기성세대는 강한 폐쇄성을 보이는 것으로도 나타났다.

수직적 관계에서는 A가 B의 아래이면서 동시에 C의 아래가 되는 것은 불가능하다. 두 사람으로부터 동시에 통제받을 수는 없다. 수직적 위계질서에서는 그 누구인가의 아래로서 관계가 '독점'되는 것이다. 하지만 수평적 관계에서는 전혀 달라진다. A는 B의 친구이면서 동시에 C의 친구가 될 수 있다. 그래도 아무런 문제가 없다. 도리어 관계가 다양할수록 서로에게 도움이 된다. 수평적 관계에서 관계는 '공유'되는 것이다. 정보 역시 마찬가지이다. 수직적 위계질서에는 '정보의 독점'을 추구하는데 수평적 관계에서는 '정보의 공유'를 중시한다.

이러한 맥락에서 수평 지향성이 강한 청년세대는 강한 개방성을 보였다. 개방성은 인간관계에서만이 아니라 다양한 문화를 편견 없이 수용하는 데서도 드러났다. 일본 문화도 마음에 들면 거리낌 없이 받아들였다.

이와 달리 기성세대가 폐쇄성을 보인 것은 그들이 익숙한 수직적 위계질서로부터 비롯된 것이었다. 수직적 위계질서는 경계선 안과 밖을 뚜렷이 가른다. 경계선 안의 구성원들끼리는 맹목적으로 결속한다. 반면 경계선 밖의 사람들에 대해서는 강한 배타성을 보인다. 폐쇄성이 체질화되는 것이다.

두 세대의 차이는 청년세대가 다양성을, 기성세대가 획일성을 지향하는 데서 뚜렷이 나타났다.

청년세대는 자신을 중심으로 세상을 보는 데 익숙하다. 그러다보니 외부로부터 일방적으로 규정당하는 것에서 벗어나 내면의 욕망을 자연스럽게 표현하는 것을 추구했다. 기성세대에 비해 유별날 정도로 개성을 중시했다. 개성이 없는 것은 자아를 잃은 것이나 다름없었다. 청년세대는 권위 있어 보이기를 원했던 기성세대와 달리 멋있어 보이기를 갈망했는데 멋의 핵심은 개성이었다.

이에 반해 기성세대는 집단 가치를 더 우선하다 보니 조직의 통일성을 중시할 수밖에 없었다. 개성의 무분별한 표출은 조직의 통일성을 훼손하는 것으로 엄격한 경계 대상이 되었다. 그 결과로 각자의 개성은 무시된 채 똑같은 사고와 행동을 하는 판에 박힌 인간만이 양산되었다. 자연스럽게 획일적 문화가 확립되었다.

시대 상황 역시 두 세대의 차이를 더욱 강화시키는 방향으로 작용했다. 기성세대가 살았던 냉전체제는 세계를 두 진영을 가르면서 획일적 사고와 행동을 낳는 흑백논리를 강요했다. 그런 냉전체제가 해체되면서 청년세대는 세상을 흑백 두 개의 색깔이 아닌 천연색으로 다채롭게 인식할 수 있었다.

자연스럽게 청년세대는 다양한 관점과 방식으로 세상을 보는 다원주의에 익숙해졌다.

이렇게 청년세대는 기성세대와는 사고와 행동 방식에서 뚜렷하게 다른 전혀 새로운 세대가 되었다. 1990년대 이후 급격한 환경 변화가 전혀 새로운 종의 인간들을 출현시킨 것이다.

앞서 촛불집회는 수평성, 개방성, 다양성 등 세 가지 특성이 있음을 확인했다. 그런데 청년세대의 고유한 속성 역시 수평성과 개방성, 다양성이었다. 청년세대의 속성과 촛불집회의 특성은 정확히 일치했던 것이다.

이는 촛불집회가 청년세대의 속성이 발현된 결과이자 청년세대의 잠재력을 마음껏 발산할 수 있는 공간이었음을 의미한다. 청년세대가 촛불집회의 진화를 선도한 것은 필연적인 것이었다.

혁명은 청년의 심장으로부터

나중에 살펴볼 기회가 있겠지만 수평성, 개방성, 다양성 등으로 표현된 청년세대의 속성은 경영혁명을 추진하는 에너지이다. 이런 점에서 보자면 청년세대는 생래적으로 변혁 지향적일 수밖에 없다.

하지만 청년세대가 일상 세계에서 자신의 속성에 부합하는 의식을 품어 왔는가는 별개의 문제이다. 실제로 청년세대 의식의 궤적을 추적하면 상당한 곡절이 있었음을 발견할 수 있다.

1990년대 10대를 보냈던 청년세대가 본격적으로 세상에 발을 내디뎠을 무렵 한국 사회는 외환위기를 겪은 이후였다. 이른바 신자유주의 광풍이 매섭게 몰아치는 시절이었다. 청년세대는 태풍의 한가운데 무방비 상태로 내던져졌다. 결과적으로 청년세대는 신자유주의의 최대 희생양이 되었다. 취업 대란, 벤처 대란, 카드 대란, 부동산 대란 등 각종 대란이 청년세대를 무자비하게 할퀴고 지나갔다.

첫째, 취업 대란.

외환위기 이후 청년세대는 줄곧 취업 대란에 시달려야 했다. 구조조정 압박을 받은 기업들이 신규 채용을 줄이고 그마저 비정규직으로 전환한 결과였다. 이른바 신자유주의 구조조정의 집중적인 희생양이 된 것이다. 청년세대가 이토록 차별받은 것은 자본주의 역사 이래 없었던 일이다.

보다 심각한 문제는 개선의 조짐 없이 상황이 갈수록 악화되었다는 데 있다. 2008년부터 2013년까지 5년 동안 종업원 100명 이상 기업에서 일자리가 총 56만 1000개 늘었는데, 이 중 청년층 일자리는 6%인 3만 3660개 증가하는 데 그쳤다. 그나마 80% 정도가 비정규직이었다. 그 비정규직 자리마저 구하지 못해 수많은 청년들이 실업자로 전락했다. 2000년에 이르러 15~29세 청년 고용률은 43.3%로 곤두박질쳤다. 2014년에 이르러서는 그보다 낮은 40.7%를 기록하였다. 경제협력개발기구^{OECD} 평균인 50.9%보다 10%포인트나 낮은 수치이다.

둘째, 벤처 대란.

외환위기 직후 출범한 김대중 정부는 크게 위축된 한국 경제의 새로운 활로는 벤처기업 육성에 있다고 판단하고 이를 뒷받침할 각종 방안을 마련했다. 정부의 적극적인 지원이 가세하자 빠른 시간 안에 벤처 붐이 일어났다. 도전 정신으로 넘쳐났던 청년세대가 성공을 확신하며 대거 합류했다.

하지만 건전성이 결여된 투기자본이 몰려들면서 문제가 발행했다. 투기자본들은 창업자와 짜고 인위적인 주가 부풀리기 등으로 벤처 업계를 폭탄 돌리기 노름판으로 만들어 버렸다. 결국 거품 붕괴와 함께 코스닥 상장 업체들의 주가가 대폭락했다. 1999년 말 98조 원으로 최고치를 기록했던 코스닥 시가총액은 5년 후인 2004년 10월에는 30조 원으로 곤두박질쳤다. 대략 68조억 원이 어디론가 사라진 것이다. 무리하게 사업을 확장하면서 빚을 끌어다 썼던 대부분의 벤처기업들이 처참하게 망가지고 말았다. 벅찬 희망을 안고 참여했던 청년세대는 직격탄을 맞고 나동그라졌다.

셋째, 카드 대란.

2000년 이후에 접어들어 금융사들은 신용카드를 대대적으로 보급했다. 정부도 소비 확대를 목표로 규제를 대폭 완화했다. 신용카드 대출(현금 서비스) 잔액은 1998년 10조 원 수준에서 2002년 하반기 무려 60조 원까지 급격히 팽창했다. 불과 4년 만에 6배나 증가했다. 2003년이 되자 카드 대출의 상당 부분이 상환이 어려운 부실대출임이 드러났다. 곳곳에서 대출금을 갚지 못하는 사태가 벌어졌다. 금융권은 5만 원 이상의 신용카드 대금을 3개월 이상 갚지 못하는 사람들을 가차 없이 신용불량자 명단에 올렸다. 일순간에 신용불량자로 전락한 사람들이 줄잡아 300만 명에 이르렀다. 그중 상당수가 카드 사용에 쉽게 적응했던 청년세대였다.

넷째, 부동산 대란.

과거 주택보급률이 낮았을 무렵 부동산을 둘러싼 갈등은 주로 소득계층을 사이에 두고 벌어졌다. 주택가격이 오르면 부동산을 보유한 부자는 막대한 이익을 보았고 서민은 엄청난 출혈을 겪어야 했다. 그러던 것이 2004년 이후 신규 주택 구입자가 주로 청년세대로 채워지면서 세대 간 갈등 구조로 바뀌었다. 이 와중에 시장 원리를 중시한 김대중 정부는 아파트 분양 가격을 건설사가 자율로 정하도록 했다. 그러자 아파트 분양가가 천정부지로 뛰었다.

노무현 정부가 출범한 2003년 이후부터 2005년 10월까지 전국의 아파트 시가총액은 무려 276조 원이나 늘어났다. 아파트 분양가는 2006년에 이르러 몇 년 전에 비해 두세 배나 비싸졌다. 노무현 정부는 시장에 맡겨야한다며 상황을 방치했다. 피해는 고스란히 청년세대에게 집중되었다.

온갖 트라우마가 가슴을 짓누르는 속에서 청년세대는 신자유주의 광풍속을 외로이 헤쳐 나가야 했다.

삭막한 세상을 배회하며 청년세대가 발견한 것은 그 어떤 조직도 개인을 책임져 주지 않는다는 사실이었다. 나를 지킬 수 있는 것은 오직 나 자신뿐이었다.

여기에 부모로부터의 끊임없는 주문이 더해졌다. 부모세대는 "다른 사람은 신경 쓸 것 없다. 오로지 너만 잘 되면 된다. 경쟁에서 밀리면 끝이다. 무조건 이겨야 한다"는 무한경쟁 논리를 반복해 주입했다.

김난도의 〈아프니까 청춘이다〉는 부모세대가 어떻게 자녀를 가혹하게 굴복시켜 왔는지를 잘 묘사하고 있다. 그에 따르면 자식 주위를 헬리콥터처럼 맴돈다는 의미의 헬리콥터맘이라는 용어까지 나왔다. 부모세대가 자식을 자신의 의도대로 몰고 가기 위해 하나부터 열까지 간섭하고 통제했다는 의미이다. 그로부터 자식 이기는 부모 없다는 말이 부모 이기는 자식 없는 것으로 바뀌고 말았다.[4]

이러한 과정을 거쳐 청년세대 사이에서 무한경쟁은 절대화되었고 경쟁에서의 승리는 철저히 정당화되었다. 오찬호의 〈우리는 차별에 찬성합니다〉에는 이를 뒷받침하는 장면들이 다수 소개되어 있다.

저자는 대학 강의실에서 KTX 여승무원의 정규직 전환 투쟁을 소개하

---

[4] 이 시기 부모세대는 자녀의 진로 결정에 절대적 영향을 미쳤다. 대학 진학과 취업을 둘러싼 진로 결정도 당사자 개인의 선택보다는 '가족 프로젝트'로 진행되는 경향이 강했다. '엄친아'라는 신조어는 이를 잘 반영하고 있다. 엄친아는 '엄마 친구 아들'의 줄임말인데 그 속에는 "엄마 친구 아들은 어느 대학 나와 어느 기업에 취직해서 얼마나 돈을 잘 버는 줄 아니. 너도 딴 생각 말고 엄마 하라는 대로 해!"라는 식의 메시지가 담겨 있다.

면서 학생들의 반응을 살폈다. 한 학생이 "날로 정규직 되려고 하면 안 되잖아요!"라고 대답했다. 3분의 2 정도의 학생이 그에 공감하는 반응을 보였다. 학생들은 정규직이 된 것은 치열한 경쟁 속에서 그만큼 많은 노력을 기울인 대가인데 여승무원들은 그러한 과정을 생략한 채 정규직이 되려 한다고 본 것이다.

하지만 일자리 하나를 놓고 10명이 서로 밀치고 다투는 무한경쟁 논리는 청년세대의 삶을 극도로 황폐화시키고 말았다.

청년세대는 집단 우울증에 시달리며 고통에 울부짖어야 했다. 반복되는 좌절은 고통의 깊이를 나날이 더해갔다. 무엇보다 단 한 번도 승리해 본 경험이 없다는 사실이 청년세대를 더욱 무기력하게 만들었다.[5]

그런 와중에 터진 2008년 촛불시위는 일시적이나마 청년세대의 억눌린 속성을 마음껏 발산할 공간을 제공했다. 하지만 2008년 촛불시위는 이렇게까지 노력했는데도 세상은 바뀔 기미를 보이지 않는다는 심각한 정치적 좌절감만을 안겨다 주었을 뿐이다. 이명박의 직접 사과와 쇠고기 수입 재협상 결과에 아랑곳없이 정치적 상황이 계속 악화되었기 때문이다. 촛불시위 이후 민주주의와 인권은 더욱 후퇴했고 종편 도입과 함께 언론 지형은 기울어진 운동장으로 고착화되었다. 이러한 상황은 청년세대 입장에서 볼 때 새로운 세상으로 나아갈 출구가 막힌 것이나 다름없었다.

---

5) 1980년대 대학 생활을 한 이른바 86세대는 1987년 민주화투쟁을 통해 우리 역사에서 보기 드물게 정치적 승리를 경험했다. 이러한 경험은 한동안 86세대를 진보의 아이콘으로 만들었다. 이들 세대는 늘 자신감에 넘쳤고 강한 정치성을 띠었다. 반면 외환위기 이후 젊은 시절을 보낸 청년세대는 승리해 본 경험이 전혀 없다, 이들은 늘 깨지고 당한 경험밖에 없다. 세상을 바꿀 수 있다는 확신과 열정을 갖기가 쉽지 않았던 것이다.
86세대의 이면을 함께 들여다 볼 필요가 있다. 86세대는 시간이 흐르면서 기득권층으로 전락해 갔다. 아파트 가격과 자녀 사교육에 집착하는 속물이 되었다. 자녀들과의 관계에서도 무한경쟁 논리를 주입하는 주범이 되었다. 그러면서도 여전히 강한 정치성을 보인다. 오늘날 86세대는 한국 사회에서 가장 이중적인 존재이다.

세월호 참사는 세상을 향한 청년세대의 불신을 극대화시키는 계기가 되었다. 대한민국은 그 어떤 희망도 가질 수 없는 지옥의 땅이었다. 이 땅에서 새로운 미래를 꿈꾼다는 것 자체가 망상에 불과했다. 청년세대 사이에서는 세상을 바꾸기 위한 그 어떤 진지한 노력도 극단적 불신과 냉소로 봉쇄되었다. 청년세대에게 가장 호소력 있게 다가간 것은 이 나라가 하루라도 빨리 망하는 것이었다.[6]

청년세대는 거듭해서 체제와의 불화를 경험했다. 때로는 기존 체제의 집중적인 희생양으로, 때로는 무한경쟁의 톱니바퀴가 되어 집단우울증을 앓는 것으로, 때로는 지독한 반항아가 되어 기성세대와 극렬한 충돌을 빚는 것으로, 때로는 체제에 대한 극단적인 불신과 냉소를 보내는 것으로 그 형태는 다양했지만 일관된 것은 체제와의 심각한 불화였다. 청년세대의 내면세계와 그들을 둘러싸고 있는 객관 세계는 끊임없이 대립하고 충돌했다. 청년세대가 기존 체제와 화해하고 융화하기는 원천적으로 불가능해 보였다.

운명적 전기를 마련해준 것은 촛불시민혁명이었다. 청년세대는 촛불시민혁명에 주도적으로 참여했다. 그곳에서 청년세대는 평소 경험해 보지 못한 전혀 새로운 세계를 발견할 수 있었다.

먼저 자신들과 비슷한 생각을 하는 사람들이 이토록 많다는 사실에 놀랐다. 다가오는 사람들 면모 또한 색다른 것이었다. 수많은 인파가 뒤엉키면서 움직이기조차 버거웠지만 누구 하나 짜증내는 사람이 없었다. 낯모르는 사람들끼리도 서로를 따뜻하게 배려했으며 거리낌 없이 교감을 나누었다.

---

6) 2015년 1월 9일 KAIST 미래전략대학원 주최로 '한국인은 어떤 미래를 원하는가'라는 주제의 토론회가 열렸다. 발제자는 박성원 과학기술정책연구원 박사였다. 박 박사는 청년층(20~34세)이 바라는 미래상을 설문조사해 발표했다. 그에 따르면 '지속적인 경제성장'이 23%인 반면 '붕괴, 새로운 시작'이라는 응답이 42%였다.

공동의 목표를 실현하기 위해 연대하고 협력하는 아름다운 질서를 선보였다.

촛불시민혁명은 목표했던 박근혜 탄핵을 성공시키면서 힘을 합쳐 노력하면 능히 세상을 바꿀 수 있음을 확인해 주었다. 청년세대로서는 숱한 좌절을 거듭한 끝에 처음 얻어낸 더없이 강렬한 승리의 경험이었다. 청년세대의 뇌리에 희망, 확신, 열정 등 새로운 단어가 새겨지기 시작했다. 혁명은 청년의 심장에서 먼저 일어났다.

먼저 청년세대가 촛불시민혁명을 겪으며 혁명적 변화를 경험했음은 수많은 징표들로 입증되고 있다.

먼저 청년세대 사이에서 정치적 관심이 크게 고조되었다. 2017년 초 〈중앙일보〉 신년 여론조사 결과에 따르면 20대의 92%가 다가오는 대선에서 투표하겠다는 의사를 밝혔다. 이는 2016년 4.13총선 때의 투표율 52.7%에 비해 훨씬 높은 수치이다. 열성적 투표층인 5060세대보다도 10%포인트 높은 것이었다.

지난날 그 무엇인가의 노예로 살아 왔음을 깨달았다는 고백도 줄을 이었다. 헬조선을 간조선으로 바꿀 수 있다는 희망의 메시지도 퍼져 나갔다. 나라는 여전히 혼미하고 삶의 조건은 악화되고 있지만 함께 넘어설 '사람들'을 발견한 결과였다. 청년세대는 어느 시인의 노래처럼 사람만이 희망임을 터득했다.

청년세대를 짓눌렀던 체제와의 끝없는 불화는 체제 자체를 바꾸고자 하는 혁명적 열망으로 승화되었다. 청년들의 심장 속에서 세상을 뒤흔들 한국혁명의 불씨가 피어오르기 시작했다.

청년세대의 모습은 광장에 모인 시민 전체로 자연스럽게 전이되었다. 광장은 운집한 인파 속에 '청년 바이러스'를 단기간에 전염시키는 무대가 되었다. 덕분에 모든 세대가 고르게 참여하면서도 꼰대가 드문 집회가 되었다. 촛불시민혁명에서 드러난 시민의 정체성은 그렇게 만들어졌다.

제2장

혁명을 이끌
상생 가능한 생태계

세상을 바꾸는 혁명의 과정에는 늘 긴 항해를 이끌 좌표가 있었다. 그것은 종종 근대 민주국가를 지향했던 민주화, 식민지 종속을 극복하기 위한 자주화, 사회주의 변혁을 추구했던 사회화 등으로 집약되어 표현되었다.

근대 혁명의 빅뱅이라고 할 수 있는 프랑스대혁명은 공포정치와 나폴레옹 황제 통치 등 극단에서 극단을 오고 갔다. 직접적으로 민주공화제에 안착하지도 못했다. 그럼에도 불구하고 역사적 승리를 거둘 수 있었던 것은 '인권선언'을 통해 좌표를 분명하게 정립했기 때문이었다. 인권선언은 1조에 자유와 평등의 권리를 명시하는 등 대혁명이 지향해야 할 보편적 가치를 담고 있었다.

1987년 6월민주항쟁의 승리 이후 상황은 양김씨의 분열, 군부정권의 연장, 3당 합당 등으로 인해 극도로 뒤틀렸다. 그럼에도 불구하고 적어도 절차적 수준에서만큼은 민주화 정착이 거역할 수 없는 시대 흐름이 되었다. 바로 민주화라는 좌표가 시퍼렇게 살아 있었기 때문에 가능한 것이었다.

촛불시민혁명으로부터 촉발된 한국혁명의 긴 항해를 이끌 좌표는 무엇인가? 아직은 뚜렷하지 않다. 이는 한국혁명이 지도와 나침반 없이 항해하다 좌초할 수도 있음을 의미한다. 매우 위험한 상황이 아닐 수 없다. 한국혁명이 새로운 역사를 열기 위해서는 이 문제부터 풀지 않으면 안 된다.

과연 답을 어디서 찾을 것인가? 세계 곳곳이 혼미한 상황을 거듭하고 있다. 어디를 둘러봐도 밖에서 답을 찾을 가능성은 없어 보인다. 답은 촛불시민혁명 내부에서 찾을 수밖에 없다.

혁명의 첫 번째 행동, '광장의 점령'

혁명은 뒤집는 것이다. 헤겔의 주인과 노예의 변증법에 따르면 주인과 노예의 관계가 바뀌는 것이다. 혁명은 동일한 언어의 의미가 뒤바뀌는 것을 동반한다. 촛불시민혁명에서 그것은 '점령'이라는 단어를 통해 나타났다.

우리 역사에서 점령은 늘 부정적 의미로 다가왔다. 이 땅은 외국군의 점령 대상이었다. 식민지 시대 일본군의 점령이 있었고 해방 직후 미군과 소련군의 점령이 있었다. 군사독재 시절에는 계엄군의 빈번한 시내 점령이 있었다. 외환위기 이후에는 국제금융자본이 한국 경제를 사실상 점령했다. 우리는 늘 점령당하면서 막대한 희생을 치러야 하는 처지였다. 점령은 거부해야 할 대상이었다.

그러한 점령이 촛불시민혁명에 이르러 의미가 180도 달라졌다. 이번의 점령 주체는 외국군도 계엄군도 국제금융자본도 아닌 바로 촛불시민혁명의 주역인 시민들이었다. 시민들이 광장을 점령한 것이다! 늘 점령의 대상이었던 시민들이 점령의 주체가 된 것이다. 과연 그 의미가 무엇일까?

광장은 어떤 곳인가. 일률적으로 말하기는 어려울 것이다. 문제를 단순화하기 위해 광화문 광장을 예로 들어 보자. 광화문 광장 전면에는 옛 왕조의 궁궐이 자리잡고 있고 그 뒤에서는 최고 권부인 청와대가 아래를 내려다보고 있다. 광장 양옆으로는 정부종합청사와 미국대사관이 마주보고 있다. 광장 복판에는 한국의 대표적인 위인으로 존경받는 세종대왕과 이순신 장군의 동상이 우뚝 서 있다. 모든 점에서 광화문 광장은 권부로 둘러싸인 권위주의의 심장과도 같은 곳이었다. 권위주의 냄새가 물씬 풍기는 거리 한 귀퉁이를 걷다보면 공연히 주눅이 드는 그런 곳이었다. 자유와 해방감을 만끽할 수 있는 공간과는 거리가 먼 곳이었다.

사람들이 일상적으로 드나드는 광화문 광장은 광장이라고 부르기에는 여러모로 어울리지 않는 곳이었다. 광화문 광장은 2009년 왕복 16차 도로 한가운데 4개 차로를 확보해서 만든 것이다. 그러다 보니 폭 34m, 길이 740m로 가로·세로 비율이 거의 1대 22 정도의 길쭉한 모양새가 되었다. 일반적으로 광장은 사람들이 모여 교감하기 좋게 원형이거나 정방형 모양을 하고 있는데 그와는 완전히 다른 것이다. 양 옆으로 각각 6차선 도로가 나 있기에 접근도 쉽지 않다. 차로 한복판에 있다 보니 주변에 가게나 노상 카페가 들어설 여지도 전혀 없다. 문화적으로 즐길 거리가 없는 곳이다. 그러다 보니 최대의 중앙분리대라는 비난이 쏟아지기도 했다. 한마디로 평상시 광화문 광장은 소통의 공간이라기보다는 고립된 섬과 다름없었다.

하지만 촛불시민혁명 시기에 엄청난 수의 시민들이 이곳을 점령하면서 사정은 혁명적으로 바뀌었다. 광화문 광장은 차로 한복판에 있는 좁은 공간이 아니라 서울 시청에서 종로, 서소문로, 청와대로 가는 길 모두를 포괄하는 광대역 공간으로 탈바꿈했다. 고립된 섬에서 벗어나 드넓은 광야로 거듭난 것이다.

촛불시민혁명은 광화문 광장을 공간적으로만 아니라 법리적으로도 재구성했다.

2002년 촛불집회 이후 시민들은 광화문 광장을 점령하기 위해 부단히 노력했다. 하지만 그 모든 시도는 공권력에 의해 이중삼중으로 가로막혔다. 2008년 촛불시위 때는 광장 한복판을 가로지른 이른바 '명박산성'에 길이 막혔다. 게다가 경찰은 일반교통방해죄 등을 적용하여 광장 점령자들을 탄압했다. 그로 인한 입건자 수는 무려 1591명이나 됐다. 2008년 촛불시위 당시 광화문 광장을 점령하기 위한 시도는 불법으로 간주되었던 것이다.

촛불시민혁명은 광화문 광장을 온전하게 점령하는 데 성공했다. 끝을 알 수 없으리만치 밀려든 인파, 비폭력 평화집회를 통해 확보된 확고한 도덕적 우위, 정치적 슬로건에 대한 광범위한 국민적 지지 등은 공권력의 힘을 일거에 무력화시켰다. 경찰은 이전 시기와 마찬가지로 광화문 광장 한복판에 차벽을 설치하는 것으로 집회를 옥죄려 했다. 하지만 법원은 차벽을 후퇴시키라는 조치를 잇달아 취했다. 차벽은 청와대 1백 미터 앞까지 밀려났다. 그로 인해 형성된 공간은 집회 참가자들이 점령하였다. 집회 참가자들에 대한 탄압도 사라졌다. 초기 단계에 있었던 연행자들은 모두 훈방 조치되었다. 이후부터는 연행자가 단 한 명도 발생하지 않았다. 경찰 조직에 변화가 있었던 것도 아니었다. 그 사이 관련법이 바뀐 것도 아니었다. 변화는 오직 감당할 수 없는 촛불시민혁명의 거대한 힘이 만들어 낸 것이었다.

촛불시민혁명의 광화문 광장 점령은 합법화되었다. 촛불시민혁명이 거둔 첫 번째 정치적 승리였다.

광화문 광장을 합법적으로 점령한 시민들은 세상의 한복판을 점령한 것 같은 환희를 느낄 수 있었다. 시민들은 보무당당하게 거리를 활보했다. 그리고 지구상 어느 곳에서도 찾아볼 수 없었던 갖가지 진풍경을 선보였다. 광화문 광장은 촌철살인 정치 풍자의 경연장이 되었다. 연대 의식을 담은 갖가지 서비스가 광장을 따뜻하게 장식했다. 광장은 축제의 장이 되었다.

광장은 새로운 관계를 낳는 창조적 공간이 되었다. 백만이 넘는 인파가 몰려들어 그들 나름의 독특한 방식으로 폭넓은 관계망을 형성했다. 집회 참가자들은 SNS를 기반으로 다양하게 얽혀 있었다. 전혀 모르는 관계라 하더라도 현장에서 행동과 행동으로 쉽게 결합했다. 시민들은 보이지 않는 끈에 의해 내면적으로 연결되었다. 참가자 모두가 이 사실을 가슴으로 느낄 수 있었다.

광장에는 참가자들을 가르고 차단하는 그 어떤 장벽도 존재하지 않았다. 그곳에서 모든 사람들은 동등한 인격체로 대우 받았다. 그곳을 지배한 것은 돈이 아니라 인간의 가치였다. 광장에서 사람들은 각자의 개성을 마음껏 발산하는 가운데 수평적으로 연대하고 협력했다. 그런 점에서 광장은 비록 일시적이고 제한적이나마 낡은 세계의 대척점에 선 해방 공간이 되었다.

전통적 관점에서 볼 때 광장에 운집한 시민들 대부분은 조직되어 있지 않았다. 그들은 조직 동원과 관계없이 개인적으로 참가했다. 그렇다고 해서 시민들이 모래알처럼 흩어져 있었던 것도 아니었다. 조직된 것도 아니고 흩어진 것도 아니었다. 광장의 시민들이 맺은 관계망은 전통적 조직관으로는 설명할 수 없는 전혀 새로운 것이었다.

광장에서 형성된 관계망은 새로운 미래를 잉태하는 자궁이 될 것이다. 이를 표현할 새로운 개념이 필요하다. 그것은 '생태계'이다.

2

자연 생태계를 움직이는 원리

오늘날 생태계라는 용어는 여러 방면에서 다양한 의미로 사용되고 있다. 그럼에도 불구하고 생태계의 본질을 가장 정확히 드러내고 있는 것은 애초의 의미를 간직하고 있는 자연 생태계이다.

생물학의 발전은 생태계에 대한 인식을 끊임없이 혁신해 왔다. 그 과정에서 전통적 시각에 상당한 오류가 있음이 드러났다.

근대적 시각에서 자연적 상태는 지극히 무가치한 것이었다. 대표적인 계몽주의 사상가였던 존 로크는 자연적인 것은 황무지에 불과하며 오직 인공적인 노력이 가해질 때 가치가 발생한다고 보았다. 자연은 벗어나야 할 야만적 상태였다. 자연은 개척하고 지배해야 하며 인간이 자유롭게 처분할 수 있는 대상이었다.

복잡한 먹이사슬도 수직적인 피라미드를 형성하고 있다고 보았다. 생명의 세계 또한 인간을 정점으로 한 수직적 위계질서를 형성하고 있는 것으로 파악했다. 동물들은 비교적 인간에 가까운 고등동물과 인간과는 거리가 먼 하등동물로 등급이 매겨졌다. 하등동물은 그 존재 가치를 알 수 없는 미물 취급을 받았다. 뿐만 아니라 박테리아균은 병을 옮기는 지극히 불쾌한 존재로 심한 천대를 받아야 했다.

하지만 생물 진화에 대한 과학적 인식이 심화되면서 인간의 생명은 과거만이 아니라 현재 이 순간에도 그동안 미물로 취급하고 천대했던 그들에게 의존하고 있음이 드러났다. 세포는 장구한 세월에 걸친 균들의 활동이 빚어낸 것이며 현재의 세포 또한 균들의 활동에 의존하고 있다. 고귀하기 짝이 없는 인간조차도 그러한 균들의 활동 없이는 단 한순간도 존재할 수 없다.

자연 생태계는 인간이 범접할 수 없는 경이로움으로 가득차 있다. 그 속에는 인간의 미래를 구원할 온갖 진리와 비밀이 있다. 자연이야말로 인간의 가장 위대한 스승이자 구원자이다.

생물학의 발전은 자연 생태계가 어떤 원리를 바탕으로 움직이는지 새로운 시각을 갖도록 했다. 그것은 크게 세 가지이다.

첫째, 개방성

자연적으로 존재하는 생태계는 생명체와 그를 둘러싸고 있는 환경을 총칭하는 것이다. 생태계는 환경과 생명체, 생명체와 생명체를 연결시켜주는 열린 장으로서 플랫폼을 기반으로 형성된다. 해양, 삼림, 초지, 하천, 늪지 등은 그 대표적인 경우이다. 생태계는 이들 플랫폼을 기준으로 해양 생태계, 삼림 생태계, 하천 생태계, 늪지 생태계, 초지 생태계 등으로 분류된다.[7]

플랫폼의 생명은 개방성이고 핵심은 연결 기능이다. 생명과 환경, 생명과 생명을 자유롭게 연결시킬 수 있을 때 플랫폼으로서 제대로 기능할 수 있다. 가장 큰 플랫폼인 바다는 내해인 카스피해를 제외하고는 전체가 하나로 이어져 있다. 바다 안에는 이동을 막거나 연결을 차단하는 그 어떤 장벽도 존재하지 않는다.

플랫폼을 기반으로 형성된 자연 생태계는 대단히 개방적인 세계이다. 인간 세계와 같은 어떤 장벽이 존재하지 않는다. 생태계에는 입장료가 없다. 임대료도 없다. 모든 생명이 자유롭게 접근하고 이동하며 연결된다.

┃ 둘째, 수평성

생태계의 주인은 생명체이다. 생명체는 단순히 환경에 순응하는 수동적 존재가 아니다. 생명체는 자신의 요구에 맞추어 환경을 적극적이고 능동적으로 변화시켜 나가며 이를 통해 부단히 새로운 세계를 창조한다. 오늘날 우리가 익숙해져 있는 환경은 대부분 생명체의 활동과 긴밀한 관련이 있다.

꽃과 나비가 춤추는 아름다운 숲은 그 자체로 생명체가 빚어낸 거대한 작품이다. 우리가 무의식적으로 숨쉬는 산소도 실은 태초의 생명체인 시아노박테리아가 수십억 년에 걸쳐 만들어 낸 결과물이다. 생명체의 사체조차도 지질 구조에 큰 변화를 야기한다. 가령 주요 에너지원이 되어 온 석탄층이나 유전, 천연가스층은 모두 생명체의 사체가 누적되어 만들어진 것들이다.

생명체 각자는 자기 세계의 중심이다. 이러한 점에서 생명체의 관계는

---

7) 플랫폼은 지속적으로 확대되어 왔다. 사막과 극지도 제한적 범위에서 플랫폼 기능을 하고 있다. 최근에는 도시를 생태계의 플랫폼으로 만들기 위한 다양한 시도가 이어지고 있다.
플랫폼의 파괴는 생태계 전체의 파괴로 이어진다. 환경 운동이 주로 플랫폼의 보전과 복원에 초점을 맞추는 것도 이 때문이다.

기본적으로 수평적이다. 위계질서는 극히 제한된 범위 안에서만 존재한다. 생명체 간의 종속 관계는 생존을 의존할 때 나타난다. 야생 동물이 길들여져 가축이 되는 것도 인간에게 생존과 직결된 먹이와 잠자리를 의존하면서부터이다. 그런 점에서 생물학자들 주장대로 지구의 가장 빛나는 주인공은 식물일지도 모른다.

식물은 다른 생명체를 먹잇감으로 하거나 다른 생명체에 의존하지 않고 광합성을 통해 스스로 에너지를 생산한다. 식물은 온전한 의미에서 자율적이고 독립적인 존재인 것이다. 숲속을 거닐어 보면 나무들이 얼마나 의연한 자태를 뽐내는지 알 수 있다. 이 관점에서 보면 동물은 식물의 종 번식을 돕는 조연의 구실을 할 뿐이다. 혹자는 작물 재배를 통해 식물도 인간에 의해 길들여지고 있다고 생각할지 모른다. 하지만 유발 하라리가 〈사피엔스〉에서 적절하게 지적했다시피 밀을 재배하면서 길들여진 것은 밀이 아니라 도리어 인간이었다. 밀은 의연히 자신의 속성대로 나고 자라고 씨앗을 맺지만 인간은 밀 재배에 맞추어 노동과 생활 문화 전반을 맞추어야 했다.

┃ 셋째, 다양성

생태계를 구성하는 생명의 종류는 경이로울 정도로 다양하다. 생명의 진화는 곧 다양성이 증대하는 방향으로 이루어졌다. 오늘날 생명(종) 다양성 유지는 생태계의 보전과 거의 동의어로 사용될 만큼 절대적 중요성을 갖는다.

자연계를 지배하는 원리 중 우리에게 가장 익숙한 것은 약육강식, 적자생존이다. 이 원리에 따르면 궁극적으로 약자들은 사라지고 강자들만 남아 있어야 한다. 하지만 생태계에는 약자들이 종류도 더 많고 종의 개체 수도 더 많으며 생존율 또한 더 높다. 약육강식, 적자생존의 원리와 배치된다. 도대체 어떻게 해서 가능했던 일인가? 바로 공존공생과 연대협력의 원리가 관철된 결과이다.

약자의 위치에 있는 생명체일수록 공존공생, 연대협력을 통해 생존과 번식을 추구하는 경향이 매우 강하다. 린 마굴리스의 〈공생자 행성〉은 원시 생명체의 공존공생에 관해 풍부한 이야기를 전해주고 있다. 모든 생명체의 기본 단위인 세포도 서로 다른 네 종류 균의 장기간 공생이 구조화된 결과다.

숲을 관찰하면 식물들이 어떻게 공존공생하는지 알 수 있다. 식물은 낙엽을 통해 영양소를 배분하고 햇빛도 골고루 나누어 갖는다. 간격이 좁으면 위쪽으로 뻗어 올라가 엉킴을 피한다. 초식동물은 다양한 형태로 연대협력을 한다. 아프리카 초원을 누비는 누우 떼는 수십만 마리가 군집생활을 하면서 서로를 지켜준다. 맹수가 새끼를 노리고 덤벼들면 일제히 방어벽을 싸보호한다. 새끼가 무사해야 큰 무리가 유지되면서 자신의 생존도 보장받는다는 본능의 지시에 따른 것이다.

생태계를 관통하는 기본 원리로서 개방성, 수평성, 다양성은 서로 긴밀하게 연결된 불가분의 관계이다. 진입과 이동 장벽이 없는 개방성은 모든 생명체가 생태계의 당당한 일원이 될 수 있도록 하는 환경을 이룬다. 이는 수평성이 작동할 수 있도록 하는 기본 조건이다. 수평성은 모든 생명체가 지배와 종속을 벗어나 존재의 존엄성을 획득할 수 있도록 해준다. 또 생명 다양성은 수평성이 빚어낸 결과물인 것이다. 그런 점에서 다양성은 단순히 종류가 많다는 것 이상의 철학적 의미가 있다.

개방성, 수평성, 다양성 세 가지 원리로 인하여 지구는 생명이 넘쳐나는 기적의 행성이 될 수 있었다. 이는 곧 생태계가 어떤 원리를 바탕으로 움직일 때 왕성한 힘을 발휘할 수 있는지를 알려주는 것이기도 하다.

촛불시민혁명으로 돌아가 보자. 다시 한 번 확인하면 촛불시민혁명에는 세 가지 특징이 있었다.

첫째, 촛불시민혁명은 철저한 개방성을 보여주었다. 누구나 촛불을 들면 촛불시민혁명의 당당한 일원이 될 수 있었다. 자유롭게 진입하고 이동하고 관계 맺을 수 있었다. 재산이나 사회적 지위, 사상과 정견 그 어느 것도 참가자를 가르는 장벽이 될 수 없었다.

둘째, 촛불시민혁명은 수평성을 바탕으로 진행되었다. 그 어떤 위계질서도 허용하지 않았다. 각자가 중심인 조건에서 수평적으로 만났다. 나를 대표하는 것은 오직 나 자신이었고 각자 저마다의 세계에서 중심이었다.

셋째, 촛불시민혁명은 다양성을 극대화했다. 참가자 각자는 기획의 주체였고 연출자였다. 각자의 취향대로 자신의 의사를 표현함으로써 온갖 다양한 장면들을 선보였다. 촛불시민혁명은 전체가 풍자 박람회였고 문화 공연장이었다. 엄연한 투쟁현장이면서 축제의 장이 되었다.

앞서 확인한 대로 촛불시민혁명의 세 가지 특징은 청년세대의 속성이 발현된 결과이다. 청년세대 스스로가 자신의 속성대로 집회와 시위를 디자인하고 펼쳐내면서 만들어낸 역사적 산물이었다.

여기서 우리는 기묘하리만치 놀라운 일치를 발견한다. 자연 생태계를 움직이는 기본 원리, 청년세대의 속성, 촛불시민혁명의 특징이 정확히 일치하는 것이다. 과연 이를 어떻게 받아들여야 할까?

셋 사이의 일치가 단순한 우연의 결과일까? 아니면 역사 발전의 합법칙적 발전이 빚어낸 결과일까. 지금으로서는 정확히 알 수 없다. 그럼에도 셋 사이의 일치가 그 어떤 보편적 원리가 작동한 결과라고 짐작하는 것은 큰 무리가 아닐 듯싶다. 이 점은 앞으로 실천적 검증을 통해 좀 더 분명하게 확인될 것이다.

촛불시민혁명에서 시민들은 광장을 점령했다. 광장은 플랫폼이 되었다. 수많은 시민들이 광장을 플랫폼 삼아 연결될 수 있었다. 그 중심을 관통하는 원리는 개방성·수평성·다양성이었다. 전혀 새로운 관계망으로서 거대한 '생태계'가 만들어진 것이다. 과연 이 사실이 의미하는 바가 무엇일까?

우리는 이런 상상을 해 볼 수 있다. 촛불시민혁명 과정에서 시민들은 광장을 점령하고 이를 플랫폼 삼아 생태계를 형성하는 데 매우 익숙해졌고 또한 능숙해졌다. 앞으로도 시민들은 자신들이 익숙해져 있는 바로 그 방식대로 사회의 다양한 영역을 점령하고 그곳을 플랫폼 삼아 새로운 생태계를 형성할 수 있을 것이다. 이를 통해 낡은 세계를 혁파하고 새로운 세계를 창조하는 혁명의 과정을 이어나갈 수 있다. 촛불시민혁명으로부터 시작된 한국혁명은 바로 그와 같이 이루어질 것이다.

우리는 이러한 과정을 통칭 '생태화'라고 표현할 수 있을 것이다. 생태화는 촛불시민혁명의 항해를 이끌 좌표가 될 것이다. 동시에 그것은 여러 영역에서 이루어지는 다양한 형태의 혁명을 관통하는 기본 원리가 될 것이다. 혁명의 결과로 만들어지는 새로운 질서를 함축적으로 표현하는 것이기도 하다.

3

플랫폼 기반 생태계

초식 동물은 쉴 틈 없는 풀 뜯기 노동으로 생존을 유지한다. 같은 종끼리 혹은 이웃 종끼리 서로 연대하고 협력한다. 아프리카 초원에서 맹수가 출현하면 긴 목을 가진 기린이 먼저 알아차리고 다른 초식 동물들에게 신호를 보낸다. 반면 맹수에 속하는 포식 동물은 전혀 다른 행태를 보인다.

포식 동물의 사회를 지배하는 것은 말 그대로 약육강식의 정글의 법칙이다. 포식 동물들은 경쟁자를 도태시키는 것이 자신의 생존에 유리하다고 본다. 그 일환으로 다른 맹수의 새끼를 발견하면 가리지 않고 죽이려 든다. 함께 새끼를 보호해 주는 초식동물과는 정반대의 모습이다.

포식 동물의 행태는 생태계의 지배적 원리에서 벗어난 것이다. 포식 동물이 예외적 소수로 존재한다면 생태계는 큰 문제없이 작동한다. 생물학자 션 B. 캐럴 교수가 세렝게티 법칙이라고 명명한 생태계의 조절과 균형이 일정하게 유지되는 것이다.

만약 이들이 예외적 소수에서 벗어나 지배적 다수의 위치를 차지해 승자독식을 추구하면 생태계는 공멸로 치달을 수도 있다. 과학자들은 지구 역사에서 포식자의 전횡으로 생명체들이 공멸에 이른 적이 몇 차례 있었던 것으로 파악하고 있다.

포식 동물은 진화의 계보에서 우리 인간에게 가장 가까운 종이다. 기묘하게도 인간 사회는 이들 포식 동물의 행태와 유사한 모습을 보이는 경우가 많다. 둘은 여러모로 닮은 구석이 많았던 것이다. 엄밀하게는 인간이 자연계의 포식 동물보다 더 포악했다. 생태계의 조절과 균형마저 파괴해 왔기 때문이다. 그간 진행되어 온 자연에 대한 무자비한 파괴는 이를 반증한다.

인간의 포악한 모습은 자연과의 관계에서만 그런 것이 아니라 사회 내부에서도 자주 발견되었다.

그동안 자본주의 사회를 지배했던 법칙은 말 그대로 약육강식의 정글의 법칙이었다. 강자는 약자를 먹잇감으로 삼는 데 조금도 주저하지 않았으며 경쟁자는 철저한 도태의 대상이었다.

이러한 양상은 신자유주의에 이르러 극한을 향해 치달았다. 강자들의 승자독식은 비판과 견제가 아닌 찬미의 대상이 되었다. 포식자들의 전횡이 여과 없이 정당화된 것이다. 하지만 2008년 글로벌 금융위기에서 드러났듯이 포식자들의 무분별한 승자독식 추구는 참혹한 공멸을 초래했을 뿐이었다.

승자독식에 기반을 둔 신자유주의는 지속가능성 없는 시스템임이 분명해졌다. 인류는 신자유주의를 넘어서기 위한 다양한 모색을 해왔다. 아직까지는 폭넓은 지지를 받는 확실한 대안이 나타나지는 않았다. 그럼에도 전환의 단초들이 다양하게 출현해 온 것은 매우 주목할 만하다.

기묘하게도 주요 무대가 된 것은 시장이었다. 다양한 사례를 통해 플랫폼 기반 생태계 형성의 원리가 인간 사회에도 적용될 가능성이 보인 것이다. 이 지점에서 가장 선두에 선 것은 미국의 IT 기업들이었다.

플랫폼 기반 생태계 형성을 기업 경영 전략에 본격 적용하기 시작한 대표적인 기업은 애플이었다. 선행하는 여러 과정이 있었지만 전형을 창출하지는 못했다. 무엇보다도 애플처럼 인식의 전환을 가져오지 못했다.

애플은 2004년 4월 온라인 음원 판매망인 '아이튠즈 뮤직스토어'를 세상에 선보였다. 애플은 수입의 70%를 음반사에 제공하기로 약속했다. 이를 조건으로 사용자들이 한 곡당 99센트를 지불하면 애플이 출시한 MP3플레이어 아이팟을 이용해 무한정 재생할 수 있도록 했다.

바로 여기서 아이튠즈 뮤직스토어가 플랫폼 기능을 했다. 아이튠즈 뮤직스토어를 기반으로 음악 콘텐츠를 둘러싼 다양한 이해당사자들이 함께 이익을 볼 수 있는 생태계가 구축되었던 것이다.

그동안 골치를 썩이던 불법 다운로드가 사라지면서 음반사들은 안정적인 수익을 거둘 수 있었다. 사용자들은 큰 비용을 들이지 않고 원하는 곡을 합법적 경로를 통해 자유자재로 얻을 수 있었다. 애플은 배타적 재생 수단인 MP3플레이어 아이팟의 폭발적 판매 덕에 막대한 수익을 거둘 수 있었다.

애플의 플랫폼 기반 생태계 전략은 스마트폰의 효시라 할 수 있는 아이폰을 출시하며 뒤이어 문을 연 애플리케이션(앱) 온라인 장터 '앱스토어'를 통해 훨씬 진화된 형태로 재현되었다.

그동안 애플리케이션 개발자들이 주로 의존했던 유통망은 이동통신사들이었다. 가격은 주로 이동통신사들이 입맛에 맞게 정했고 수익의 대부분도 이동통신사들의 몫이었다. 대략 수익의 70% 정도를 이동통신사들이 가져갔던 것으로 보면 된다. 이를 180도 뒤집은 것이 바로 애플이었다.

2008년 7월 애플은 앱스토어 개장을 공식적으로 알렸다. 애플은 개발자가 만든 애플리케이션을 일정한 심사를 거쳐 앱스토어에 올릴 수 있도록 했고, 판매 수익의 70%를 개발자가 가져갈 수 있도록 하였다. 아울러 1년 등록비용 99달러를 내면 애플의 프로그램 개발 툴인 SDK를 이용하여 개수 제한 없이 애플리케이션을 개발, 등록할 수 있도록 했다. 군소 프로그램 개발자들이 최소의 비용으로 전 세계 시장을 상대로 마케팅 할 수 있는 길을 열어 준 것이다.

그러자 그동안 시장 진출과 수익 창출에서 심각한 어려움을 겪어 왔던 군소 프로그램 개발자들이 다투어서 자신들이 개발한 애플리케이션을 앱스토어에 등록하였다. 짧은 시간 안에 수십만 개의 애플리케이션이 앱스토어에 등록되었다.

사용자들의 애플리케이션 다운로드 또한 폭발적으로 증가했다. 앱스토어 개장 2년 반 만에 다운로드 100억 회를 돌파하기에 이르렀다. 같은 기간 동안 앱 개발자들이 거둔 수익은 약 20억 달러 정도에 이르렀다. 사용자들 입장에서 보면 보다 손쉽게 한층 풍부한 애플리케이션에 접근할 수 있다는 분명한 이점이 있었다.

애플은 애플리케이션 판매 수익금의 30%를 챙겼는데 이는 앱스토어 유지비로 지출되었다. 앱스토어 자체로는 수익이 없었던 것이다. 애플이 자선 사업을 한 것인가? 애플의 수익 장치는 다른 곳에 있었다. 애플은 앱스토어의 애플리케이션을 오직 자사 제품인 아이폰을 이용해야만 다운로드 받을 수 있도록 했다. 결과는 아이폰의 폭발적 판매와 엄청난 수익으로 이어졌다.

앱스토어가 플랫폼 기능을 하면서 군소 개발자, 사용자, 애플이 함께 이익을 보는 거대한 생태계가 형성된 것이다. 이러한 생태계 전략을 바탕으로 애플은 일약 세계에서 가장 돈을 잘 버는 기업으로 부상했다.

애플이 약진을 거듭하는 가운데 이를 넘어설 새로운 강자가 부상했다. 다름 아닌 구글이었다.

구글은 전형적인 플랫폼 기업으로 알려져 있다. 압도적 우위를 점하고 있는 검색, 대표적인 동영상 사이트인 유튜브, 전 세계 공간을 지리적으로 표시하고 있는 구글 맵, 모바일 운영체제인 안드로이드 등이 대표적인 플랫폼이라고 할 수 있다. 구글은 바로 이들 플랫폼을 기반으로 전 세계를 아우르는 다양하면서도 강력한 생태계를 형성해 왔다. 안드로이드를 예를 들어 보자.

안드로이드는 본래 앤디 루빈이 이끄는 작은 벤처기업에서 개발된 것이었다. 앤디 루빈은 구매자로 한국의 삼성을 지목하고 협상했으나 실패했다. 삼성은 이를 어떻게 활용할 수 있는지에 대한 전략적 판단을 하지 못했다. 결국 16억 달러에 이르는 거액을 들여 인수한 곳은 구글이었다.

구글은 안드로이드 운영체제를 이동통신사와 모바일 제조업체들이 무료로 사용하도록 하였다. 거액의 인수자금과 지속적인 업데이트에 막대한 비용이 소모됨을 고려하면 매우 파격적인 것이었다. 뿐만 아니라 구글은 안드로이드 소스를 공개함으로써 이동통신사와 제조업체들이 자신의 용도에 맞게 바꾸어 사용할 수 있도록 허용했다. 덕분에 이용 업체들은 구글과 결별하더라도 고객을 계속 유지할 수 있었다. 여기에 덧붙여 구글은 구글 맵이나 유튜브 등 인기 있는 구글 서비스를 안드로이드 운영체제에 최적화해서 사용할 수 있도록 했다. 그 밖에 온갖 다양한 애플리케이션도 함께 탑재했다. 파격적인 조치로 한국의 삼성과 LG 등 유력 모바일 제조업체들이 안드로이드 운영체제를 채택했다. 그 결과 안드로이드 사용 진영은 애플을 능가하며 1위를 차지했다.

구글이 거액을 들여 인수한 안드로이드 운영체제를 무료 플러스 알파라

할 수 있을 만큼 파격적인 조건으로 관련업체들에게 제공한 이유는 무엇일까. 사실 구글이 그런 조건을 내걸었을 때 관련 업계는 구글의 의도를 의심의 눈길로 바라보았다. 하지만 구글의 선택 배경은 매우 명확했다.

구글이 거두어들이는 수입의 대부분은 광고에서 나온다. 구글은 안드로이드 운영체제를 최대한 많은 업체들이 채택하고 이를 통해 모바일 기기 제조사, 이동통신사, 애플리케이션 개발자, 사용자 등이 참여하는 생태계가 최대한 광범위하게 형성되기를 바랐다. 그렇게 되면 자신들의 광고 콘텐츠가 노출될 수 있는 기회가 극대화될 수 있다고 판단했던 것이다. 실제로 안드로이드 운영체제는 구글이 보유한 플랫폼 중에서 가장 높은 수익을 안겨다주는 것이 되었다.

구글은 안드로이드만이 아니라 검색, 구글 맵, 유튜브 등 핵심 플랫폼 모두를 무료 서비스 형태로 운영하고 있다. 구글은 이러한 플랫폼들을 기반으로 광범위한 생태계를 형성하였고 이를 통해 막대한 수익을 창출했다. 그럼으로써 마침내 애플마저 제치고 시가총액 기준 세계 1위 기업에 등극했다. 플랫폼 기반 생태계 전략의 위력을 유감없이 입증한 것이다.

전 세계 가입자 수가 15억을 넘어선 SNS 선두 주자 페이스북도 비슷한 경우라고 할 수 있다. 페이스북은 폐쇄 정책을 추구했던 기존의 마이페이스 등과 달리 자기 영역 안에서 다른 업체나 개인들이 마케팅을 할 수 있도록 허용하고 이를 적극 지원했다.

급성장한 소셜 커머스 업체들도 상당 부분 페이스북의 이러한 특성을 이용한 것이라고 할 수 있다. 덕분에 페이스북은 강력한 플랫폼이 되었고 이를 기반으로 수많은 개인과 업체들의 영업망이 연결되는 거대 생태계가 형성될 수 있었다. 덕분에 페이스북 가입과 접속이 폭발적으로 증가하는 선순환 구조가 만들어졌다

전자상거래 분야에서도 비슷한 양상이 나타났다. 아마존을 예로 들어 보자. 아마존은 개방형 상거래 웹 서비스를 만든 뒤 누구든지 자유롭게 소규모 판매 사이트를 개설할 수 있도록 하였다. 아울러 방대한 상품 데이터와 결제 시스템 등을 무료로 제공하였다.

수많은 소규모 판매 사이트가 만들어졌고 1년도 채 지나지 않아 수천만 명이 방문하여 상품을 구입하기에 이르렀다. 아마존을 플랫폼으로 하는 광범위한 생태계가 형성된 것이다. 아마존은 웹 서비스를 제공한 대가로 수수료를 받는데 그렇게 해서 얻은 수익이 원래 사업이었던 온라인 서점의 그것보다도 많았다.

플랫폼 기반의 생태계 전략은 IT산업을 넘어 거의 모든 분야로 확산되고 있다. 그에 따라 세계 시장 경쟁 구도는 기존의 기업 대 기업, 제품 대 제품에서 생태계 대 생태계로 빠르게 재편되고 있다. 누가 생태계를 광범위하면서도 강력하게 구축하는가에 따라 경쟁력이 좌우되는 양상이 벌어진 것이다.

신흥 경제대국 중국도 이에 발 빠르게 대응하고 있다. 세간의 이목을 집중시켜 온 전자 상거래업체 알리바바도 플랫폼 기반 생태계 전략을 구사한 경우라고 할 수 있다. 알리바바를 플랫폼으로 수많은 생산업자, 유통업체, 배송업체, 소비자가 거대한 생태계를 형성하고 있는 것이다.

알리바바는 플랫폼의 핵심 요소를 잘 살림으로써 다양한 경제 주체들이 효과적으로 연결될 수 있는 최적의 환경을 갖추고 있다고 평가받고 있다. 소비자들 입장에서도 한층 신뢰감을 갖고 편하게 구매할 수 있는 시스템을 갖추고 있다. 가령 대금결제를 소비자가 반송 여부를 판단할 수 있는 시점 이후에 진행한다. 소비자들은 반송으로 인해 환불을 해야 하는 불편에서 벗어날 수 있는 것이다.

한국은 플랫폼 기반 생태계 전략을 구사하는 데서 매우 뒤쳐져 있는 나라이다. 최근 한국 경제가 국제경쟁력을 상실해 가고 있는 이유 중 하나로 꼽을 수 있다. 삼성전자가 이렇다 할 생태계 기반 없이 그런대로 국제경쟁력을 유지해 온 것이 도리어 기이한 현상으로 간주되고 있는 실정이다. 한국 경제가 이 같은 모습을 보이는 이유는 여러 가지일 것이다. 그중에서도 재벌 기업들이 독불장군식으로 승자독식에 집착해 온 점이 가장 큰 요인으로 작용했을 것이다.

세계 시장의 경쟁 구도가 생태계 대 생태계로 재편되고 있는 것은 매우 중요한 전환의 단초를 보여주는 것이다.

무엇보다도 자연계를 관통하던 플랫폼 기반 생태계 형성이 인간 사회에서도 적용될 수 있다는 가능성을 입증했다. 앞서의 사례들은 약육강식과 경쟁자 도태 논리에서 벗어나 다양한 경제주체들과 상생 가능한 생태계를 형성할 수 있다는 것을 보여주는 것이다. 그 과정에서 앱스토어처럼 군소 개발자라는 약자들과의 연대협력이 이루어지기도 했다. 도리어 그럴 때 강력한 힘을 발휘할 수 있음을 보여주었다.

앞서 소개한 사례들이 플랫폼 기반 생태계 형성에서 완성된 모델을 보여주는 것은 아니다. 이들은 일정 범위 안에서는 상생 가능한 생태계를 형성했지만 더 넓은 범위에서 보면 여전히 승자독식을 추구했다.

애플은 한때 전 세계 스마트폰 수익의 80%를 쓸어가기도 했다. 그 과정에서 납품업체들은 뼈를 앙상하게 드러낸 채 말라갔다. 스마트폰을 조립해 애플에 납품해 온 중국의 폭스콘 사에서 노동자들이 잇달아 자살한 것은 그러한 배경에서 일어난 사태였다. 이러한 양면성을 극복하고 보다 온전한 형태의 생태계를 구성하는 것이야말로 진보적 인류가 풀어야 할 숙제가 아닐까 싶다.

제3장

보수의 붕괴와
정치의 재구성

촛불시민혁명에 참가한 시민들은 박근혜 탄핵을 강력히 요
구했지만 그게 전부는 아니었을 것이다. 시민들에게 박근혜
탄핵은 세상을 바꾸어 나가기 위한 출발점이었을 뿐이다. 그
렇다면 시민들은 왜 박근혜 탄핵으로부터 시작하려고 했을
까? 이는 매우 단순하지만 중요한 의미를 함축하고 있다.

시민들은 한국의 대표 기업인 삼성전자가 국민의 이익에 부
합하기를 원한다. 이러한 바람이 실현되기 위해서는 시민들
에게 삼성전자를 제어할 힘이 있어야 한다. 과연 그 힘은 어
디로부터 나오는가.

순수하게 시장논리로 접근해 보도록 하자. 기업의 최고 의
사결정 기구는 주주총회이다. 주주총회는 보유 주식 수만큼
의결권을 행사한다. 2017년 초 현재 삼성전자 시가총액은
대략 530조 원 정도 되는 것으로 알려져 있다. 주당 가격은
180만 원을 호가한다. 만약 시민들이 삼성전자 주식을 매입
해서 주주총회에 개입하자는 전략을 채택했다고 하자. 대한
민국 국민 모두가 1인당 삼성전자 주식 1주씩을 산다면 어
느 정도 매입할 수 있을까? 삼성전자 주식의 5분의 1도 채
안 된다. 시민들이 돈의 힘을 빌려 삼성전자를 제어하는 것
은 불가능하다는 이야기이다.

바로 여기서 정치의 중요성이 떠오른다. 기업의 세계에서 시
민들은 권리를 행사할 주식이라는 이름의 표가 없다. 하지만
정치 세계에서는 표를 갖고 있다. 민주화된 덕분에 시민들은
대표를 선출하고 헌법 개정 등 중요 사안을 결정할 한 표를
지니고 있다. 정치 세계에서 시민들은 힘을 모으면 국가 권
력을 자신의 손 안에 넣을 수 있다. 바로 이 국가 권력을 이

용해 삼성전자도 제어할 수 있다. 온갖 비리와 불법 행위를 파헤칠 수 있고 경우에 따라서는 총수를 감옥에 집어넣을 수도 있다.

시민들이 직접적으로 경제 권력을 손에 넣거나 통제하는 것은 쉽지 않다. 하지만 국가 권력을 통해 경제 권력을 통제하는 것은 충분히 가능한 일이다. 진정으로 세상을 바꾸기를 원한다면 정치를 장악해야 하는 것이다. 정치를 떠난 혁명은 물을 떠난 물고기와 같다.

그런 점에서 촛불시민혁명은 각별한 의미를 갖는다. 시민들이 어떻게 정치에 개입하고 장악할 수 있는지를 보여주었기 때문이다. 시민들은 그동안 정치권이 엄두도 못했던 엄청난 변화를 이끌어냈다.

박근혜 탄핵 추진은 촛불시민혁명의 결정수에 해당한다. 박근혜 탄핵은 한 명의 정치인을 무대에서 퇴장시키는 데 그치지 않았다. 박근혜 탄핵은 보수 세력 전체의 붕괴를 초래했다. 보수 세력의 붕괴는 단순히 권력의 중심축을 이동시키는 데 그치지 않고 전혀 새로운 정치 질서를 탄생시킬 것이다. 또한 새로운 정치 질서는 새로운 사회 경제적 질서의 창출을 위한 출발이 될 것이다.

그렇게 촛불시민혁명은 연속적인 혁명의 파장을 일으킬 것이다. 촛불시민혁명은 말 그대로 새로운 역사의 시작이다.

무너져 내린 보수 세력

어떻게 하여 박근혜 탄핵 추진이 보수 세력의 붕괴를 초래하는 촛불시민혁명의 결정수가 될 수 있었을까? 그간 보수 세력이 보여준 견고함에 비추어 보면 쉽게 납득할 수 없는 지점이다. 문제의 실마리를 찾으려면 불가피하게 그간 보수 세력이 어떤 길을 걸어 왔는지를 살펴볼 필요가 있다.

보수를 떠받친 세 가지 동맹

한국 보수 세력의 역사는 크게 네 단계로 나누어 살펴볼 수 있다. 그 첫 단계는 태동기인 이승만 정권 시기이며, 두 번째 단계는 박정희 이후 군사 정권 시기이다. 세 번째 단계는 1990년 3당 합당 이후이며 네 번째 단계는 이명박 정부 수립 이후를 꼽을 수 있다.

비판적 입장에서 볼 때 이승만 정권과 함께 형성된 보수 세력은 세 가지 코드의 조합이었다. 친미 사대, 친일 잔재, 반공 독재가 바로 그것이었다.

이승만 정권이 전적으로 미국에 의존해 탄생했다는 점에서 친미 사대는 생래적인 것이었다. 이승만 정권의 중추 세력이 친일파였다는 점에서 친일 잔재는 숙명적인 것이었다. 더불어 그들은 반공을 전가의 보도로 극단적 억압 정치를 유지했다.

박정희 정권 이후에는 군부 통치라는 물리적 억압을 결합시킴으로써 반공 독재를 한층 강력한 것으로 만들었다.

군사정권은 고도의 산업화를 통해 정당성을 획득하려 했고 이러한 노력은 초고속 압축성장과 함께 상당한 성공을 거두었다. 산업화의 성공은 보수 세력의 가장 확실한 존재 이유가 되었다. 군사정권은 산업화를 이끄는 과정에서 반공 독재를 기반으로 높은 효율성을 과시했다. 최상층부의 결정은 전사회적으로 확립된 군대식 상명하복 시스템을 바탕으로 일사불란하게 집행되었다. 높은 효율성은 보수 세력의 뇌리에 깊숙이 새겨졌고 세월이 흘러도 쉽게 지워지지 않았다.

1987년 민주화투쟁의 승리와 함께 보수 세력은 새로운 국면을 맞이했다. 당시 보수 세력은 군사독재라는 원죄로 폐족 처리될 수도 있는 위기 상황이었다. 보수 세력은 숨을 죽인 채 불안한 시선으로 주변을 살피고 있었다. 바로 그때 보수 세력을 기사회생시킨 일이 벌어졌다. 민주화투쟁을 이끈 김대중·김영삼 양김씨가 갈라선 것이다. 당사자들은 모를 수도 있지만 역사의 흐름을 바꾼 초대형 사고였다.

양김씨의 분열은 1987년 대선에서 군부 출신 노태우의 당선으로 이어졌다. 보수 세력은 숨을 돌릴 수 있었다. 반전을 위한 시간을 벌 수 있었다. 이어진 장면은 3당 합당을 통한 민주자유당(이후 신한국당, 한나라당을 거쳐 새누리당에 이르렀음)의 출범이었다. 보수 세력은 정치 영역에서는 민주자유당을, 경제 영역에서는 재벌을 구심으로 가까스로 전열을 재정비할 수 있었다.

3당 합당은 군부 세력과 민주화 세력이라는 서로 대립했던 이질적 세력의 결합이었다. 그것을 가능하게 했던 것은 일차적으로 영남 패권이라는 지역주의였다. 군사 독재의 온상이었던 대구·경북TK과 민주화운동 기지였던 부산·경남PK이 오직 같은 영남이라는 끈으로 묶였던 것이다.[8] 그 과정에서 박정희식 전통에 충실한 국가주의 세력과 시장 중심의 사고를 하는 자유주의 세력이 보수라는 테두리 안에서 결합되었다. 이질적인 두 이념이 동거를 시작한 것이다. 시간이 흐른 다음에는 지금의 60대와 50대가 나이를 먹으면 보수화된다는 비교적 단순한 이유로 손을 잡았다.

이렇게 하여 오랫동안 보수를 떠받쳐왔던 세 가지 동맹, 즉 대구·경북과 부산·경남의 지역동맹, 국가주의와 시장 자유주의의 이념동맹, 5060 세대동맹이 완성되었다. 보수가 한국 사회에서 안정적 다수를 이룰 기둥이 세워진 것이다.

김영삼 정권은 3당 합당으로 크게 외연을 확대한 보수 세력이 이전 보수와는 질적으로 다르다는 점을 과시하고 싶었다. 그 일환으로 김영삼 정권은 두 가지 지점에서 과거와의 단절을 시도했다.

한편으로는 군부 잔존 세력의 청산을 시도했다. 고위층 재산 공개를 통해 부정축재를 해온 군부 세력을 일거에 퇴출시켰고, 군부 쿠데타의 온상이었던 하나회를 전격 해체시켰다. 군부 쿠데타 주역인 전두환, 노태우마저도 내란죄 수괴로 사법 판정을 받도록 했다. 다른 한편으로 정부 주도 경제성장을 뒷받침했던 각종 제도와 장치, 정책을 폐기하고 시장의 자율성을

---

8) 3당 합당 이전 부산·경남은 민주화투쟁에서 중요한 기지 역할을 했다. 민주화투쟁 지도자였던 김영삼의 정치 고향이 부산이었던 점과 밀접한 연관이 있었다. 1979년 박정희 정권 붕괴의 도화선이 되었던 부마항쟁은 이름 그대로 부산과 마산에서 발생한 것이었다. 1987년 6월민주항쟁 당시 군부대 투입 위험이 노골화되었을 당시 가장 과감하게 돌파한 곳도 부산이었다. 투표 성향 역시 야당 지지가 압도적으로 높았다.

강화시켜 나갔다. 김영삼 정권은 그러한 과정을 민주화의 일환으로 간주했지만 과거 정부가 지녔던 효율성도 함께 상실하고 말았다. 결국 시장의 총관리자로서 정부의 역할이 사라지면서 외환위기를 초래하고 말았다.

3당 합당을 통해 새로이 출발한 보수 세력은 이미지 변신에서 상당한 성공을 거둔 듯이 보였다. 기반 또한 쉽게 넘볼 수 없을 만큼 탄탄해졌다. 하지만 외환위기를 초래하면서 정권을 야권에게 넘겨줘야 하는 신세가 되고 말았다. 그 결과 역사상 최초의 수평적 정권 교체가 이루어졌다.

이명박·박근혜 정부의 초라한 성적표

1998년 이후 10년은 김대중·노무현 정부로 이어지는 민주정부 시기였다. 야당으로 밀려나 있던 보수 정치 세력은 이 기간을 잃어버린 10년으로 간주했다. 무엇보다도 경제에 무능한 세력이 집권함으로써 한국 경제의 성장 기세가 크게 둔화되었다고 주장했다. 김대중·노무현 정부는 민주적 절차를 중시했는데 보수 세력의 눈에는 그것이 비효율적인 과정으로 비췄을 뿐이었다.

그 와중에 이명박이 대안으로 떠올랐다. 이명박은 서울시장 재임 때 청계천 복원과 대중교통 시스템이라고 하는 혁신적 과제를 짧은 시간 안에 성공적으로 마무리했다. 보수 세력은 그러한 이명박을 통해 효율성을 발견했다. 이명박이 과거 보수 정권(군사정권)의 강점이었던 효율성을 갖고 경제를 되살릴 것이라 기대했다. 결국 이명박은 보수 세력의 지지를 얻어 대통령에 당선되었다.

이명박 정부는 경제 부흥의 기대를 안고 출범했으나 두 가지 면에서 심각한 착오를 일으켰다.

먼저 이명박 자신이 보수 세력의 지지 이유를 잘못 해석했다. 청계천 복원에 대한 보수 세력 지지를 과거 개발주의에 대한 지지로 착각한 것이다. 그 결과 청계천 복원의 전국화로 한반도 대운하를 추진했다. 격렬한 반발이 일자 4대강 살리기로 선회했다. 당시는 한국 경제가 중대한 전환을 모색해야 했던 시기였으나 혁신의 지체로 정체 상태에 빠져들던 시기였다. 이명박 정부는 그런 위기 상황을 도외시한 채 4대강에서 내내 삽질만 하다 시간을 꺼먹고 말았다.

또 하나의 착오는 보수 세력이 기대했던 효율성을 발휘할 방안을 마련하지 못한 점이었다. 과거 군사정권의 효율성을 뒷받침했던 장치들은 민주화와 함께 대부분 사라진 상태였다. 민주화 이후의 국면에 맞게 효율성을 발휘할 새로운 시스템을 개발했어야 했다. 이명박 정부는 그 지점에서 전혀 해답을 찾지 못했다. 이명박 정부는 경제 살리기에서 전혀 효율적이지 않았다. 이명박 정부를 넘어 보수 세력 전체가 민주화 이후의 국면에 맞게 변신하지 못한 결과이기도 했다.

이명박에게 실망한 보수 세력은 마지막 카드를 선택했다. 바로 박정희의 딸 박근혜였다. 인권적 관점에서 볼 때 독립적인 인격체인 박근혜를 두고 굳이 박정희의 딸임을 강조하는 것은 적절치 않다. 하지만 보수 세력이 박근혜를 선택한 가장 중요한 기준은 의심할 여지없이 그녀가 박정희의 딸이라는 사실이었다. 보수 세력은 박근혜를 통해 고도 산업화를 이끈 박정희 시대의 재현을 바랐던 것이다. 이를 통해 경제와 안보는 변함없이 보수의 몫임을 입증하고 싶어 했다.

국민행복시대를 표명하며 출범한 박근혜 정부가 경제 살리기 전략으로 내세운 것은 창조경제였다. 나중에 살펴볼 기회가 있겠지만 창조경제는 용어만 놓고 보면 맥을 정확히 짚은 것이었다. 문제는 박근혜 자신을 포함해서 관료나 정치인 어느 누구도 창조경제를 제대로 이해하지 못했다는 데 있었다.

박근혜 정부의 창조경제에 대한 몰이해는 최대 야심작으로 추진한 창조경제혁신센터에서 집약적으로 드러났다. 창조경제는 미지의 영역에 뛰어들어 무에서 유를 일구어내는 것인 만큼 모험이 필수적 요소이다. 벤처기업이 그 주역일 수밖에 없는 것이다. 그런데 박근혜 정부는 각 지역별로 창조경제혁신센터를 설립하면서 재벌 기업이 하나씩 맡아 책임지도록 했다. 가령 대구는 삼성이 맡도록 했다. 모험과는 거리가 먼 대기업에게 모험을 진두지휘하도록 한 것이다. 창조경제혁신센터는 처음부터 실패가 예고된 프로그램이었다. 일부에서는 다소의 성과를 낳기도 했지만 대부분은 혼란스런 정치 상황까지 가세하면서 파리 날리는 기관으로 전락했다.

박근혜 정부의 창조경제에 대한 몰이해와 몰상식을 보여주는 결정판은 다름 아닌 문화예술계 블랙리스트였다.

창조경제의 밑거름은 창조적 활동의 결과로 만들어지는 각종 콘텐츠이다. 콘텐츠 생산에서 핵심적 역할을 하는 사람들은 문화예술계 인사들이다. 문화예술은 기성의 것을 반복해서는 창의적 성과를 만들어 낼 수 없다. 문화예술은 본성적으로 비판적일 수밖에 없다. 그런데 박근혜 정부는 비판적 문화예술인들의 블랙리스트를 문화체육관광부에 내려 보내 해당 인물들을 정부 지원에서 배제하도록 했다.[9] 리스트에는 멘부커상을 수상한 소설가 한강도 포함되어 있었다.

문화예술계 블랙리스트는 헌법 가치인 표현의 자유를 심각하게 침해한

---

9) 문화예술계 블랙리스트에는 2014년 6월 '세월호 시국선언'에 참여한 문학인 754명, 2015년 5월 1일 '세월호 정부 시행령 폐기 촉구 선언'에 서명한 문화인 594명, 2012년 대선 당시 '문재인 후보 지지선언'에 참여한 예술인 6,517명, 2014년 서울시장 선거 때 '박원순 후보 지지 선언'에 참여한 1,608명의 문화예술인 등이 포함되어 있다

것이었다. 더불어 창조경제 발전의 원천을 짓뭉갠 조치에 다름 아니었다. 박근혜 정부의 창조경제 정책이 얼마나 자가당착에 빠져 있었는지를 보여준다.

박근혜 정부가 길을 잃고 헤매는 가운데 한국 경제는 하릴없이 무너져 내렸다. 대기업이 중심이 되어 이끌던 산업 대부분에서 성장 엔진이 꺼져갔다. 한때 세계 1위에서 7위까지 한국 업체들이 차지했던 조선업마저 허망하게 무너져 내렸다. 경제성장률은 바닥을 기기 시작했고 전망은 갈수록 어두워져갔다.

이명박 정부에서 박근혜 정부에 이르는 새누리당 집권 시기 경제 성적표는 입에 올리기도 부끄러울 만큼 초라하기 그지없었다. 거의 모든 경제 지표에서 과거 김대중·노무현 정부 때보다도 한참 못한 결과를 보여주었다. 장하성 교수가 언론 칼럼을 통해 발표한 수치는 이 점을 적나라하게 확인해 준다.

김대중·노무현 정부 10년 동안 누적 경제 성장률은 60% 정도 된다. 그에 반해 이명박·박근혜 정부 8년 동안 누적 경제 성장률은 그 절반도 안 되는 28%밖에 되지 않는다. 1인당 국민총생산은 김대중·노무현 정부 10년 동안 김영삼 정부가 초래한 외환위기 여파로 1998년 4천 달러 이상이 감소했음에도 불구하고 최종적으로 1만 1천 달러 늘어났다. 반면 이명박·박근혜 정부 8년 동안 1인당 국민총생산은 4100달러 증가하는 데 그쳤다. 국민의 살림살이는 어떠한가? 가계소득은 김대중 정부 시절 1998년 외환위기로 크게 감소했지만 이후 4년 동안 19% 늘어났다. 노무현 정부 5년을 거치며 10% 증가했다. 하지만 이명박·박근혜 정부 8년 동안 가계소득은 누적 경제성장률의 3분의 1 수준인 10% 증가에 머물렀다.

이번에는 가처분소득 대비 가계부채의 비율을 살펴보자. 해당 수치는 김대중 정부 마지막 해에는 97%, 노무현 정부 마지막 해에는 105%였다. 그러던 것이 이명박 정부 마지막 해에 125%로 크게 증가했고, 박근혜 정부 4년째인 2016년에는 150%를 넘어서고 말았다. 말 그대로 국민부채시대가 열린 것이다. 빡빡해진 것은 가계살림만이 아니었다. 나라 살림 사정 또한 다르지 않았다. 노무현 정부 마지막 해인 2007년에 정부 재정은 6.8조 원 흑자였다. 하지만 이명박·박근혜 정부 8년을 거치며 매년 재정적자를 기록해 누적 재정적자가 무려 166조 원에 이르렀다.

그동안 한국 사회에서 경제와 안보만큼은 보수가 유능하다는 사실이 마치 불변의 통념처럼 통해 왔었다. 실제로 많은 국민들이 경제를 우선하면서 부패하더라도 유능한 보수를 선택하고는 했다. 이명박·박근혜 정부가 들어설 수 있는 배경이었다. 그런데 그 불변의 통념이 흔들리기 시작했다. 이명박·박근혜 정부에 이르러 보수 세력은 경제와 안보에서 전혀 유능하지 않음이 드러난 것이다.

보수 세력을 더욱 당혹스럽게 했던 것은 오랜 기간 축적해 왔던 그들의 노하우가 더 이상 먹혀들지 않았다는 사실이었다. 한 가지 문제를 해결하려고 들면 보다 심각한 다른 문제가 불거졌다. 가령 부동산 경기를 띄우기 위해 빚을 내서 집을 사도록 유도했지만 가계부채가 위험수위를 넘어서면서 한국경제를 파멸로 몰고 갈지 모를 시한폭탄으로 등장했다. 좀 더 자세히 살펴볼 기회가 있겠지만 한국경제는 보수의 처방으로는 더 이상 문제를 해결할 수 없는 전혀 새로운 상황에 진입해 있었다.

안보 상황 역시 크게 다르지 않았다. 이명박·박근혜 정부에 이르러 안보 상황은 이전에 비해 더욱 악화되었다.

이명박·박근혜 정부는 북핵 문제 해결을 내세워 시종일관 대북 압박 정책을 구사했다. 그 일환으로 이명박 정부는 개성공단에 대한 추가 투자를 금지시켰고, 박근혜 정부는 개성공단을 아예 폐쇄시키는 조치를 취했다. 이명박 정부는 개성공단의 목을 줄었고, 박근혜 정부는 개성공단의 목을 쳐버린 것이다. 하지만 대북 압박정책은 북한으로 하여금 더욱더 핵에 집착하도록 하면서 사태를 악화시키는 결과를 초래했을 뿐이다. 북한의 핵 개발 프로그램은 완성을 향해 치달아 갔고 남북 관계는 전쟁 일보 직전까지 가는 등 안보 불안은 더 없이 고조되었다.

붕괴의 시작

보수 세력이 경제와 안보에서 생각과 달리 무능하다는 사실이 갈수록 명확해지자 내부에서부터 심각한 동요가 일어났다. 동요는 보수 세력을 대표했던 새누리당 지지 세력의 균열로 이어졌다.

그동안 새누리당은 유권자의 35%에 이르는 고정표를 갖고 있었던 것으로 평가되었다. 이 표는 여간해서 흔들리지 않는 콘크리트 지지층이었다. 덕분에 새누리당은 약간의 노력만 더하면 선거에서 이길 수 있는 축복받은 정당이었다. 그런데 콘크리트 지지층에서 균열이 일어나기 시작했다.

균열은 1990년 3당 합당 이후 보수 세력을 하나로 결합시켰던 바로 그 연결고리에서 발생했다. TK·PK 지역동맹에서 부산·경남이 떨어져 나갈 조짐을 보였다. 국가주의와 자유주의의 이념동맹에서 자유주의 세력이 고개를 돌리려는 조짐이 나타났다. 5060 세대동맹에서 50대가 돌아설 조짐을 보였다. 이러한 조짐은 2016년 4.13총선에서 현실로 나타났다. 총선 결과는 새누리당이 압승을 거둘 것이라는 대부분의 관측과 달리 새누리당의 참패로 나타났다.

새누리당 지지층의 균열이 가속화되는 가운데 비선실세 최순실의 국정

농단 사태가 터졌다.

최순실 사태는 보수 세력을 힘겹게 묶어주고 있었던 정치적 끈을 가차 없이 끊어버렸다. 최순실 사태는 최고 통치자의 무식과 무능, 무책임을 적나라하게 폭로했다. 의심을 받아 왔던 유능한 보수라는 신화는 완벽하게 깨졌다. 최순실의 국정 농단은 국가라는 공적 기구가 어떻게 사유화 되었는지 보여주었다. 이는 국가관을 중시했던 보수 진영의 가치 체계를 심각하게 손상시키는 것이었다. 보수가 안겨다줄 수 있는 권위와 안정감마저도 더 이상 기대할 수 없는 형편이 되었다.

보수 세력은 일제히 공황 상태에 빠져들었다. 이 꼴 보려고 박근혜를 뽑았는가? 라는 자괴감이 팽배했다. 보수를 보는 사회적 시선도 싸늘해졌다. 스스로 보수라고 말했다가는 일거에 왕따 당하는 분위기가 형성되었다. 보수 세력 내부의 동요와 이탈은 걷잡을 수 없는 상태에 이르렀다. 보수 가치에 충성했던 상당수 시민들이 촛불시민혁명에 직접 참여하거나 적극적 지지를 보냈다.

촛불시민혁명에 참여한 시민들은 박근혜 탄핵을 강력히 요구했다. 국민 여론은 그에 대해 뜨거운 지지를 보냈다. 국회는 거센 촛불 민심을 반영해 234명의 압도적 다수의 찬성으로 박근혜 탄핵 소추안을 가결했다. 사실상 박근혜 정권에 대한 국민적 심판이 내려진 것이다. 파장은 컸다. 박근혜 탄핵 추진은 보수 세력을 산산조각 냈다. 보수 세력이 박근혜 탄핵을 둘러싸고 사분오열된 것이다.

박근혜 탄핵 지지율 80%라는 여론 조사 결과가 말해 주듯 보수의 다수는 탄핵에 찬성했다. 박근혜 지지율 4%라는 갤럽 조사 결과대로 극소수는 박근혜를 계속 지지하며 탄핵에 완강하게 반대했다. 그 중간에 있던 세력들은 박근혜를 지지하지는 않았지만 탄핵에 대해서는 복잡한 반응을 보였다.

새누리당에 대한 지지율은 곤두박질쳤다. 박근혜 친위 세력(친박)은 폐족으로 내몰렸다. 급기야 새누리당은 분당으로 치달으면서 해체 위기에 직면했다. 보수의 정치적 구심이 무너진 것이다.

보수 매체들도 보수 세력의 붕괴라는 현실을 어쩔 수 없이 인정했다. 비록 낡은 보수라는 수사가 붙기는 했지만 보수의 붕괴는 결코 부인할 수 없는 현실이었다. 보수 논객들이 다투어서 보수의 살길을 찾아야 하며 그러자면 보수를 완전 재구성해야 한다고 다투어 외친 것은 이를 뒷받침해 준다.

보수 세력은 앞으로 상당 기간 구심점 없이 표류할 가능성이 높다. 경우에 따라 새로운 마인드로 무장한 진보세력에 대거 흡수된 뒤 소수 세력으로 전락할 가능성도 배제할 수 없다. 무엇보다도 보수 세력이 축적해 온 무기들이 대부분 시대 상황에 맞지 않는 녹슨 고철로 전락해 버렸다. 보수 세력은 한국 사회가 직면해 있는 갖가지 문제들에 대한 진단과 처방 모두에서 무기력해져 있다.

보수 세력이 처해 있는 상황은 국민적 지지를 받는 대선 주자가 딱히 없다는 사실에서 집약적으로 표현되고 있다. 빼어난 인물이 없어서가 아니었다. 노력을 게을리 해서가 아니었다. 결정적 요인은 새로운 미래를 담은 비전을 제기하는 데서 어쩔 수 없는 한계에 직면했던 것이다.

그나마 기대를 모았던 반기문 전 유엔 사무총장이 대선 불출마를 선언하면서 보수 세력은 닭 쫓던 개 신세가 되고 말았다. 전반적인 상황은 보수 세력이 전의를 상실하게 만드는 쪽으로 흐르고 있다.

국회가 박근혜 탄핵을 추진할 때만 하더라도 상당수 보수 세력은 이른바 제3지대[10]를 무대로 보수 정권 재창출이 가능할 것으로 내다보았다. 하지만 진보 세력의 집권 가능성이 높아지자 위기의식을 느낀 극우 보수 세력이 탄핵 반대 태극기 집회에 대거 합류하기 시작했다. 결과는 태극기 집회가 보여준 극단적인 수구 색채로 보수 세력 내부의 정서적 균열이 더욱 심화됐다는 것이다. 그리고 헌법재판소가 탄핵 인용 결정을 내리면서 태극기 집회 세력은 여론에서 고립된 채 크게 위축되었다. 여러모로 보수 세력이 재결집할 가능성이 희박해진 것이다.

---

10) 기존 집권 여당이었던 새누리당과 제1야당인 더불어민주당 사이 중간에 펼쳐진 정치 영역을 가리킨다. 현재는 국민의당과 새누리당에서 분당한 바른정당이 두 축을 형성하고 있는 가운데 개별 정치인들이 가세하고 있다. 제3지대의 향방에 대해서는 어느 누구도 예측하기 힘든 상태이다. 상수는 적고 변수는 많기 때문이다. 이념 분포도 매우 복잡할 뿐더러 정치적 기반도 명확하게 구분되어 있지 않다.

2

좌우 구도의 해체

보수 세력의 붕괴와 관련해서 함께 짚어 봐야 할 지점이 하나 있다. 앞서 확인한 대로 국민들이 보수를 선택한 것은 주로 경제 부흥에 대한 기대감 때문이었는데 결과는 정반대로 나타났다. 그럼에도 불구하고 박근혜는 한동안 선거의 여왕이라는 칭호를 얻을 정도로 매번 선거를 승리로 이끌었다. 과연 그 비밀은 무엇이었을까? 답은 좌우 대결 구도라는 장치의 가동에 있었다.

노무현 정부의 탄생 배경

문제를 좀 더 정확히 이해하자면 먼저 김대중·노무현 정부 시기에 일어난 정치 지형 변화를 살펴볼 필요가 있다.

1990년 3당 합당의 여파로 김대중이 이끌던 정치 집단은 고립무원의 상태에 빠졌다. 1992년 김대중은 생애 세 번째 대선에 출마했으나 예정된 패배를 맞이했다. 김대중은 고립에서 벗어나기 위해 몸부림쳤다. 결국 1997년 대선에 출마하면서 김대중은 3당 합당에서 떨어져 나온 김종필과 손을 잡았다. 이른바 DJP연합을 실현한 것이다. 군부와 맞서 민주화 투쟁을 이끌었던 김대중이 5.16군사쿠데타 주역과 한배를 탄 것이다. 덕분에 김대중은 대선에서 승리를 거머쥘 수 있었다.

어렵사리 집권에 성공한 김대중은 3당 합당으로 형성된 보수 절대 우위의 지형을 바꾸기 위해 고심했다. 그가 선택한 것은 2000년 남북정상회담이었다. 6.15공동선언이 발표되면서 남북관계가 획기적으로 바뀌었다. 남북 간의 화해 교류 협력이 급물살을 탔다. 과거 극심한 탄압을 받았던 8.15통일대회는 남북 해외대표가 함께 참석하는 가운데 상암 월드컵 경기장 등에서 합법적으로 개최되었다.

지난날 반공반북은 결코 넘어설 수 없는 철의 장벽이었다. 이 장벽을 배경으로 장기간 독재가 이어졌고 보수의 절대 우위가 유지될 수 있었다. 그 장벽이 한순간에 무너져 내린 것이었다. 그 과정에서 남북 당국의 협력을 바탕으로 한반도 평화를 정착시키는 것이야말로 최고의 안보 전략임이 드러났다. 합리적 보수층을 포함한 다수 국민이 김대중 정부의 평화 정책을 지지했다. 일순간에 정치 지형이 다수 평화 세력 대 소수 냉전 세력 사이의 대결 구도로 바뀌었다.

이 모든 것은 국민들 입장에서 볼 때 가히 혁명적 체험이 아닐 수 없었다. 거대한 의식변화가 뒤를 따랐다. 과거의 틀에 집착하는 것은 더없이 미련하고 바보스런 일이었다. 변화와 혁신, 개혁만이 새로운 미래를 보장할 수 있었다. 자연스럽게 다수 개혁 세력 대 소수 수구 세력이라는 구도가 파생되어 나왔다.

개혁 대 수구의 구도는 2002년 대선에서 노무현이 승리하는 데 결정적 기여를 했다. 이 사실은 선거 전후 사정을 살펴보면 명확하게 드러난다. 노무현은 당시 여당인 민주당 대선 후보로 선출되었으나 낮은 지지율로 시종 고전하고 있었다. 노무현이 선택한 활로는 정몽준과의 후보 단일화였다. 노무현은 여론 조사에서 극적으로 승리했다. 하지만 막판 투표를 하루 앞둔 날 정몽준은 단일화 파기를 선언했다. 보수 진영은 승리를 확신했다. 단일화를 파기한 만큼 정몽준 지지자들이 노무현이 아닌 보수 후보 이회창을 찍을 것으로 내다보았기 때문이다.

하지만 결과는 노무현의 승리로 나타났다. 정몽준 후보 지지자들은 스스로를 개혁 진영에 속한다고 보았고 단일화 파기와 무관하게 같은 개혁 진영 후보로 여긴 노무현에게 표를 던졌던 것이다. 정몽준 지지자들 입장에서 수구 냄새가 물씬 풍기는 이회창에게 표를 던지는 것은 너무나 찝찝한 일이었다.

▍좌우 구도의 역습

이회창의 패배는 보수 진영에게 충격적인 사건이 아닐 수 없었다. 그들 입장에서는 도무지 패배할 수 없는 게임에서 졌기 때문이다. 노무현은 여당 후보로서 경제 실정에 대한 심판을 받아야 하는 입장이었다. 김대중처럼 관록 있는 정치인도 아니었다. 보수 정치가 분열된 것도 아니었다. 그런데도 1997년보다 더 큰 표차로 노무현에게 졌다. 보수 입장에서는 도무지 이해할 수 없는 일이었다.

사태의 본질을 날카롭게 꿰뚫고 있던 그룹이 있었다. 그를 대표하는 인물은 다름 아닌 박근혜였다. 박근혜 그룹은 개혁 대 수구 구도가 미친 결정적 영향을 정확히 이해하고 있었다. 그들은 양자 구도를 자신들에게 유리하게 전환시키기 위해 고심했다. 그런 그들에게 기회가 왔다.

2004년 당시 야당이었던 한나라당은 섣부르게 노무현 탄핵을 시도했다가 거센 역풍을 얻어맞고 말았다. 탄핵은 기각되었고 이어지는 총선에서 한나라당은 참패를 겪었다. 바로 그때 구원투수로 나선 인물이 박근혜였다. 박근혜는 천막 당사 이벤트로 분위기를 일신시키며 특유의 정치 행보를 시작했다.

박근혜는 노무현 정부를 좌파 정부로 규정짓고 거침없는 공격을 가하기 시작했다. 선대로부터 물려받은 투철한 반공주의의 발로일 수도 있었다. 하지만 박근혜의 화법은 치밀하게 준비된 원대한 작전계획의 일환이었다. 보수 매체까지 대거 합세한 좌우 구도로의 전환을 위한 시도였던 것이다.

좌우 구도로의 전환에 결정적 기여를 한 것은 다름 아닌 노무현 정부였다. 노무현 정부는 독 묻은 사과를 겁도 없이 물었다. 하나는 삼성이 제안한 것으로 알려진 한미FTA 추진이었고 다른 하나는 군부가 제안한 제주 해군기지 건설이었다. 두 개의 이슈는 곧바로 국민 여론을 찬반양론으로 확연히 갈라놓았다. 그 과정에서 평화 대 냉전, 개혁 대 수구 구도가 일거에 해체되었다. 평화와 개혁 진영에 함께 속했던 노무현 정부와 그 지지 세력이 입장 차이로 정면 대립했기 때문이다.

이러한 가운데 좌우 구도로의 재편이 빠르게 진행되었다. 두 개의 이슈는 좌우 구도 형성에 효과적으로 기여했다. 보수 매체들은 한미 FTA와 제주해군 기지의 필요성을 역설했다. 그들은 갖가지 근거를 들어 한미FTA는 대미 흑자를 키울 것이라고 주장했다.(실제로 한미FTA 발효 이후 대미 흑자는 증가했다.) 아울러 물류 수송에서 절대적으로 중요한 동중국해를 사이에 두고 미국과 중국의 패권 다툼이 격화되고 있는 조건에서 제주 해군기지는 자주 국방의 필수불가결한 요소라고 주장했다.[11]

보수 매체들은 반대파들을 수출 확대와 자주국방 모두에 관심도 없이 반대만을 위한 반대를 한다고 몰아세웠다. 반대파들에는 좌파라는 딱지가 붙었다. 좌파 속성에 대한 이미지가 빠르게 생성되어 퍼져 나갔다.

똑같은 대상이라 해도 보수 진보로 표현되는 구도에서 진보를 혐오의 대상으로 삼는 것은 쉽지 않다. 그것은 매우 억지스런 일이다. 하지만 좌우 구도에서 좌파는 쉽게 혐오의 대상이 될 수 있다. 이는 매우 큰 차이점이었다. 보수 매체들은 바로 그 좌파에 대한 혐오감을 폭넓게 확산시켰던 것이다. 중요한 것은 좌파에 대한 혐오감이 우파 결집의 결정적 기제였다는 사실이다. 이것을 빼고 나면 우파의 동질성을 확인해 줄 수 있는 요소는 뚜렷하지 않았다.[12]

일련의 과정을 거쳐 좌우 구도는 확고한 것으로 정착되었다. 보수 매체는 모든 기사를 좌우 구도에 비추어 작성했다. 좌우는 종종 진보 보수로 표현되기도 했지만 학계, 문화계, 정치계 등을 지배하는 일반적 화법이 되었다. 일부 학자들은 좌우파의 차이를 이론적으로 규명하느라 진지한 노력을 기울이기도 했다.

좌우 구도는 기득권 세력의 적극적 지지를 받았다. 사실 기득권 세력 입장에서 볼 때 과거에 있었던 민주 대 독재, 평화 대 냉전, 개혁 대 수구 구도는 불쾌하기 짝이 없는 것들이었다. 이들 구도에서는 기득권 세력의 본

---

11) 반대 측에서는 제주 해군 기지가 중국 견제를 위한 미국의 전초 기지로 악용될 것이라고 주장했다. 이러한 주장은 2017년 미국 스텔스 구축함의 제주 해군기지 배치가 추진되면서 현실화되는 양상을 보였다.

12) 보수 진보는 어느 나라 어느 시대에나 있는 상대적 개념이다. 그런 만큼 나라와 시대에 따라 그 구체적 내용은 크게 다를 수 있다. 가령 한국에서 자유주의자들은 보수로 통하지만 중국에서는 진보로 통할 수 있다.
반면 좌우는 이념적 색채가 뚜렷하다. 분단의 역사 한복판을 헤쳐 나온 한국 사회에서 좌우 이념 대결은 깊은 상흔을 남겨 놓았다. 그에 따라 우파하면 친일 독재를 떠올리고, 좌파하면 빨갱이를 떠올리도록 하는 기억의 조각들이 아직도 강하게 남아 있다. 그런 점에서 보수 진보 구도는 서로를 존중하면서 협력할 여지가 있지만 좌우 구도는 타협의 여지없이 첨예한 진영 대결로 치달을 가능성이 매우 크다.

질이 독재세력, 냉전세력, 수구세력 형태로 드러났기 때문이다. 그러다 보니 이들 구도에서 기득권 세력은 손쉽게 공격 대상이 되었다. 하지만 좌우 구도에서 기득권 세력은 자신들의 정체를 교묘하게 은폐할 수 있었다. 우파의 옷을 입고 우파의 논리로 세상과 소통하면서 같은 편인 우파로부터 보호를 받을 수 있기 때문이었다.

좌우 구도는 보수 세력이 안정적인 다수파를 형성하는 데서도 매우 효과적이었다. 좌우 구도 안에서는 보수 세력을 결합시켜 주었던 지역동맹, 세대동맹, 이념동맹 등의 연결 고리가 안정적으로 유지될 수 있었다. 좌파에 대한 반감을 공유함으로써 내부의 차이가 최대한 억제되었기 때문이다. 더욱이 영남 지역과 5060세대가 다수를 점하고 있는 조건에서 우파가 다수가 되는 것은 쉬운 일이었다.

좌우 구도 정착은 박근혜를 중심으로 한 보수 정치 집단이 정국을 자신들이 의도하는 방향대로 요리할 수 있는 적절한 환경을 제공했다. 특히 선거 때 좌우 구도는 매우 강력한 힘을 발휘했다.

지난 2012년 4월 총선 때의 일이다. 총선을 앞둔 몇 달 전만 해도 대부분의 분위기는 야당인 민주당이 이긴다는 쪽이었다. 심지어는 여당인 한나라당 안에서도 그런 분위기가 만연해 있었다. 이명박 정부가 워낙 죽을 쑤는 바람에 여당 심판론이 널리 확산되어 있었던 것이다. 특히 여당 텃밭인 부산 지역에서의 민심 이반이 심상치가 않았다. 그 와중에 선거를 한 달 정도 앞두고 한미FTA 비준이 이루어졌고, 제주 해군기지 공사에서 가장 큰 이슈가 되었던 구럼비 바위 폭파가 강행되었다. 예상했던 대로 야당과 시민단체들은 두 가지 조치에 대해 격렬하게 저항했다.

일각에서는 선거를 앞두고 별 인기 없는 일을 강행하는 정부의 처사가 잘 이해가 안 된다는 반응을 보이기도 했다. 하지만 두 가지 조치는 관련

이슈를 둘러싸고 형성되었던 좌우 대결 구도를 재현하는 계기로 작용했다. 흐트러졌던 보수층은 좌우 구도 속으로 빠르게 재결집했다.

게다가 노무현 정부가 한미FTA와 제주 해군기지를 추진했을 때 총리를 지낸 사람은 한명숙이었는데 공교롭게도 총선 당시 야당인 민주당 대표 또한 한명숙이었다. 총선을 앞두고 한명숙 대표가 이끄는 야당은 한미FTA 비준과 제주 해군기지 공사 강행을 반대하는 입장을 취했다. 여당인 한나라당은 이 점을 집중적으로 부각시킴으로써 보수층 사이에 야당에 대한 불신을 확산시켰다.

이러한 조치들이 총선 결과에 얼마나 영향을 미쳤는지는 정확히 가늠할 수 없다. 그럼에도 불구하고 총선이 애초의 예상을 뒤엎고 한나라당의 낙승으로 끝난 점을 감안하면 적지 않은 영향을 미쳤을 것으로 보인다. 2012년 총선 당시 한나라당 대표를 맡았던 인물은 박근혜였다.

시민, 정치권의 한계를 넘어서다

박근혜의 맞은편에 있던 세력들(그들을 편의상 진보개혁 세력이라고 부르자!)은 좌우 구도로의 전환을 제때에 간파하지 못했다. 설사 눈치를 챘다 하더라도 비판적 문제의식을 갖고 대하지 못했다. 무엇보다도 민주 대 독재, 평화 대 냉전, 개혁 대 수구의 구도와 좌우 구도 사이의 본질적 차이를 이해하지 못했다.

민주 대 독재, 평화 대 냉전, 개혁 대 수구 구도에서는 국민 입장에서 볼 때 지지해야 할 대상과 청산해야 할 대상이 매우 명확했다. 민주, 평화, 개혁은 지지해야 할 대상이었고 독재, 냉전, 수구는 청산 대상이었다. 그렇기 때문에 다수 국민들은 민주, 평화, 개혁의 입장에서 독재와 냉전, 수구를 극복하기 위해 노력했다. 세 가지는 역사의 전진을 가능하게 했던 구도였던 것이다.

반면 좌우 구도에서는 지지해야 할 대상과 청산 대상이 명확하게 드러나지 않는다. 그런 상태에서 기득권 세력은 좌우 구도 속에 자신의 정체를 효과적으로 은폐하고 다수파인 우파의 보호를 받을 수 있었다. 그간의 경험을 통해 드러났듯이 좌우 구도는 역사의 전진을 가로막는 구도인 것이다.

그럼에도 불구하고 진보개혁 세력에서는 좌우 구도를 극복하기 위한 노력이 없었다. 도리어 좌우 구도 속에 순응해 가는 모습을 보였다. 상대 진영에 대한 적대감을 지렛대로 자기 진영으로의 지지를 끌어 모으는 '적대적 공존' 추구가 이를 더욱 부채질했다. 정치권에서 상대 진영을 무시하고 자기 진영에서만 환영받으면 되는 막말이 난무한 것도 이러한 배경에서였다. 서울대 장달중 명예교수의 지적대로 좌우 구도를 주도한 박근혜는 반대 진영에 속한 사람들을 국민의 일부가 아니라 적으로 간주했다.[13] 그러한 박근혜식 진영 논리에 너도 나도 오염되어 갔던 것이다.

한국 사회는 좌우 구도에 갇혀 지난 10여 년 동안 이렇다 할 혁신과 전진 없이 정체와 퇴보만을 거듭했다. 박근혜 측에 일차적 책임이 있지만 여야, 진보, 보수 모두 이로부터 자유로울 수 없다.

---

13) 박근혜·최순실 게이트 수사를 전담한 박영수 특별검사팀은 박근혜 정부의 좌파 정책과 관련된 많은 사실들을 밝혀냈다. 그에 따르면 김기춘 비서실장이 박근혜와의 사전 모의하에 반좌파 투쟁을 진두지휘한 것으로 알려졌다.

김기춘은 자신이 주재한 수석비서관회의에서 "문화계 권력을 좌파가 장악했다. '변호인', '천안함 프로젝트'가 그 예다. 하나하나 잡아가자"고 지적했다. 또한 "반정부·반국가적 성향의 단체들이 좌파의 온상이 돼 종북 세력을 지원하고 있다. 이 같은 단체들에 정부가 지원하는 실태를 전수 조사하고 조치를 마련하라", "지금은 대통령이 혼자 뛰고 있다. 우파가 좌파 위에 떠 있는 섬의 형국이다. 전투 모드를 갖추고 불퇴전의 각오로 좌파 세력과 싸워야 한다." 등의 발언을 했다. 그 연장선에서 좌편향으로 판단한 3000여 개 단체와 8000여 명 인사들에 대한 데이터베이스를 구축하고 지속적으로 보완한 것으로 확인됐다.

그러는 사이 2016년 4.13총선이 다가왔다. 박근혜 진영은 좌우 구도를 재가동하기 위해 고심했던 것으로 보인다. 그 와중에 박근혜 정부는 느닷없이 역사전쟁 카드를 끄집어냈다. 박근혜 정부는 그동안 유지해 오던 검인정 한국사 교과서를 폐기하고 국정 교과서로 통합하겠다는 방침을 발표했다.

한국사, 그중에서도 근현대사에 대한 인식은 진영 간 입장이 첨예하게 맞닥뜨리는 지점이다. 역사전쟁이 벌어지면 입장 차이로 좌우 두 진영으로 갈라져 대립할 개연성이 컸던 것이다. 그런 조건에서 총선을 치르면 과거에 그랬던 것처럼 우파가 승리하기 쉬웠다. 적어도 박근혜 쪽은 그렇게 생각했던 것으로 보인다. 하지만 실제 결과는 박근혜 진영의 기대와 전혀 다르게 나타났다.

먼저 박근혜 진영이 기대했던 우파의 결집이 이루어지지 않았다. 정반대로 우파가 분열되는 양상이 벌어졌다. 자유주의 성향의 보수 세력이 역사교과서 국정화에 강하게 반발한 것이다. 그들 입장에서 보기에 역사교과서 국정화는 개인의 자유로운 선택을 억압하는 획일화의 극치였다. 결국 역사전쟁은 보수 내부의 분열과 동요, 이탈을 촉진시키는 계기가 되고 말았다.

좌우 구도는 더 이상 기능하지 못했다. 유권자들 또한 더 이상 좌우 구도에 휘말리지 않을 정도로 상당한 학습이 되어 있었다. 이 모든 것은 4.13총선에서 새누리당의 참패로 귀결되었다.

이른바 최순실 사태가 터지면서 정국은 거대한 촛불시민혁명 속으로 빨려들어 갔다. 유권자들은 더 이상 좌파 우파라는 정체성에 이끌려 정치적 입장을 정하지 않았다. 좌우 구도는 맥없이 해체되었다. 그 자리를 대신한 것은 박근혜 반대 여부를 둘러싼 구도였다. 압도적 다수의 유권자들이 반대의 편에 섰다. 국민의 80%가 박근혜 탄핵을 지지했다는 사실을 통해 확인되듯이 고도의 정치적 결단을 요구하는 지점에서도 절대 다수의 유권자들이 온전히 입장을 일치시켰다.

　박근혜 정권의 몰락과 함께 그를 지탱했던 장치도 함께 사라졌다. 정치권이 극복 못한 좌우 구도를 시민들이 해체시킨 것이다.

3

정치 재구성의 세 가지 지점

　혁명은 낡은 것의 몰락만으로 이루어지지 않는다. 혁명은 새로운 시대를 열 새로운 질서의 창출을 필수 조건으로 한다. 그럴 때 촛불시민혁명을 진정한 의미에서 혁명이라고 부를 수 있다.

　촛불시민혁명은 박근혜 탄핵을 추진함으로써 무너져 내리고 있던 보수 세력에 쐐기를 박는 결정타를 날렸다. 그 결과는 보수의 정치적 구심인 새누리당의 분당과 해체를 압박하는 것으로 나타났다. 더불어 박근혜 정권을 기만적으로 지탱시킨 장치였던 좌우 구도도 가차 없이 해체해 버렸다.

　과연 향후 한국 정치를 어떻게 재구성해야 할까. 촛불시민혁명은 그에 대해서도 스스로 해답을 잉태했다. 그것은 크게 '대통합 정치', '생태계 정치', '동행의 정치' 세 가지로 나누어 볼 수 있다. 물론 이 세 가지는 긴밀하게 연결되어 있는 것으로써 따로 떨어질 수 없는 성질의 것이다.

　한국 정치가 이러한 방향으로 재구성되어야 하는 분명한 이유가 있다. 촛불시민혁명은 세상을 바꾸는 거대한 변혁의 출발점이다. 그 과정에서 시민들은 국가 권력을 최고의 무기로 사용할 것이다. 문제는 시장에 대한 국가의 절대 우위가 오래 전에 무너졌다는 사실이다. 기존 국가 권력에만 의존해서는 세상을 바꾸기 어렵다. 기존 국가 권력을 뛰어넘는 정치적 힘을 확보해야 한다.

정치적 힘을 극대화하자면 한편으로는 소모적 대결로 인한 힘의 낭비를 최소화하면서 다른 한편으로는 최대한 힘을 결집해야 한다. 정치의 세 가지 재구성 지점은 이를 뒷받침하기 위한 것이다.

▌대통합 정치

촛불시민혁명은 보수의 붕괴를 가속화시켰다. 그렇다면 정치 지형은 어떻게 변화해야 하는가? 속물 정치인들은 권력의 중심축을 자기 쪽으로 이동시키는 데만 관심을 갖는다. 진보로의 정권교체는 그나마 나은 편이다.

부분적으로 맞는 이야기일 수 있다. 하지만 엄밀하게 따져 정답은 아니다. 정답은 좌우 구도가 빚어낸 분열의 정치를 진보 주도의 대통합 정치[14]로 전환시키는 것이다. 그래야만 새로운 미래를 개척할 수 있다.

누구나 직감하고 있듯이 한국은 중요한 전환기에 놓여 있다. 사회경제적 틀과 기조를 획기적으로 바꾸지 않으면 더 이상 버틸 수 없다. 말 그대로 체제 변혁이 요구되고 있다. 급변하는 대외 환경은 통일을 더없이 절박한 과제로 만들고 있다. 이 모든 것을 성사시키자면 정권이 바뀌더라도 기본 틀은 유지되는 지속가능한 대통합 정치가 구현되어야 한다. 과거처럼 정권이 교체될 때마다 기조가 바뀌는 일관성 없는 정치로는 죽도 밥도 안 된다.

촛불시민은 하나다! 촛불시민혁명에 직접 동참했거나 적극적 지지를 보낸 시민은 정치적으로 하나이다. 이는 촛불시민혁명이 획득한 가장 중요한 명제의 하나이다. 이 명제는 반드시 지켜져야 한다.

촛불시민혁명을 통해 하나가 된 시민은 대통합 정치의 원동력으로 작용해야 한다. 과거의 경계선을 지워버리고 적어도 국민의 3분의 2가 공동의 목표를 향해 손잡고 가야 하는 것이다. 좌우 혹은 진보 보수로 한국 사회를 양분시켜 대결하는 소모적인 정치는 역사의 뒤안길로 밀어내야 한다. 만약 그러한 과정을 반복한다면 박근혜식 정치를 재현하는 것으로써 명백한 범죄행위로 간주해야 한다.

진보개혁 세력은 대통합 정치를 적극 주도해야 한다. 국민 또한 은연중에 그것을 요구하고 있다. 가령 2017년 초 〈중앙일보〉 여론 조사 결과에 따르면 유권자가 원하는 대통령 리더십은 진보가 64%, 보수가 26%인 것으

---

14) 대통합 정치는 결코 새로운 것이 아니다. 정치 선진국에서는 상식처럼 자리 잡고 있다. 이를 뒷받침하는 사례는 많다.

대표적인 복지국가로 꼽히는 스웨덴은 과거 1980년대에 이르기까지 진보 성향의 사회민주당이 장장 40년 간 집권했던 나라였다. 사회민주당은 장기간 독주를 하면서도 보수 성향의 야당과 긴밀한 협력 체제를 유지했다. 이러한 역사는 보수 성향의 온건보수당으로 정권 교체가 이루어진 뒤 뚜렷하게 효과를 발휘했다. 스웨덴을 특징짓는 복지국가 틀은 기본적으로 유지되었다. 또한 1992년 경제위기가 닥쳤을 때는 야당인 사회민주당의 주도 아래 4개 정당 공동으로 긴축재정을 포함한 3차례의 긴급 경제조치를 만들어 냈다. 스웨덴은 이러한 방식으로 경제 위기를 극복하고 재차 도약을 이룰 수 있었다.

독일 역시 유사한 전통을 갖고 있다. 내각제 국가인 독일은 특정 정당이 과반수 의석 확보에 실패할 경우 연정을 실시해 왔다. 독일을 대표하는 두 정당인 보수 성향의 기독민주연합과 진보 성향의 사회민주당이 손을 잡는 대연정을 실시하기도 했다. 1차 대연정은 1966년 기독민주연합의 쿠르트 게오르크 키징거가 총리를 맡던 시절 이루어졌다. 2차 대연정은 2000년 이후 기독민주연합의 앙겔라 메르켈 총리 시절 두 차례 이루어졌다. 게오르크 시절 부총리는 사회민주당의 빌리 브란트가 맡았는데 이후 사회민주당 집권의 발판이 되었다. 이런 환경에서 정책의 지속성이 유지될 수 있었다. 가령 브란트가 총리 시절 마련한 대 동독 정책은 기독민주연합에 의해서도 그대로 승계되었다. 덕분에 독일 통일의 토대가 마련될 수 있었다. 정권이 교체될 때마다 대북 정책이 극단적으로 바뀌어 온 한국과 대비된다.

비슷한 사례로 룰라 시대 브라질을 들 수 있다. 룰라가 이끄는 노동자당 의석수는 전체의 5분의 1도 채 되지 않았다. 정국을 안정적으로 이끌고 가기에는 턱없이 부족했다. 이러한 조건에서 룰라는 극좌와 극우를 배제한 조건에서 나머지 모두를 끌어안고 가기로 했다. 그 일환으로 미국계 은행 CEO를 중앙은행 총재로 임명하기도 했다. 룰라는 적극적인 소통을 통해 다른 정당들의 협력을 이끌어내는 데 성공했다. 이를 바탕으로 브라질의 면모를 일신시킬 수 있었다.

로 나타났다. 진보가 압도적 우위를 점하고 있다. 불과 몇 달 전만 해도 보수가 다소 우위를 점했던 수치가 촛불시민혁명을 거치며 확 달라진 것이다. 반면 비슷한 시기 〈한겨레〉에서 발표한 여론조사 결과에 따르면 2012년 박근혜 후보를 지지했던 유권자 중 3분의 1만이 지지하는 것으로 나타났다.

진보개혁 세력이 대통합 정치를 주도하자면 고강도 혁신을 거쳐야 한다. 진영 논리에 오염된 그간의 모습에서 탈피하지 못하면 도리어 대통합의 걸림돌이 될 수 있다.

지속가능한 대통합 정치가 실현되자면 정치를 지배할 새로운 가치가 창출되어야 한다. 그것은 지극히 상식적인 수준의 것들로써 분열과 소모적 대결을 벗어난 상생과 통합, 협력 등이 될 것이다. 이러한 가치들은 사회적 합의를 바탕으로 한 대타협의 구현으로 이어져야 한다. 향후 정치의 가장 중요한 기능 역시 다양한 이해당사자들 사이의 합의와 타협, 협력을 이끌어내는 것이 될 것이다.

대통합 정치를 실현하자면 정치권 스스로 다양한 장치를 만들어야 할 것이다. 정당 간에 공통의 목표와 협력의 원칙을 명시한 장기 협약을 체결하는 것도 하나의 방법이 될 것이다. 그중 일부는 개헌을 통해 헌법에 명시할 수도 있다. 장기 협약은 지속가능한 대통합 정치의 명시적 이정표로 작용할 것이다.

생태계 정치

촛불시민혁명은 시민들이 당면한 정치적 과제를 해결하기 위해 직접 행동에 나서면서 촉발되었다. 시민들의 직접 행동은 국회 등 대의 기구가 제대로 작동하지 않는 환경에서 선택된 것이었다. 자연스럽게 대의민주주의의 한계를 지적하면서 직접민주주의를 확대해야 한다는 목소리가 높아졌다.

촛불시민혁명은 정치의 주인은 시민임을 입증했다. 직접민주주의를 시민의 직접적인 정치 참여와 행동, 개입 모두를 아우르는 것으로 포괄적 해석을 한다면 촛불시민혁명은 가히 직접민주주의의 꽃이라 평가할 수 있다. 촛불시민혁명의 계승은 바로 이 지점을 일상화하고 구조화하는 데 있다. 이런 관점에서 직접민주주의 확대라면 그것은 원칙적으로 옳은 이야기이다.

문제는 어떻게 현실 조건에 맞게 구현하는가에 있다. 이에 대한 적절한 답을 찾지 못하면 수도 없이 외쳤지만 매번 공허한 메아리에 그쳤던 그간의 과정을 반복할 가능성이 크다. 해답 역시 촛불시민혁명 안에 있다.

분노한 시민들은 박근혜 즉각 퇴진을 요구했다. 박근혜가 꿈쩍도 하지 않자 최종적으로 선택한 것은 헌법 절차에 따른 대통령 탄핵이었다. 시민들은 국회가 그 절차를 밟도록 요구했고 국회는 박근혜 탄핵 소추안을 가결시키는 것으로 시민들의 요구에 승복했다. 이러한 양상은 2008년 촛불시위처럼 참가자들이 대의 기구를 불신하고 배척했던 이전의 모습과 사뭇 다른 것이었다.

촛불시민혁명은 시민들의 직접 행동을 통해 대의 기구가 자신들의 요구에 따르도록 압박했다. 촛불시민혁명은 직접민주주의와 대의민주주의를 분리 대립시키지 않았다. 광화문 정치와 여의도 정치를 갈라놓지 않았다. 촛불시민혁명이 선택한 것은 직접민주주의로 대의 기구를 제어하는 것이었다.

일각에서 이야기하는 대의민주주의를 직접민주주의로 대체 보완하는 것은 촛불시민혁명의 선택이 아니다. 그것은 현실적이지도 않고 현명하지도 못하다. 촛불시민혁명은 헌법과 국회 등 제도화된 질서에 의지할 때만이 현실을 바꾸어나갈 수 있음을 보여 주었다. 이런 점에서 국회 탄핵 소추안 가결 이후 쏟아져 나온 시민의회 같은 아이디어들은 문제의 핵심을 잘못 짚은 경우라 할 수 있다.

과연 시민들이 일상적 참여를 통해서 대의 기구를 효과적으로 제어할 제도화된 영역은 어디일까?

그 첫 번째 영역은 정당이다. 시민들은 촛불시민혁명 시기 광장을 점령한 것처럼 정당 영역(기존 정당과 새롭게 창출될 정당 모두를 포함해서)을 점령해야 한다.(점령이라는 표현을 기분 나쁘게 받아들이면 안 된다!) 정당을 플랫폼으로 광범위하면서도 강력한 정치 생태계를 구축해야 한다. 그럼으로써 정당이 시민의 의지와 의사에 맞게 움직일 수 있도록 만들어야 한다.

플랫폼의 핵심은 연결 기능이며 생명은 개방성에 있다. 폐쇄성은 플랫폼의 최대 적이다. 이런 점에서 진보개혁 세력 내 정당 안에는 심각한 장애가 존재해 왔다. 바로 폐쇄적인 계파조직이나 정파조직이 정당을 좌지우지해 온 것이다. 이러한 조건에서 당원이나 지지자들은 정당 활동의 들러리를 벗어날 수 없다. 잘 해야 맹목적 추종자들만 넘쳐나는 팬덤 조직에 머물 뿐이다.

시민들은 일차적으로 이러한 폐쇄적 구조에 맞서 싸워야 하고 정당 스스로는 혁신을 위한 노력을 기울여야 한다. 저마다의 분야에서 시민들의 자발적 정치활동이 활성화되고 정당을 통해 서로 연결될 수 있어야 한다. 당 홈페이지에 들어가면 SNS를 기반으로 전개되는 수많은 시민들의 정치 토론방과 연결될 수 있어야 한다. 정당을 플랫폼으로 시민 주체의 거대한 정치 생태계가 형성되는 것이다.

생태계 정치는 촛불시민혁명의 주역인 시민들이 자신의 의사대로 정당을 움직일 수 있도록 해준다. 거꾸로 정당은 생태계 정치를 통해 촛불시민혁명으로 폭발한 거대한 시민의 힘을 자신의 원동력으로 삼을 수 있다.

정당 점령을 바탕으로 시민들은 국회를 점령해야 하고 나아가 국가를 점령해야 한다. 시민들은 국회 상임위 활동에 일상적으로 개입할 수 있어야 하며 그러한 방향에서 국회를 개혁시켜야 한다. 나아가 시민들은 국가 운영자의 능동적 주체가 되어야 한다. 협치는 그를 위한 출발점이다.

정당과 국회, 국가를 점령함으로써 시민들은 대의 기구를 통제할 수 있으며 이를 통해 세상을 바꿀 강력한 힘을 확보할 수 있다. 시장에 대한 국가 우위 상실이라는 환경도 이를 통해 극복할 수 있다.

동행의 정치

생태계 안에서는 각자가 중심이며 상호 관계는 수평적이다. 수직적 위계질서는 생태계의 본성과 어울리지 않는다. 수평적 관계를 지배하는 것은 소통과 공감, 동행이다. 소통과 공감, 동행은 생태계가 원활하게 작동하기 위한 기본 원리인 것이다. 이는 정치 지도자와 지지자와의 관계에도 똑같이 적용된다.

과거 좌파 전통에는 지도자 중심의 단결을 강조하는 경향이 강했다. 좌파 혁명의 출발점에서는 늘 사상 이론과 정치적 지도력이 탁월한 지도자가 있었다. 말하자면 태초에 지도자가 있었다.

여기서 전제가 된 것은 리더십은 오직 한 방향으로만 흐른다는 사실이었다. 지도자는 지도의 주체이고 지지자는 그 대상이었다. '한 사람이 열 사람을, 열 사람이 백 사람을'이라고 하는 좌파운동 조직화 원리는 이를 압축적으로 표현해준다. 물론 여기서의 한 사람은 지도자를 가리키는 것이다. 그렇기 때문에 지지자들은 같은 지도자를 따르는 조건에서만 서로 일체화될 수 있었다. 좌파 입장에서 지도자 중심의 단결이 끊임없이 강조될 수밖에 없었던 이유이다.

하지만 이러한 좌파 전통은 어디까지나 과거의 이야기일 뿐이다. 오늘날에 이르러 리더십은 앞서 이야기했듯이 한 방향으로만 흐르는 수직적 리더십에서 쌍방향으로 흐르는 수평적 리더십으로 빠르게 전환해가고 있다. 뛰어난 정치 지도자의 리더십보다 집단 지성에 기초한 다중의 리더십이 갈수록 중요해지고 있다. 촛불시민혁명은 시민의 정치적 리더십이 얼마나 높은 수준에서 펼쳐질 수 있는지를 극적으로 입증한 사례이다. 과거 지도자의 자리에 바로 시민이 있었던 것이다. 촛불시민혁명은 태초에 시민이 있었음을 선언했다.

이제 정치 지도자와 지지자들은 과거와 같은 수직적 관계에서 벗어나 수평적 관계로 재정립되어야 한다. 소통하고 공감하며 동행하는 '동행의 정치'를 함께 만들어 가야 한다. 감성에 이끌린 맹목적 추종이 아닌 비판적 이성에 기초한 합목적적인 관계가 되어야 한다. 이러한 조건에서만 정당을 플랫폼으로 하는 정치 생태계가 폭넓게 형성될 수 있고 원활하게 작동될 수 있다.

정치 지도자를 맹목적으로 추종하는 이른바 '빠의 정치'는 생태계를 교란하고 파괴할 수 있는 매우 위험스런 요소이다.

빠의 정치는 내부 결속력은 강하지만 동시에 배타성을 강하게 드러낸다, 자신들 이외의 세력을 쉽게 왕따시킨다. '빠의 정치'와 '따의 정치'는 언제나 한 쌍을 이루는 것이다. 빠의 정치가 기승을 부리면 생태계 작동의 전제인 소통과 공감, 동행의 여지는 극도로 협소해질 수밖에 없다. 거꾸로 극단적인 불신과 냉소, 갈등, 대립이 판을 치면서 생태계가 파괴될 가능성이 매우 크다.

그러고 보니 어느새 30년 세월이 흘렀다. 1987년 6월민주항쟁 이후 헤쳐 나온 세월이 벌써 그렇게 되었다.

6월민주항쟁은 민주화 세력과 군사독재 세력 간의 치열한 대결에서 민주화 세력의 승리를 가능하게 했다. 이 승리로 인해 민주화 세력은 압도적인 정치 도덕적 우위를 바탕으로 정국의 주도권을 거머쥘 수 있는 위치에 섰다. 만약 양김씨가 분열되지 않고 민주화 세력이 계속 한배를 탔으면 어떻게 되었을까? 적어도 정치 지형을 보수 절대 우위로 바꾸어 놓은 3당 합당 같은 일은 없었을 것이다.

1987년 이후 30년은 (무려 30년이나 걸렸다!) 민주화 세력 분열의 후과에 내내 시달려 온 기간이었다.

그동안 보수 세력은 견고한 세 가지 동맹을 바탕으로 한국 사회에서 안정적인 다수를 유지했다. 그 정치적 구심인 새누리당은 좀처럼 깨질 것 같지 않은 강한 결속력과 콘크리트 지지기반을 자랑하고 있었다. 많은 정치평론가들이 새누리당을 경외의 시선으로 보는 게 조금도 이상하지 않았다.

그런 보수 세력이 촛불시민혁명의 일격에 맥없이 무너져 내렸고 새누리당이 허망하게 깨졌다. 좀처럼 해법을 찾지 못한 채 속절없이 휘말려들어야 했던 마의 좌우 구도도 가차 없이 해체되었다. 이는 촛불시민혁명이 혁명의 과정이었음을 입증하는 명백한 징표에 다름 아니다.

촛불시민혁명의 파장은 사회경제적 구조의 혁명적 재구성을 포함해 모든 영역으로 퍼져 나갈 것이다.

하지만 문제가 있다. 촛불시민혁명은 진보개혁 세력이 주도적으로 만든 판이 아니었다. 촛불시민혁명은 보수 내부의 균열과 잇따른 폭로, 그에 분노한 시민들의 궐기로 만들어진 것이었다. 진보개혁 세력은 미처 준비되지 않은 상태에서 촛불시민혁명이라는 거대한 흐름과 마주해야 했다. 촛불시민혁명을 어떻게 발전시켜 나갈지에 대한 답을 마련하고 있지도 못하다. 보수에 대한 극심한 실망이 진보에 대한 기대감을 부쩍 키웠지만 정작 진보 측은 제대로 준비되어 있지 않다.

더욱이 정치권은 정략적 이해만 앞세운 채 촛불시민혁명이 요구하는 정치의 혁신적 재구성 작업에 지독히도 무관심하다. 정당들은 생태계 형성을 가로막는 폐쇄적인 그룹들과 빠의 정치에 여전히 지배받고 있다. 진영 논리가 온전히 치유되지 않은 채 대통합 정치와는 거리가 먼 행보를 하고 있다.

촛불시민혁명을 통해 역사의 항해를 헤쳐 나갈 한국혁명의 키를 잡은 것은 시민들이었다. 시민들은 그 키를 놓지 말아야 한다. 시민들이 키를 정치권에 넘기는 순간 한국혁명호는 난파할 가능성이 매우 높다. 광장을 점령하고 거대한 생태계를 형성했던 과정을 정당 등의 영역으로 확대해 나가야 한다.

제4장

재벌 개혁과
국민경제 생태계

촛불시민혁명이 장구한 한국혁명의 시작임을 알리는 깃은 그것이 발생한 시점과 깊은 연관이 있다.

최근 몇 년 동안 한국경제는 최악이라는 수식어가 무색할 만큼 추락을 거듭해 왔다. 성장 엔진은 사실상 가동을 멈추었고 가계부채는 위험 수위를 넘어섰으며 소비마저 감소 추세로 돌아섰다. 문제는 기존 처방들이 문제 해결에 전혀 기여하고 있지 않다는 데 있다. 논자들이 입을 모아 이야기해 왔듯이 한국 경제의 틀과 운영 기조를 완전히 바꾸지 않으면 활로를 전혀 찾을 수 없는 상태에 직면한 것이다.

바로 이 시점에서 촛불시민혁명의 불꽃이 타올랐다. 촛불시민혁명은 한국 경제의 혁명적 전환을 위한 첫걸음을 내디뎠다. 그 일환으로 촛불시민혁명은 한국경제의 정점에 있던 재벌체제를 향해 강력한 공세를 취했다. 마침내 한국 사회 최고 실세로 여겨지던 삼성전자 이재용 부회장을 구속시키기에 이르렀다. 재벌체제의 대전환을 위한 역사적 이정표를 마련하는 데 성공한 것이다.

재벌 문제 해결은 추락하고 있는 한국 경제를 되살림과 동시에 불평등 해소 등 세상을 바꾸기 위한 관건적 과제이다. 재벌 문제를 방치한 채 한국 사회의 근본적 혁신은 한 걸음도 더 나아갈 수 없다

새누리당과 마찬가지로 재벌 총수들 역시 상당수가 박근혜·최순실 게이트의 부역자로 판명되었다. 뇌물 수수 등 부당한 뒷거래를 통해 이권을 챙겼음이 확연해졌다. 재벌 스스로 역사의 심판대 위에 선 것이다.

모든 점에서 지금은 재벌 문제 해결의 최적의 시기이다. 재벌 개혁에 대한 국민적 요구는 그 어느 때보다도 높다. 국민의 요구에 순응하지 않으면 안 될 만큼 재벌의 약점도 많이 노출되었다. 재벌시스템마저도 대수술이 불가피할 정도로 심각히 고장난 상태이다. 재벌 문제 해결은 국민을 위해서는 물론이고 재벌 자신을 위해서도 더 이상 미룰 수 없는 과제가 되었다.

재벌을 보는 세 가지 시각

재벌은 '총수 일가에 의해 소유, 지배되는 다각화된 기업집단'이다. 그런 점에서 독립경영을 하는 포스코나 국민은행, 총수의 지배를 받지 않았던 외환위기 이전의 기아그룹은 재벌이라고 볼 수 없다.

재벌그룹을 실질적으로 지배하고 있는 총수는 황제나 다름없는 존재였다. 계열사 경영과 관련해 총수와 전문경영인 사이에 의견이 엇갈리면 언제나 총수 의견이 우선되었다. 재벌 총수들은 과거의 황제들처럼 부와 지위 그리고 권력을 고스란히 자녀들에게 세습시키는 관행을 유지해 왔다.

재벌들은 한국 경제를 쥐고 흔들어 왔다. 재벌로의 경제력 집중이 매우 심각한 것이다. 단적으로 30대 재벌 그룹 자산·매출은 국가 전체의 3분의 1을 넘어서 있다. 범삼성가 5대 그룹의 비중만도 10% 가까이 된다. 우리나라의 국가 제조업 매출에서 10대 재벌 그룹 매출이 차지하는 비중은 절반 가까이 이른다.

재벌은 막강한 경제력을 바탕으로 언론, 문화, 교육 등 사회 각 분야로 지배 영역을 넓혀 왔다. 마침내는 국가 기구마저 자기 발아래 두기 시작했다. 단적으로 관료 상층부는 정치권보다 재벌 눈치를 먼저 살핀다. 재벌이 명실상부한 한국 사회의 실질적 최강자로 자리잡은 것이다.

재벌은 시간이 흐르면서 각종 특권을 누리는 새로운 귀족사회로 굳어져 갔다. 중세적인 신신분사회 형성을 선도해 온 것은 다름 아닌 재벌이었다. 한국 사회에서 기득권을 누리는 세력들은 어떤 형태로든지 재벌과 연결되어 있었다. 재벌 일가는 자신들과 일반 국민들 사이에 높은 장벽을 쳤다. 그들은 나머지 사람들을 쉽게 무시하고 깔봤다. 노동자들을 자신들의 재산을 탐내는 도둑 취급하기까지 했다. 주변을 얼씬거리는 엘리트들조차도 얼치기 취급하며 경멸했다.

과연 재벌 문제를 어떻게 해결해야 할까? 이 지점에서 반드시 염두에 두어야 할 사항이 하나 있다.

1987년 민주화투쟁 승리 이후 30년의 세월이 흘렀다. 정치 영역에서는 일부 퇴행적인 과정이 없지는 않았지만 민주화가 꾸준히 정착되어 왔다고 볼 수 있다. 반면 재벌 문제에서는 커다란 진전이 없었다. 경제력 집중이나 정치사회적 영향력 정도를 기준으로 보면 상황이 도리어 악화되었다고 볼 수도 있다.

왜 이런 결과가 나타났을까? 어떤 사안이든지 마찬가지이지만 국민적 합의라는 뒷받침 없이는 온전한 해결을 기대할 수가 없다. 바로 재벌 문제에서는 국민적 합의가 원활하게 이루어지 않았던 것이다. 원인은 재벌을 보는 현저한 시각 차이에 있었다.

시각 차이를 극복하자면 차이가 발생한 배경과 각각의 문제점을 짚어볼 필요가 있다. 시각은 크게 세 가지였다.

재벌 옹호론

한국경제의 고도성장 과정에서 재벌체제가 보여준 긍정적 측면을 강조하면서 재벌을 적극 옹호하는 입장이다. 그동안 보수 세력 안에 널리 퍼져 있었던 시각이라고 할 수 있다.

재벌 옹호론자들은 재벌체제가 고도성장의 견인차 구실을 했다고 본다. 한국은 자본, 기술, 시장 어느 것 하나 제대로 갖추지 못한 상태에서 산업화에 착수했다. 그런 상태에서 빠르게 국제경쟁력을 갖추며 수출주도형 공업화를 성공시켜야 했다. 바로 여기서 재벌체제가 톡톡히 한몫했다는 것이다.

먼저 총수 1인 지배 아래 수많은 계열사가 하나의 그룹을 형성하면 함께 밀어주고 감싸주고 키워줄 수가 있다. 서로 보증을 서줄 수 있고 계열사끼리 독점 구매를 통해 서로 키워줄 수 있다. 다양한 업종을 망라함으로써 한 분야에서 실패하더라도 다른 쪽에서 성공을 거둘 수 있다. 위험을 분산시킬 수 있는 것이다. 새로운 분야에 진출할 때 그룹 전체가 힘을 모아 자금과 기술력 등을 집중시킬 수도 있다. 삼성이 반도체 산업에 진출해 17년 동안 천문학적인 적자 행진을 거듭하면서도 개발을 지속할 수 있었던 것도 그룹 차원의 전폭적인 지원이 있었기 때문에 가능한 것이었다.

총수가 전권을 행사하는 오너 경영은 기업의 도약을 뒷받침한 장기 투자에서 확실한 강점을 발휘했다 일반적으로 전문경영인 체제에서는 위험을 감수한 장기투자 결정이 쉽지 않다. 신자유주의 시대 미국에서처럼 기업이 주주가치 즉 주주 이익 중심으로 움직이면 이런 한계는 더욱 분명해진다. 주주들은 단기 이익 극대화에만 관심을 가질 뿐 결과가 불투명한 장기투자는 반대하는 경향이 강하기 때문이다. 반면 재벌 제체 아래서는 총수가 망하더라도 내가 책임진다는 각오로 과감한 결단과 끈질긴 도전으로 장기 투자를 밀고 나감으로써 새로운 국면을 열 수 있었다.

고작 흑백TV나 만들었던 3류 가전업체 삼성전자가 매출액 기준 세계 최대 전자업체로 등극할 수 있었던 것은 전적으로 장기 투자 덕분이었다. 반도체는 물론이고 LCD패널, 플래시메모리 등 삼성전자 주력 제품 개발 대부분이 10~15년 걸려 이루어졌다. LG화학이 2차 전지 분야에서 세계 최고 경쟁력을 갖춘 것도 총수가 10년 가까이 뚜렷한 성과가 없는데도 장기 비전을 갖고 지속적인 투자를 했기 때문이다. 현대자동차가 세계 시장에서 최고급 자동차를 선보일 수 있었던 것 역시 거듭된 실패에도 불구하고 30여 년에 걸쳐 독자적인 기술 축적을 향한 집요한 노력이 있었기 때문이다.

오너 경영의 특성은 방어적 선택을 하기 쉬운 불황기에 특히 빛을 발휘했다. 세계 반도체 산업의 극심한 불황기였던 1987년 이후 삼성전자는 4년 연속 연평균 3억 9600만 달러를 투자했다. 당시 일본 4대 반도체 회사 투자액을 합친 것보다 2.8배나 많았다. 현대중공업은 조선업 장기 불황이 시작되던 1970년대 중반 세계 최대 규모인 100만 DWT급(재화중량톤수) 조선소를 준공했다. 이러한 과정을 거쳐 한국 기업들은 선두 주자를 추월하며 글로벌 강자로 부상할 수 있었다.

기업 문화를 단기간에 획기적으로 바꾸는 경우에도 오너 경영은 강력한 힘을 발휘했다. 현대자동차의 기업 문화를 상징하는 '품질 경영'도 정몽구 회장의 강력한 드라이브에서 시작됐다. 1989년 정 회장이 울산 공장을 방문했을 때다. 그는 막 생산 라인에서 나온 그레이스 승합차의 슬라이딩 도어를 20여 차례나 힘껏 여닫기를 반복했다. 결국 문짝이 슬라이딩 레일에서 이탈해 삐걱거리자 정 회장은 "다시 처음부터 똑바로 만들라"고 짧게 지시했다. 당시 현장에 있던 임원들은 등골이 서늘해졌다. 이 사건 이후 현대차는 목숨을 건 품질 개선에 돌입했다고 한다.

보수적 시각을 가진 사람들 뇌리 속에는 재벌체제가 일구어낸 수많은 성공 신화가 가득 차 있다. 그러한 신화들은 재벌에 맹목적 지지를 보내도록 만들었으며 긍지와 자부심의 대상으로 삼도록 했다.

한국 경제의 고도성장이 전적으로 재벌체제 덕분이라고 보는 것은 분명 과도한 이야기이다. 재벌체제가 한국 경제에 허용된 유일한 선택지였는지도 따져 봐야 한다. 그럼에도 불구하고 고도성장 과정에서 재벌체제가 기여한 점이 적지 않았음은 인정할 필요가 있다.

문제는 그조차도 상당 부분 과거 이야기가 되었다는 점이다. 강점으로 간주되었던 지점마저 단점으로 바뀐 것이다.

과거 재벌이 국민경제 성장의 견인차 구실을 한 것은 어느 정도 진실이다. 재벌이 자신의 강점을 살려 세계 시장을 개척하면 중소 협력업체들이 설 땅이 생겼다. 그에 따라 일자리도 늘어나고 내수 시장이 확대되면서 국민경제는 성장 가도를 달릴 수 있었다. 그 시기에도 재벌의 역기능이 상당했지만 순기능이 좀 더 컸던 것이다. 재벌이 불법을 저지르더라도 관용을 베푼 이유였다.

하지만 어느 순간부터 재벌은 사회적 약자를 거침없이 집어 삼키는 포식자로 돌변했다. 그 결과 국민경제의 성장을 질식시켰다. 순기능보다 역기능이 커지기 시작한 것이다.

그동안 재벌 소속 대기업들은 중소 협력업체 납품 단가를 최대한 낮추어 왔다. 매년 단가를 깎은 경우가 허다했고 중소기업이 애써 새로운 기술을 개발해 생산 원가를 절감하면 귀신같이 알고 납품 단가를 깎아내렸다. 중소기업 입장에서는 기술 혁신을 위해 노력할 이유가 없어지는 것이었다. 아울러 문어발 확장을 통해 중소기업의 영역을 거침없이 잠식했다. 재벌 계열사들끼리 일감을 몰아주는 식으로 다른 중소기업이 설 땅을 빼앗아버리는 것도 흔히 있는 일이었다. 심지어 기업형 슈퍼마켓을 앞세워 골목 상권까지 파고든 뒤 겨우 연명하고 있던 영세 상인들마저 초토화시켰다. 또한 벤처기업이 천신만고 끝에 새로운 제품 개발에 성공하면 개발팀을 통째로 빼간 뒤 자신들이 출시했다. 벤처기업의 싹을 거침없이 자른 것이다.

재벌 기업들은 승자독식을 통해 거대한 부를 쌓아 올렸다. 2009년부터 2013년 사이 20대 그룹 사내유보금은 322조 4490억 원에서 588조 9500억 원으로 82.6%나 늘어났다. 반면 일자리 창출에는 거의 기여하지 않았다. 1995년에서 2010년 사이 중소기업이 고용을 400만 명 늘리는 동안 대기업은 오히려 96만 명 줄였다. 그 와중에 비정규직이 태반 이상인 대기업이 크게 늘었다.

오너 경영의 부작용도 갈수록 심해졌다. 먼저 2~3세로 승계하는 과정에서 '승계의 덫'에 걸려들 가능성이 높아졌다. 정상적인 절차를 거친다면 고액의 상속세를 내야 하기 때문에 2~3세의 지분은 줄어들 수밖에 없다. 그 사이 기업 규모는 이전과 비교할 수 없이 커졌기 때문에 추가 지분을 확보하는 것도 쉽지 않다. 2017년 초 현재 시가 총액이 500조 원을 호가하는 삼성전자의 경우 지분 1%를 확보하기 위해서도 5조 원이라는 돈이 필요하다. 결코 쉽지 않은 액수이다.

그러다 보니 승계를 위해 비자금 조성을 포함한 편법 불법에 의존하는 빈도가 증가할 수밖에 없었다. 이를 무마하기 위한 정치권과의 부당 거래도 덩달아 늘어났다. 필연적인 결과로 공식 조직보다는 비선 조직에 대한 의존도가 높아져 갔다. 총수에 대한 사법처리가 강화됨에 따라 일선에서 경영을 진두지휘하지 못하면서 계열사들이 중요한 투자 결정을 미루는 상황이 자주 발생했다. 효율성을 과시해 왔던 오너 경영에서 비효율적인 요소가 빠르게 늘어난 것이다.

이 모든 것은 책임성과 윤리성, 투명성이 강조되는 요즘 시장 상황과 부합되지 않는 것이었다. 더욱이 경제민주화 요구가 높아지면서 재벌의 불법, 부정에 대한 사회적 관용도 크게 줄었다.

보수 매체조차도 재벌을 두고 세상은 바뀌었는데 시스템은 구식이라는 쓴소리를 내놓고 있는 실정이다. 재벌 스스로 전면적 혁신을 단행하지 않으면 존속마저 위태로울 수 있다. 맹목적인 재벌 옹호는 더 이상 도움이 안 된다.

재벌 해체론

재벌 해체론은 말 그대로 재벌 자체를 없애 계열사들을 독립적인 전문 기업으로 만들자는 주장이다. 좌파운동 진영을 중심으로 제기되어 왔는데 정책보다는 구호로 외쳐졌던 측면이 강하다.

재벌 해체는 과거 독재 타도나 촛불시민혁명 때 외쳤던 새누리당 해체 만큼이나 선명하게 들린다. 재벌 문제 해결 중 가장 급진적인 처방이다. 보인다. 재벌에 대해 깊은 혐오감을 품어온 사람들 입장에서는 더할 나위 없는 명쾌한 해답이다. 재벌의 존재 자체를 부정하는 것이기 때문이다.

현실성 여부를 떠나 재벌을 해체하면 재벌에 내재해 있던 고유한 문제들이 사라질 것이다. 총수 일가의 전횡도 더 이상 없을 것이다. 당연히 승계를 둘러싼 잡음도 없을 것이다. 일감몰아주기 등 불공정 거래도 더 이상 없을 것이다. 하지만 깊이 파고들면 사정이 간단치 않음을 알 수 있다.

먼저 쉽게 간과하는 문제가 있다. 재벌 그룹 소속 계열사 대부분은 국내에서 독점 대기업 위치에 있다. 재벌이 해체되어 독립 기업이 된다 하더라도 독점 대기업의 성격은 고스란히 남는다. 일반적으로 재벌 기업의 횡포로

치부되어 왔던 것들 상당 부분은 대기업 위치에서 행해진 갑질이었다. 재벌이 해체된다고 해서 그런 행위가 함께 사라진다는 보장은 없다.

과연 이들을 어떻게 제어하고 통제할 것인가? 역설적이지만 재벌은 재벌이기 때문에 사회적 통제에 대한 국민적 합의가 상대적으로 용이하다. 반면 독립 기업일수록 시장 논리가 강하게 작용하면서 사회적 통제에 대한 합의가 더 어려울 수 있다. 앞으로 살펴보게 될 국민경제 생태계 형성과 관련해 매우 심각한 문제가 될 수 있다. 재벌 해체론 안에는 이에 대한 뚜렷한 해답이 들어 있지 않다.

재벌 해체 이후 보다 심각한 문제는 정치와 경제 영역의 권력 성격이 전혀 다른 것에서 비롯된다.

독재 정권을 타도하면 그 다음에는 보다 민주적인 정권이 들어설 가능성이 크다. 새누리당이 해체되면 보다 민주적이고 진보적인 정당이 약진할 가능성이 크다. 독재정권을 타도하고 새누리당 해체를 압박했던 국민들에게 표가 있기 때문이다. 국민들은 바로 그 표를 보다 민주적인 정권 혹은 정당에게 줄 것이다.

정치 영역에서는 문제되는 대상이 타도 혹은 해체되면 권력이 국민의 품으로 들어올 가능성이 크다. 그렇기 때문에 독재 타도, 새누리당 해체는 더 이상 고민할 필요가 없는 선명한 답이 될 수 있다.

바로 이 점에서 경제 영역은 확연히 다르다. 경제 권력은 정치권력처럼 국민들에 의해 민주적으로 선출된 것이 아니다. 경영권이라는 경제 권력을 결정하는 것은 주식으로 표현되는 돈이다. 돈을 가진 자가 권력을 쥔다. 재벌의 경우는 바로 그러한 힘을 바탕으로 권력을 세습해 왔다. 우리가 보아온 그대로이다.

정치 영역에서는 국민들이 권력을 제어할 표를 갖고 있지만 경제 영역에서는 표를 갖고 있지 않다. 재벌 해체를 주장해 온 사람들이 쉽게 놓쳐 왔지만 이 점은 매우 중요한 본질적 차이이다.

이러한 조건에서 재벌이 해체되었다고 하자. 과연 재벌 해체 후 정치 영역에서처럼 경제 권력이 국민의 품으로 들어올 수 있을까?

자본주의 체제가 유지되는 조건에서 기업 권력은 주식 매입 능력이 있는 자들 손에 들어가기 마련이다. 그들은 자본을 소유한 자들이다. 그중에서 막강한 자본 동원력을 가진 일부 토호 세력과 국제금융자본의 비중이 절대적이다. 재벌 해체 후 독립한 기업들은 이들 품으로 들어갈 가능성이 크다.

국제금융자본 입장에서는 재벌체제로 견고하게 묶여 있는 기업보다 독립된 개별 기업을 공격하기가 훨씬 수월하다. 외환위기 이후 포스코, 국민은행 등 비재벌 소속 대기업들은 국제금융자본에 의해 더욱 심하게 휘둘렸다. 당시 포스코와 국민은행 등은 초고배당 실시 등 주주 이익 중심 운영에서 타의 추종을 불허할 정도로 심한 모습을 보였다.

전체적으로 플러스와 마이너스 효과를 종합해 보았을 때 재벌 해체가 반드시 긍정적 결과를 낳으리라는 보장은 없다. 혹자는 국제경쟁력 확보에서 재벌체제의 이점이 재벌 해체로 사라질 수 있다고 우려하기도 한다. 이 점을 거의 무시한다 해도 결론은 크게 다르지 않을 것이다. 재벌 해체는 결코 급진적 요구가 아니다. 그것은 의도와 무관하게 나이브한 자유주의 주장에 가깝다.

국민들 다수는 재벌 해체를 반대해 왔다. 이 점은 재벌 해체를 추구해 온 진보적 인사들을 몹시 곤혹스럽게 해온 지점이었다. 과연 국민들이 무지해서 그런 판단을 내린 것일까? 곰곰이 되짚어 볼 문제이다.

재벌 개혁론

재벌 개혁은 재벌의 존재는 인정하면서 문제점을 개선하는 데 초점을 맞춘다. 자유경쟁 혹은 공정경쟁을 저해하는 요소를 제거 혹은 규제하는 것을 주된 목적으로 삼고 있다. 경제민주화의 가장 중요한 과제로 제기되어 온 만큼 경제민주화와 긴밀하게 결부시켜 이해할 필요가 있다.

경제민주화는 2012년을 관통하는 최대 이슈 중 하나였다. 그해 4월 총선과 12월 대선을 앞두고 정치권은 여야 할 것 없이 각종 공약을 통해 경제민주화를 제1의 과제로 내세웠다. 대선을 앞두고는 새누리당 박근혜 후보조차도 기회가 있을 때마다 경제민주화를 첫손가락에 꼽았다. 경제민주화는 거스를 수 없는 대세로 자리잡는 듯했다. 하지만 박근혜 정부 출범과 함께 경제민주화는 빠르게 실종되어 갔다. 박근혜 정부는 경제민주화가 경제 활성화와 대치된다고 보았다.

촛불시민혁명과 함께 경제민주화는 다시금 핵심 의제로 부상할 기미를 보이고 있다. 경제민주화 없이는 경제 활성화도 기대할 수 없다는 주장이 갈수록 설득력을 얻어가는 추세이다. 단적으로 재벌 중심의 승자독식 체제는 사회적 양극화를 심화시켜 내수 시장의 위축을 초래했다. 마찬가지로 불공정한 거래 관행으로 중소·벤처기업의 건강한 발전을 억누름으로써 국민경제의 체력을 고갈시켰다.

그동안 재벌의 시장 전횡을 억제하기 위한 다양한 문제 제기와 모색이 있었다. 지배구조를 개선하고 부당 내부거래와 일감몰아주기, 중소기업 고유 업종 침해를 금지시키는 것 등이 대표적 과제로 꼽혀 왔다. 이들 과제는 아직도 충분히 해결되지 않은 채 여전히 미완의 과제로 남아 있다.

이러한 가운데 재벌 개혁론자들이 집중적 공격 대상으로 삼았던 것은 지배구조와 관련된 순환출자였다.

그동안 재벌 총수들은 2~3%밖에 되지 않는 쥐꼬리 지분으로도 수십 개에 이르는 계열사를 지배할 수 있었다. 말 그대로 돈의 지배력을 극대화한 것이다. 이를 뒷받침했던 것이 바로 순환출자였다. 순환출자는 계열사 A가 또 다른 계열사 B에게, B는 C에게, C는 D에게, D는 E에게, 다시 E는 A에게 일정액을 출자하여 지분을 확보하는 것이다. 이런 식으로 총수는 계열사 하나만 확실히 쥐고 있으면 큰돈 들이지 않고 다수 계열사를 지배할 수 있었다. 가령 삼성 이건희 일가 경우는 에버랜드를 확실히 쥐고 있음으로써 삼성 그룹 전체를 지배할 수 있었다.

순환출자는 실제로는 없는 가공자본으로 기업을 지배하는 방식이다. 명백히 시장 정의를 위반한 것이며 심하게는 사기라고도 볼 수 있다. 이를 극복하기 위한 노력은 추가 순환출자를 금지하는 것에서부터 출발해 순환출자 자체를 폐기하는 쪽으로 진행되어 왔다. 2013년 국회는 재벌 2~3세 승계에 악용될 소지가 많은 신규 순환출자를 금지하는 법을 통과시켰다.

어느 정도 성과는 있었다. 순환출자와 지급보증 등이 원천 차단된 지주회사로의 전환이 나름대로 흐름을 타 왔다.

공정거래법 제2조 2항은 지주회사를 '주식의 소유를 통하여 국내 회사의 사업 내용을 지배하는 것을 주된 사업으로 하는 회사'로 정의하고 있다. 지주회사는 다른 회사의 주식을 보유함으로써 자회사가 지급하는 배당금, 브랜드 사용료(로열티) 등을 수입원으로 한다. 또 주식을 보유하고 있는 자회사와 자회사가 주식을 보유하고 있는 손회사의 경영을 지휘, 감독한다.

정부는 순환출자, 상호지급보증, 문어발 확장 등이 외환위기를 부른 주된 요인의 하나라고 보고 그 타개책으로 지주회사로의 전환을 장려해 왔다. 지주회사 체제는 기형적 순환출자 구조에 의존한 재벌의 소유지배구조에 비해 단순·투명하다는 장점을 갖고 있다. 정부는 자회사 배당금에 대한 세제상의 혜택도 주고 상장회사는 20%, 비상장회사는 40% 지분만 갖고 있어도 자회사에 대한 지배권을 갖도록 해 주었다. 100% 지분을 가져야 되는 미국과 비교된다.

2016년 9월 현재 지주회사로 전환한 경우는 모두 162개이며 그중 재벌 그룹은 SK를 포함해 모두 15개이다. 다만 지주회사로 전환한 경우라 하더라도 30% 정도의 계열사가 편입되지 않은 상태에서 일감몰아주기 등으로 총수 일가 사익 추구 수단으로 악용될 소지를 남겨 놓고 있다.

아무튼 지주회사로의 전환은 피해갈 수 없는 대세로 인식되고 있는 듯하다. 삼성과 롯데 등을 포함한 나머지 재벌 그룹들도 지주회사로의 전환에 초점을 맞추고 준비를 하고 있는 것으로 알려져 있다. 기한을 정하고 이후에는 순환 출자를 전면 금지하는 방안을 적극 추진할 필요가 있다.

지주회사로의 전환은 보는 시각에 따라 전혀 다른 평가를 할 수도 있다. 한편으로는 재벌의 다수 계열사에 대한 합법적 지배를 보장하는 또 다른 수단으로 치부될 수 있는 것이다. 이런 입장에서 보자면 지주회사는 악마의 도구에 불과할 뿐이다. 반면에 정반대의 시각도 있을 수 있다. 지주회사는 자손회사 경영에 대한 지휘 감독권을 갖고 있다. 말하자면 소속사 경영 컨트롤 타워인 셈이다. 그동안 재벌 개혁과 관련해서 제기된 사항들 대부분 지주회사의 경영 컨트롤과 관련이 있다. 사회적 합의를 바탕으로 경영 컨트롤 기준을 제대로만 확립한다면 지주회사는 효과적인 도구가 될 수 있다. 재벌 기업이 건강한 국민경제 생태계 확립에 긍정적으로 기여하도록 만들 수 있는 것이다.

이 지점에서 재벌 개혁론은 더 이상 나아가고 있지 못하다. 그동안 재벌 개혁론은 대체로 무엇을 하면 안 된다는 소극적 개혁에 머물러 있었다. 무엇을 하도록 하는 적극적 개혁으로 나아가지 못한 것이다. 재벌 개혁이 제기한 과제 자체는 대체로 필요하고 적절한 것이었음에도 불구하고 해야 할 이야기의 절반밖에 하지 못한 것이다. 이는 다분히 재벌 개혁론과 경제민주화 담론이 공간과 시간 계열 모두에서 협소한 시야를 벗어나지 못함에 따라 빚어진 결과라고 할 수 있다.

먼저 공간적으로 일국적 관점에서 크게 벗어나 있지 못하다. 굳이 원인을 추적해 들어가자면 재벌 개혁론을 주장해 온 논자들이 주로 미국이나 독일 등 구미 국가로부터 이론적 자양분을 흡수해 온 것과 무관하지 않다. 구미 국가 기업들은 오랫동안 세계 시장에서 지배적인 위치를 차지해 왔다. 대외 경쟁력에 대해서는 그다지 신경을 쓰지 않아도 되는 입장이었던 것이다. 이런 조건에서 국내 독과점의 폐해를 억제하고 자유로운 경쟁관계를 확립하는 데 초점을 맞추어도 그다지 문제가 없었다. 바로 이 지점에서 우리는 사정이 상당히 달랐다.

한국은 수출의존도가 대단히 높은 나라이다. GDP 대비 수출 비중을 줄이기는 해야 하겠지만 그로부터 완전히 자유로워지는 것은 불가능한 처지이다. 한국 기업들은 일부 분야에서 글로벌 강자의 지위를 유지하고 있지만 전체적으로 볼 때 세계 시장에서 안정적인 위치에 있지 않다. 대외 경쟁력 강화를 고려하지 않고 국내에서의 경쟁 관계만을 고려할 수 있는 처지가 아닌 것이다. 재벌 개혁은 대외경쟁력 강화를 포함하는 보다 적극적인 방식으로 이루어져야 한다.

재벌 개혁론은 프레임 설정에서 최신의 시장 흐름을 반영하고 있지도 못하다. 구시대적인 프레임에 갇혀 있는 것이다. 과거 시장 경쟁은 기업 대 기업, 제품 대 제품 간의 경쟁이었다. 이럴 때 중요한 것은 독과점을 억제하고 자유경쟁 혹은 공정 경쟁을 보장하는 것이었다. 프레임이 독점 대 자유(혹은 공정) 경쟁으로 설정되었던 것이다. 하지만 최근 세계 시장은 생태계

대 생태계의 경쟁 구조로 급속히 재편되고 있다. 생태계를 기반으로 단순 경쟁 관계에 있던 다수 경제 주체들이 유기적인 연대협력 관계를 형성하고 있다. 연대협력이야말로 최고의 경쟁 원리로 통용되고 있는 것이다. 그에 따라 프레임 또한 승자독식 대 상생 혹은 공멸 대 상생으로 바뀌어가고 있다.

종합하자면 재벌 개혁은 승자독식을 지양하고 상생을 추구하는 방향에서 생태계를 기반으로 대외경쟁력을 강화하는 적극적 방식으로 이루어져야 한다. 이는 재벌 기업 자신을 위해서도 필수적이다.

생존에 필수적인 경쟁력 강화가 뒷받침 되지 않은 재벌 개혁은 자칫 명분은 있되 실리는 없는 개혁에 그칠 수도 있다. 일각에서는 재벌 개혁과 함께 중소기업 중심 경제로의 재편을 주장한다. 원칙적으로는 맞는 이야기이다. 하지만 중소기업의 상당 부분이 생존 여부를 재벌 기업 경쟁력에 의존하고 있는 현실을 간과해서는 안 된다. 재벌 기업이 위태로워지면 중소기업이 먼저 직격탄을 맞는 구조이다.

이제 우리는 소극적 재벌 개혁에서 벗어나 '적극적 재벌 개혁'으로 나아가야 한다. 문제는 누가 어떻게 고양이 목에 방울을 다는가이다. 해답을 찾기 위해 우리는 지금부터 시장과 국가의 관계를 살펴볼 필요가 있다.

2

시장실패와 '총관리자'로서의 국가

우리 사회는 국가의 시장 개입을 부정적으로 보는 시각이 강하다. 국가의 시장 개입은 시장의 자율성을 해침으로써 바람직하지 못한 결과를 낳는다는 것이다. 시장은 시장에 맡겨야 하고 경제는 경제로 풀어야 한다고 본다. 이러한 흐름은 재벌 문제에 대한 정치적 개입을 제약하는 요소가 되었다.

하지만 이러한 관점은 역사적 사실과도 상당히 맞지 않다. 시장은 알아서 잘 굴러갈 때도 있지만 그렇지 못할 때도 많았다. 문제가 매우 심각하게 발생했지만 시장이 스스로 해결하지 못하는 상황이 벌어지곤 했던 것이다. 이른바 '시장실패'에 직면했던 것이다. 이럴 때 시장의 총관리자로서 나선 것은 국가였다. 국가가 적극적 개입을 통해 시장이 원활하게 돌아갈 수 있도록 했던 것이다. 국가는 시장의 억압자가 아니가 구원자였다. 그간의 역사를 간략히 되짚어 보자.

대공황과 케인스주의 부상

20세기 초까지 자본주의 세계를 지배했던 것은 국가의 개입을 거부하고 시장의 자율성을 옹호한 시장 방임주의였다. 그 사상적 뿌리는 자유주의였다. 하지만 1929년 대공황이 터지면서 모든 것이 달라졌다.

대공황은 1929년 10월 29일 뉴욕 증시의 대폭락으로부터 시작되었다. 그날 하루 월가의 주식 값은 무려 43%나 떨어졌다. 대공황의 여파로 미국의 공업 생산은 1931년에 종전의 3분의 1로 줄었다. 임금 수준 또한 같은 기간 동안 38% 수준으로 하락했다. 세계 경제 역시 직격탄을 맞았다. 단적으로 1929~1932년 사이 세계 무역 규모는 70%나 감소했다. 시장은 스스로 문제를 해결할 능력을 완전히 상실했다. 전형적인 시장실패에 직면한 것이다.

대공황의 진원지인 미국에서는 뉴딜 정책을 앞세운 루즈벨트 정부가 시장에 전면 개입하는 방식으로 사태를 수습해 갔다. 파멸적인 상황으로 내몰린 시장을 가까스로 구조한 것은 국가였다.

대공황의 여파는 여기서 그치지 않았다. 대공황에 대응하는 과정에서 독일에서는 나치 파시즘이 크게 부상했다. 극한 상황으로 내몰린 군중이 극단적 선택을 한 결과였다. 야만으로 얼룩진 파시즘은 급기야 2차 세계대전을 촉발시켰다. 인류 역사상 가장 고통스러운 순간이 연이어 밀어닥친 것이다.

서구인들은 참혹했던 역사의 출발점에 대공황이 있었음을 잊지 않았다. 2차 세계대전이 끝나자 대공황의 예방이 가장 절실한 과제로 제기되었다. 시장의 자율적 문제 해결 능력에 대한 신뢰는 이미 사라지고 없었다. 해답의 열쇠를 쥐고 있는 것은 오직 국가뿐이었다. 결국 케인스주의를 바탕으로 국가에 시장의 총관리자 역할을 부여한 새로운 자본주의 시스템이 등장했다.

자본주의 개혁의 전도사로 등장한 영국의 경제학자 케인스는 공황 발생 요인으로 유효 수요 부족을 꼽았다. 아울러 유효 수요 부족은 주로 노동자 대중의 임금이 낮은 수준에 머물러 있음으로써 발생한다고 보았다. 케인스가 이 문제 해결의 주체로 지목한 것은 바로 국가였다. 국가가 공공 지출 확대로 고용을 창출하고 복지정책을 통해 사회적 임금을 증대시킬 수 있다는 것이다. 그렇게 되면 유효 수요가 확대됨으로써 공황을 예방할 수 있다고 보았다. 문제는 재원 마련이었다. 케인스의 답은 단순명료했다. 국가가 경기 순환에 맞게 재정을 신축적으로 운영하면 된다. 불황기에는 재정 적자로 재원을 확보하고 호황기에 늘어난 조세 수입으로 메우자는 것이었다.

대공황 예방이라는 절박한 요구는 케인스주의를 이의 없이 채택하도록 만들었다. 2차 세계대전 이후 서구 자본주의 사회 대부분이 케인스주의를 바탕으로 작동하기 시작했다. 파멸적인 대공황은 재현되지 않았다. 총관리자 국가의 역할을 바탕으로 자본주의 시장 경제는 원활하게 돌아갔다. 덕분에 자본주의 세계는 1960년대에 이르기까지 역사상 최고의 황금기를 구가할 수 있었다.

케인스의 문제 해결 출발점은 분명 대공황을 예방함으로써 위기의 자본주의를 구출하는 것이었다. 그러면서도 과도한 이윤 추구로 노동자 대중의 임금이 낮은 수준에 머물러 있을수록 파멸적인 공황에 직면할 확률이 높다는 점을 주목했다. 사회적 약자인 노동자를 배려할수록 자본주의는 안정적으로 돌아갈 수 있음을 간파한 것이다.

지속가능성 없는 시스템, 신자유주의

1970년대 접어들어 한동안 잘 나가던 자본주의는 장기 불황의 늪에 빠져들었다. 종전의 케인스주의 처방만으로는 해결할 수 없는 새로운 문제가 발생한 것이었다. 문제의 발단은 과잉 축적된 금융자본이었다.

통상적으로 금융자본은 실물경제보다 4배 정도 빠르게 성장한다고 한다. 그러다 보니 어느 순간부터 금융자본과 실물경제 사이에 심각한 불균형이 발생하게 된다. 실물경제의 이윤 창출 능력에 비해 이윤을 추구하는 금융자본 규모가 비정상적으로 커진 것이다. 이윤 획득 기회를 갖지 못한 금융자본이 운동을 멈추었다. 화폐 순환이 둔화되면서 상품 유통도 함께 둔화되었다. 경제 전반이 불황에 빠져든 것이다. 1970년대 자본주의를 짓눌렀던 장기 불황은 바로 이렇게 발생했다.

자본주의 세계는 새로운 활로를 찾아 절치부심했다. 바로 그때 영국의 대처 정부와 미국의 레이건 정부가 과감하게 방향을 선회했다. 금융자본의 이익 극대화에 최적의 환경을 마련해주는 쪽으로 경제 시스템을 전면 전환하기로 한 것이다. 드디어 한 시대를 풍미했던 신자유주의의 깃발이 올랐다.[15]

목표는 거대한 금융자본이 기업을 자유롭게 점령한 뒤 이윤을 최대한 추출할 수 있도록 하는 것이었다. 갖가지 장벽이 제거되면서 금융자본은 압도적인 자금력을 바탕으로 기업의 주주총회를 장악했다. 경영자들은 금융자본에 완전 굴복했고 기업 경영은 주가 상승에 모든 초점을 맞추기 시

---

15) 신자유주의를 전 지구적으로 확장하기 위한 전략이 함께 추진되었는데 이를 흔히 신자유주의 세계화라고 부른다. 신자유주의 세계화 전략은 시기와 나라에 따라 다소 차이가 있지만 기본적으로 다음과 같은 공통 요소를 지니고 있다.

첫째 개방화. 투자 공간을 전 지구적으로 확장하기 위해 국민 국가의 장벽을 허물고 세계 시장을 단일하게 통합시킨다. 둘째 자유화. 사적 이윤 추구를 제약했던 국가의 기능을 축소한다. 각종 규제는 폐지하고 기업 이윤을 잠식했던 복지지출을 전면 축소한다. 셋째 유연화. 노동의 유연화를 통해 이윤율을 최대한 끌어올릴 수 있어야 한다. 노동력은 더 이상 국가의 보호 대상이 아니라 자유롭게 구매하고 처분할 수 있는 상품의 하나로 간주해야 한다. 넷째 민영화. 국가의 보호막 아래 있던 공기업을 민간 사기업으로 전환해야 한다. 그럼으로써 자유로운 사적 이윤 추구 대상이 되도록 해야 한다.

작했다.

놀랍게도 미국의 경우 신자유주의 시스템이 완전 정착 단계에 들어간 1990년대 10년 동안 주가가 지속적으로 상승했다. 미국인들은 많게는 소득의 3분 2 정도를 주가 상승을 통해 얻었다. 소득 증가는 소비 확대, 시장 활성화로 이어져 다시 주가를 끌어올리는 선순환 구조를 낳았다. 이 모든 것은 전례가 없던 전혀 새로운 현상이었다. 논자들은 그에 대해 신경제라는 용어를 부여했다.[16)

신경제 번영과 함께 신자유주의 전략은 대성공을 거둔 듯이 보였다. 신자유주의는 확고한 대세가 되었다. 과연 그 비밀은 무엇이었을까?

미국 기업 경영자들이 주가 상승을 위해 동원한 대표적인 수단은 지속적인 구조조정, 초고배당, 자사주매입, 장기 기술개발 억제 등 네 가지였다. 이 네 가지는 공통적으로 기업 가치를 하락시키는 작용을 했다. 지속적인 구조조정은 종업원의 충성심과 작업 집중도를 떨어뜨렸다. 초고배당과 자사주 매입은 기업의 투자 능력을 약화시켰다. 장기 기술개발 억제는 기업 경쟁력 약화를 초래했다.

주가는 기본적으로 기업 가치에 의해 결정된다. 바로 그 기업 가치가 지속적으로 침식당하는 현상이 빚어진 것이었다. 그럼에도 주가는 계속 올랐다. 주가의 지속적 상승은 전적으로 거품에 의존했던 것이다. 이는 신자유주의가 애초부터 지속가능성이 없는 시스템이었음을 의미한다.

때가 되자 거품은 일시에 붕괴하고 말았다. 2000년 4월 월가 주가대폭락이 일어난 것이다. 단 하루 만에 1조 달러가 허공으로 사라질 만큼 대폭

---

16) 신자유주의를 표현하는 용어로써 금융자본주의와 주주자본주의 두 가지가 있다. 금융자본주의는 금융자본의 이익을 중심으로 경제를 운용한다는 의미이다. 주주자본주의는 기업 경영이 주주가치, 즉 주주 이익을 중심으로 진행된다는 의미이다.

락의 충격은 컸다. 신자유주의는 몸을 가누지 못하고 휘청거렸다.

신자유주의는 금융자본이 기업을 점령하여 이윤을 추출하는 행위를 시장의 자유라는 명목으로 옹호했다. 그에 따라 1929년 대공황과 함께 숨을 죽였던 시장 방임주의가 다시 기승을 부렸다. 국가의 개입은 죄악시되었다. 신자유주의는 그래서 붙은 이름이었다. 하지만 국가의 접근을 거부했던 신자유주의는 주가대폭락과 함께 스스로 문제를 해결할 수 없는 상황에 직면했다. 다시금 시장실패가 현실화된 것이다. 그러한 상황에서 시장이 매달린 것은 또다시 국가였다.

이번에는 연방준비은행 FRB[17])이 나섰다. 연방준비은행은 2000년 한 해 동안 무려 11차례나 금리를 인하했다. 무제한으로 자금을 푼 것이다. 막대한 자금이 주식시장으로 흘러 들어가면서 가까스로 파국이 수습되었다.

상황은 여기가 끝이 아니었다. 초저금리로 돈이 왕창 풀리자 덩달아 주택담보대출이 크게 인기를 끌었다. 우후죽순으로 생겨난 대출업체들은 대출 대가로 수수료만 챙기고 원리금 상환 청구권을 투자회사에 팔아 넘겼다. 대출업체들은 상환 여부가 전혀 중요하지 않았기에 신용등급을 가리지 않고 대출을 해주었다. 대신 신용등급이 낮은 경우는 이자가 비쌌다. 그 결과 투자회사에 모인 상환 청구권 중에서 낮은 신용등급 비중이 크게 높아졌다. 투자회사는 이들을 적절하게 분류한 뒤 파생금융상품으로 만들어 고객들에게 판매했다. 고객 중에는 은행도 포함되어 있었다. 은행들은 만약의 경우에 대비해 AIG 등 보험회사에 위험대비 보험을 들었다.

---

17) 미국 중앙은행을 가리킨다. 미국 정부 기관인 재무부의 대리 기관으로서 상업은행의 준비금을 관리하고 상업은행에 대부를 공여하며 지폐 발권을 책임진다. 최고의결기관인 연방준비제도이사회, 산하 12개의 연방준비은행, 공개시장위원회, 연방자문위원회, 소비자자문위원회 등으로 구성되어 있다. 수천 개의 은행이 주주로 참여해 이사를 선출하는 등 일반 기업의 형식을 취하고 있지만 넓은 의미에서 국가 기구의 일부이다. 단적으로 지폐 발권은 국가 권력의 배경 없이는 이루어질 수 없는 성질의 것이다.

주택 가격이 계속 상승하면 구입한 주택을 판매해 원리금도 상환하고 프리미엄도 챙길 수 있어 아무런 문제가 없다. 하지만 주택 가격이 실수요자들의 구입 능력을 넘어서자 부동산 시장에 형성된 거품이 일시에 꺼지기 시작했다. 주택 가격은 폭락했고 대출 받은 시민들은 주택을 처분해도 원리금을 상환할 수 없었다. 파생금융상품들은 일시에 휴지조각으로 전락했다.

복잡하게 얽혀 있던 금융 생태계가 파열되면서 월가의 거대 금융기관들이 잇달아 무너져 내렸다. 보험회사들조차 일시에 몰려든 은행들의 보험 청구에 응하지 못하면서 함께 나자빠졌다. 사태의 파장이 전 세계로 퍼져나감에 따라 2008년 한 해 동안 세계 주식 시장은 20조 달러 이상 손실을 보았다. 이는 세계 GDP의 거의 절반에 가까운 액수였다. 2008년 글로벌 금융위기가 터진 것이다.

이번에도 시장은 스스로 문제를 해결하지 못했다. 시장실패가 재현된 것이다. 도리 없이 정부가 나섰다. 경제력 있는 주요 20개국 정부가 함께 거들었다. 이를 계기로 G20회의가 정례화되었다.

미국 정부는 무너진 금융권을 복원하기 위해 3조 달러가 넘는 천문학적인 자금을 투입해야 했다. 연방준비은행 또한 채권 매입 방식의 양적 완화 정책으로 2014년까지만 해도 4조 달러 이상을 풀었다. 이를 위해 1조 달러 규모에 이르던 연간 통화발행을 3조 달러 이상으로 늘려야 했다.

2008년 글로벌 금융위기와 함께 신자유주의는 거품 경제에 의존하는 지속가능성이 없는 시스템임이 명확해졌다. 신자유주의가 남긴 잔재는 요소요소에 남아 있지만 그 자체는 더 이상 대세가 될 수 없었다.

지금까지 자본주의 역사에서 나타난 대표적인 시장 실패와 국가의 역할에 대해 개략적으로 살펴보았다. 시장의 자율적 문제 해결 능력은 한계가 뚜렷했다. 시장실패는 시시때때로 반복되었다. 그때마다 국가가 나서서 위기를 수습하고 총관리했다. 국가 없는 시장은 결코 존속할 수 없었다.

한국형 시장 실패, 외환위기

지난날 한국 경제 역시 시장 실패를 경험했었다. 그 대표적인 사례는 두말할 필요도 없이 외환위기이다. 그 출발점에 김영삼 정부가 성급하게 추진했던 금융시장 자유화와 개방화가 있었다.

김영삼 정부는 과거 군사독재 잔재인 관치금융을 타파한다는 명분을 내세워 정부 통제 아래 있던 시중은행 등 각종 금융기관을 민영화했다. 그 대부분은 자금 동원력이 있는 재벌의 수중으로 들어갔다. 더불어 김영삼 정부는 OECD 가입의 조건을 조기에 충족시키기 위해 금융시장 개방을 서둘러 추진했다.

일련의 조치로 재벌들 입장에서는 금융기관으로부터의 자금 조달과 해외 차입이 전례 없이 쉬워졌다. 그러자 시장 상황을 충분히 고려하지 않은 묻지마 투자 열풍이 일어났다. 상위권 재벌들은 원세트$^{one set}$주의에 입각하여 스스로 취약했다고 여긴 곳에 진출해 모든 업종을 평정하겠다는 강한 의욕을 드러냈다. 삼성 그룹이 자동차산업에 뛰어들고 현대 그룹이 전자산업에 진출한 것이 그 대표적인 경우였다.[18]

이와 함께 중하위권 재벌들 사이에서는 풍부한 자금 공급에 의존하여 일거에 상위권으로의 도약을 목표로 한 모험적인 투자가 잇달았다. 한보 그

---

[18] 삼성은 그룹의 전 역량을 투입해 자동차 산업에 야심차게 진출했으나 결국 외환위기 파고를 넘지 못하고 쓰러지고 말았다. 삼성자동차는 프랑스 자동차 회사 르노에게 매각되었다. 현대 그룹은 하이닉스(현대일렉트로닉스의 약칭)를 설립, 반도체 산업 등에 진출했으나 역시 부도를 맞고 말았다. 하이닉스는 일련의 과정을 거쳐 최종적으로 SK에 인수되었다.

룹이 무려 6조 원의 은행 대출을 바탕으로 대규모 철강 회사를 세운 것은 그중 하나였다.

결과는 과잉중복투자였다. 후폭풍은 거셌다. 무모한 투자는 1997년 초부터 시작된 재벌 기업의 연쇄 도산으로 이어졌다. 막대한 자금을 상환 받지 못한 금융기관들도 덩달아 부실화되었다. 해외 차입금을 제때에 상환하지 못하면서 국가부도 위기가 닥쳤다. 외환위기가 터진 것이다. 미국은 일본의 자금 지원을 차단하면서 한국 정부로 하여금 IMF 앞에 굴복하도록 몰아갔다. IMF는 긴급 구조자금 지원 대가로 고강도 신자유주의 구조조정 프로그램을 들이밀었다.[19]

외환위기의 파장은 컸다. 한국경제는 기업의 줄도산이 이어지고 실업자가 쏟아져 나오는 등 파국적인 상황으로 치달았다. 하지만 시장 스스로는 아무런 문제도 해결하지 못했다. 시장 실패가 분명해진 것이다.

이때 위기를 수습하고 교통정리를 한 것은 역시 국가였다. 김대중 정부는 부실화된 금융기관을 회생시키기 위해 156조 2천억 원의 공적 자금을 투입했다. 아울러 부실기업에 대해 강제 퇴출과 합병을 포함한 고강도 구조조정을 추진했다. 부족한 외환을 채울 목적으로 외국자본을 유치하기 위한 다양한 조치를 취했다. 각각의 조치들은 빠르게 효과를 발생시켰다. 외환위기는 조기에 진정되었고 시장은 그런대로 정상을 회복했다. 모두가 국가 개입 없이는 불가능한 일이었다.

---

19) IMF가 한국정부에 제시한 구조조정 프로그램은 크게 긴축 정책, 시장개방, 구조개혁 세 분야로 구성되어 있었다.
거시경제 긴축 정책은 고금리와 긴축예산을 결합시키는 가운데 콜금리를 종전의 3배 이상으로 상향 조정하는 조치를 요구했는데 부작용이 너무 커 얼마 후에 취소되었다. 시장개방은 상품 수입 장벽의 완전 제거, 외국인의 자산·부동산 소유 제한 철폐, 자본시장의 완전 자유화 등을 요구했다. 구조개혁에는 회생불능 금융기관 청산, 정리해고 및 파견근로제 법제화, 공기업 민영화, 정부 규제 대폭 축소 등이 포함되어 있었다.

하지만 이 모든 과정은 명백히 미국 주도의 신자유주의 세계화 전략에 편입되는 과정이었고 심각한 후과를 남겼다.[20]

미국식 주주자본주의가 작동하면서 구조조정이 일상화되었다. 고용불안정이 극심해지고 비정규직이 양산되었다. 구조조정의 일환으로 신규채용을 줄이고 그마저 비정규직으로 채우면서 청년들의 일자리 사정이 극도로 악화되었다. 그 반대편에는 돈이 돈을 버는 머니 게임을 통해 부자들 스스로도 감당할 수 없을 만큼 부가 쌓여갔다. 사회적 양극화와 불평등이 극도로 심화된 것이다.

외환위기를 계기로 구축된 한국경제 시스템을 흔히 '97체제'라 부른다. 어느덧 수명이 20년이 되었다.

97체제 아래서 재벌 기업들은 성장을 거듭했다. 2000년대 접어들어 조선, 반도체, TV, 휴대폰, 자동차 등에서 글로벌 강자로 부상했다. 하지만 제대로 된 혁신 없이 흘러오면서 온갖 구조적 모순이 누적되었다. 그러한 모순들이 상호 작용하면서 한국경제는 경쟁력을 잃고 급격히 추락하기에 이르렀다.

수많은 질문들은 지금의 한국 경제가 시장이 스스로 문제를 해결할 수

---

20) 김대중 정부는 미국식 주주자본주의 도입을 목표로 관련 정책을 빠른 속도로 추진했다. 외국인의 주식·채권 투자를 전면 허용하고 외국인 지분 한도를 100%까지 풀어주는 등 자본시장을 완전 개방하였다. 외환의 유입과 유출 또한 한결 자유롭도록 만들었다. 그동안 억제되었던 인수합병(M&A)을 활성화하기 위한 제도 개선을 추진했고, 자본시장의 공시 및 투명성 제고를 위한 방안을 도입하였다.

김대중 정부는 1999년도를 '자본시장 육성의 해'로 선포하면서 뮤추얼펀드의 도입, 건전한 기관투자가 육성, 기업공개 및 상장 요건 완화, 증권 위탁거래 전문회사 및 채권전문 딜러회사 설립요건 완화 등 제도적 보완 조치를 잇달아 발표했다.

이러한 과정을 거쳐 단기간에 미국과 유사한 주주자본주의가 자리 잡았다. 달라진 분위기 속에서 국제금융자본이 대거 진입해 한국의 주요 기업들 주식을 매입함으로써 막대한 수익을 올렸다. 가령 미국계 사모펀드 론스타는 외환은행을 인수한 뒤 2012년 하나금융에게 재매각하면서 4조 7천억 원 정도의 순이익을 남겼다. 2004년 5월 말 한국의 주식 시가총액은 357조 원 규모인데 그중 외국인 투자자 비중은 43.1%였다.

없는 시장 실패에 직면해 있음을 입증한다. 조선해양산업에서처럼 경쟁력을 상실한 기업들이 파산 위기에 내몰리고 있는데 그 문제를 시장 스스로 해결할 수 있는가? 1300조 원을 넘어선 가계부채가 한국경제를 파탄으로 몰고 갈지 모르는 시한폭탄으로 등장했건만 시장 스스로 이를 해결할 수 있는가? 비정규직 양산으로 한국 경제의 기초 체력이 나날이 약화되고 있는데 과연 시장 스스로 해결할 수 있는가?

재벌에 대해서도 똑같은 질문을 던질 수 있다. 현재 대부분 재벌 기업들의 성장 엔진이 급속히 꺼져 가고 있다. 재벌 기업들은 막대한 자금을 쏟아 부으며 생산성 혁신을 위해 노력하고 있지만 결과가 신통치 않다. 재벌체제에 내재된 구조적 문제일 수도 있고 국민경제와의 왜곡된 관계가 원인일 수도 있다. 과연 재벌 스스로 자신을 짓누르고 있는 이러한 문제들을 원만하게 해결할 수 있을까?

시장 실패 사례에는 공통점이 있다. 시장에서 자본 혹은 기업의 무분별한 이익 추구는 종종 시장 전체의 원활한 작동과 상호 모순을 일으킨다. 그러한 모순이 누적되어 폭발할 때 시장은 끝내 붕괴하며 그 후과는 고스란히 개별 경제 주체에게 되돌아간다.

이렇듯 시장에서는 개별 이익과 전체 이익이 충돌을 빚을 수 있다. 문제는 시장 스스로 이를 해결할 수 없다는 사실이다. 개별 경제 주체 모두가 자신의 이익을 포기하면서 전체 이익을 지킬 리 없기 때문이다. 이런 이유로 시장실패는 어쩔 수 없는 필연이 되고 만다. 도리 없이 총관리자로서 국가의 역할이 불가피해지며 결과적으로 그것은 모두에게 도움이 된다.

우리는 모든 순간에 국가가 시장의 총관리자로서 전면에 나서야 한다고 생각하지는 않는다. 국가에게 그런 역할을 절실히 요구하는 때가 달리 있는 것이다. 지금의 한국 경제 상황이 바로 그때에 해당한다.

3

공정경쟁 그 이상의 길

　현재 한국경제 앞에는 수많은 과제들이 던져져 있다. 추락한 산업경쟁력을 회복해야 하고, 대기업과 중소기업, 정규직과 비정규직 사이에 존재하는 불균형과 불공정, 불평등을 해소해야 한다. 가계부채 등 국민의 삶을 황폐화시키는 온갖 질곡도 걷어내지 않으면 안 된다. 나날이 높아지고 있는 복지 수요를 충족시키는 것 역시 피할 수 없는 시대의 과제이다.

　과연 이 복잡하고 어려운 과제를 어디서부터 풀어나가야 하는가? 먼저 경제 환경의 총체적 혁신이 선행돼야 한다. 예를 들어 보자. 한국경제가 국제경쟁력을 회복하고 전반적인 소득이 향상되지 않으면 추가 증세를 통한 복지 확충도 쉽지 않다. 가계부채의 숨통을 틔우기도 만만치 않다. 대기업과 중소기업 관계가 획기적으로 재정립되지 않으면 압도적 다수를 차지하는 중소기업 노동자들의 문제를 해결할 수 없다. 외환위기 이후 심각해진 사회적 양극화와 불평등 구조의 해소도 쉽지 않다. 재벌 개혁은 이러한 경제 환경의 총체적 혁신을 목표로 진행되어야 한다.

역발상 지혜로 적극적 재벌 개혁

경제민주화론자들 중에는 공정한 경쟁 조건의 창출을 최상의 목표로 삼는 경우가 많다. 불공정 거래 관행이 근절되어야 하는 것은 두말할 필요가 없다. 여기에는 타협의 여지가 있을 수 없다. 하지만 공정 경쟁만으로 문제가 충분히 해결될 수는 없다. 절대 강자인 재벌 기업과 중소기업, 영세 상인이 시장에서 만날 때 공정 경쟁은 원천적인 한계를 지닐 수밖에 없다.

더욱이 변화하는 시장 상황에서 두 부류의 관계를 경쟁 프레임으로만 접근하는 한 각자의 생존은 불투명해질 수밖에 없다. 거듭 이야기하지만 세계 시장은 경쟁의 주체가 개별 기업을 넘어 생태계 위주로 급속히 재편되고 있다. 생태계 기반이 최고의 경쟁력을 보장하는 시대로 나아가고 있다.

변화 추세에 맞게 국민경제를 구성하는 다양한 주체들의 관계를 총체적으로 혁신해야 한다.

앞서 살펴본 것처럼 재벌 기업은 중소기업과 벤처기업을 자신들의 먹잇감 정도로 간주했다. 두 부류 사이에는 먹고 먹히는 관계만 있었고, 그로 인해 중소기업과 벤처기업은 제대로 성장할 수 없었다. 하지만 지금 그 결과는 고스란히 재벌 기업 자신의 발목을 잡는 것으로 이어졌다.

예를 들어 보자. 오늘날 기술 발전은 기존 기술과 ICT 기술의 융합을 바탕으로 이루어지는 것이 보편적 추세이다. ICT 기술 발전을 선도하는 것은 주로 벤처기업이다. 벤처기업이 발전해야 대기업도 잘 될 수 있는 구조이다. 따라서 동반 성장은 선택이 아니라 필수이다. 그런데 그간 재벌 기업들은 눈앞의 이익에만 어두워 벤처기업의 싹을 싹둑싹둑 잘라 왔던 것이다.

결론적으로 국민경제 전체가 생태계를 기반으로 움직이도록 만들어야 한다. 정부와 대학, 연구 기관, 기업(대기업, 중소기업, 벤처기업, 공기업 모두를 포함해서), 협동조합, 노동자, 농민, 중소상인, 시민 등 다양한 경제 주체들이 상생을 지향하는 방향에서 긴밀하게 협력하는 유기적 관계망을 형성해야 한다. 우리는 이를 간단히 줄여 '국민경제 생태계'로 표현하고자 한다.

지금부터 다루어야 할 핵심 문제는 국민경제 생태계 형성에서 재벌이 어떤 역할을 해야 하는가이다. 결론은 이렇다. 우리의 목적은 기존 재벌체제의 옹호도 해체도 아니다. 드러난 문제만을 고치는 소극적 개혁도 아니다. 우리는 재벌의 성격을 180도 전환시키는 적극적 개혁을 목적으로 삼는다. 재벌이 국민경제를 황폐화시키는 포식자에서 벗어나 국민경제 생태계 형성에 순응하도록 만들자는 것이다.

국가가 이 어려운 작업을 책임지고 나서야 한다. 시장실패가 확연해진 상황에서 우리는 미국에서와 같이 기업 주도의 생태계 형성에 의존할 수 없다. 우리는 국가 주도의 국민경제 생태계 형성을 추구해야 한다.

우리는 경영 컨트롤 타워로서 지주회사를 주목한다. 두말할 필요도 없이 모든 재벌 그룹이 지주회사 체제로 전환해야 한다는 전제가 있다. 우리는 재벌 지주회사가 국민경제 생태계의 다양한 플랫폼 중 하나로 기능하도록 해야 한다. 플랫폼의 핵심은 연결 기능이다. 지주회사는 소속 자손회사와 중소기업, 벤처기업 등 다양한 경제 주체를 연결시켜 생태계를 형성하는 플랫폼 기능을 해야 한다.

재벌 지주회사가 자손회사 경영을 어떻게 컨트롤할지 원칙과 기준을 세우고 이를 하나의 법률 속에 담아내야 한다. 그동안 경제민주화 차원에서 제기되었던 과제들 예컨대 부당 내부거래, 일감 몰아주기, 중소기업 고유 업종 침해, 기술인력 빼돌리기 등을 금지하는 조항을 모두 관련법 안에 담을 수 있다. 국민경제 생태계 형성을 위해 어떤 역할을 해야 하는지도 구체적으로 명시할 수 있다. 일각에서 집중적으로 제기해온 대기업과 중소기업의 동반성장도 명문화 할 수 있다.

2008년 글로벌 금융위기의 충격을 겪으면서 재벌 기업들은 다투어서 지속가능한 경영을 탐색했다. 그 일환으로 윤리경영, 친환경경영, 사회책임 경영, 상생경영 등의 경영 원칙을 표방해 왔다. 실천 여부와 관계없이 재벌 기업 스스로 사회적 이익과의 조화 없이는 지속가능성을 보장받을 수 없음을 인정한 것이었다. 예의 경영 원칙들이 보다 명확한 행동 강령이 될 수 있도록 법률 조항 속에 포함시켜야 한다. 당연히 엄정한 법 이행을 위해 재벌 지주회사의 활동 전반을 관리 감독할 국가 기구를 만들어야 한다.

이러한 방식을 통해 우리는 재벌개혁과 관련해서 통합된 하나의 프로그램을 만들 수 있다. 그럼으로써 국민적 지지와 동참을 한층 쉽게 이끌어낼 수 있다. 지금처럼 사안에 따라 개별적으로 분산해서 대응하면 국민의 인식에서 멀어질 수밖에 없다. 재벌 개혁은 오직 몇몇 전문가의 몫으로 국한되기 쉽다.

우리가 추구하는 재벌 문제 해법은 일종의 역발상 지혜를 발휘한 것일 수도 있다. 우리는 재벌체제를 통해 수십 개에 이르는 기업들을 일괄 제어할 수단을 찾아야 한다. 재벌 총수가 보유한 권력을 폐기하지 않고 국민경제 생태계 형성을 위한 강력한 지렛대로 활용하고자 하는 것이다. 그럼으로써도 빠르면서도 효과적으로 국민경제 생태계를 형성할 수 있는 방법을 마련해야 한다. 국민경제를 황폐화시킨 포식자에서 국민경제 생태계의 플랫폼으로 전환하는 것은 재벌체제의 성격이 180도로 바뀌는 것을 의미한다. 재벌 기업이 사회적 이익과의 조화를 추구하도록 강제한다는 점에서 '사회경영의 제도화'라 표현할 수도 있을 것이다. 총수 권력을 사적 권력에서 공적 권력에 가깝도록 전환시키는 과정이기도 하다. 그 반대급부로써 총수의 경영권을 불법이나 편법이 아닌 사회적으로 보장해 줄 수 있을 것이다. 이는 고강도 개혁이며 혁명의 과정이 아닐 수 없다.

과연 재벌들이 여기에 동참할 것인가? 두 가지 요소가 그에 대해 긍정적 신호를 보낸다.

재벌체제의 최대 약점은 총수 1인에게 권력이 집중되어 있다는 사실이다. 총수 1인의 처지에 따라 그룹 전체의 운명이 좌우될 수밖에 없다. 문제는 이재용 삼성전자 부회장 구속에서 명확하게 드러났듯이 대부분의 경영권 승계 과정에서 엄청난 편법 불법이 진행되었다는 점이다. 국가가 확고한 의지를 갖고 있다면 총수 대부분이 사법 처리 대상이 될 수밖에 없다. 총수가 평생 감옥에서 썩을지 국민경제 생태계 형성에 순응할지 양자택일할 수밖에 없는 처지이다.

재벌 기업이 나 홀로 잘 나가는 독불장군 시대는 이미 지나갔다. 거듭 이야기하지만 세계 시장은 누가 생태계를 효과적으로 구축하는가에 따라 경쟁력이 판가름나는 시대로 빠르게 흘러가고 있다. 이 시점에서 밀리면 생존 자체가 버거워진다. 그동안 재벌 기업들 스스로가 심각하게 경험해 온 바이다. 결론적으로 국민경제 생태계 형성에 순응하는 것은 재벌 기업 자신을 살리는 길이다.

속단은 이르지만 변화의 가능성은 어느 정도 비치고 있다. 삼성 등 주요 재벌 그룹들이 자신들의 정치적 대표체이자 정경유착의 고리였던 전경련(전국경제인연합회)을 잇달아 탈퇴한 것이 그러한 징표 중 하나이다.

가장 중요한 것은 시민들의 의지이다. 시민들이 얼마나 적극적 의지를 갖고 임하는가에 따라 국가와 재벌의 태도도 달라질 것이다.

우리가 추구하는 재벌 문제 해법은 촛불시민혁명의 연장이다. 그 핵심은 시민들의 '재벌 점령'이다. 물리적 점령이 아닌 여론을 통한 법리적 점령이며, 파괴적 점령이 아닌 상생을 향한 생산적 점령이다. 시민들은 재벌 점령을 통해 국민경제 생태계라는 새로운 질서의 창출을 압박할 것이다.[21]

핀란드를 강소국으로 만든 원천

우리가 있는 그대로 차용할 수 있는 국민경제 생태계 모델은 존재하지 않는다. 다만 참고할 만한 사례들은 있다.

핀란드는 전체 인구 5백만의 그다지 크지 않은 소국이다. 그럼에도 높은 국제경쟁력을 바탕으로 부국의 지위를 누려 왔다. 비결 중의 하나로 국민경제를 생태계 원리에 충실한 방향으로 운영해 온 점을 꼽을 수 있다. 핀란드를 세계적인 IT 강국으로 끌어 올린 울루 IT 클러스터[22]는 그 단적인 예이다.

본디 핀란드는 풍부한 삼림을 바탕으로 펄프, 제지 등 임업 관련 경제가 발전했다. 그러던 중 1990년대 소련 붕괴와 함께 러시아 시장이 붕괴하면서 경제 위기를 맞이하였다. 급박한 상황에서 핀란드경제연구소는 세계 2위의 임업국가인 핀란드의 산업구조를 정보통신 등 첨단산업 중심으로 개편해야 한다고 조언했다. 그것이 인구 5백만의 작은 나라가 살아남는 방법이라고 주장했다.

핀란드 정부는 기술개발센터를 만들어 민간과의 공동 연구를 기획, 관리 감독했다. 핀란드의 GDP 대비 연구개발 투자 비중이 당시로서는 세계 2위 수준인 3.1%대로 뛰어오른 것은 이 덕분이었다. 핀란드 정부는 연구개발 예산을 클러스터별로 분배하면서 기업-대학-연구소 간의 협력 채널을 만들도록 유도했다. 기술은 최대한 공유하고, 각 경제 주체들이 중소·벤처기업과 긴밀히 협력하도록 했다. 대학교의 40%, 연구소의 25%가 산학 협

---

21) 새롭게 형성되는 국민경제 생태계 안에서 농업과 상업, 중소기업 등은 또 다른 생태계로 재구성된다. 이에 관련해서는 전작인 <선언>에서 일정하게 다룬 바 있다. 참고하기 바란다.

22) 클러스터는 특정 공간을 플랫폼으로 형성되는 경제 생태계의 한 유형이다. 특정 공간 안에 연관된 대학, 연구소, 기업, 정부 기관이 모여 정보, 기술, 인프라를 공유하고, 상호 협력을 고도화하는 것이 핵심 요체이다. 일본의 도요타 자동차 클러스터, 미국의 할리우드 영화 클러스터, 중국의 상디 전자 클러스터 등은 그 대표적인 예라고 할 수 있다. 울루 IT 클러스터도 그중 하나였다.

력 관계를 구축했다.

이러한 가운데 핀란드경제연구소 주도로 울루에 IT 클러스터를 조성했다. 이곳에는 핀란드의 대표적인 IT 업체인 노키아와 관련 대학, 연구소 등이 삼각 편대를 형성해 자리 잡았다. 여기에 관련 중소·벤처기업이 적극 결합했다. 외국기업의 진출도 활발해졌다. 효율적인 연구개발 시스템 덕분에 고급 정보와 인력을 얻을 수 있고, 앞선 기술과 생산 시스템을 배울 수 있다는 이유에서였다. 울루 IT 클러스터가 본격 작동하면서 IT 제품은 펄프, 제지 등을 제치고 핀란드 수출 1위 품목으로 올라섰다. 노키아는 한동안 중저가 휴대폰 점유율에서 세계 1위를 구가할 수 있었다. 법인세 4분의 1을 떠안을 만큼 절대적 비중을 갖고 있던 노키아가 뜨자 핀란드 국민경제 전체가 힘을 받았다.

그러던 중 울루 IT 클러스터를 기반으로 강력한 경쟁력을 자랑하던 노키아가 한순간에 몰락하는 사태가 벌어졌다. 이유는 간단했다. 스마트폰으로 대세가 전환되는 시기에 기존 성과에 안주하면서 휴대폰은 값싸고 잘 터지기만 하면 잘 팔릴 것이라고 하는 안일한 생각에 젖어 있었던 것이다.

그런데 바로 여기서 흥미 있는 장면이 펼쳐졌다. 노키아가 몰락하자 그곳에 몸담고 있었던 고급 인력들이 IT 관련 중소기업으로 진출함과 동시에 400여 개의 스타트업(초기 벤처기업)을 창업했다. 핀란드 정부는 이 과정을 전폭적으로 지원하는 기민함을 보였다. 결과적으로 핀란드 국민경제는 노키아라는 대기업에의 지나친 의존도에서 벗어나 중소·벤처기업 중심으로 전환할 수 있었다.

전환이 빠른 시일 안에 큰 혼란 없이 이루어질 수 있었던 이유는 무엇이었을까? 결정적 이유는 바로 핀란드 국민경제의 생태계 기반이 탄탄한데 있었다. 중소기업이 성장하기에 적합한 생태계 환경이 갖추어져 있기 때문에 노키아 출신들은 주저 없이 중소기업행을 선택할 수 있었다. 단적으로 중소기업 급여 수준이 이전 노키아 때와 큰 차이가 없었다. 마찬가지로 벤처기업의 창업과 발육에 적합한 생태계 환경이 갖추어져 있기에 과감히 창업에 뛰어들 수 있었다.

인구 500만의 작은 나라 핀란드는 여전히 국제무대에서 강한 면모를 과시하고 있다. 생태계의 힘이 빚어낸 결과이다. 주목해야 할 것은 핀란드 국민경제 생태계 형성을 주도한 정부 기관의 역할이다.

핀란드 정부가 전면에 나선 시기는 임업 의존 경제가 심각한 위기에 봉착한 때와 일치한다. 당시 위기는 시장 스스로 위기를 극복하기 어려운 또 다른 유형의 시장 실패였다. 바로 그 상황에서 핀란드 정부가 국민경제의 전환을 주도적으로 계획하고 이끌었던 것이다. 핀란드 정부의 주도적 역할은 시장과 대립 충돌하는 것이 아니라 거꾸로 시장경쟁력을 강화하는 방향으로 이루어졌다.

K뷰티벨트에서 새로운 미래를 찾다

한국 경제는 여러모로 생태계와는 거리가 멀다. 대기업은 일사불란한 지휘체계를 바탕으로 연구개발에서 제조, 유통을 조직 안에서 일괄 해결하는 폐쇄형 구조를 유지해 왔다. 대기업과 중소 협력업체의 관계는 철저히 수직 계열화된 관계이다. 먹고 먹히는 갑을 관계이다. 협력업체라는 수식어가 무색하다.

다양한 이름의 산업단지는 비슷한 업체들이 한곳에 모여 있을 뿐이지 유기적 협력을 하는 공간이 아니다. 나중에 살펴보겠지만 생래적으로 생태계 친화적인 벤처기업조차도 이러저러한 이름의 벤처 단지에 함께 모여 있을 뿐이다. 산학 협력이 강조되어 왔으나 아직은 단조로운 형태를 크게 벗어나지 못하고 있다.

한국은 짧은 기간 안에 세계적인 제조업 강국으로 부상했다. 전국 곳곳에 산업단지들이 즐비하게 늘어서 있다. 세계 최고 수준의 대학 진학률을 입증이라도 하듯이 전국 어디를 가든 대학이 자리잡고 있다. 연구자 수나 연구 기관에서도 세계 선두 그룹을 유지하고 있다. 각각의 영역은 양적 지표에서만큼은 결코 뒤지지 않는다. 그런데도 세상에 이름이 알려진 번듯한 클러스터 하나 없다.

이런 점에서 최근 급부상하고 있는 한국 화장품산업의 든든한 거점인 이른바 K뷰티벨트는 새로운 가능성을 보여준다.

K뷰티벨트는 충북 지역에 위치한 오송생명과학단지, 오창과학산업단지, 청주시 흥덕구, 음성, 괴산, 제천 등 서로 인접해 있는 지역에 형성되어 있다. 본디 이곳은 화장품 산업과 직접적인 연관이 있던 곳은 아니었다. 2010년 이후 전 세계적으로 기능성 화장품이 뜨는 것에 맞추어 화장품 관련 업체와 연구 기관들이 이곳으로 몰려들면서 자연스럽게 화장품 클러스터로서의 꼴을 갖추어 간 것이다.

K뷰티벨트 안에는 2015년 현재 131개에 이르는 화장품 업체와 연구소 등이 밀집해 있었으며 이후 그 수가 빠르게 증가했다. 이곳에는 한국콜마·LG생활건강·SK바이오랜드·사임당화장품·한국화장품 등 대기업과 중견·중소업체들이 골고루 자리잡고 있다. 스타트업도 적극 가세했다. 2017년 초 충북산학융합본부 건물엔 한 군데의 공실도 없이 45개 스타트업이 입주해 있었는데 이 중 화장품 기업이 14개였다.

또한 이곳에는 오송생명과학단지지원센터, 국립인체자원중앙은행, 국립의과학지식센터, 식품의약품안전평가원, 질병관리본부, 각종 바이오·제약업체 연구소 등이 자리잡고 있어서 연구 개발에 최적의 환경을 제공해 주고 있다. 이 점을 십분 활용해 관련 업체와 기관들이 수시로 협의하고 정보를 공유하며 기술을 교류하고 있다.

2017년 3월부터는 충북대 약학대학원에 화장품산업학과(석사 과정)도 개설된다. 학부생이나 대학원생들을 위한 강좌가 아니라 화장품 업체 직원을 대상으로 한 5학기 과정이다. 4월에는 예산 176억 원이 들어간 화장품임상연구지원센터도 문을 연다. 화장품 업체들은 이곳에서 기존 민간 기업이 운영하는 임상센터에 비해 30~50% 저렴한 비용으로 임상실험을 할 수 있다.

천연 한방 원료 재배지나 이를 가공하는 공장, 관련 연구소 등도 승용차로 30분 이내의 거리에 있는 지역에 모여 있다. 제천에는 세명대 한방바이오산업임상지원센터가 자리잡고 있다. 주변 농촌 지역은 원료 재배지다. 가령 음성은 노화 방지에 효과가 있는 대추, 괴산은 피부의 수분 유지와 주름·미백에 좋은 인삼의 주 재배지다. 이를 바탕으로 한방 화장품이라는 카테고리가 처음 선보일 수 있었다.

다양한 요소들이 인접한 거리 안에 골고루 갖추어져 있고 이들 사이의 교류 협력이 활발하게 이루어지다 보니 새로운 상품 아이디어가 왕성하게 쏟아져 나왔다. 2014년 국내 상표권 출원 건수에서 LG생활건강, 아모레퍼시픽, 더페이스샵 등 화장품 회사들이 1~3위를 싹쓸이한 게 이를 증명한다. ICT의 선두주자인 LG전자와 삼성전자는 각각 4위, 8위였다. 연간 화장품 생산 품목 수도 2010년 8만 5533개에서 2014년 10만 1362개로 18% 정도 늘었다. 이는 같은 기간 국내에 수입된 화장품 품목 수 증가율 4%(7만 1734개 → 7만 4725개)보다 4배 이상 많은 수준이다.

스피드 또한 이곳의 최고 강점으로 꼽히고 있다. 원료 재배지에서 연구소, 제품 제조 공장 등 각 공정에 필요한 요소들 모두가 인접한 거리에 있다

보니 새 아이디어가 있으면 1~2주 안에 시제품이 나올 수 있다. 그 어떤 분야보다도 트랜드 변화가 빠른 화장품 시장에서 매우 유리한 지점이다.

제품의 개발·제조를 전담하는 ODM(제조자 개발 생산) 업체와 화장품을 기획하고 유통만 하는 브랜드숍 업체가 역할 분담을 하며 긴밀하게 협력하는 시스템을 갖춘 것도 강력한 경쟁력이다. 절묘한 분업 구조를 바탕으로 외국 기업보다 시장 변화를 빠르게 파악하면서 트랜드를 적극 주도하고 있다.

지금까지 긍정적 요소들을 중심으로 K뷰티벨트에서 펼쳐지고 있는 일련의 양상을 살펴보았다. 거미줄 전략이라는 표현이 나올 만큼 K뷰티벨트 안에서는 연관된 요소들이 유기적으로 연결되어 시너지 효과를 키우고 있다. 이는 클러스터형 생태계로 진화할 잠재력이 매우 풍부함을 말해준다.

물론 극복해야 할 약점과 한계 또한 많을 것이다. 정부 기관이 처음부터 주도적으로 계획하고 이끈 것이 아니기 때문에 난개발 요소가 충분히 있을 수 있다. LG생활건강 등 재벌 기업이 생태계 형성에 어떻게 순기능을 할지도 지켜봐야 할 대목이다. 스타트업이 적극 가세하고 있지만 이들의 발육에 적합한 생태계 환경을 조성하는 것은 여전히 남아 있는 숙제의 하나일 것이다.

분명한 것은 국면경제 생태계 형성은 충분히 가능하며 그럴 때 강력한 경쟁력을 갖는다는 사실이다. K뷰티벨트는 이를 입증한다.

제5장

불평등과의 작별, 사람 중심 경제

우리는 지금 역사의 국면을 바꿀 정도의 두 가지 큰 변화를 잇달아 맞이하고 있다. 그것은 일련의 산업혁명이 촉발시킨 변화이다. 이미 3차 산업혁명이 일으킨 창조경제로의 전환이 빠르게 진행되고 있었다. 그 와중에 4차 산업혁명의 쓰나미가 덮쳐 오면서 상황은 더욱 긴박해지고 있다.

역사의 갈림길에서 우리는 두 가지 중 하나를 선택해야 하는 처지이다. 하나는 4차 산업혁명이 소수의 돈벌이 기회로만 이용되고 대다수는 실업자로 전락하면서 불평등이 극한을 향해 치닫는 상황이다. 또 하나는 불평등이 원천적으로 해소되어 가는 새로운 경제 체제로 전환하는 것이다. 절망과 희망이 극단적으로 엇갈리는 시대 상황이라 할 수 있다. 과연 우리는 어떤 선택을 해야 하는가?

우리는 앞서 재벌 기업들도 순응하는 국민경제 생태계 형성에 대해 살펴보았다. 생태계로의 전환은 국민경제를 구성하는 경제 주체들의 관계에 머물지 않고 개별 기업의 질서를 재구성하는 것으로까지 나아간다. 다시 말해 '국민경제의 생태화'가 기업 내부로까지 심화 발전되는 것이다.

그 결정적 모티브는 기존 자본 중심 경제에서 사람 중심 경제로의 전환이다. 사람 중심 경제로 전환은 기업 경영의 틀과 기조를 완전히 바꾸어 놓는다. 경영혁명[23])을 촉발시키는 것이다.

자본 중심 경제가 사람 중심 경제로 바뀌는 경영혁명은 위험 수위를 넘은 불평등을 구조적으로 퇴출시킨다.

오늘날 불평등 해소는 전 세계적으로 가장 중요한 의제가 되어 있다. 불평등은 세계 최고 부자 8명이 하위 36억 명과 맞먹는 재산을 갖고 있을 정도로 극단적인 수준에 이르고 있다. 한국 역시 외환위기를 거치며 세계에서

---

23) 러시아혁명 이후 사회주의자들 주도로 전개된 자본주의 타파 과정은 통상 사회혁명으로 불렸다. 사회혁명은 공장, 토지 등 생산수단의 '소유 관계'를 개인 소유에서 집단 소유로 전환시키는 데 초점을 맞추었다. 이에 반해 사람 중심 경제를 추구하는 경영혁명은 '경제 주체들의 관계'를 전환시키는 데 초점을 맞춘다. 이런 기준에서 보면 국민경제 생태계 형성도 넓은 의미에서 경영혁명의 일부로 볼 수 있다. 거꾸로 경영혁명은 경제 전반이 생태계로 전환하는 과정이다. 생태계로의 전환과 경영혁명은 서로 맞물려 돌아가는 관계인 것이다.

가장 불평등한 나라의 하나가 되었다. 한국의 경우 자산 최상위 1%의 재산 집중도가 2000년 22.7%에서 2014년 33.9%로 급격히 상승했다. 상승폭으로 보면 OECD회원국 중 터키 다음으로 높은 수준이다. 절대치는 2014년 38.4%인 미국 다음으로 높다. 2017년 초 현재 이건희 삼성전자 회장(약 96억 달러), 서경배 아모레퍼시픽 회장(약 77억 달러) 등 16명 부자의 재산이 소득 하위 30%의 그것과 비슷하다.

불평등 심화는 생생하게 경험하고 있듯이 경제 체제를 마비시킬 정도로 악영향을 미치고 있다. 보수 성향의 다보스포럼조차도 불평등을 향후 10년 동안 인류를 위협하는 최대 요소로 간주할 정도이다.[24]

불평등 해소와 관련해서 주의할 점이 몇 가지 있다.

먼저 불평등 해소를 분배 문제로만 분리시켜 사고해서는 안 된다. 경제가 지금처럼 추락하면 기업 재무구조 악화로 분배 여력 또한 약화된다. 경제 활성화와 분배를 통일적으로 해결하는 해법을 찾아야 한다.

또 하나는 불평등 해소를 2차 분배 수단인 조세와 3차 분배 수단인 복지에만 의존해서는 안 된다. 정치인들은 불평등 해소 방안으로 주로 2, 3차 수단에 의한 해법을 강조한다. 많은 유권자들이 여기에 솔깃해 한다. 가장 손쉬운 문제 해결 수단으로 비치기 때문이다. 2,3차 수단에 의한 해법이 중요한 것은 분명하다. 하지만 그것만으로 근본적인 문제 해결을 기대할 수는 없다. 우리 사회의 90% 정도는 근로소득에 의존하고 있다.[25] 부유한 자산계층은 전체의 1~2%밖에 되지 않는다. 장하성 교수의 지적대로 이들 부자로부터 아무리 세금을 많이 거두어도 나머지 99%에게 실질적 도움이 안 된다. 1%의 자산을 99%가 나누어 가지면 얼마 되지 않기 때문이다. 소수만이 부자

---

24) 국민들의 의식 또한 불평등 해소를 가장 우선시하고 있는 것으로 나타났다. 가령 2017년 초 <조선일보>와 한국경제연구원이 여론조사기관 리서치앤리서치에 의뢰해 실시한 여론조사에서 '앞으로 한국 경제가 어떤 모습을 갖게 되기를 희망하나'라는 질문에 응답자의 52.8%가 '저성장 해도 성장의 과실을 고르게 나누는 나라'를 꼽았다. 또 '경제가 축소되더라도 빈부 격차는 전혀 없는 나라'를 고른 응답자는 29.9%로서 '빈부 격차가 커지지만 고성장하는 나라'를 원한다는 대답 14.7%보다 2배 이상 많았다.

25) 참고로 2012년 국세청 국정감사 자료에 따르면 개인소득 총액의 92.1%는 근로소득, 5.4%는 이자소득, 2,5%는 배당소득인 것으로 나타났다.

의 지위를 누림으로써 빚어진 불평등의 역설이다.

부자증세는 반드시 필요하지만 그에 의존하는 방식만으로 불평등 문제를 온전히 해결할 수는 없다. 비슷한 맥락에서 많은 사람들이 사회복지 지출의 확대를 통해 불평등이 해소되기를 갈구해 왔지만 결과는 기대했던 것과 전혀 다르게 나타났다. 단적으로 GDP 대비 복지 지출은 1997년 3.6%에서 2014년 10.4%로 크게 증가했지만 같은 기간 동안 불평등은 도리어 심화되었다. 불평등을 해소하자면 불평등을 양산하고 있는 사회경제 구조 지체를 바꾸어야 한다. 1차 분배가 이루어지는 경제활동 현장에서부터 불평등이 원천적으로 해소되어야 한다. 말 그대로 혁명이 필요한 것이다. 재벌 개혁을 통한 국민경제 생태계 형성은 그 일환이라고 할 수 있다.

불평등 해소와 관련해서 놓쳐서는 안 되는 또 한 가지가 있다. 사람들은 은연중에 '불평등 해소'라고 하면 소득 재분배를 떠올린다. 소득 재분배도 중요하다. 하지만 그것이 전부는 아니다. 불평등의 원천은 관계의 불평등이며 그 중에서도 권력 관계의 불평등이다. 권력이 가는 대로 소득이 따르기 마련이다.

일반적으로 권력 관계의 불평등을 해소하면 소득 불평등은 자연스럽게 해소된다. 권력 관계의 불평등 해소 없이 소득 재분배가 이루어질 수도 있지만 그것은 사회적 관계의 불구화를 초래할 뿐이다. 권력에서 소외된 채 소득만 상승되면 배부른 노예만을 양산할 뿐이다. 전 지구적 차원에서 볼 때 자본주의 사회에서 그런 일이 종종 일어났다. 그것은 우리의 대안이 될 수 없다. 경영혁명은 본질적으로 권력 관계에서의 불평등 해소를 추구한다. 이를 통해 소득 불평등을 함께 해소해야 한다.

생산력 발전의 새로운 단계, 창조경제

인류는 근대 이후 모두 세 차례의 산업혁명을 거쳤다. 아울러 지금 막 네 번째 산업혁명의 문턱을 넘어서려 하고 있다. 일련의 산업혁명을 거치며 인간과 기계의 관계가 재정립되어 왔다. 그 과정에서 불평등한 권력과 소득 관계도 함께 바뀌었다. 모순이 완화되기도 하고 격화되기도 했다.[26]

1, 2차 산업혁명, 기계의 지배

1차 산업혁명은 모두가 알고 있다시피 18세기 중엽 영국에서 시작되었다. 왜 하필 영국이었을까? 역사가 에릭 홉스봄은 돈을 버는 것이 최고의

---

26) 앞으로 노동력과 노동이라는 용어가 자주 사용될 것이다. 이 책에서는 노동력을 '근육 에너지를 바탕으로 가치를 창출할 수 있는 인간의 능력'을 가리키는 용어로, 노동은 '노동력이 지출되는 과정'을 가리키는 용어로 각각 사용할 것이다. 전통적 의미에서의 노동은 이러한 의미를 담고 있다. 정신노동, 감정노동이라는 영역이 등장했는데 이는 나중에 살펴보게 될 창조력 지출 과정으로서 '창조작업'과 전통적 노동 사이에 존재하는 중간 형태라고 할 수 있다. 작업, 작업자는 모든 영역을 포괄하는 용어로 사용할 것이다.

가치로 간주되고 마음먹으면 크게 돈을 벌 수도 있는 사회문화적 환경을 꼽았다.

영국은 명예혁명 등을 거치며 신흥 부르주아(자본가) 계급이 정부 기구를 장악하고 있는 상태였다. 동시에 기존의 농지를 양 목장으로 전환하는 인클로저 작업의 대대적인 진행으로 농민이 대거 도시로 몰려들면서 값싼 노동력을 손쉽게 확보할 수 있었다. 돈을 벌기 좋은 환경이 마련되어 있었던 것이다.

실제로 영국의 부르주아들은 생산 그 자체가 엄청난 부를 낳는 기회를 얻을 수 있었다. 산업혁명 직후 영국 부르주아들의 이익 증대 폭은 5% 혹은 10%가 아니라 수백% 혹은 수천% 수준에 이르렀다. 가히 수직 상승에 가까웠던 것이다. 한 예로 훗날 공상적 사회주의자로 알려진 로버트 오언은 1789년 포목상 점원을 하던 중 100파운드를 빌려 공장을 시작했는데 1809년에 이르러 8만 4천 파운드를 내고 뉴 라나크 공장을 인수할 정도의 부를 축적했다.

치솟는 이윤과 무한히 확대될 듯이 보이는 시장에 이끌려 부르주아들은 미친 듯이 생산을 확대했다. 여기에 발맞추어 면공업을 중심으로 근대적 형태의 공장이 설립되었고 증기기관, 방직기 등 기계들이 속속 만들어졌다. 아울러 철도 등 대량 수송을 가능하게 하는 운송 수단 개발이 가속도를 더했다. 가히 필요가 발명을 낳았던 한 시대였다. 일련의 과정을 거쳐 영국은 19세기 전반기에 이르러 세계 공업 생산의 절반을 차지하는 명실상부한 세계의 공장이라는 위치를 차지하였다.

산업혁명과 함께 근대적인 자본주의 체제가 확립되었다. 인간들은 극단적으로 대비되는 두 개의 세계로 양분되었다. 한편에서는 소수 부르주아들이 자신들만의 성채 안에서 막대한 권력과 부를 누리며 사치와 허영을 과시했다. 그 반대편에는 소름끼칠 정도로 비참한 삶을 산 노동자들이 있었다.

노동자들은 권력 관계에서 완벽하게 소외되어 있었다. 투표권을 포함해 정치적 권리를 행사할 여지는 전혀 없었다. 소득 분배 상황은 분배라는 용어가 어색할 만큼 최악을 향해 치달았다. 노동자들의 유일한 생활 밑천인 임금 수준은 극도로 낮은 수준에 묶여 있었다. 남자 가장의 월급으로는 도저히 살아갈 수 없었기에 부인과 아이들도 공장에서 일을 해야 했다. 공장주들이 8~9세의 아동들을 고용하는 경우도 매우 흔한 현상이었다. 노동시간은 식사 시간과 휴식 시간을 제외하고 14~16시간에 이르렀다. 열악한 작업 환경으로 대부분의 노동자들이 폐 질환 등을 앓고 있었다. 그 결과 노동자들의 평균 수명은 농촌 지역 거주자들의 절반밖에 되지 않았다.

1차 산업혁명 이후 상당 기간 동안 자본주의는 불평등을 타고난 본능처럼 노골적으로 표출했다. 적어도 이 시기만큼은 자본주의와 불평등은 동의어로 통용되었다. 칼 마르크스 등이 불평등을 해소하자면 반드시 자본주의를 타도해야 한다고 외쳐도 충분히 설득력 있게 들리는 상황이었다.

1차 산업혁명 초기 단계를 지배했던 것은 가내 수공업과 기계제 대공업의 과도적 형태인 매뉴팩처였다. 노동자들이 공장에 모여 분업을 하는 단순 협업 체계였다. 그러던 것이 19세기 말 중화학공업화를 계기로 거대한 기계장치가 생산 공정의 중심을 차지하는 기계제 대공업이 일반화되기에 이르렀다.

생산 공정의 효율성은 일차적으로 기계의 성능과 원활한 작동에 의해 좌우되었다. 기계의 성능을 개선함과 동시에 노동자들이 기계의 원활한 작동을 뒷받침할 수 있도록 하는 노력이 뒤를 따랐다. 그러한 노력은 노동자들을 기계의 움직임에 최대한 복종시키는 형태로 나타났다.

인간을 기계에 복종시키려는 집요한 노력은 20세기 초 테일러-포드시스템이라는 작업시스템으로 완성되기에 이르렀다. 미국의 프레드릭 테일러에 의해 창안된 테일러시스템은 노동자의 동작을 시간 단위로 정밀 분석한 것을 토대로 노동 행위를 기계의 동작에 최대한 일치시키고자 시도한 것이다. 포드시스템은 이를 더욱 발전시킨 것으로써 기계와 부품 등 생산요소를 표준화·규격화하는 것을 바탕으로 노동을 극도로 세분화하고 이를 컨베이어라인으로 연결시키는 시스템이었다.

2차 산업혁명으로 불리는 테일러-포드 시스템의 일반화는 노동자 1인당 생산성을 비약적으로 끌어올렸다. 헨리 포드가 테일러-포드시스템을 처음 도입했던 포드 자동차 공장에서는 자동차 한 대를 만드는 데 소요되는 시간이 기존의 12시간 8분에서 2시간 35분으로 단축되었다. 노동생산성 혁명이 일어난 것이다. 노동생산성 혁명은 노동자들의 지속적인 임금 상승을 가능하게 하였다. 덕분에 선진 자본주의 국가의 노동자들은 과거의 비참했던 생활에서 벗어날 수 있었다.

테일러-포드시스템의 일반화로 노동자들은 상대적으로 높은 임금을 받을 수 있었으나 그로 인해 혹독한 대가를 지불해야 했다. 산업사회에서 '기계적'이라는 용어는 단순동작의 반복이었다. 기계는 두뇌도 감각도 없는 존재였다. 노동자가 바로 그 기계의 부속품으로 전락했던 것이다.

기계가 주인이고 노동자는 노예였다. 가미타 사토시는 1970년대 초 일본 도요타자동차의 풍경을 다룬 〈자동차 절망공장〉에서 컨베이어라인 작업을 다음과 같이 묘사하였다.

입구 근처 컨베이어에서는 건너편 차체공장에서 운반해 온 샤시를 차축에 붙이고 엔진과 연결시켜 놓고 있었다. 그것은 우리들의 손을 거쳐 트랜스미션을 내장하고 출구를 향해 흘러간다. 마치 젊은 노동자들을 거느린 여왕 같다. 여기서 본 타이어 부착만큼 컨베이어노동을 상징하고 있는 것은 없다. 그의 일은 1분 40초 사이에 타이어 3개를 부착하는 것. 그 반복뿐이다.

우선 자기 뒤의 경사를 이용하여 굴러 떨어지는 타이어를 잡아 이번에는 자신의 손으로 굴리면서 컨베이어를 타고 흘러오는 차체로 나른다. 페달을 밟아 타이어를 들어 올려서 차축에 끼운다. 여섯 개의 볼트를 채우고 커다란 너트런너로 조인다. 그러면 벌써 그 뒤 차축이 다가오고 있다. 다시 타이어를 굴려 차체 곁으로 나른다. 두 개의 타이어를 잘 끼우고 볼트를 채운다. 커다란 너트런너를 허리로 받치고 조인다. 그것이 끝나면 이번에는 새로운 차체가 다가온다. 또 타이어를 굴린다. 이 얼마나 바보 같은 짓인가.

육체노동과 정신노동은 엄격히 분리되었다. 정신노동이 필요한 사람은 작업장 밖에 있었고 현장 노동자는 주어진 동작을 기계적으로 반복할 뿐이었다. 노동 과정은 철저하게 기계화되었다. 노동은 단순화되고 표준화되었으며 규격화되었다. 그 결과 노동력의 교환 가능성이 비약적으로 증대했다. 노동력은 시장에서 언제든지 구입해 대체할 수 있는 부품과도 같았다.

노동 과정에서 노동자의 개성은 완전히 제거되었다. 노동자는 자신의 노동을 기획할 수도 조절할 수도 없었다. 노동은 자아실현과는 무관한 과정이었다. 그것은 완전한 의미로 소외된 노동이었다. 노동은 오로지 생존에 필요한 임금을 받기 위해 참고 견뎌야 하는 고통스런 과정이었을 뿐이다.

선진 자본주의 사회에 주로 해당되는 이야기이지만 2차 산업혁명을 거치며 소득 관계에서의 불평등은 어느 정도 개선되었다. 비슷한 시기 보통선거 도입이 일반화되면서 정치 영역에서만큼은 권력 관계도 상당히 개선되었다. 하지만 경제 영역에서의 권력 관계는 근본적 한계가 있었다. 인간의 기계화는 작업 과정에서 노동자들이 완전한 무권리 상태에 놓여 있음을 의

미한다, 이는 곧 자본과 노동 간의 권력 관계에서 노동의 완전한 종속을 의미하는 것이기도 하다

3차 산업혁명, 인간과 컴퓨터의 연애

2차 산업혁명이 무르익는 가운데 1990년대 본격적으로 꽃을 피운 3차 산업혁명이 진행되었다.

3차 산업혁명의 출발점은 매우 예외적이고 독특한 기계의 출현이었다. 그것은 다름 아닌 컴퓨터였다. 기존 기계는 자체에 내장된 논리대로 정해진 동작을 반복하였고 인간이 이를 보조해 주는 식이었다. 컴퓨터는 바로 그 인간과 기계와의 관계를 180도 바꾸어 놓았다. 컴퓨터는 그때까지 발명된 것 중에서 가장 똑똑한 기계였다. 그런데 역설적이게도 가장 똑똑한 컴퓨터는 종전의 기계처럼 자기 논리대로 움직이는 것이 아니라 오직 인간의 명령을 기다리며 인간이 명령한 대로 움직였다.

한 걸음 더 나아가 컴퓨터는 다른 기계들조차 인간의 의사에 따라 움직이도록 다스리는 역할을 했다. 오늘날 대부분의 기계는 컴퓨터 제어 장치가 부착되어 있다. 덕분에 인간은 자신의 의사대로 기계들을 움직일 수 있다. 컴퓨터는 인간 위에 군림하던 기계들을 인간의 하인으로 봉사하도록 만든 것이다.

컴퓨터의 역사에서 PC의 확산은 또 하나의 혁명이었다. 1970년대 중반까지 대부분의 사람들은 개인용 컴퓨터라는 것을 상상조차 하지 못했다. 관련 기업 경영자들의 반응도 "일반인이 컴퓨터가 왜 필요한데?"라는 식이었다. 컴퓨터는 오직 기업이나 정부기관에서만 필요한 것이었다. 이러한 상황에서 1976년에 설립된 애플은 개인용 PC 애플Ⅱ를 출시하여 새로운 역사

를 썼다. 뒤이어 컴퓨터 안에서 모든 것을 해결할 수 있도록 하는 운영체제 OS와 각종 응용 프로그램들이 개발되었다. PC가 보편화되자 이들 사이를 연결하는 인터넷이 선을 보이면서 빠르게 세상을 변화시켰다.

컴퓨터의 정보 처리 능력을 바탕으로 이전에 없었던 IT산업이 새로이 부상했다. IT산업은 가장 빠른 속도록 성장하면서 산업 전반의 변화를 선도했다. 정보 처리는 산업 활동의 중심이 되어 갔고 기계의 자동화는 가속화되었다. 디지털문명을 앞세운 3차 산업혁명이 막을 올린 것이다.

디지털문명의 핵심은 지식을 생산에 적용하기 쉽게 했다는 점이었다. 그 결과 가치 창출의 원천에서 지식이 차지하는 비중이 급속히 증가했다. 이로부터 기존 통념을 흔드는 현상이 발생했다.

애덤 스미스에서 칼 마르크스에 이르기까지 근대경제학자들은 제품의 가치를 낳는 원천은 노동이라고 보았다. 마르크스는 노동을 근육에너지 지출 과정인 육체노동으로 파악했다. 마르크스는 상품의 가치는 노동의 투입 양에 의해 결정되며 이를 기준으로 시장에서의 교환이 성립된다고 보았다.[27] 이렇듯 제품의 가치 창출과 교환을 설명하는 이론으로 노동가치설이 오랫동안 지배해 왔다.

---

27) 칼 마르크스는 <자본론> 1권에서 상품의 가치 구조에 대해 이렇게 말하고 있다.

"어떤 물건의 크기를 규정하는 것은 오직 사회적으로 필요한 노동의 양, 곧 그것의 생산에 필요한 노동시간인 것이다. 이 경우 개개의 상품은 일반적으로 그것이 속한 종류의 평균적 표본으로 간주된다. 따라서 동일한 크기의 노동량이 들어 있는 상품들, 곧 동일한 노동시간에 생산될 수 있는 상품들은 동일한 크기의 가치량을 가진다. 어떤 한 상품의 가치와 다른 상품의 가치의 비比는 전자의 생산에 필요한 노동시간과 후자의 생산에 필요한 노동시간의 비比와 같다."

마르크스가 생각한 노동이란 어떤 것인가? 그에 대해 마르크스는 같은 책에서 다음과 같이 말하고 있다.

"부르주아 사회에서는 장군이나 은행가는 거대한 역할을 하는데 반하여 보통의 인간들은 매우 보잘 것 없는 역할밖에 하지 못하는데 인간노동도 마찬가지이다. 인간노동이라는 것은, 특별하게 발달하지 않은 보통의 인간이 자기의 육체 속에 평균적으로 가지고 있는, 단순한 노동력의 지출인 것이다. …(중략)…보다 복잡한 노동은 다만 단순한 노동이 강화된 것, 다시 말해서 몇 배로 된 단순노동을 의미할 뿐이며, 그리하여 적은 양의 복잡노동은 보다 많은 양의 단순노동과 같다."

바로 이 지점에서 문제가 생긴 것이다. TV처럼 세대 진화를 거듭할수록 소비자들이 느끼는 제품의 가치는 계속 증가해 왔다. 과거 흑백 브라운관 TV보다 오늘날 컬러 평면 TV의 제품 가치가 높은 것은 누가 봐도 분명했다. 그런데 생산 공정의 자동화가 폭넓게 진행되면서 제품에 투입된 노동량은 꾸준히 감소해 왔다. 실제 제품의 가치와 투입된 노동량 사이에 모순이 발생한 것이다. 기존 노동가치설로는 설명할 수 없는 새로운 현상이었다. 결국 문제는 노동 이외에 지식이라는 새로운 가치가 투입되었고 그 비중이 크게 증가했다는 사실이 밝혀지면서 비로소 풀릴 수 있었다.

1990년대에 접어들어 지식이 새로운 가치 창출의 원천으로 떠올랐음은 그 누구도 부인할 수 없는 사실이 되었다. 지식을 주요 가치 창출의 원천으로 삼는 지식경제 혹은 지식기반경제의 비중이 급속히 커져갔다. 이는 곧 제품 가치에서 노동의 비중은 감소하고 지식의 비중이 커지는 탈산업으로의 이행이 시작되었음을 의미했다. 제조업 비중의 감소는 이를 집약적으로 보여주는 징표였다.

한때 경제를 관장했던 한국 정부의 부서를 지식경제부라 부를 만큼 지식의 가치는 집중적인 주목을 받았다. 하지만 어느 순간부터 지식만을 강조하는 것은 하나의 편향으로 간주되기 시작했다. 지식 못지않게 감성이 중시된 것이다. 디자인이 강조되고 제품에 스토리를 담으려는 노력은 이를 반증한다.

문제는 여기서 그치지 않았다. 가치를 좌우하는 결정적 요소는 지식도 감성도 아닌 상상력이라는 것이 재차 드러난 것이다. IT의 역사를 새로 쓴 것으로 평가받은 애플의 아이폰은 이를 입증하는 상징적 존재가 되었다. 이상하게 들릴지 모르지만 아이폰에는 특별히 새로운 기술이 없었다. 단지 PC, 와이파이, MP3, 스크린터치 등 기존에 나와 있던 기술을 잘 버무려 소비자들을 혹하게 할 새로운 제품을 만들었을 뿐이다. 바로 여기서 결정적 역할을 한 것이 상상력이었던 것이다.

결론적으로 오늘날 가치 창출을 주도하는 것은 지식과 감성, 상상력이다. 이 중에서 상상력은 특별한 역할을 수행한다. 똑같은 지식과 감성도 상상력을 어떻게 발휘하는가에 따라 결과가 크게 달라질 수 있다. 상상력은 가치를 증폭시키는 구실을 하는 것이다. 이를 하나의 식으로 표현하면 이렇다.

가치 = (지식+감성)×상상력

지식과 감성, 상상력은 가치를 창조할 수 있는 인간에 내재된 능력이다. 우리는 그것을 '창조력'이라고 부를 수 있을 것이다. 결국 3차 산업혁명은 창조력을 가치 창출의 주요 원천으로 하는 전혀 새로운 경제를 출현시킨 것이다. 우리는 이를 창조력 기반 경제 간단히 줄여 '창조경제'라 부를 수 있다.

창조경제로의 전환이 빠르게 진행되고 있음을 알리는 징표는 다름 아닌 벤처기업의 부상이다.

창조는 미지의 영역에 뛰어들어 무에서 유를 창조하는 과정이다. 본래 모험일 수밖에 없다. 모험은 창조경제의 고유 속성인 것이다. 바로 그 창조경제를 이끄는 것이 동일한 속성을 지닌 벤처기업이다. 창조경제의 발전과 벤처기업의 부상은 처음부터 궤를 같이하는 것이다.

전 세계적으로 벤처 창업은 여타의 분야를 압도할 만큼 급팽창하고 있다. 세계 각국은 벤처 창업을 신 성장 동력으로 간주하고 집중적으로 지원하고 있다. 세계 시장에서 차지하는 벤처기업의 비중 또한 빠르게 증가하고 있다. 이미 매출액 기준 100위 안에 드는 기업 절반 정도를 벤처기업이 차지하고 있는 실정이다. 비슷한 맥락에서 2013년 말 세계 시장 점유율 1위를 차지한 국내 기업 130개 중에서 절반 가까운 63개가 벤처기업이었던 것으로 드러났다.

생산력과 생산관계의 변증법

창조력이 가치 창출의 주요 원천으로 떠올랐다는 사실은 노동, 나아가 인간의 존재 방식에서 어떤 의미를 갖는 것일까?

인간에게는 가치를 창조할 수 있는 능력으로 노동력과 창조력 두 가지가 있다. 이 중 노동력은 끊임없이 기계 등 다른 작업 수단에 의해 대체되어 왔다. 인류 역사는 그 같은 대체를 고된 노동으로부터 해방되는 진보의 한 과정으로 기억하고 있다. 노동력은 설령 대체되지 않는다 해도 종종 기계에 종속되는 운명을 겪었다. 바로 이 점에서 창조력은 근본적인 차이를 보여준다.

창조력은 인간에게 고유한 것으로 다른 작업수단에 의해 대체되지 않는다. 물론 인간은 지적 활동의 많은 부분을 컴퓨터 등에 위임해 왔다. 인공 지능이 발달하면서 그러한 영역은 더욱 늘어날 것으로 보인다. 하지만 감성과 상상력까지 아우르면서 창조력 모두를 대체하는 것은 불가능하다. 인간은 아직 자신에게 잠재해 있는 창조력의 극히 일부만을 사용해 왔을 뿐이다.

창조력이 인간이 가진 고유한 것으로 대체 불가능하다는 사실은 창조력을 가치 창출의 주요 원천으로 삼는 경제에서 인간이 온전히 경제 활동의 중심에 설 가능성을 내비치는 것이다. 이는 곧 산업사회를 관통하던 소외된 노동에서 벗어날 수 있음을 뜻하는 것이기도 하다.

지식 활동을 한다는 것은 그 자체로 정신노동과 육체노동의 분리를 극복한다는 것을 의미한다. 감성과 상상력을 발휘한다는 것은 각자의 개성을 회복하는 과정이다. 단순화, 표준화, 규격화된 감성과 상상력은 아무런 가치도 창출하지 못한다. 창조경제에서 가치는 뭔가 다른 차이로부터 나온다. 그에 따라 작업자의 교환가능성도 함께 낮아진다. 수많은 사람들이 외쳐왔던 고색창연한 노동의 인간화는 바로 창조경제를 무대로 해서 이루어질 수 있는 것이다.

물론 많은 사람들이 오해하고 있듯이 창조경제로의 전환만으로 이 모든 문제가 해결된다는 뜻은 결코 아니다.

여기서 잠시 칼 마르크스의 이론 도구를 빌려 보도록 하자. 마르크스의 이론은 오늘날 현실과 맞지 않는 부분이 많다.[28] 이를 통째로 받아들이는 것은 매우 위험할 수 있는 것이다. 그럼에도 마르크스의 이론 안에는 유용한 도구들이 꽤 많다. 한 예로 생산력과 생산관계의 변증법을 들 수 있다.

생산력은 말 그대로 일정한 단계에서 한 사회가 성취한 경제적 생산 능력을 가리킨다. 생산관계는 생산을 뒷받침하는 사회적 시스템 정도로 이해하면 될 것 같다. 마르크스는 생산력과 생산관계가 변증법적 상호 작용을 하면서 역사가 발전해 왔다고 보았다. 마르크스는 〈정치경제학 비판〉 서문에서 수많은 사람들을 전율케 했던 다음과 같은 유명한 문구를 남겼다.

사회의 물질적 생산력은 그 발전 과정의 특정한 단계에 이르면 기존의 생산

---

28) 마르크스의 대표작인 〈자본론〉의 출발점인 상품 가치 이론을 들 수 있다. 마르크스는 〈자본론〉에서 상품의 가치는 시간으로 환산되는 노동 양에 의해 결정되며 투입된 노동 양이 동일한 조건에서 교환이 성립된다고 보았다. 하지만 창조경제의 주류인 창조작업을 시간 양으로 측정하는 것은 무의미하다. 똑같은 시간 작업도 창출되는 가치는 전혀 다를 수 있기 때문이다. 창조작업 시간과 가치 창출은 직접적으로 비례하지 않는다. 창조경제를 지배하는 원리는 양이 아니라 질이다. 이 점이 구체적으로 어떻게 작동하는지는 향후 연구 과제이다.

관계, 또는 그것의 법률적인 표현에 지나지 않는 소유관계—생산력은 그 안에서 가동된다—와 모순에 빠지게 되고, 이 관계는 생산력의 질곡으로 바뀐다. 그때 사회혁명의 시대가 시작된다. 경제적 토대의 변화와 더불어 거대한 상부 구조 전체가 서서히 혹은 급격히 전복되는 것이다.

1, 2차 산업혁명을 거치며 확립된 산업사회는 자본과 노동의 결합으로 가치 창출이 이루어졌던 시대이다. 이때 지배적인 존재는 자본이었다. 자본은 모든 것을 지배했고 모든 대상을 자본화했다. 자본만 확보하면 손쉽게 돈을 벌 수 있는 시대였다. 마르크스는 이러한 상황을 직시하면서 노동을 가변자본으로 분류하기도 했다. 한마디로 산업사회는 '자본(돈) 중심 경제'였다. 산업사회로 표현된 생산력과 자본 중심 경제라는 생산관계가 궁합을 맞추던 시대였다.

창조경제는 산업사회와는 전혀 다른 생산력 발전 단계에 해당한다. 생산력 발전에서 계절이 바뀐 것이다. 계절이 바뀌었으니 옷을 갈아입지 않으면 안 된다. 창조경제 생산력에 맞게 생산관계가 바뀌어야 하는 것이다.

그렇다면 기존의 자본 중심 경제를 대체할 새로운 생산관계는 무엇인가? 결론적으로 그것은 사람 중심 경제(사회)이다.

창조경제에서 중심이 되는 것은 지식작업을 아우르는 창조작업이다. 창조작업에서 생산성은 작업자가 자발적 열정을 갖고 몰입할 때 극대화될 수 있다. 이는 복잡한 이론을 필요로 하지 않는 지극히 상식적인 이야기이다. 그렇다면 어떤 환경에서 작업자는 자발적 열정을 갖고 몰입할 수 있을까?

원칙적 수준에서 접근해 보자. 사람은 자신이 돈벌이 수단이 아닌 목적으로 간주될 때, 조직의 부속품이 아닌 중심이 되었을 때, 권력의 대상이 아닌 주체가 될 때 자발적 열정을 갖고 몰입할 수 있다.

기존 자본 중심 경제에서 기업 세계를 구성하는 대다수 사람들(노동자, 직원, 구성원 그 어느 쪽으로 표현되든 관계없이)은 돈벌이의 수단이었으며 조직의 부속품이었고 권력의 대상이었다. 권력은 오직 자본 소유자, 즉 주주로부터 나왔다. 자본 중심의 경제에서는 원천적으로 자발적 열정을 갖고 몰입하기 힘들었던 것이다. 다시 말해 창조적 에너지의 발산을 바탕으로 생산성을 극대화시킬 수 없었다. 이는 자본 중심 경제라는 생산관계는 창조경제라는 생산력의 질곡임을 예고한다.

사람 중심 경제는 자본이 차지했던 바로 그 자리에 사람이 서는 것을 의미한다. 앞서 창조경제에 이르러 사람이 경제 활동의 중심에 설 가능성이 열렸다고 했는데 그 가능성을 현실화시키는 것이 사람 중심 경제인 것이다.

창조경제라는 생산력 발전의 새로운 단계는 생산관계를 기존 자본 중심 경제에서 사람 중심 경제로 전환할 것을 요구했다. 이러한 전환이 지극히 필연적 과정일 수밖에 없다는 사실은 창조력이 새로운 생산력 발전 단계를 대표하는 생산수단[29]이라는 사실을 통해서 좀 더 확고하게 뒷받침되고 있다.

창조력이 노동력과 대비되는 또 하나의 중요한 차이점은 노동력은 생산수단이 아니지만 창조력은 생산수단이라는 사실이다. 노동력은 자본과 결합하지 않으면 가치를 창출할 수 없다는 점에서 자본 의존적 생산 요소이

---

[29] 생산수단은 가치 창출에 필수적인 작업 수단(도구)과 작업 대상을 아우르는 개념이다. 봉건사회에서 가장 중요한 생산수단은 토지였으며 자본주의 사회에서 가장 중요한 생산수단은 건물, 기계, 부품·원자재, 노동력 등을 구매할 능력을 지닌 자본이었다. 생산수단의 본질은 그것을 지니고 있으면 가치 창출이 가능하다는 데 있다. 자본을 보유하고 있으면 노동력을 포함해서 생산에 필요한 모든 요소를 구매해서 가치를 창출할 수 있다. 이런 점에서 노동력은 생산요소이기는 하지만 생산수단은 아니다. 노동력을 보유하고 있다고 해도 가치를 창출할 수가 없기 때문이다. 자본주의 사회에서 노동력은 자본과의 결합 없이 가치를 창출할 수 없다. 노동자가 노동력을 판매해야만 생존할 수 있는 이유이다.

다. 반면 창조력을 지니고 있으면 자본에 의존하지 않고도 가치를 창출할 수 있다.

오늘날에는 기술과 아이디어, 콘텐츠만 있으면 컴퓨터 하나만 갖고도 세계 시장을 향해 사업을 펼칠 여지가 얼마든지 있다. 자본에 의존하지 않고도 가치 창출이 얼마든지 가능한 것이다. 실제 그러한 영역이 빠르게 늘고 있다. 바로 이 점이 창조력이 또 다른 생산수단임을 입증하는 결정적 근거이다.

창조력은 자본으로부터 독립을 가능하게 하면서 동시에 자본과 수평적 협력관계를 형성할 수 있는 근거가 된다. 거듭 이야기하지만 창조력은 스스로가 목적이 되고 조직의 중심이며 권력 행사의 주체가 될 때 최대한 발휘될 수 있다. 이는 오직 수평적 협력 관계가 형성될 때 가능하다. 이런 점에서 창조력을 지닌 사람을 지배하고 통제하는 것은 자본에게도 이익이 되지 않는다.

나아가 창조력은 그것을 지닌 사람이 자본을 지배할 수 있는 원천이 될 수 있다. 이 점을 잘 보여주는 것이 벤처기업이다. 벤처기업은 창조력을 지닌 사람이 창업한 뒤 자본을 유치하는 것이 일반적 순서이다. 이때 기업 가치를 반영한 지분 구성에서 창조력의 가치가 다수를 점하는 게 원칙이다. 이를 통해 창조력을 가진 사람이 자본을 지배한다. 뒤에서 벤처 생태계를 다룰 때 좀 더 자세히 이야기할 것이다.

창조력이라는 새로운 생산수단은 자본으로부터 독립을 가능하게 하며 자본과 수평적 협력 관계를 형성할 근거가 되고 나아가 사람이 자본을 지배할 수 있는 원천이 되기도 한다. 이는 창조력이라는 새로운 생산수단이 궁극적으로 자본이라는 구 생산수단보다 우월함을 입증하는 근거이다. 동시에 자본의 지배를 극복하는 출발점은 창조력이라는 새로운 생산수단을 체화하는 것임을 알려준다.

이 모든 것은 창조력의 속성이 자본의 일방적 지배가 관철되는 자본 중심 경제와 배치된다는 것을 확인해 준다.

사람 중심 경제로의 전환은 역사의 순리이자 합법칙적 과정이다. 하지만 지난 수십 년 간 인류 역사는 정반대 방향으로 움직였다. 자본 중심 경제를 극한으로 몰고 간 역주행이 일어났던 것이다. 경제를 금융자본 이익 극대화를 중심으로 운영한 신자유주의의 확산이 바로 그것이었다.

신자유주의 체제 아래서 창조력을 지닌 인간은 경제 활동의 중심이 아니라 철저하게 주가 상승을 위한 재물로 취급되었다. 인위적 주가 상승을 유도할 목적으로 일상적인 구조조정이 진행된 것이 그 단적인 예다.

일상적인 구조조정이 광범위하게 진행되면서 정리해고가 빈번해지고 비정규직으로의 전환이 크게 늘었다. 노동자들은 언제 목이 잘릴지 모르는 상황에서 작업에 집중할 수가 없었다. 비정규직은 일회용 소모품으로 취급받는 상황에서 자발적 열정을 발휘할 수 없었다. 창조력 발산이 억제될 수밖에 없는 환경이었다.

돈 놓고 돈 먹는 머니 게임이 지배하면서 돈을 둘러싼 특권은 고착화되었고 넘기 힘든 장벽이 둘러쳐졌다. 아무리 노력해도 성공의 사다리를 오를 확률은 높지 않았다. 불가피하게 모든 지점에서 양극화와 불평등이 극도로 심화되었다. 자포자기한 심정이 만연해 가는 환경에서 창의적 도전과 실험이 왕성하게 이루어지기를 기대할 수 없었다.

여러모로 창조경제는 질식될 수밖에 없었다. 신자유주의는 생산력과 생산관계의 모순을 극한으로 몰고 갔다. 신자유주의는 명백히 창조경제의 적이었다. 신자유주의는 역사의 시계 바늘을 거꾸로 돌린 반동이었다. 사람들 기억의 조각 속에 이러한 모순이 생생하게 새겨져 있다.

기술 발전이 편리성을 가져다주는 것은 틀림없다. 3차 산업혁명을 거치며 편리함의 증대는 상상을 초월했다. 1990년대 초반의 시선으로 오늘날의 모습을 상상한다고 가정해 보자. 당시 인터넷은 존재하지도 않았다. 인터넷은 고사하고 PC가 필수적인 가전제품의 하나가 될 것이라 생각하기도 쉽지 않은 상황이었다. 사람들의 상상 속에서 스마트폰을 떠올리는 것은 더더욱 불가능한 일이었다. 1990년대 초 전화 한 통을 걸기 위해 거리의 공중전화 박스 앞에 서서 기다리던 것을 기억하는 사람들은 스마트폰으로 인해 편리성이 얼마나 증대했는지를 생생하게 기억할 것이다.

기술 발전이 평균적인 소득 수준과 물질적 풍요를 안겨다 줄 확률이 높은 것도 사실이었다. 한국 사회는 3차 산업혁명 시기를 거치며 가구당 승용차 보유가 평균 2대에 이르는 나라가 되었다. 아파트가 보편화되는 등 주거 환경도 크게 개선되었다. 1인당 국민소득도 3만 달러 수준에 이르렀다.

하지만 오늘날의 사람들이 1990년대 초반보다 더 행복하다는 증거는 그 어디에도 없다. 1990년대 초는 민주화 정착과 함께 소득재분배가 가장 원활하게 이루어지던 시기였다. 1인당 국민소득이 1만 달러가 채 되지 않았지만 미래에 대한 낙관으로 가득차 있었다. 반면 오늘날의 한국 사회는 비정규직 양산과 높은 청년실업률, 가계부채 급증, 불평등의 심화와 폐쇄적인 신분사회 고착, 오늘보다 나은 내일을 꿈꾸기 어려운 상황, 삶 자체를 포기하는 자살율의 상승 등 비관적 징표로 가득차 있다.

기술 진보와 삶의 질 사이에 심각한 모순이 발생했던 것이다. 이는 곧 생산력과 생산관계 사이의 모순이 일상 세계에 투영된 결과였다. 사회적 모순은 늘 일상의 삶 속에 깊은 자국을 남긴다.[30]

우리는 그간의 경험을 통해 창조경제로 전환한다고 해서 제반 문제가 해결되는 것은 결코 아님을 확인했다. 거꾸로 기존 생산관계가 함께 바뀌지

않으면 도리어 문제가 더 크게 불거질 수도 있음을 확인했다.[31]

　전 세계적으로 보았을 때 신자유주의는 내부 모순의 폭발로 몰락의 길을 걸었다. 하지만 한국 사회는 여전히 신자유주의 잔재 위에서 움직이고 있다. 신자유주의의 잔재를 걷어내고 서둘러 생산관계를 사람 중심 경제로 전환해야 한다. 이제 그것은 사느냐 죽느냐를 가름하는 절박한 과제로 제기되고 있다. 바로 4차 산업혁명이 우리를 그런 방향으로 사정없이 몰고 가고 있다.

---

30) 이를 대표하는 표현의 하나로 '열정페이'를 꼽을 수 있다. 열정페이는 자발적 열정을 바탕으로 창조력 발산을 극대화하더라도 돈벌이를 우선하는 신자유주의 논리에 의해 철저히 악용될 수 있음을 드러내고 있다. 사용자들이 "네가 좋아서 한 일이니까 돈을 안 줘도 상관없지"라면서 자기 잇속을 최대한 챙기는 것이다.

31) 그동안 생산력과 생산관계의 변증법에 대한 인식이 결여됨으로써 창조경제를 둘러싼 상반된 두 가지 편향이 나타났다.

한편에서는 창조경제와 신자유주의 사이의 모순이 격화되면서 노동 과정을 포함한 삶의 질이 떨어지자 창조경제 자체에 대한 부정적 시각이 확산되었다. 창조경제가 사람을 더욱 힘들게 만든다는 것이다. 현상만 보고 본질을 파악하지 못한 결과이다. 문제의 발단은 창조경제 자체가 아니라 신자유주의라는 낡은 생산관계의 억압이었다.

반대편에서는 창조경제가 경제를 획기적으로 발전시킴으로써 삶의 질을 크게 개선시킬 것이라는 낙관론이 유포되었다. 기술 발전이 인류를 구원할 것이라는 기술결정론은 그동안 여러 형태로 존재해 왔다. 기술은 생산력의 주요 구성요소이다. 기술결정론은 생산관계 변화를 고려하지 않고 생산력 발전만으로 인간 삶이 달라질 수 있다고 보는 매우 천박한 견해이다. 많은 사람들이 이런 인식의 오류에 쉽게 빠져들었다.

창조경제를 보는 두 가지 편향은 바로 이어서 다룰 4차 산업혁명을 두고서도 그대로 재현되고 있다. 한편에서는 4차 산업혁명에 대해 우려의 목소리를 높이는가 하면 정치권 일각에서는 4차 산업혁명을 서로 자기가 주도하겠다며 나서고 있다. 4차 산업혁명을 보는 긍정적 시각과 부정적 시각이 엇갈리고 있는 형국이다. 4차 산업혁명에 맞게 생산관계를 어떻게 바꾸어야 하는지를 고민하는 사람은 많지 않아 보인다. 사실 정치권의 주된 임무는 4차 산업혁명 자체가 아니라 그에 맞게 생산관계를 바꾸는 것이다. 이를 감안하면 정치권은 자신의 번지수를 찾지 못한 채 직무유기를 하고 있는 것이나 다름없다.

2

밀려오는 4차 산업혁명의 쓰나미

2017년 새해 벽두 언론 매체를 장식한 대표적인 이슈 중 하나는 4차 산업혁명이었다. 삶의 조건을 완전히 바꾸어 놓을지도 모르는 엄청난 파괴력을 지닌 쓰나미가 밀려오고 있는 것이다.

축복이 될 수도 있고 대재앙이 될 수도 있다. 사회가 4차 산업혁명을 어떤 태세로 받아들이는가에 따라 그 결과는 극과 극을 달릴 수 있다. 인류는 운명을 가르는 중요한 갈림길에 서 있다.

앞으로 4차 산업혁명이 미칠 영향과 관련된 여러 자료를 소개할 것이다. 혹자는 자료 내용들이 지나치게 과장되었다고 생각할지도 모른다. 진실은 정반대일 수도 있다. 4차 산업혁명이 예상보다 빠르게 닥치고 있고 생각보다 충격파가 크기 때문이다. 언제나 그렇듯이 위기를 극복하는 최선의 길은 최악의 상황을 염두에 두고 대비하는 것이다. 이 점을 십분 고려하면서 4차 산업혁명에 접근해 보자.

기계의 인간화

4차 산업혁명은 여러 단어들의 나열로 소개되어 왔다. 인공지능^{AI}, 빅데이터, 사물인터넷^{IoT}, 로봇, 3D 프린터, 자율주행 자동차, 가상현실^{VR} 등등⋯⋯. 여기에 유전자 공학 등 과학기술 영역이 가세해 왔다.

우리가 가장 주목해야 할 것은 인공지능이다. 3차 산업혁명을 이끌었던 핵심 기기인 컴퓨터의 정보 처리 능력은 비약적인 진화를 거듭해 왔다. 인공지능은 그 결과물이 집약된 것이다. 알파고의 등장은 인공지능의 위력을 실감하게 하는 계기가 되었다. 알파고는 한국의 이세돌을 포함해 세계 바둑계의 최고 고수들을 잇달아 격파하면서 놀라운 위력을 과시했다. 이세돌은 알파고와의 대국을 마친 뒤 이세돌이 진 것이지 인간이 진 것은 아니라고 했지만 사람들의 충격은 상당한 것이었다.

알파고가 이 정도 성능을 확보하기 위해서는 엄청난 물량 동원이 필요했다. 알파고는 중앙연산장치 1201개와 그래픽 처리장치 176개를 동원했다. 하루 사용한 전력양도 170kW에 이르렀다 이는 맞상대였던 이세돌의 20w(하루 권장 칼로리 2400kcal를 환산)보다 8500배나 많은 양이었다. 효율성이나 잠재력에서 아직은 인공지능이 인간의 두뇌에는 한참 못 미친다는 것을 의미한다.

그럼에도 인공지능의 능력은 통상적으로 알고 있는 기계의 수준을 뛰어넘는 것이었다. 무엇보다도 이전에 없던 학습 능력이 생겼다. 월스트리트 저널은 "인공지능은 방대한 자료를 분석하는 빅 데이터 기술, 자료 속에서 규칙을 찾아내는 기계 학습과 결합하면서 스스로 배우고 결정하는 능력을 향상시키고 있다"고 했다.

인공지능은 스마트폰·가전제품·자동차 등을 포함하여 모든 산업 영역에 두루 적용될 것으로 전망된다. 바로 이 점이야말로 4차 산업혁명의 실체

를 드러내는 가장 중요한 기술적 특징이라고 할 수 있다.[32]

4차 산업혁명은 먼 미래의 이야기가 아니다. 이미 현실에서 벌어지고 있는 현상이다.

야생 다큐 황제인 영국의 존 다우너는 실제 동물과 똑같이 생긴 로봇을 투입해 들개·원숭이·침팬지·오랑우탄·거북이·악어 등을 찍었다. AI와 원격제어 기술로 무장한 로봇은 자연스럽게 균형을 잡고 동물 무리에 섞여들었다. 일부 야생동물은 로봇을 향해 짝짓기를 시도하기까지 했다. 보스턴 다이내믹스가 개발한 로봇 '아틀라스'는 아무리 넘어뜨려도 두 발로 일어서고, 미끄러운 눈길도 성큼성큼 걷는다. 또 다른 로봇 '스폿 미니'는 실내와 계단을 청소하고 싱크대에선 주방청소까지 해냈다

현재 자율주행 자동차의 상용화를 위한 도전이 광범위하게 이루어지고 있다. 2017년 초 미국 라스베이거스에서 열린 세계 최대 전자제품 전시회 'CES 2017'에는 폴크스바겐, GM, 혼다, 도요타, 르노, 현대자동차 등 세계 자동차 업체들이 총출동해 자율주행차 기술을 선보였다. 전시회에 출품된 현대자동차의 아이오닉은 라스베이거스 일대를 누비며 주야간 시험 주행에 성공했다. 트럭이 옆 차선을 넘어 오면 차는 저절로 멈추는 등 상황 대처 능력에서 합격점을 받았다. 현대자동차는 자율주행 능력을 더욱 향상시켜 2020년부터는 본격 상용화에 나선다는 계획이다.

---

[32] 4차 산업혁명의 기술적 준비 정도를 가늠할 수 있는 지표로는 인공지능 관련 특허 출원을 꼽을 수 있다. 현재 인공지능 분야 특허 출원에서 선두를 질주하고 있는 나라는 미국과 중국이다. 한국은 국가 순위에서 일본 다음으로 4위를 기록하고 있지만 미국과 중국에 비해서는 크게 뒤처져 있는 형편이다.
미국은 AI 특허를 가장 많이 보유하고 있다. 2010~2014년 사이 모두 1만 5317건의 특허를 출원했다. 가장 빠르게 성장하고 있는 나라는 중국이다. 중국은 2005~2009년 사이에 2934건의 AI 특허를 출원했지만, 2010~2014년에는 약 세 배 가까운 8410건의 특허를 출원했다. 일본은 2010~2014년 사이 2071건의 AI 특허를 출원했다. 한국은 같은 기간인 2010~2014년 사이 1533건의 AI 특허를 출원했다.

자율 주행 능력과 사물 인터넷 등의 기능을 골고루 갖춘 커넥티드 카는 조만간 스마트폰에 필적하는 거대 시장을 낳을 것으로 전망되고 있다. 미국 정보기술 자문회사인 가트너는 2020년에는 전 세계에서 생산될 9200만 대 자동차 중 75%인 6900만 대를 커넥티드 카가 차지할 것으로 내다봤다.

인공지능의 적용은 인간과 기계의 관계에서 새로운 국면을 열고 있다. 2차 산업혁명의 결과는 인간을 기계에 종속시키는 인간의 기계화로 나타났다. 3차 산업혁명은 창조경제로의 전환을 촉진함으로써 인간이 기계에 대한 종속에서 벗어나 능동적인 작업 주체가 될 가능성을 열었다.

그런데 4차 산업혁명은 인공지능을 장착한 기계들이 인간을 닮아가는 '기계의 인간화' 현상을 낳고 있다. 2차 산업혁명과는 정반대의 현상이 일어나고 있는 것이다. 자동차를 보자. 기존 자동차는 스스로 주변 상황을 인식하고 대응할 능력이 없다. 그런 능력은 전적으로 운전대를 잡고 있는 사람의 몫이었다. 그런데 자율주행 자동차는 사람이 갖고 있던 바로 그 능력을 자동차 스스로 갖춘 것이었다.

기계들이 인간을 닮아간다! 과연 이러한 현상이 인간에게는 어떤 영향을 미칠까?

일자리에 미칠 충격파

4차 산업혁명의 전개 양상에 대해서는 어느 누구도 확정적으로 말하기 쉽지 않다. 하지만 분명한 사실이 있다. 더욱 똑똑해진 기계들이 그동안 인간이 담당해 왔던 노동 영역을 대거 점유할 것이라는 사실이다. 단적인 예로 그동안 사람의 손을 빌려 하던 정교한 작업조차도 상당수 3D 프린터로 대체될 가능성이 높다. 심지어 3D 프린터로 집까지 짓는 단계에 접어들었다.

옥스퍼드대학교의 칼 프레이와 마이클 오즈번은 2013년에 진행한 연구에서 4차 산업혁명의 여파로 미국 직업 가운데 47%가 머지않아 사라질 위험에 처해 있다고 발표했다. 세계경제포럼WEF 또한 새로운 기술의 부상으로 2020년까지 전 세계 일자리 가운데 510만 개가 감소할 것으로 전망했다. 미 백악관은 "AI로 인해 미국인 10명 중 4명의 생계가 위험해진다"며 "임금 수준과 교육 수준이 낮을수록 일자리를 잃을 확률이 더 높다"고 경고했다. "없는 사람이 더 가난해진다"는 의미다.

한국의 미래 일자리 상황에 대한 한국고용정보원의 예측은 심란하기까지 하다. 고용정보원이 발표한 '기술변화에 따른 일자리 영향 연구' 보고서에 따르면 기술 대체 효과로 인해 2025년, 전체의 약 70%에 이르는 1800만 명 노동자들의 일자리가 위협받을 것으로 전망되었다.

고용정보원에 따르면, 2016년 국내 전체 취업자의 12.5%는 이미 인공지능과 로봇으로 대체 가능한 업무에 종사 중이다. 그 비중은 2020년 41.3%, 2025년엔 70.6%까지 올라갈 것으로 예상했다. 학자들은 컨베이어벨트처럼 매뉴얼에 따라 일하면 제품이 나오는 작업은 모두 자동화될 수 있다고 보고 있다. 완성차 공장이 사실상 무인 공장으로 변신할 수도 있다는 이야기이다.

직종별로 보면 단순 노무직과 1차 산업 분야의 일자리가 기계에 의해 대체될 가능성이 높은 것으로 분석됐다. 청소원과 주방 보조원은 인공지능 로봇으로 대체될 가능성이 100%로 알려져 있다. 매표원과 주차 관리원, 건설과 광업 종사자, 청원경찰, 주유원 등도 대체 비율이 90% 이상이다.

4차 산업혁명과 함께 무인 공장, 무인 매장, 무인 차량 등 사람이 없는 경제 활동 영역이 크게 늘어날 수 있는 것이다. 이러한 현상은 이미 곳곳에서 현실화될 조짐을 보이고 있다. 가령 차량 공유 서비스 업체 우버는 미국

피츠버그에서 운전자 없는 무인 택시를 시험 운행하고 있다.

결코 먼 남의 나라 이야기만이 아니다. 한국에서도 판교와 광화문 등에서 자율주행차 시범 운행이 추진되었다. 서비스 분야에서도 기계에 의한 인간 노동의 대체가 빠르게 확산되고 있다. 인터넷 뱅킹 등의 확산으로 은행 창구 인력이 계속 감소하고 있다. 한국은행에 따르면 2005년 26%를 차지하던 은행창구 거래비중이 2016년 3분기엔 10.1%로 떨어졌다. 그에 따라 은행 인력은 계속 줄고 있다. 일부 대형 마트에서는 소비자가 직접 기계에 제품 바코드를 읽혀 결제하는 무인 계산대를 운용하고 있다. 6대의 무인 계산대에 안내 직원 1명만을 두고 있다.

가장 큰 문제 중 하나는 4차 산업혁명의 충격은 공평하게 오지 않는다는 사실에 있다. 기능이 단순할수록 기계에 의해 대체될 확률이 높은데, 그런 분야에 종사하는 사람들은 대체로 소득 수준이 낮다. 반면 교수, 의사처럼 전문성이 높을수록 대체될 확률은 낮은 편이다. 그런 분야에 종사하는 사람들은 대체로 소득 수준이 높다. 소득 수준이 낮을수록 4차 산업혁명의 충격에 노출될 위험성이 큰 것이다. 4차 산업혁명의 충격파가 상당한 계급성을 동반할 것임을 말해 준다.

천당과 지옥으로의 갈림길

과연 4차 산업혁명에 어떻게 대처할 것인가? 많은 노동자들이 불안한 시선으로 4차 산업혁명을 응시하고 있다. 그들에게 4차 산업혁명의 주역인 인공지능 장착 기계들은 자신들의 일자리를 위협하는 적으로 비쳐질 수도 있다.

사실 노동자가 기계를 자신들의 적으로 간주했던 것은 어제 오늘의 일이 아니다. 19세기 초 영국에서 발생한 러다이트 운동은 노동자들이 기계를 적으로 간주했던 고전 사례라고 할 수 있다.

당시 영국 노동자들은 자신들이 겪고 있는 고통은 그들을 옭아매고 있는 기계 때문이라고 생각했다. 특히 수공업자 출신들 입장에서 볼 때 기계는 전통적인 삶의 터전을 파괴한 혐오의 대상이었다. 뿐만 아니라 기계는 노동자들을 한 장소에 몰아놓고 혹사시키는 장본인이었다. 결국 절망한 노동자들 사이에서 "기계는 적이다!"라는 외침이 터져 나오기 시작했다. 노동자들은 기계를 부수기 시작했다. 자수틀, 방적기, 방직기 등 노동자들에게 배고픔과 절망을 안겨다 주었다고 생각하는 모든 기계가 박살나거나 불살라져 버렸다. 1811년 영국의 중부 지방에서 일어난 기계파괴운동은 도시 전체를 뒤흔들어 놓았다. 당시 노동자들은 밤에 복면을 하고 돌아다니면서 기계를 파괴했는데 이들을 가리켜 사람들은 러다이트라고 불렀다. 기계파괴운동을 러다이트운동이라 부른 이유였다.

노동자들은 러다이트운동을 통해 귀중한 교훈을 얻었다. 노동자들은 기계 파괴가 자신들의 삶을 개선하는 것과 아무런 관련이 없음을 깨달은 것이다. 영국 노동자들은 자신들과 관련된 법 제도를 개선하기 위한 정치활동을 강화했다. 참정권 확보를 위한 차티스트운동은 그 일환이었다.

오늘날 기계파괴운동이 재현될 가능성은 없다. 그럼에도 일부 힘 있는 노동조합은 새로운 기계 도입을 저지하기도 한다. 하지만 이러한 노력은 지극히 일시적이고 제한적인 결과만을 만들어 낼 수 있을 뿐이다. 구조적으로 4차 산업혁명을 이끌 기계들의 확산 자체를 저지하는 것은 불가능하다.

기업이 인공지능 장착 기계를 도입하는 것은 비용을 절감하고 생산성을 높일 수 있기 때문이다. 여기서 뒤처지는 기업은 도리 없이 경쟁력을 잃고 도태하고 말 것이다. 결국 노동자들이 조직적인 저항을 통해 기계 도입을 저지시킬 수는 있으나 최종 결과는 몸담고 있는 기업이 문을 닫는 것이다. 과정이 다를 뿐이지 노동자가 일자리를 잃어버린다는 점에서는 완전히 일치하는 것이다.

이 모든 것은 4차 산업혁명에 대해 전혀 다르게 접근해야 함을 알려준다. 기계의 인간화로 집약되는 4차 산업혁명은 인류에게 두 가지 가능성을 동시에 제시해 준다. 그것은 천당과 지옥만큼이나 극과 극을 달린다.

만약 4차 산업혁명이 다수의 이익이 아니라 오직 소수의 돈벌이 기회로만 이용된다면 불평등은 지금과는 비교할 수 없이 극단적으로 진행될 것이다. 인공지능이 장착된 기계를 만들어 파는 업계는 우선 당장은 큰돈을 벌 수 있을 것이다. 반면 뚜렷한 대책이 마련되지 않은 상태에서 대다수 사회 구성원은 일자리를 잃은 채 실업자로 전락할지 모른다. 실업자 폭증은 시장 자체의 붕괴로 이어질 가능성이 크다. 그렇게 되면 4차 산업혁명 관련 기계 판매로 큰돈을 벌던 업체들도 함께 망할 수밖에 없다. 결국 공멸로 가는 것이다. 상상조차 하기 싫은 최악의 시나리오이다.

만약 사회구조가 4차 산업혁명으로 하여금 다수의 이익에 기여하도록 작동한다면 정반대의 장면을 상상할 수 있다. 과거 기계의 진화가 그러했듯이 4차 산업혁명으로 평균 노동시간이 대폭 줄어들 수 있다. 더불어 인간이 힘들고 위험한 작업에서 벗어나 보다 창의적인 일에 집중할 여지가 대폭 확대될 수 있다. 보다 적은 시간 일하면서도 보다 풍부한 자아실현의 기회를 누릴 수 있는 것이다.

이 두 가지 중 어느 것을 선택할지는 전적으로 인간 자신들의 몫이다. 4차 산업혁명 자체는 기술의 진화로부터 비롯된 것이다. 그에 맞게 사회경제 구조의 작동 원리, 방식을 혁명적으로 전환해야 한다. 삶 자체도 완전히 재구성해야 한다. 경영혁명은 바로 그러한 내용을 담고 있다.

앞서 언급한 생산력과 생산관계의 변증법은 4차 산업혁명에도 온전히 적용된다. 4차 산업혁명과 함께 생산력이라는 이름의 계절은 어느덧 가을을 지나 겨울에 접어들고 있다. 생산관계라는 이름의 옷을 서둘러 갈아입어야 하는 것이다. 여름옷을 입은 채 차가운 바람 부는 겨울을 맞이했다가는 얼어 죽기 십상이다. 안타깝게도 많은 사람들이 2차 산업혁명 시기에 걸쳤던 여름옷을 여전히 고집하고 있다.

편리성의 증대 등 4차 산업혁명이 안겨다 줄 것으로 기대되는 여러 긍정적 요소조차도 이러한 과정을 전제하지 않으면 의미가 없다. 이미 우리는 3차 산업혁명을 경험하면서 이 사실을 뼈저리게 느낀 바 있다. 적어도 기술 발전과 인간의 행복이 직접적으로 비례하지는 않았던 것이다.

문제의 핵심은 사회 구조이다. 그 속에서 사회구성원들이 어떤 식으로 관계 맺는지가 삶의 질을 결정적으로 좌우한다. 3차 산업혁명 시기에 우리 사회는 신자유주의 질곡 속에 빠져 허우적거렸다. 삶의 질을 일차적으로 규정한 것은 바로 그 질곡이었다. 편리함도, 소득 수준 증가도, 물질적 풍요도 그 아래서 빛이 바랬다.

결론은 분명하다. 4차 산업혁명은 잠시 잊었던 혁명의 노래를 다시 부르도록 만들고 있다. 전혀 새로운 혁명의 노래를!

3

자본 중심에서 사람 중심으로

4차 산업혁명은 인간 노동의 영역을 대거 잠식하면서 일자리를 빼앗아갈 가능성이 매우 높다. 이 상황에서 우리 모두가 살아남을 수 있는 유일한 길은 기계가 대체할 수 없는 창조적 영역을 비약적으로 확대시키는 것뿐이다. 이런 관점에서 보자면 4차 산업혁명은 창조경제의 가속화를 거세게 압박한다. 더불어 필수 전제로서 창조경제에 부합하는 방향으로 생산관계를 바꿀 것을 강력히 요구한다.

결론적으로 4차 산업혁명은 사람 중심 경제로의 전환을 더 이상 선택의 여지가 없는 것으로 몰아가고 있다. 사람 중심 경제로의 전환을 먼 미래 이야기가 아니라 지금 당장의 과제로 절박하게 제기하고 있다.

우리는 위기를 기회로 만드는 역발상 지혜를 발휘해야 한다. 4차 산업혁명은 일자리를 대거 앗아갈 수 있다는 점에서 실로 엄청난 위기로 다가오고 있다. 우리는 이 전대미문의 위기를 사람 중심 경제로의 전환을 통해 불평등을 원천적으로 해소시키는 절호의 기회로 삼아야 한다.

군사학 교리에 "주동에 서면 이기고 피동에 빠지면 진다"는 내용이 있다. 상황을 능동적 입장에서 주도해 가면 반드시 이기고 거꾸로 수동적으로 끌려다니면 무조건 질 수밖에 없다는 이야기이다. 4차 산업혁명에 대해서도 마찬가지이다. 4차 산업혁명의 쓰나미 앞에서 기존의 것을 지키려는 피동적 입장에 머물면 참혹한 패배를 피할 수 없다. 거꾸로 경영혁명을 주도하는 입장에 서서 4차 산업혁명을 적극적 기회로 활용하면 승자의 위치에 우뚝 설 수 있다.

▌도요타 리콜 사태의 의미

창조경제는 생산관계를 사람 중심 경제로 전환할 것을 요구했다. 4차 산업혁명은 이러한 전환을 더욱 불가피하게 만들고 있다. 하지만 그에 앞서 2차 산업혁명 말기에도 그러한 단초가 형성된 적이 있었다. 2차 산업혁명 시기 생산성 상승을 주도했던 노동생산성이 한계에 봉착했던 것이다.

2차 산업혁명 시기 중심을 이룬 것은 단연 제조업이었다. 2차 산업혁명을 일으킨 테일러-포드 시스템이 작동한 현장 또한 제조업이었다. 이곳에서 가장 중요한 문제는 노동 과정을 효율적으로 통제하고 관리하는 것이었다. 테일러-포드 시스템은 그 일환으로 도입된 것이었다.

2차 산업혁명 시기 산업현장을 지배한 노동은 단순반복적인 과정의 연속으로 지극히 지루하고 고되기 짝이 없는 작업이었다. 노동 주체인 노동자 입장에서는 틈만 나면 벗어나고 싶은 과정이었다. 노동자가 알아서 하도록 맡겨두면 작업 효율성이 급격히 떨어질 수밖에 없는 구조였다.

자본주의 기업들은 이 문제를 수직적 위계질서에 입각한 엄격한 통제 시스템으로 해결했다. 그에 따라 기업 조직은 경영자와 관리자, 노동자 사이에 엄격한 상명하복의 위계질서가 형성되었다. 위계질서에서 벗어나면 곧바로 심한 불이익이 가해졌다. 경우에 따라서는 쫓겨나기도 했다.

엄격한 통제 시스템을 얼마만큼 효율적으로 운영하는가에 따라 노동생산성이 달라졌다. 2차 산업혁명 시기 자본주의는 이 점에서 분명한 성공을 거두었다. 노동생산성이 지속적으로 향상되었기 때문이다. 기업들은 노동생산성을 향상시키기 위해 갖가지 프로그램을 개발했다. 모토로라에서 시작되어 제너럴일렉트릭GE을 거쳐 전 세계로 퍼져나간 6시그마 운동[33]도 그러한 노력의 하나였다.

이러한 가운데 소품종 대량 생산방식에서 다품종 소량생산[34]으로 전환하면서 포드 시스템마저 대체하고자 하는 시도가 이루어졌다. 일본 도요타 자동차가 중심이 되어 도입한 린 생산시스템이 그 대표적인 경우에 해당한다.

린 생산방식은 수공업 생산방식과 대량 생산방식의 장점을 결합한 것으로, 수공업 생산방식에서 발생하는 원가상승과 대량 생산방식의 융통성 부

---

33) 100만 개의 제품 중 3~4개의 불량만을 허용하는 3~4PPM(Parts Per Million) 경영, 즉 품질 혁신 운동을 말한다. 시그마(σ)는 보통 통계학에서 오차 범위를 나타내며, 경영학에서는 제품의 불량률을 나타내는 데 사용된다. 1시그마는 68%, 3시그마는 99.7%의 제품이 만족스럽다는 의미이며, 6시그마는 통계적으로 99.99966%가 불량품이 아니라는 의미다. 사실상의 완벽을 추구하는 품질관리운동이다.
6시그마 운동은 1987년 미국 모토롤라가 처음 고안했으며 1990년대 초반 5.5시그마를 달성해 22억 달러를 절감하는 성과를 올렸다. 이에 자극 받은 제너럴일렉트릭(GE)이 1996년부터 6시그마 도입을 선언하고 모든 사업 분야에 적용하기 시작했다. GE 경영진은 "6시그마운동에 동참하든지 아니면 해고를 각오하라"며 거세게 몰아붙였다. 일본은 이미 자동차, 카메라 등과 같은 정밀기계 제품에서 6시그마를 달성한 상태였다.

34) 2차 산업혁명 때까지 기계는 정해진 동작을 단순 반복하는 수준을 넘어서기 어려웠다. 때문에 기계는 한정된 소수의 제품을 대량생산하는 데 그칠 수밖에 없었다. 대표적으로 옷이나 신발 등 소비재는 동일한 디자인으로 대량 생산되어 공급되었다. 그에 따라 거리에서 동일한 복장과 신발을 한 사람을 보는 것은 매우 일반적이었다.
이후 컴퓨터가 부착되면서 동일한 기계가 다양한 동작을 할 수 있는 유연생산 시스템이 구축되었다. 그에 따라 다양한 디자인과 기능의 제품을 소량 생산해서 공급하는 것으로 바뀌었다. 거리에서는 동일한 디자인의 옷을 입고 신발을 신은 경우를 보기 힘들어졌다. 소품종 대량생산과 정반대인 다품종 소량생산으로 바뀐 것이다.

족을 함께 극복하는 것을 목적으로 삼고 있다. 이를 위해 린 생산방식에서는 조직의 모든 부분에서 여러 기능을 수행할 수 있는 다기능 팀을 편성하며 융통성 있는 자동화기기를 사용해 다양한 제품을 적정량씩 생산했다.

린 생산방식을 도입하면서 도요타는 노동생산성을 상승시키기 위해 지속적인 카이젠(개선)을 추구했다. 그 결과 도요타는 노동생산성 향상을 위한 시도에서 최고점을 보여줄 수 있었다. 도요타는 마른 수건을 쥐어짜는 기세로 인간으로서는 도무지 도달할 수 없을 것 같은 노동생산성의 극한에 도전하였다. 그럼으로써 타의 추종을 불허할 만큼 높은 노동생산성을 기록할 수 있었다.

하지만 도요타의 노동생산성 상승은 어디까지나 노동 강도의 극단적 강화를 바탕으로 이루어진 것이었다. 이를 입증하는 이야기가 하나 있다. 1990년대 중반에 있었던 일이다. 당시 국내 완성차업체의 노동자들은 단위 시간당 작업량이 크게 늘어나면서 퇴근 후 집에 들어가 쉬기에 바빴다. 그러던 완성차업체 노동자들이 일본 도요타 자동차에 연수를 갔다 오더니 모두 고개를 흔들었다. 도요타의 노동 강도는 국내 완성차업체의 그것과는 비교도 할 수 없이 세다는 것이었다. 심지어 도요타 노동자들은 쉬는 시간조차도 다음 작업 준비를 하느라 바빴다.

그런데 2010년 도요타 자동차는 품질 하자로 1천만 대 리콜이라는 최악의 상황에 직면하였다. GM을 제치고 세계 1위 자동차 기업에 등극한 지 얼마 안 된 시점에서 발생한 사태였다. 이는 도요타가 노동생산성을 극한으로 끌어올리는 과정에서 심각할 정도로 피로가 누적되어 있었음을 반증하는 것이었다. 엄청난 피로에도 불구하고 그동안 버틸 수 있었던 것은 세계 1위 자동차 기업 등극이라는 목표가 도요타 구성원을 초긴장 상태에 묶어 두었기 때문이었다. 그러다 목표가 달성되자 긴장의 끈이 풀리기 시작했고 결국 잠재해 있던 문제가 일거에 터지고 만 것이다.

도요타 리콜 사태는 노동력 지출을 극대화하는 것으로써 노동생산성 상승이 더 이상 가능하지 않음을 말해 준다. 노동생산성 향상에 관한 한 도요타를 넘어서기란 거의 불가능하기 때문이다. 도요타 리콜은 노동생산성 향상에 의존하여 번영을 누리던 시기가 사실상 마감되었음을 알리는 사건이었다.

2차 산업혁명 시기 노동생산성이 생산성혁명을 주도한 것은 틀림없는 사실이다. 그렇다고 해서 자본에 대항하는 것으로써 노동이 생산 활동의 중심이 되었다는 의미는 결코 아니다. 이때의 노동은 사람으로서의 본성이 거세된 철저히 '자본화된 노동'이었다. 노동생산성의 향상은 노동이 자본의 요구에 더욱 철저하게 종속되는 과정에 다름 아니었던 것이다. 노동생산성이 상승할수록 노동자는 자신의 노동으로부터 더욱 소외될 수밖에 없었다. 기계의 부속품을 넘어 스스로 기계가 되어야 했다.

노동생산성 향상이 더 이상 가능하지 않다는 것은 곧 노동의 자본화 과정이 임계점에 이르렀음을 의미한다. 이는 곧 근본적인 관점에서 봤을 때 자본 중심 경제 운영이 한계를 드러내는 것에 다름 아니었다. 생산성 향상을 둘러싼 패러다임 자체를 바꾸지 않으면 안 되는 시기가 닥친 것이다.

사실 생산성에 대한 패러다임 전환의 필요성은 오래전부터 제기되어 왔다. 문제 제기는 주로 학습 강화를 통해 인간의 창의성을 향상시키는 데 초점이 맞추어졌다. 관련 실험도 다양하게 이루어졌다. 유한킴벌리로부터 시작되어 많은 기업들 사이로 확산된 뉴패러다임 경영 역시 그중 하나라고 할 수 있다.

외환위기 이후 유한킴벌리는 새로운 고용 패러다임을 적용하기 시작하면서 단 한 명의 직원도 해고하지 않았을 뿐만 아니라 오히려 일반 공장에 비해 현장 인력을 33% 증원했다. 반면 작업 일수는 연간 180일로 대폭 줄였다. 이를 바탕으로 유한킴벌리는 예비조, 평생 학습조, 4조 2교대 시스템 등을 통해 일자리를 나눔과 동시에 학습 시간을 크게 늘렸다. 아울러 종신 고용을 통해 해고 불안을 없앰으로써 구성원들이 자기 업무에 더욱 충실하도록 만들었다.

과연 결과는 어떻게 나타났을까? 뉴패러다임 실험은 인건비 증가를 뛰어넘는 생산성 향상으로 이어졌다. 덕분에 유한킴벌리의 생산성은 미국 본사를 훨씬 앞지르며 세계 최고 수준에 이를 수 있었다. 또한 주요 생산 품목 모두 국내시장 점유율 1위를 달성하면서 경영 실적도 지속적으로 향상되었다.

개별 기업을 넘어 국가적 차원에서 패러다임 전환을 시도한 경우도 있었다. 대표적으로 독일을 꼽을 수 있다. 2007년 무렵 독일은 고용률이 63~64% 수준이었다. 이후 독일은 '사람 중심 경제'와 '인간의 얼굴을 한 자본주의'에 대한 사회적 대타협을 이루고 이를 실천하면서 7년 뒤 고용률이 73%로 높아졌다. 더불어 독일 경제는 유럽에서 가장 강력한 경쟁력을 갖기에 이르렀다. 스위스도 비슷한 경우라고 할 수 있다. 스위스가 작은 나라임에도 불구하고 높은 경쟁력을 발휘할 수 있었던 결정적 요소는 수십만 개에 이르는 직업훈련 프로그램이었다.

이 모든 것은 사람 중심 경제로의 전환이 불가피함과 동시에 실현 가능함을 예고하는 장면들이라고 할 수 있다.

▌피터 드러커가 던진 메시지

2차 산업혁명으로 확립된 산업사회에서 기업 경영은 적대적인 두 세계가 첨예하게 충돌하는 지점이 되었다.

자본 소유자의 이해를 대변했던 경영진은 노동자를 통제 대상으로만 보았다. 그들이 바란 것은 노동자들이 엄격한 통제에 잘 순응하는 것이었고 같은 시간에 더 많은 제품을 생산해 더 많은 이윤을 창출하는 것이었다. 노동자는 철저하게 목적이 아니라 수단이었다.

반면 노동자들은 엄격한 통제 시스템이 자신들을 혹사시킨다고 생각했다. 노동 강도 강화는 자신들을 착취해 더 많은 이윤을 창출하기 위한 방편이라고 불만스럽게 생각했다. 경영자들이 산업 평화를 강조하는 것도 자신들에게 침묵을 강요하기 위한 허울 좋은 구호일 뿐이라고 생각했다.

노동자들은 노동조합을 결성해 저항했다. 경영진들은 그러한 저항을 두고 종종 불순한 행위로 간주하며 탄압을 가하기도 했다. 좌파 운동가들의 눈에 비친 기업 경영은 오직 노동자를 착취하는 영역 그 이상도 이하도 아니었다. 그들이 보기에 기업 경영에서 혁명적 변화는 어불성설이었다.

그러던 중 현대 경영학의 대부 피터 드러커가 3차 산업혁명에 부응하는 새로운 주장을 내놓으면서 주목을 받았다.

드러커는 창조력을 구성하는 세 가지 요소 중 지식의 기능에 가장 먼저 주목한 인물이다. 3차 산업혁명의 본질에 한 걸음 앞서 다가간 것이다. 드러커는 지식이 새로운 가치 창출의 원천이며 생산성을 좌우하는 요소임을 파악했다. 이를 바탕으로 드러커는 지식사회론을 주창했으며 이후 폭넓은 지지를 얻기에 이르렀다.

드러커는 또한 지식은 새로운 가치 창출의 원천일 뿐만 아니라 동시에 새로운 생산수단임을 주목했다. 지식사회에서 지식은 생산수단이다. 지식을 도구로 지식을 대상으로 작업을 수행해 가치를 창출하기 때문이다. 무엇보다도 필요한 지식을 갖고 있으면 자본과 결합하지 않아도 가치를 창출할 수 있다.

피터 드러커는 지식이 새로운 생산수단으로 등장하고 점점 중심적 위치를 차지해 가면서 지식을 보유한 새로운 계급 주체가 등장했다고 판단했다. 피터 드러커는 그 새로운 계급 주체에게 지식근로자^{Knowledge worker}라는 이름을 선사했다. 지식근로자는 전통적인 노동자 계급과는 완전히 다른 계급이었다. 결정적으로 전통적인 노동자는 자본이라는 생산수단과 분리되어 있었다. 그렇기 때문에 그들이 생존할 수 있는 유일한 길은 노동력을 제공하는 것뿐이었다. 반면 지식근로자는 지식이라고 하는 새로운 생산수단을 자신 안에 체화하고 있다. 생산수단과 분리되어 있지 않다.

산업사회에서 기업을 관통하는 핵심 축은 '자본 임노동 관계'였다. 자본과 노동자 사이의 노동력 교환을 기반으로 기업 조직이 작동되었던 것이다. 피터 드러커는 지식이 새로운 가치 창출의 주요 원천으로 떠오르면서 이 지점에서 질적인 변화가 불가피해졌다고 판단했다. 이 점을 경영혁명의 핵심 지점으로 파악했다. 드러커 주장을 바탕으로 변화의 요지를 재구성하면 이렇다.

육체노동자가 주류였던 산업사회에서 기획, 관리 등 정신노동과 물건을 만들고 나르는 육체노동은 엄격하게 분리되었다. 기업 경영과 관련된 영역은 어디까지나 정신노동에 속하는 것이었고 노동자가 경영에 대해 관심을 갖거나 관여할 여지가 별로 없었다. 그러나 지식근로자에 이르러 정신노동과 육체노동은 분리되지 않고 통합된다. 지식근로자는 자신이 맡고 있는 영역에 대해 종합적인 판단을 할 수 있어야 하고, 독자적으로 기획하고 관리할 수 있는 능력을 갖추어야 한다. 지식근로자에게 기업 경영은 일상적 관심사이며 함께 책임져야 할 영역으로 다가온다.

전통적인 노동자와 지식근로자는 기계와의 관계에서도 정반대이다. 산업사회에서 노동은 대부분 기계가 사람의 동작과 형태, 속도를 결정하였다. 사람이 기계의 하인으로서 기계에 봉사하였던 것이다. 그러나 지식근로자가 수행하는 지식작업의 경우는 정반대로 사람이 기계의 움직임을 지배한다. 지식작업에서 가장 중요한 기기인 컴퓨터는 사람의 선택에 따라 프로그램이 작동한다. 컴퓨터 이외 다른 기계들의 움직임 역시 작업자가 입력하는 프로그램에 따라 결정된다. 지식작업에서는 사람이 생산 활동의 중심에 서고 기계가 사람의 하인으로 봉사한다.

기업 경영자들은 노동자를 대했던 것과는 다른 시각으로 지식근로자를 대할 수밖에 없다. 그동안 경영자들은 노동자를 비용의 일부로 간주해 왔다. 경영자들이 구조조정을 끊임없이 단행해 온 것은 그 비용을 줄이기 위한 방편이었다. 반면 지식근로자는 비용이 아니라 자산으로 간주되어야 한다. 얼마나 뛰어난 능력을 지닌 지식근로자를 확보하는가에 의해 기업 운명이 크게 좌우되기 때문이다.

경영자와 기업 구성원 관계 또한 상당히 달라질 수밖에 없다. 경영자들은 그동안 노동자를 주로 통제 대상으로 간주해 왔다. 하지만 지식근로자는 협력적 관계에 있는 파트너로 받아들여야 한다. 이 경우 지식근로자는 수평적 협력 관계에 있는 경영의 동반자이다. 자본 임노동 관계를 기반으로 한 전통적 고용·피고용 관계에서 벗어난 전혀 새로운 관계가 형성되는 것이다.

피터 드러커는 기업 경영이 이러한 방향에서 혁명적 변화를 거칠 것으로 확신했다. 하지만 혁명적 변화는 그의 생전에 극히 일부 기업에서만 일어났다. 이유는 간단했다. 신자유주의가 대세로 자리잡으면서 자본 중심 경제라는 낡은 생산관계가 지식사회라는 새로운 생산력의 발전을 짓눌렀기 때문이었다.

피터 드러커가 새로운 가치 창출의 원천으로 지식을 주목했지만 앞서 살펴본 것처럼 시간이 흐르면서 일정한 변화가 있었다. 감성과 상상력이 함께 강조되면서 지식의 자리에 창조력이 놓인 것이다. 그렇다 하더라도 피터 드러커가 던진 기업 질서 변화에 대한 메시지는 여전히 유효하다.

권력과 소득 관계의 수평적 재정립

시대 상황은 마치 낡은 경제 질서를 거세게 몰아붙이면서 기필코 승복을 받아내겠다는 기세이다. 낡은 경제 질서를 몰아내고 그 자리를 사람 중심 경제에 내줄 것을 요구하는 요소들이 보다 구체적 형태로 연거푸 발생하고 있는 것이다. 최근 문제가 되고 있는 '생산성 역설'도 그중 하나이다.

2015년 한국의 GDP 대비 R&D투자는 4.23%로, 이스라엘(4.11%), 일본(3.59%)을 제치고 세계 1위이다. 1996년 R&D투자 규모가 OECD(경제협력개발기구) 회원국 평균치의 절반밖에 되지 않았음을 감안하면 괄목상대한 것이다. 경제활동인구 1000명당 연구자 수도 13.2명으로 세계 최고 수준이다. 블룸버그가 발표한 국가별 혁신지수도 2014년 이후 4년 연속 세계 1위에 올랐다.

이 정도 노력을 기울였으면 생산성이 세계 1위는 아닐지라도 선두 그룹은 형성하고 있어야 정상이다. 하지만 2017년 초 현재 한국의 생산성은 세계 32위에 그쳤다. 이는 생산성 향상과 깊이 연동되어 있는 경제성장률에서도 심각하게 확인된다. 혁신지수 1위를 달린 구간과 비슷한 2011~2016년 기간 동안 연평균 경제성장률은 바닥 수준인 2.92%였다. 이는 2006~2010년 연평균 경제성장률 4%보다도 낮은 수치이다. R&D투자와 생산성 사이에 심각한 갭이 존재한다. 혁신을 위해 노력하지만 생산성이 오르지 않는 생산성의 역설이 발생한 것이다.

원인에 대한 다양한 진단이 제기되었다. 소프트웨어를 경시한 채 반도체, 스마트폰, 디스플레이어 등 하드웨어 중심 개발에 지나치게 치중했다는 지적도 있다. 사업화에는 신경 쓰지 않고 오로지 기술개발에만 매달렸다는 문제 제기도 뒤따랐다. 관성의 포로가 되어 새로운 영역 개척을 등한시한 채 잘 되는 것에만 집착했다는 비판도 있다. 나름대로 다 타당한 지적일 것이다.

문제의 본질을 파고들면 하나의 지점이 나온다. 바로 창의성 부족이다. 막대한 자금을 투입해 기술 인력을 쥐어짜듯이 기술개발에 집중했으나 창의성 부족으로 성과가 미비했던 것이다.

투자를 많이 해도 그에 비례하는 결과가 나오지 않는 것은 무언가 근본적 문제가 존재하는 것이다. 포괄적 의미에서 자본 중심 경제의 한계를 드러내는 것일 수도 있다. 그렇다면 환경을 근본적으로 바꾸지 않으면 개선되기 어려운 문제이다. 큰 틀에서 접근하면 답은 어느 정도 분명해 보인다. 창조력 발산을 극대화할 수 있는 사람 중심 경제로 전환해야 하는 것이다.

그동안 살펴본 것처럼 2차 산업혁명 말기, 3차 산업혁명, 4차 산업혁명 모두가 사람 중심 경제로의 불가피성을 입증하는 요소들을 쏟아냈다. 사람 중심 경제로의 전환은 피할 수 없는 역사의 필연이었다.

과연 사람 중심 경제로 전환했을 때 기업 경영의 틀과 기조에서 어떤 질적 변화가 일어나는 것일까?

먼저 그 나름대로 사람 중심 경제에 근접한 벤처기업 사례를 통해 감을 잡아 보자. 관련 기업들은 돈과 사람 관계를 보는 시각부터 뒤집었다. 돈을 잘 벌어야 행복할 수 있다는 기존 통념을 버리고 구성원이 행복해야 돈을 잘 벌 수 있다는 것을 실천에 옮긴 것이다. 관련 기사를 살펴보자.

직원 24명의 소프트웨어업체 제니퍼소프트는 근무환경 개선의 위력을 요즘 톡톡히 실감한다. 경기도 파주 헤이리 예술인마을에 있는 사옥에는 수영장과 북카페·텃밭을 마련했다. 출근 오전 10시, 퇴근 오후 6시다. 사무실에 붙들어 매놓는 것이 능사가 아니다. 자유롭게 생각할 수 있는 시간을 주면 그만큼 좋은 아이디어가 만발할 것이라는 믿음이다. 이렇게 '느슨한' 경영을 하는데도 지난해 매출 100억 원을 돌파하고 올해 30% 넘는 성장을 기대한다. —〈중앙선데이〉, 2012. 8. 27.

오재철 아이온커뮤니케이션즈 대표는 행복한 기업 문화를 끊임없이 창조하는 젊은 CEO이다. 최근 회사 옥상에 바비큐 파티를 벌일 캠핑장을 만들고 지하에 캔 맥주를 가득 채운 냉장고를 배치했다. 회사 대신 영화관으로 출근하는 '무비 데이'를 매달 열고 맹인 안마사를 채용해 안마를 받으며 잠잘 수도 있다. 중요한 것은 이 모든 활동이 '근무 시간 내'에 이루어져야 한다는 사실이다.

아이온에서 정해진 규칙은 딱 하나 있다. '저녁 7시 퇴근'이다. 출근 시간은 마음대로이지만 퇴근은 오 대표가 직접 사무실을 돌며 챙긴다. (…) 3년 이상 근무하면 알아서 '방학'이 주어진다. 15일의 유급 휴가에 최대 150만원의 휴가비를 지원하는 제도이다. 매년 4억 원을 쓰는 제도이지만 아끼지 않는다. (…) 지금은 한국과 일본 시장 점유율 1위로 입지를 굳혔다. 또 미국, 인도네시아, 말레이시아 등 시장도 넓히며 '글로벌 소프트웨어 100대 기업'으로서의 목표도 차근차근 이뤄가고 있다. —〈중앙선데이〉, 2015. 4. 27.

비슷한 사례들을 찾는 것은 그다지 어렵지 않다. 어린이 교육 앱을 개발하는 모바일 벤처기업 '스마트스터디'도 그중 하나이다. 2015년 현재 평균 연령 30세인 구성원들은 직책과 관계없이 서로 별명으로 부른다. 그만큼 수평적 조직문화가 잘 정착되어 있다는 것이다. 특징적인 것은 휴가가 '무제한'이라는 것이다. 그래도 구성원들이 진행 중인 프로젝트 내용을 서로 잘 아는 투명한 구조 탓에 별 문제가 없다. 일이 막히면 집에 가서 샤워를 하다가 해결책이 떠올라 치킨과 맥주를 먹으며 프로그램을 짜는 경우도 있다. 말 그대로 즐기면서 일을 하는 것이다. 결과는 구글이스토어, 애플 앱스토어 등 주요 앱 장터에서 다운로드 세계 수위를 달리는 것으로 나타났다.

사회 경제적 구조의 변화가 충분히 수반되지 않은 조건에서 개별 기업 사례를 근거로 판단하는 것은 분명한 한계가 있다. 그럼에도 불구하고 위 사례들은 사람 중심 경제에서의 기업 경영 변화를 예측할 많은 단초들을 제공해 주고 있다. 이를 바탕으로 사람 중심 경제에서 일어난 변화를 원론적 수준에서 정리해 보자.

그동안 살펴본 것처럼 창조경제라는 생산력 발전의 새로운 단계는 생산관계를 사람 중심 경제로 전환할 것을 요구했다. 기업 경영의 틀과 기조가 사람을 중심으로 질적 전환을 해야 하는 것이다. 요컨대 사람이 기업의 목적이고 조직의 중심이며 권력의 원천이 되어야 한다. 사람 중심 경제에서 기업 구성원은 각자의 영역에서 중심인 것이다. 이는 경영혁명의 핵심 요체이다.

각자가 자기 영역의 중심이라는 조건에서 경영자와 구성원, 구성원과 구성원이 맺을 수 있는 것은 오직 수평적 관계뿐이다. 수평적 관계가 지향하는 궁극적 형태는 수평적으로 협력하는 파트너이다. 경영의 동반자이다. 이는 피터 드러커가 제출한 문제의식과도 정확히 일치하는 것이다.

수평적으로 협력하는 파트너 관계를 맺을 때 자발적 열정을 바탕으로 한 몰입을 통해 창조력 발산이 극대화될 수 있다. 생산성도 고양될 수 있고, 인간의 무한한 잠재력을 바탕으로 끊임없이 새로운 일자리가 창출될 수 있다. 창조력을 기반으로 한 새로운 가치 창조가 새로운 일자리 창조를 수반한다.

4차 산업혁명으로 과거에 인간의 노동이 해결했던 많은 작업을 기계가 대신한다. 그러한 조건에서 사람은 한층 창조적인 작업에 집중할 수 있다. 4차 산업혁명과 사람 중심 경제는 서로 궁합을 맞추어 갈 것이다. 4차 산업혁명으로 새로운 단계에 진입한 생산력과 사람 중심 경제라는 생산관계가 조화를 이루는 것이다. 앞서 제기했던 생산성 향상의 패러다임 역시 이렇게 바뀔 것이다.

수평적 협력 관계를 바탕으로 했을 때 창조력 발산은 극대화된다. 정반대로 창조력을 체화하고 있을 때만 수평적 협력 관계를 원활하게 유지할 수 있다. 수평적 관계는 경제 활동 주체 각자가 자율적이고 독립적으로 작업을 수행하면서 동시에 다른 주체와 능숙하게 협력할 수 있을 때 성립된다. 그러한 능력은 오직 높은 수준에서 창조력을 체화하고 있을 때 발휘될 수 있다. 수직적 통제 시스템 아래에서 단순 반복 작업에 익숙해 있는 사람은 수평적 협력 관계를 유지하기 힘들다.

수평적 협력 관계로의 전환은 창조력 발산의 극대화를 목적으로 하지만 동시에 높은 수준에서의 창조력 체화를 필수 조건으로 한다. 앞으로 수평적 협력 관계로의 전환과 관련한 모든 논의는 이를 전제로 한다.

사람 중심 경제를 지배하는 것은 수평적 협력 관계이다. 이는 여러 가지 의미를 함축하고 있다.

수평적 협력 관계는 권력 독점이 아닌 공유를 전제함과 동시에 강제한다. 권력의 공유는 필연적으로 소득 공유로 이어질 수밖에 없다. 권력이 있는 곳에 소득이 따른다. 생산현장에서의 1차 소득 분배가 원활히 이루어질 수 있는 것이다. 권력 관계, 소득 관계 모두에서 불평등이 해소되는 구조이다. 불평등이 해소되지 않으면 온전한 의미에서 수평적 관계라고 할 수 없다.[35]

사람 중심 경제에서 기업 구성원은 각자 자기 영역의 중심이며 상호 수평적 협력 관계를 형성한다. 이를 바탕으로 (잠시 뒤에 구체적으로 확인하겠지만) 기업은 개방성과 수평성, 다양성을 더욱 강화하는 방향으로 나아갈 것이다. 이 모든 것은 기업 질서가 생태계로 재구성되는 것을 의미한다.

우리는 앞서 재벌의 성격 전환을 전제로 한 국민경제 생태계를 모색했다. 그런데 일련의 경영혁명을 통해 기업 자체가 생태계로 전환한다면 이는 곧 국민경제 전체가 생태계 원리를 기반으로 통일적으로 구성되고 작동할 수 있음을 의미한다. '국민경제의 생태화'가 온전히 실현되는 것이다.

---

35) 수평적 관계는 수평적 조직 문화와 같은 형태로 일상 세계에서 자주 사용하는 용어이다. 그러다 보니 그것이 지닌 본질적 의미를 간과하기가 쉽다. 하지만 사람들 관계를 표현하는 것으로써 수평이라는 용어의 의미는 대단히 심오한 것이다.
결론적으로 수평은 자유와 평등이 통일적으로 구현된 상태를 가리킨다.
본디 자유와 평등은 민주주의의 본질을 드러내는 동전의 양면과도 같은 것이다. 서로 분리될 수 없는 성질의 것이다. 민주주의의 본질은 자신 이외에 누구로부터도 지배받지 않는 것이다. 어느 누구로부터도 지배받지 않는다는 점에서 자유의 가치를 내포하며, 모든 사람이 그러하다는 점에서 평등의 가치를 내포한다. 거꾸로 그 누구로부터 지배를 받으면 자유로울 수 없을 뿐더러 그 관계 또한 평등할 수 없다. 결국 모두가 자유로울 때 진정으로 평등할 수 있으며, 평등한 조건에서만 모두가 자유로울 수 있는 것이다.
하지만 근대 이후 자본주의와 사회주의 사이의 이념 대결이 첨예화되면서 자유와 평등의 가치가 분리되어 대립하기 시작했다.
충돌이 일어난 핵심 지점은 개인의 이윤 추구였다. 사회주의는 이윤 추구가 평등을 파괴한다고 보았고 자본주의는 평등이 개인의 자유로운 이윤 추구를 제약한다고 보았다. 이런 입장에서 자본주의는 자유를, 사회주의는 평등을 집중 강조했지만 현실은 지극히 이율배반적이었다. 자본주의 사회에서 노동자들은 임금의 노예가 되어 자유와는 거리가 먼 삶을 살아야 했다. 사회주의 사회에서는 의사 결정권을 상층부가 독점하면서 권력 관계에씨의 불평등이 구조화되었다. 두 사회 모두 자유와 평등 어느 하나도 온전히 구현하지 못한 것이다.
사람 중심 경제에서의 수평적 관계는 자유와 평등을 분리시키지 않고 통일적으로 지향한다. 진정한 의미에서 수평적 관계는 지배 관계의 소멸을 의미한다. 그러한 조건에서 각자는 자유로운 존재가 되며 동시에 평등한 관계를 형성한다. 비록 긴 시간에 걸쳐 이루어지겠지만 이를 통해 기존 자본주의와 사회주의의 한계를 동시에 극복한다.

사람 중심 경제는 국민경제 생태계의 일환이자 가장 강력한 모티브이다. 논리적으로 보더라도 이 둘은 필연적 연관성을 갖는다. 생태계에서 모든 생명체는 각자의 영역에서 중심이다. 사회를 구성하는 생명체는 사람이다. 따라서 경제 질서가 생태계로 온전히 재구성되려면 사람이 저마다의 영역에서 중심을 이루어야 한다. 그것을 가능하게 하는 것이 바로 사람 중심 경제인 것이다. 논리적으로나 현실적으로 사람 중심 경제를 전제하지 않고는 국민경제 생태화는 온전히 실현될 수 없다.

촛불시민혁명은 광장을 플랫폼으로 광범위한 생태계 질서를 형성했다. 이런 맥락에서 촛불시민혁명, 생태계, 사람 중심 경제는 내적으로 긴밀하게 연결되어 있다. 촛불시민혁명이 사람 중심 경제로의 전환을 모티브로 한 국민경제 생태화의 강력한 원동력으로 작용할 수 있음을 의미한다.

4

수평적 협력 체제로의 전환

앞서 우리는 매우 원론적 수준이지만 사람 중심 경제에서 기업 경영의 틀과 기조가 어떤 질적 변화를 겪는지 살펴보았다. 과연 이러한 변화는 어떤 형태로 구조화되는 것일까? 해답을 찾자면 한 가지 요소를 더 고려해야 한다. 기업 구조 변화를 강제하고 있는 불확실성의 증대이다.

우리는 지금 안개가 자욱한 불확실성 시대 속으로 진입하고 있다. 모든 요소들이 불확실성을 키우는 데 기여하고 있다. 창조경제 주류인 창조작업은 미지의 영역에 뛰어들어 새로운 것을 일구어내는 모험을 생래적 속성으로 하고 있다. 언제나 실패 가능성을 안고 있다는 점에서 결과를 예측하기 힘들다. 여기에 4차 산업혁명이 가세하면 기존 산업질서를 송두리째 뒤바꾸어 놓을 것이다. 어떤 형태로 산업 질서가 재편되고 고용 상황이 어느 방향으로 흘러갈지 정확한 예측을 허락하지 않는다. 혼미를 거듭하는 세계 시장 상황 또한 불확실성을 증대시키는 데 결정적인 한몫을 할 것이다. 일부 언론에서는 철저한 자국 우선주의를 앞세운 트럼프의 등장을 예의 주시하면서 한 치 앞을 내다보기 힘든 초불확실성 시대에 진입했다고 표현하기도 한다.

2차 산업혁명에 의해 수립된 산업사회와 같은 장기적 안정성은 더 이상 기대할 수 없다. 불확실성 시대를 헤쳐 나가자면 기업은 유연성을 극대화시킬 수밖에 없다. 기존의 경직된 구조로는 한 방에 날아갈 수 있다.[36] 전문가들은 한결같이 향후 기업 구조는 폐쇄적인 위계질서에서 벗어나 개방적인 네트워크 형태로 바뀌어 갈 것으로 내다보고 있다. 그에 따라 정규직은 갈수록 줄어들 것으로 예상된다. 끊임없이 변화하는 업무의 상당 부분은 다양한 외부와의 협력으로 신축성 있게 대체할 것이다. 심지어 제품 개발까지도 외부에 공모할 수 있다는 관측마저 나오고 있다.

기업이 유연성 극대화를 위해 외부와의 협력을 강화하는 것은 불가피한 추세로 보인다. 바로 여기서 심각한 문제가 발생한다. 고용 불안이 지금보다 훨씬 심해질 게 분명하다. 정규직을 축소해 감에 따라 비정규직이 정규직으로 전환하는 것은 고사하고 거꾸로 비정규직은 더욱 늘어갈 것이다. 해고가 수시로 이루어지면서 실업자 비중 또한 크게 증가할 가능성이 농후하다.

---

36) 전통적 노동자들 중에는 과거 산업화 시절에 존재했던 비정규직 없고 정리해고도 없는 평생직장을 이상형으로 생각하는 경향이 꽤 있다.

이런 입장에서는 비정규직의 정규직으로의 전환, 정리해고 반대가 가장 선명한 구호가 된다. 하지만 앞으로 이런 방식은 해답이 되기 어렵다. 무엇보다 평생직장의 조건이 사라졌다. 장기적으로 안정적 성장을 이어갔던 산업화 시대가 마감된 것이다. 거꾸로 초불확실성 시대 경직된 기업은 일순간에 망할 가능성이 매우 높다. 그 결과는 노동자들의 집단 실직이다.

노동운동가들 중에서는 기업 경영 현실을 무시하고 노동자의 권익만을 일방적으로 강조하는 경우가 많다. 하지만 그러한 입장에서는 결과적으로 노동자의 권익을 제대로 지킬 수 없다. 기업 경영 현실로부터 가장 직접적으로 영향을 받는 것은 노동자이다. 기업이 망하면 노동자는 생존의 위협을 받는다. 노동자와 기업이 함께 살 수 있는 길이 무엇인지를 찾는 것이 노동자 입장을 가장 잘 대변하는 것이다.

이러한 맥락에서 볼 때 일부 정치인들이 편가르기 용도로 사용하는 '친기업이냐 반기업이냐'라는 구도는 대단히 잘못된 구조이다. 그것은 본질적으로 퇴행적인 좌우 대결 구도의 또 다른 표현에 불과하다.

일각에서는 사회안전망 구축을 강조한다. 반드시 필요할뿐더러 중요하기도 하다. 하지만 사회안전망이 잘 구축되어 있다 하더라도 수시로 잘리고 실업자로 전전하다가 힘들게 취업해 적응하는가 싶으면 다시 잘리는 삶이 대안이 될 수 있는가? 사회안전망 구축은 필요하지만 근본적 해결책이 아니다. 사회안전망이라는 이름의 복지는 문제를 완화시킬 수는 있어도 문제를 해소시켜주지는 못한다.

고용 불안이 극대화되면 지속적 경험 축적을 통한 생산성 향상을 기대하기가 더욱 힘들어진다. 사회적 생산성 약화는 궁극적으로 기업 자체의 경쟁력 약화로 귀결될 가능성이 매우 높다. 이 점은 이미 비정규직이 확산되면서 한국 경제의 기초 체력이 뚜렷이 약화된 것을 통해 경험적으로 확인된 바이다.

심각한 딜레마가 아닐 수 없다. 기업이 살아남기 위해 유연성 강화는 피할 수 없다. 하지만 그 반대급부로 고용 불안이 극심해지면서 기업 경쟁력 약화로 이어질 공산이 크다. 기업과 노동자 모두 최악의 상황으로 이어질 가능성이 높은 것이다. 결코 가서는 안 되는 공멸의 길이다.

우리는 더 이상 기존의 틀 안에 머물 수 없는 처지가 되었다. 이제 새로운 답을 찾아야 한다. 공멸의 위기를 새로운 질서 창출의 기회로 삼는 역발상 지혜를 발휘해야 하는 것이다. 해답은 세 가지 요건을 동시에 충족시킬 수 있어야 한다. 이 중 어느 하나도 포기하거나 간과해서는 안 된다. 첫째, 창조경제가 요구하는 수평적 협력 체제가 구축되어야 한다. 둘째, 기업의 유연성 강화를 위해 외부와의 협력이 확대되어야 한다. 셋째, 고용 불안정이 원천적으로 해소될 수 있어야 한다.

과연 세 가지 요건을 동시에 충족시킬 수 있는 방안은 무엇일까? 기존 노동 시장 구조와 고용 관행을 그대로 유지한 상태에서는 해답을 찾기가 사실상 불가능하다. 노동 시장 구조와 고용 관행을 혁명적으로 재구성해야 한다. 이는 경영혁명에서 핵심적 지점에 해당하는 것이다.

우리 앞에 놓인 선택지는 그리 많지 않다. 우리가 머릿속에 떠올릴 수 있는 답은 사실상 하나라고 할 수 있다.

문제의 핵심은 다수의 작업자가 기업 안에 안정적으로 머물 수 없다는 사실에 있다. 다수의 작업자들이 빈번하게 해고되거나 비정규직 상태로 내몰려야 하는 것이다. 이들이 개별적으로 분산되어 있는 한 고용불안정은 피할 수 없다. 이들이 고용 불안에서 벗어남과 동시에 기업과 높은 수준에서 수평적 협력을 할 수 있는 적절한 조직화 방안을 찾아야 한다. 과연 여기에 맞는 조직은 무엇일까?

그것은 기업 안에 안정적으로 머물지 못하는 작업자들이 기꺼이 선택할 수 있으면서 창조력을 배양하기에 최적의 조건을 갖추고 있어야 한다. 그러자면 일차적으로 해당 작업자들의 자주적 단결을 보장하면서 고용 불안정에서 벗어날 '직장'의 의미를 함께 갖고 있어야 한다. 더불어 사람 중심 원리가 관철되는 수평적 조직이어야 한다. 당연히 내부는 모든 형태의 지배와 착취가 배제된 상태이어야 한다. 이 모든 것을 충족시킬 수 있는 조직 형태는 오직 직능별 협동조합밖에 없다.[37]

작업자들이 협동조합으로 폭넓게 조직화되어 있다면 기업은 협동조합과 신축성 있게 업무 협력을 하는 '수평적 협력 체제'를 추구할 수밖에 없다. 이러한 조건에서 경영혁명은 작업자들이 산별노조처럼 분야별로 단일

---

37) 같은 작업자 조직이라고 하더라도 노동조합과 협동조합 사이에는 중요한 차이가 있다. 노동조합은 노동자의 권익을 신장하기 위한 자주적인 단결체이다. 직장 개념의 경제조직이 아니다. 하지만 협동조합은 직장 성격을 갖는 경제조직이다. 그동안 빠르게 증가해 온 협동조합 형태의 사회적 기업을 떠올리면 좀 더 쉽게 이해가 될 것이다.

한 협동조합을 결성하도록 제도화시킬 것이다.[38] 자연 생태계에서 약자들이 연대 협력을 통해 생존을 유지하듯이 작업자들은 협동조합을 통해 연대 협력한다. 그럴 때 협동조합은 충분한 협상력을 갖고 대등한 입장에서 기업과 업무협력을 할 수 있다.

기존 고용안정을 통해 얻을 수 있었던 이점은 소속 직장인 직능별 협동조합을 통해 확보된다. 다수 작업자들은 협동조합 소속으로서 장기적 안정성을 보장받는다. 기업과의 업무 협력은 일시적이지만 협동조합 소속은 장기적으로 지속된다. 협동조합을 통해 수평적 협력의 필수 조건인 창조력을 꾸준히 숙성시켜 간다. 협동조합은 이를 뒷받침할 다양한 교육 프로그램을 제공할 것이다. 더불어 상호부조 원리를 바탕으로 한 복리후생을 통해 조합원 삶의 질을 고양시킬 것이다.

작업자들은 협동조합의 주인이다. 협동조합 주인으로서 기업과는 대등한 입장에서 수평적 협력관계를 형성한다. 개별적으로 고용되던 피고용자 신분이 아니라 파트너의 위치를 갖는다. 전국적 범위에서 단일하게 결성된 협동조합은 소속 작업자들이 권력 공유를 바탕으로 수평적 관계를 유지하도록 하는 조직적 배경을 이룬다. 사실 이러한 조직적 배경 없이 기업 세계에서 수평적 관계 형성은 쉽지 않다.

각자의 판단에 따라 프리랜서처럼 개인적 활동을 선택할 수도 있다. 이들은 비정규직으로 기업과 관계 맺을 것이다. 단 처우가 획기적으로 달라져야 한다. 동일노동 동일임금 원칙을 살리면서 복리후생에서의 불리한 점을

---

38) 과거 협동조합은 농업협동조합, 수산업협동조합, 산림조합, 신용협동조합, 소비자협동조합 등 8개 분야에서만 각기 별도의 법률을 바탕으로 허용되어 왔다. 그러던 것이 2011년 말 협동조합기본법이 제정되면서 상황이 확 바뀌었다. 협동조합기본법은 5인 이상이 모이면 금융과 공제 부문을 제외하고 분야에 관계없이 신고만으로도 협동조합을 만들 수 있도록 보장하고 있다. 협동조합의 설립을 사실상 자유화한 셈이다. 유럽 이외의 나라 중에서는 최초의 일이다. 미국에도 없고 일본에도 없는 법이 만들어진 것이다.

감안해 정규직 임금 평균의 120% 정도를 지급하도록 법률로 강제해야 한다. 그동안 이중착취를 가능하게 했던 용역업체는 불법화해야 한다. 용역업체는 비정규직을 열악한 처지로 내몬 주범 중 하나이다. 용역업체는 입찰 경쟁에서 우위를 점하기 위해 임금 수준을 최대한 낮추어 왔으며 그 낮은 임금을 또다시 뜯어가는 존재였다.

남아 있는 정규직은 경영진과 일심동체가 될 수밖에 없는 운명이다. 기업은 그런 의미에서 정규직을 유지하고자 할 것이다. 정규직은 경영의 동반자로서 그에 맞는 위상을 확보해갈 것이다. 협동조합 소속 외부 파트너와 구분되는 내부 파트너가 되는 것이다. 정규직은 형식에서는 피고용자 신분이지만 내용으로는 또 다른 경영 주체이다. 이 역시 질적인 변화에 해당한다. 향후 이러한 변화의 불가피성을 가장 단순 명료하게 보여줄 곳은 벤처 생태계이다. 뒤에서 자세히 살펴볼 예정이다.

곳곳에서 그 단초가 나타나고 있지만 경영혁명은 기업 세계에서 형성되는 사람들의 관계를 근본적으로 바꾸어 놓는다. 그에 따라 기업에 대한 기존 관념 역시 낡은 것으로 전락할 수밖에 없다.

기업 세계의 변화를 지배하는 것은 촛불시민혁명을 관통했던 개방성, 수평성, 다양성 세 가지이다.

기업은 경계선 안에 갇혀 있던 폐쇄 구조에서 외부와 보다 폭넓게 협력하는 '개방'적 시스템으로 변모한다. 기업을 둘러싸고 형성되는 다양한 경제 주체들의 관계도 기존의 수직적 위계질서를 벗어나 '수평'적으로 협력하는 파트너로 전환한다. 그에 따라 기업 경영자에 머물렀던 자율적인 경영 주체는 한층 '다양'해진다.

일련의 변화를 통해 기업과 관계 맺는 경제 주체들은 스스로가 경제활동의 목표가 되고, 자기 영역에서 조직의 중심에 서며, 권력 행사의 주체가 된다. 사람 중심 경제가 한층 높은 수준에서 펼쳐지는 것이다. 이를 모티브로 경제 주체들의 관계는 보다 온전한 의미에서 생태계로 전환한다.

이렇게 하여 촛불시민혁명 당시 광장에서 형성된 질서가 기업 세계에서 창조적으로 재현된다. 촛불시민혁명에 참여한 시민들은 자신들에게 익숙한 방법으로 경영혁명에 주도적으로 참여할 수 있다.

작업자 조직에서도 큰 변화가 수반될 것이다. 지난날 작업자들의 조직을 대표했던 것은 노동조합 조직이었다. 노동조합은 여전히 중요한 위치를 차지하겠지만 과거의 위상을 유지하기는 힘들 것이다. 대신 협동조합 비중이 비약적으로 커질 게 분명하다. 이 둘의 차이는 조합원의 존재 양식에서 확연히 드러난다. 노동조합 조합원은 기본적으로 기업 내부에 존재하며 경영진과 수직적으로 관계 맺는 종속적 존재였다. 반면 협동조합 조합원은 기업 외부에 존재하며 경영진과 수평적으로 관계 맺는 독립적 존재이다. '내부 대 외부, 수직 대 수평, 종속 대 독립'이라는 질적 차이가 있다. 바로 여기서 협동조합이 한층 진보적인 작업자 조직임을 알 수 있다.

앞으로 협동조합은 경제 전반의 성격을 강하게 규정할 것이다. 가히 협동조합 시대가 열린다 해도 과언이 아니다.

협동조합의 주인은 조합원이다. 협동조합의 목표는 특정 개인의 이윤 획득이 아니라 조합원의 보편적 이익 추구이다. 협동조합의 최고 의사결정구조는 1인 1표 원리에 입각한 조합원 총회이다. 돈이 아닌 사람 중심 원리가 관통하고 있다. 조합원 사이에 고용 피고용 관계도 성립되지 않는다. 조합원 모두는 각자의 영역 중심에 있는 경영 주체이다. 공동의 목표를 향해 수평적으로 협력하는 파트너이다. 협동조합은 사람 중심 경제의 특성을 가장 순수한 형태로 구현하고 있는 것이다.[39]

이 모든 것은 협동조합이 사람 중심 경제를 대표하는 조직이 될 수 있음을 말해준다. 뒤집어서 말하면 협동조합 비중이 증가할수록 사람 중심 경제로서의 성격이 더욱 강화될 수 있다.

경영혁명이 일으킬 전환은 궁극적으로 모두에게 이익을 안겨다 줄 것이다. 기업은 불확실성 시대를 헤쳐 나가는데 필수적인 유연성을 고도화할 수 있다. 더불어 작업자들은 수평적 협력 관계를 바탕으로 창조력 발산을 극대화시킴으로써 생산성을 고양시킬 수 있다. 수평 관계로의 전환은 고른 분배를 구조적으로 강제하면서 다양한 경제 주체들에게 고르게 이익을 안겨다 준다. 자연스럽게 일자리의 질이 크게 개선되고 취업 기회가 확대되면서 청년실업 또한 해소되어 갈 것이다.

대략적으로 볼 때 협동조합이 전국적 범위에 걸쳐 작업자들을 충분히 포괄하고 있다면 기업과 협동조합이 권력을 양분하는 방향으로 갈 확률이 높다. 소득 또한 그와 비슷하게 분배될 것으로 보인다. 권력 관계와 소득 관계 모두에서 불평등이 해소되어 갈 수 있는 것이다. 승자독식으로 인해 불

---

39) 고용 불안이 극심해지면서 공무원, 교사 등 안정적인 직업이 크게 인기를 끌었다. 대기업 정규직 취업은 여전히 최우선 순위이다.

취업에 대한 고정관념이 강하게 지배하고 있는 현실에 비추어 볼 때 협동조합이라는 직장은 매우 낯설게 느껴질 수 있다. 최선의 선택으로 받아들여지기는 더욱 어려울 수 있다. 이 책 내용과 관련해서 가장 소화하기 어려운 대목일 수도 있다. 이 문제는 인생관과 연관시켜 접근할 필요가 있다.

고용 불안이 극심한 상황에서 안정성이 우선적 가치로 통용되는 것은 지극히 자연스런 현상일 수 있다. 그렇다면 안정성의 실체는 무엇이었을까? 그간의 안정성은 국가나 기업 혹은 무엇인가가 나의 삶을 위탁 관리해 주는 것이었다. 내가 나의 삶을 관장하는 것이 아니었다.

보다 근원적으로 접근했을 때 삶의 질은 자기 운명의 주인으로서, 세상의 주인으로서 얼마나 창조적 삶을 사는가에 크게 좌우된다. 앞으로 협동조합은 그러한 삶을 살 수 있는 매우 좋은 무대가 될 수 있다. 관점을 달리하면 사람 중심 경제의 중심축으로서 협동조합은 최선의 직장이 될 수도 있다. 특히 진취적이고 도전적인 삶을 꿈꾸며 수평 지향성이 강한 청년세대에게 여러모로 어울릴 수 있다.

잊지 말아야 할 것은 스스로가 조직되지 못하고 그 조직의 주인이 되지 못하면 사회적 약자의 처지는 온전히 개선될 수 없다는 사실이다. 유럽 노동자들의 형편이 좋아질 수 있었던 것도 산별노조와 정당으로 조직되어 있었기 때문이었다. 협동조합은 조합원이 주인이며 전국적 조직화를 실현할 때 강력한 힘을 발휘할 수 있다. 이를 바탕으로 기존의 비정규직과는 비교도 할 수 없을 만큼 질적으로 다른 삶을 개척할 수 있다.

평등이 끊임없이 재생되어 왔던 바로 그 자리에 상생이 관행화된 형태로 꽃을 피울 것으로 예상된다.

기업 생산성 향상과 불평등 해소는 사회구성원의 소득 증가로 이어질 수 있다. 그에 따라 내수 시장이 활성화되면서 기업 매출이 증가하는 선순환 구조가 마련될 것이다. 보편 증세가 가능해지면서 복지 재원도 풍부해질 수 있다. 그동안 막혀 있던 갖가지 과제들이 해결되어 가는 것이다.

이 지점에서 작업자들이 자신의 운명과 관련해 다시 한 번 심장에 새겨야 할 대원칙이 있다. 작업자들은 누구보다도 권력 관계의 불평등 해소를 중시해야 한다. 그럴 때 소득 관계 불평등도 자연스럽게 해소된다. 작업자들은 권력을 적극 균점해야 한다. 작업자들의 권력은 기본적으로 조직에서 나온다. 작업자들은 어떤 경우든지 광범위하면서도 강력히 조직되었을 때만 권력을 행사할 수 있다. 조직돼 있지 않은 상태에서는 그 어떤 정치 지도자나 국가 기구도 작업자들에게 권력을 선사할 수 없다.

경영혁명을 자극한 청년세대

사람 중심 경제를 추구하는 경영혁명은 광범위한 사회적 합의를 바탕으로 역사상 유례없는 평화적인 혁명이 될 것이다. 우리는 이미 재벌조차도 국민경제 생태계 형성에 순응할 것이라고 판단한 바 있다. 특정 세력을 배제하지 않고 가능한 모두가 사회적 합의에 동참할 수 있도록 최대한 노력해야 한다.

정치권이 중심이 되어 사회적 합의를 단계적으로 실현해 나갈 제도적 방안을 마련해야 한다.

제도적 방안 마련은 결코 복잡하거나 어렵지 않다. 앞서 이야기한 단 두 가지 조치만 취해도 기본적으로 가능해진다. 비정규직에게 정규직 임금의 120%를 지급하도록 강제하고 용역업체를 불법화시키면 된다. 그렇게 되면 기업은 정규직으로 채용하거나 협동조합과 업무 협력을 하거나 정규직의 120% 임금을 주고 비정규직을 쓸 수밖에 없다. 사람 중심 경제의 기본 틀이 갖추어지는 것이다. 사람 중심 경제는 사회적 합의만 뒷받침되면 충분히 실현 가능함을 알 수 있다.

하지만 제도적 강제에 의존한 위로부터의 변화만으로는 경영혁명이 활력 있게 진행되기 어렵다. 아래로부터의 자발적 노력이 뒷받침되지 않은 변화는 수많은 경험이 말해주듯이 형식에 그치거나 왜곡 변질되기 쉽다. 반드시 기업 스스로 경영혁명에 참여하는 이래로부터의 노력이 함께 있어야 한다.

문제는 동력이다. 과연 기업 스스로 경영혁명에 적극 동참하는 것이 불가피할뿐더러 결과적으로 자신들에게도 이롭다고 판단하게끔 만들 동력이 어디에 어떤 형태로 존재하는 것일까?

이 지점에서 피터 드러커가 지식근로자로 명명했던 계급 주체를 어떻게 표현할지 고민할 필요가 있다. 창조경제의 주역은 창조력을 체화하고 있는 사람들이다. 지식이 창조력으로 포괄된 것이다. 그렇다면 잠정적으로나마 지식근로자 대신 창조근로자라는 표현을 쓰는 것은 어떨까 한다.[40]

그간의 논의에 비추어 볼 때 창조근로자의 정체성을 가진 사람들이 경영혁명에 가장 적극적일 가능성이 높다. 경영혁명이 이루어질 때 자신의 창조력을 마음껏 발산하면서도 그 성과를 충분히 누릴 수 있기 때문이다. 과연 어떤 사람들 속에 창조근로자의 정체성이 가장 풍부하게 존재할까? 답은 청년세대이다.

청년세대가 창조근로자의 정체성을 갖고 있다는 사실은 그들이 보편적으로 창업을 꿈꾸고 있다는 점에서 명확히 드러난다. 인사포털 인크루트가 2010년 11월 직장인 526명을 대상으로 향후 계획에 대한 설문조사를 실시

---

40) 전작인 <자본주의 그 이후>에서는 '창조자'라는 용어를 사용했다. 일부 어색하다는 반응이 있어 여기서는 사용하지 않기로 했다. 어떤 경우가 되었든 토론을 통해 자연스럽게 모아질 것이라 기대한다.

했다. 그 결과에 따르면 창업을 하고 싶다고 답한 응답자가 전체의 97.1%에 이르렀다. 실제로 창업을 준비 중이라고 말한 응답자는 27.8%에 이르렀다.

이렇듯 청년세대가 보편적으로 창업을 꿈꿀 수 있는 근거는 무엇일까? 청년세대 모두가 충분한 자본을 보유하고 있지는 않을 것이다. 자본 소유 여부는 이들의 창업 희망과는 전혀 관계가 없다. 그들이 창업을 꿈꿀 수 있는 근거는 새로운 생산수단인 창조력을 갖추고 있거나 갖출 수 있다는 확신이다. 자신이 보유한 아이디어, 기술, 콘텐츠를 기반으로 필요한 자본은 유치할 수 있다고 본다.

직장생활을 하는 청년세대는 법적으로 노동자의 지위를 갖고 있고 그에 상응하는 권리와 의무를 행사하고 있다. 노동조합에 가입해 활동하기도 한다. 이를 기준으로 보면 이들은 틀림없이 노동자이다.

동시에 이들은 노동자가 아니다. 보편적으로 창업을 꿈꾸고 있다는 사실은 청년세대가 현재의 법적 지위와 관계없이 전통적인 노동자와는 다른 정체성을 갖고 있음을 말해 주기 때문이다. 전통적 노동자는 생산수단을 갖고 있지 못하기 때문에 노동력을 판매하지 않고는 생존을 유지할 수 없다. 그런데 청년세대는 노동력 판매가 아닌 창업이라는 전혀 다른 길을 통해 생존을 모색하고 있다. 청년세대는 전통적 노동자에게 없었던 새로운 계급 정체성을 갖고 있는 것이다.

청년세대 스스로도 자신을 전통적인 노동자와 구별해 왔다. 이 점은 좌파운동가들을 매우 곤혹스럽게 했던 지점이었다. 좌파운동가들은 청년세대에게 제발 노동자임을 인정하라고 호소했지만 반응은 언제나 냉담했다. 청년세대는 계급 정체성이 없는 것이 아니라 새로운 계급 정체성을 갖고 있었던 것이다.

창조근로자라는 새로운 계급정체성을 갖고 있다 보니 직장 생활을 대하는 청년세대의 입장 또한 확연히 달랐다. 외환위기를 거치며 평생직장 개념이 사라졌다. 평생직장은 객관적으로 가능하지도 않았지만 청년세대는 이를 원하지도 않았다. 그들은 앞으로 몇 년 동안 이곳에 있다 다른 곳으로 가겠다는 말을 거침없이 한다. 청년세대에게 직장 생활은 창업에 대비해 실력을 배양하고 네트워크를 구축하는 과정의 일부일 뿐이다. 그들은 철저하게 자신의 이해를 중심으로 직장 생활에 임했다. 앞선 세대는 영업 활동 중 확보한 정보와 네트워크를 회사에 귀속시켰다. 하지만 청년세대는 이를 고스란히 자신에게 귀속시키고 스스로 관리했다.

청년세대는 직장 생활에 대해 전혀 다른 태도로 임했을 뿐만 아니라 기존 직장 조직문화에 대해서도 전혀 다르게 반응했다.

앞서 살펴보았듯이 청년세대는 자라온 환경의 영향으로 스스로를 중심으로 세상을 보는 경향이 강하다. 그러한 입장에서 사람들과 맺을 수 있는 것은 수평적 관계뿐이다. 청년세대는 생래적으로 수평지향성이 강했던 것이다. 가령 2015년 초 〈조선일보〉가 직장인 500인을 설문 조사한 결과에 따르면 2030 청년세대가 직장생활에서 가장 원하는 것은 수평적 조직문화 정착이었다.

청년세대는 권위주의에 입각한 수직적 위계질서에 심각한 거부 반응을 보였다. 상사에 의한 일방적인 회식 결정에 대해 개인 생활을 침해한다며 강한 불만을 토로하고 불참을 선언하기도 했다. 수직적 통제 시스템 아래에서는 업무 수행도 매우 서툴렀다. 청년세대와 기업 조직의 불협화음이 갈수록 짙어졌다.

2010년 10월 인사포털 인크루트 설문조사에서 신세대 직장인들의 75%가 의사소통이 잘 안 된다고 응답하였다. 또한 임원을 포함해 상사들 사이에서 자신의 역할 모델을 찾지 못하고 있는 경우가 많았다. 회사에 대한 로

열티(애사심)를 갖고 있지 못한 경우도 전체의 75%에 이르렀다.

전혀 다르게 사고하고 행동하는 청년세대의 출현은 수직적 위계질서에 익숙해 있던 기존 직장인들을 몹시 곤혹스럽게 만들었다. 청년세대가 기존 조직문화에 적응하지 못하고 반발하고 있는 조건에서 기업 조직의 정상 작동은 기대하기 힘들었다. 해결책은 기업 스스로가 조직문화를 바꾸는 것뿐이었다.

결국 기업들 사이에서 청년세대 특성에 맞도록 수평적 조직문화를 정착시키고자 하는 다양한 시도들이 잇달았다.

모 인터넷 업체 사무실에는 사장실이 따로 없다. 칸막이 하나만 쳐져 있을 뿐이다. 임원들은 사내 방송을 통해 코믹 연기를 선보이는 등 임직원 간의 정서적 간극을 해소하기 위해 다양한 노력을 기울였다. 여러 기업으로 확산된 호칭 파괴 또한 청년 직장인들의 기를 살리기 위한 노력의 일환이었다. 일부 기업에서는 호칭에서 직급을 떼고 '님'으로 통일했다. 부장 이하 직원 호칭을 매니저로 통일한 곳도 있다. 일부 기업에서는 아예 신입 사원이 중심이 되어 조직문화 개선책을 마련하도록 했다.

전체적으로 볼 때 수평적 조직문화 정착은 아직 일부에서 진행되는 현상에 불과할 수도 있다. 그 수준 또한 그리 높지 않을 수 있다. 제조업을 중심으로 한 전통 산업은 아예 접근조차 하지 못하고 있는 형편이다. 곳곳에서 일사불란함을 강조하는 권위주의적 조직문화가 한국형 조직문화라는 이름을 달고 아직도 완강하게 힘을 발휘하고 있다. 그럼에도 불구하고 점점 더 많은 기업들이 청년세대에게 적응하는 방향으로 조직문화를 혁신하고 있음은 분명한 사실이다.

경영혁명의 방향은 기업 세계의 경제 주체들이 수평적으로 협력하는 파트너 관계를 형성하는 것이다. 경영의 동반자가 되는 것이다. 이런 점에서 수평적 조직문화 정착은 경영혁명의 출발점이라고 할 수 있다.

경영혁명의 출발선에 바로 청년세대가 있었다. 그들은 본인 스스로 의식하지도 않은 상태에서 경영혁명을 자극하는 주체가 되었다. 이는 청년세대 안에 경영혁명을 추진할 에너지가 풍부하게 비축되어 있음을 의미한다. 청년세대가 경영혁명에 대해 목적의식성을 갖고 임한다면 그 양상은 폭발적일 것이다. 경영혁명의 불가피성과 그 실현 가능성을 동시에 보여주는 지점이다.

우리는 앞서 촛불시민혁명과 경영혁명이 내적으로 긴밀하게 연결되어 있음을 확인했다. 두 가지 모두 문화적으로 선도한 것은 청년세대였다. 촛불시민혁명에서 보여준 청년세대의 속성은 고스란히 경영혁명의 원동력이 되고 있다. 촛불시민혁명과 경영혁명은 청년세대를 매개로 더욱 깊이 결합한다. 이로부터 청년세대에게 부여된 역사적 임무가 무엇인지 밝혀진다.

경영혁명의 중심 고리, 벤처 생태계

20세기에 진행된 각종 혁명운동 유산 속에는 지금도 쓸 만한 전략 원리들이 꽤 있다. 그중 하나로 '중심 고리를 포착하고 힘을 집중하라'가 있다. 중심 고리는 부분의 변화로 전체를 바꿀 수 있는 특정 지점을 가리킨다.

산업화 시절 좌파운동가 중에는 대공장 노동자 조직화를 중심 고리로 사고한 경우가 많았다. 대공장 노동자들이 파업 투쟁을 감행했을 때 한편으로 지배 체제를 마비시키면서 다른 한편으로 노동자 민중을 총궐기로 이끌 가능성이 크다고 본 것이다. 뒤에서 살펴보겠지만 이는 더 이상 유효하지 않다.

경영혁명을 결정적으로 촉진할 중심 고리는 다른 형태로 존재한다. 바로 벤처 생태계이다.

창업국가 이스라엘

왜 벤처 생태계가 경영혁명을 촉진하면서 새로운 미래를 여는 중심 고리가 될 수 있는가? 여기에는 몇 가지 이유가 있다.

앞서 이야기했듯이 오늘날 벤처 창업이 신성장 동력으로 부상한 것은 세계적 현상이다. 벤처 창업이 경제 전반을 선도하고 있는 것이다. 영국의 시장조사업체 프레킨은 스타트업 투자 붐이 일어나면서 2015년 전 세계 벤처 투자액은 1358억 달러로 집계됐다고 밝혔다. 2014년의 935억 달러보다 45%나 급증한 것이다. 신흥 경제대국으로 부상한 중국 역시 전 국가적 역량을 투입해 벤처 창업을 부추기고 있다. 그 결과 하루 1만여 개씩 창업하는 '창업 빅뱅'을 이어가고 있다.

우리가 주목해야 할 것은 벤처기업이 신성장 동력이면서 동시에 혁신의 동력이기도 하다는 점이다.

벤처기업의 생명은 이전에 없던 전혀 새로운 방식으로 새로운 것을 추구하는 데 있다. 그럴수록 성공 확률이 높은 게 벤처 창업이다. 벤처기업이 혁신적인 새로운 기술과 아이디어, 콘텐츠를 만들어 낼 가능성이 큰 것이다. 4차 산업혁명의 파도가 덮쳐 오면서 더없이 절실해진 새로운 일자리 창출도 이를 바탕으로 이루어질 수 있다. 마찬가지로 새로운 조직문화와 경영전략, 시스템이 선을 보일 여지가 많다. 경영혁명을 촉진할 요소들이 풍부하게 생성될 수 있는 것이다.

결코 빼놓을 수 없는 또 한 가지 이유가 있다. 오늘날 자본주의 사회는 거대 자본 중심의 질서가 형성되면서 폐쇄적인 신분사회로 굳어가는 경향을 보이고 있다. 한국의 재벌체제는 이를 집약적으로 보여 준다. 사회 중심부 혹은 상층부로의 진입을 차단하는 장벽이 갈수록 높아진 것이다. 그러한 폐쇄적 신분사회의 대척점에 있는 개방적 세계가 바로 벤처 생태계이다.

적절한 환경만 조성되면 벤처 생태계는 무일푼으로 도전해서 성공 신화를 쓸 수 있는 기회가 얼마든지 열려 있는 곳이다. 청년들이 과감하게 도전하고 열정을 불태울 수 있는 세계이다. 미래지향적인 에너지를 가장 풍부하게 품고 있는 것은 청년세대이다. 그 청년세대의 잠재력을 폭발시킴으로써 역사의 새로운 국면을 열어나갈 대표적인 무대가 벤처 생태계인 것이다.

이러한 맥락에서 벤처 창업을 국가 발전 핵심 전략으로 삼는 것은 시대의 요구에 정확히 부응하는 것이다. 이미 그러한 길을 걷는 나라들이 늘고 있다. 대표적인 사례로 이스라엘을 들 수 있다.

이스라엘은 인구 800만의 크지 않은 나라이지만 세계에서 인구 대비 스타트업이 가장 많은 곳이다. 국민 1인당 벤처 캐피탈 투자액은 선두 주자인 미국의 75달러보다 훨씬 많은 170달러에 이른다. 나스닥에 상장된 외국기업 수에서도 인구 대국인 중국 다음으로 2위를 차지하고 있다. 대학생의 80~90%가 창업에 뛰어들 정도로 창업은 보편적 현상이 되었다. 최대 도시 텔아비브에서 돌을 던지면 90%는 창업자가 맞는다는 농담이 있을 정도이다.

이스라엘에서 벤처 창업이 왕성하게 이루어질 수 있는 요인은 여러 가지이다. 먼저 풍부한 인재 풀을 들 수 있다. 이스라엘은 전형적인 이민 국가이다. 인구의 30%는 직접 이민자이고 나머지도 이민자의 2, 3세이다. 이들 이민자들은 대체로 고급 인력에 해당한다. 특히 구소련에서 온 러시아계 이민자 중에는 과학기술자들이 많다. 풍부한 인재 풀을 바탕으로 이스라엘 스타트업들은 처음부터 글로벌 시장을 무대로 경쟁력을 키웠다. 국내 시장이 좁은 탓도 있지만 글로벌 역량에서 강점이 있었기 때문이다. 이민 국가이다 보니 본래부터 국제 감각이 뛰어났고 외국어에도 능통하다. 전 세계에 뻗어 있는 유대인 네트워크도 든든한 배경이 되어 준다. 유대인 네트워크는 미국의 상층부를 상당 부문 장악하고 있을 만큼 강력하다.

무엇보다도 벤처 생태계가 강력한 힘을 발휘하고 있다. 벤처 생태계 형성을 주도하는 곳은 정부이다.

이스라엘 정부는 민감한 돈 문제를 해결해 준다. '트누파'란 프로그램을 통해 창업에 필요한 자금의 85%를 지원한다. 창업에 성공하면 매출액의 3%씩을 상환해야 하지만 실패하면 갚지 않아도 된다. 나머지 자금 15%는 창업 초기 각종 지원을 담당하는 인큐베이터가 맡는다. 벤처 캐피털 주도 컨소시엄으로 이뤄진 인큐베이터들은 스타트업의 지분 30~50%를 받는 조건으로 투자 자금을 제공한다. 자기 돈 한 푼 없이도 얼마든지 창업이 가능한 것이다.

특이한 것은 군대의 역할이다. 주변 아랍 세계와 대치하고 있는 이스라엘은 국방 부담이 큰 나라이다. 남녀 가리지 않고 3년 간 의무 복무를 해야 한다. 젊은이들은 이 기간 동안 집중적인 위기대처 능력과 리더십을 배우면서 풍부한 경험과 다양한 인간관계를 바탕으로 창업 아이디어를 숙성시킨다.

이스라엘 스타트업은 주로 미국 기업에 매각하거나 나스닥에 상장한다. 그렇게 해서 확보한 거액의 자금은 다시 인재를 모아 창업하는 데 재투자한다. 연쇄 창업이 물 흐르듯이 이루어지는 것이다.

이런 환경 속에서 '후츠파'chutzpa 정신이 이스라엘 젊은이들을 지배하고 있다. '두려움을 모르는 도전정신', '할 말은 하는 문화', '실패해도 괜찮아'OK to Fail 등을 모두 합쳐 놓은 말이다. 이스라엘 일각에선 후츠파가 지나쳐 기술도 없이 자신감 하나로 창업에 달려드는 젊은이가 너무 많아 문제라는 우려까지 나온다. 그렇지만 무에서 유를 창출하는 창업국가에게는 꼭 필요한 자질임이 틀림없다.[41]

---

[41] 관계 당국의 책임자들은 창업 실패에 대해 대단히 관대할 뿐만 아니라 상당한 자신감을 갖고 대한다. 그들은 하나의 실패는 네 개의 성공을 낳을 원천이라고 본다. 어떤 경우도 실패에 대한 두려움을 갖게 해서는 안 된다는 생각을 갖고 있다.

이스라엘은 인구가 작을 뿐만 아니라 자원과 인프라 모두 빈약한 나라이다. 국제적 지위도 불안정하고 국방 부담도 매우 크다. 이러한 이스라엘이 창업국가를 핵심 전략으로 선택하면서 경제적 번영을 구가하고 있다. 2015년 현재 이스라엘의 1인당 국민소득은 선진국 수준인 3만 8천 달러에 이르고 있다. 한국과는 여러 면에서 환경이 다르기는 하지만 참고할 가치가 매우 높다고 하겠다.

벤처기업에 내재된 속성

벤처기업은 신성장 동력이면서 동시에 혁신의 동력이다. 벤처기업이 혁신의 동력일 수 있는 것은 내재된 속성 때문이다.

벤처기업은 창조력을 가치 창출의 주요 원천으로 삼는다. 창조경제가 벤처기업의 활동 무대이다. 창조는 무에서 유를 창조하는 것인 만큼 모험을 필수불가결의 요소로 삼는다. 창조경제는 모험을 정체성으로 삼는 벤처기업이 선도할 수밖에 없는 이유이다. 벤처기업과 창조경제는 불가분의 관계에 있는 것이다. 이로부터 벤처기업이 경영혁명을 선도하도록 하는 세 가지 속성이 나타난다.

첫째, 벤처기업은 사람 중심 경제의 원형을 품고 있다.

자본주의 사회에서 기업은 일반적으로 자본 가치가 절대적 비중을 차지한다. 자본을 투하한 만큼 지분을 갖는 것이다. 이를 바탕으로 자본 소유자가 기업을 배타적으로 지배한다. 하지만 벤처기업은 이 규칙에서 벗어난다. 벤처기업은 기업 가치 구성에서 원칙적으로 창조력 가치가 자본 가치를 능가한다. 그렇지 않으면 벤처기업이라고 할 수 없다. 이를 입증하는 고전적인 사례로써 벤처기업으로 출발해 세계 IT업계의 기린아로 부상한 구글을 들 수 있다.

인터넷 검색 전문업체로 출발한 구글은 창업 이듬해인 1999년 막대한 자금이 필요해지자 투자를 유치하기로 했다. 실리콘밸리를 대표하는 두 벤처 캐피탈이 투자 협의에 응했다. 두 캐피탈은 곧바로 구글의 잠재적 가치를 알아보았다. 협상 끝에 구글의 가치는 1억 달러로 평가되었다. 두 벤처 캐피탈은 똑같이 1,250만 달러씩을 투자하기로 했고 그 대가로 각자 12.5%의 지분을 확보했다. 나머지 75%는 여전히 공동 창업자인 래리 페이지와 세르게이 브린의 몫이었다.

스탠포드 대학원생 출신인 래리 페이지와 세르게이 브린은 본디 자본가가 아니었다. 그들은 단지 검색엔진에 대한 창조력을 갖추고 있는 엔지니어였을 뿐이다. 그런데 창조력 덕분에 75%의 지분을 확보하면서 막대한 자금을 동원할 수 있는 사람들 이상으로 자본을 지배할 수 있었던 것이다.

자본주의 기업에서는 자본이 사람을 지배해 왔다. 하지만 벤처기업에서는 창조력을 지닌 사람이 자본을 지배한다. 적어도 벤처기업의 성격이 왕성하게 살아있는 초기 단계에서만큼 이 원리는 그대로 살아 숨쉰다. 이는 자본의 역사에서 매우 의미심장한 반전에 해당하는 것이다.

창조력을 지닌 사람이 자본을 지배할 수 있다는 벤처기업의 속성은 매우 중요한 의미를 갖는다. 벤처 세계는 자본 없이 창조력만으로 성공의 사다리를 오를 수 있는 곳이기 때문이다. 앞서 이야기한 대로 폐쇄적인 신분사회와는 정반대인 개방적 세계인 것이다. 벤처 세계에서 젊음이 넘쳐날 수 있는 이유이다.

둘째, 벤처기업은 수평적 조직문화를 강력히 요구한다.

벤처기업은 창조력을 가치 창출의 주요 원천으로 삼고 있기 때문에 생래적으로 수평적 조직문화와 친숙할 수밖에 없다. 수평적 조직문화가 정착된 조건에서 자발적 열정을 몰입함으로써 창조력 발산을 극대화할 수 있기 때문이다. 벤처 세계에서 수직적 위계질서는 적이다.

SNS의 거인으로 떠오른 페이스북을 보자. 초기 페이스북은 20대가 주축이 돼 신세대 파워를 과시했던 곳이다. CEO도 20대 후반이었다. 본사 사무실은 청바지와 티셔츠 차림의 20대 청년들이 뿜어내는 자유분방함과 발랄함으로 넘쳐났다. 곳곳에 낙서판이 설치되어 있고 컴퓨터 모니터 위에는 인형이나 장난감이 널려 있었다. 일하는 것인지 노는 것인지 알 수 없는 청년들은 삼삼오오 소파에 눕거나 파묻혀 노트북을 들여다보았다. 사무실 공간에는 조직의 위계질서를 알려주는 그 어떤 표시도 없었다. CEO도 직원들 틈에서 평범한 책상 하나를 이용했을 뿐이다.

한국의 벤처기업들 중에서도 대학 동아리와 유사한 조직 문화를 보여준 경우가 많았다. 창업자와 구성원들의 관계도 사용자와 피고용자의 관계라기보다는 동업자에 가깝다. 심지어 창업자의 지분을 구성원들에게 배분함으로써 실질적인 동업자 관계로 만드는 경우도 꽤 있었다.

수직적 통제가 사라지면서 기존 기업으로서는 상상도 못할 파격적인 직장 문화를 보여주는 곳도 적지 않았다. 직원이 반바지 차림에 슬리퍼를 신고 출근해도 누가 뭐라고 하는 사람이 없다. 앞서 소개했듯이 퇴근 시간은 엄격하게 지켜도 출근 시간은 마음대로인 곳도 있다. 휴가를 무제한으로 쓸 수 있는 곳도 있다. 작업하다 휴식 공간에서 가서 맥주 마시고 낮잠 자도 상관없다. 집에 가서 일해도 문제되지 않는다. 위계질서가 사라진 조건에서 젊음을 마음껏 발산할 수 있는 분위기이다.

셋째, 벤처기업은 생태계와 운명적으로 결부되어 있다.

벤처기업은 이름 그대로 모험을 정체성으로 삼는다. 과감한 모험은 실패를 두려워하지 않을 때 이루어질 수 있다. 그러자면 실패가 또 다른 성공의 디딤돌이 되는 '실패의 사회적 자산화'가 잘 이루어져 있어야 한다. 이는 개별 벤처기업에 국한해서는 해결 불가능하다. 오직 벤처 생태계를 통해서만 해결될 수 있다. 벤처기업은 벤처 생태계라는 환경에서 효과적으로 발육 성장할 수 있는 것이다. 벤처기업은 운명적으로 생태계와 분리되어 존재할 수 없는 존재이다. 이를 잘 보여주는 것이 대표적인 벤처 생태계라고 할 수 있는 미국의 실리콘밸리이다.

실리콘밸리 안에는 벤처기업이 태동하고 발육할 수 있는 조건이 골고루 갖추어져 있다. 스탠포드 대학 등 지식 거점이 자리를 잡고 창업 인큐베이터 구실을 충실하게 하고 있다. 기술과 아이디어만 있으면 얼마든지 투자를 받을 수 있게끔 벤처 캐피탈이 풍부하게 형성되어 있다. 주식 투자 위주로 자금 조달이 이루어지기 때문에 실패를 해도 창업자 개인이 부채를 떠안을 이유가 없다.

실패하더라도 재기할 수 있는 기회가 얼마든지 있는 등 실패의 사회적 자산화가 잘 이루어져 있다. 기업들은 실패한 벤처기업가들을 우선적으로 채용한다. 실패를 경험했기에 성공할 확률이 높다는 이유에서이다. 더불어 대기업은 성공한 벤처기업을 높은 가격에 인수함으로써 창업자의 대박을 돕는다. 이러한 조건에서 미국의 우수한 인재들은 실패에 대한 두려움 없이 실리콘 밸리를 향해 거침없이 뛰어들어 왔다.

중국의 대표적인 IT산업 본거지인 베이징 중관춘中關村 역시 거대 벤처 생태계이다. 이름은 '촌'이지만 면적은 판교 테크노밸리의 100배가 넘는 2200만 평 정도에 이른다. 2012년 현재 2만 여개 입주 기업에 종사자 수만도 150만 명이 넘는다. 단지 규모만 큰 것이 아니라 실리콘밸리에 크게 뒤처지지 않을 정도로 벤처 생태계로서의 조건을 골고루 갖추고 있다. 중국 최고 명문 베이징대와 칭화대가 나란히 지식 거점, 창업 인큐베이터, 배후 기지 역할을 하고 있고 200개가 넘는 국가 및 성(省)급 과학연구소가 벤처기업 발육에 필요한 각종 영양소를 공급해 주고 있다. 벤처 캐피탈 역시 풍부하게 형성되어 있다. 문화적 환경 또한 실리콘밸리와 크게 다르지 않다. 이를 바탕으로 중관춘은 전 세계 고급 인재를 빨아들이는 블랙홀이 되고 있다.

벤처기업의 출발은 창조력을 지닌 사람이 자본을 지배하는 것이다. 사람 중심은 벤처기업의 근원이다. 벤처기업은 생래적으로 수평적 관계를 지향한다. 벤처기업은 생태계와 운명적으로 결부되어 있다. 사람 중심, 수평적 관계, 생태계는 모두가 사람 중심 경제를 추구하는 경영혁명의 핵심 요소들이다. 이는 곧 벤처기업이 경영혁명의 요소를 풍부하게 간직하고 있음을 말해준다.

한국의 현실과 미래

한국경제가 심각한 위기에 처해 있음은 그 누구도 부정 못하는 사실이다. 2017년 현재 반도체 분야를 제외하고 대기업 대부분에서 성장 엔진이 꺼져가고 있는 상황이다. 그 핵심 요인 중 하나가 바로 벤처 생태계의 후진성이다. 중국과 비교해서 인구 대비 벤처 창업 건수에서조차 뒤지고 있다.

세계적으로 벤처 생태계는 국민경제 성장을 선도하는 기관차 구실을 한다. 대기업조차도 벤처 생태계에서 축적된 신기술을 흡수해 도약하는 것이 보편적 추세이다. 그런데 한국의 경우는 벤처 생태계의 발육이 억제되다 보니 대기업의 신기술 개발도 함께 정체될 수밖에 없었다.

한국 벤처 생태계의 현실은 말하기가 창피할 정도로 뒤처져 있다.

한국은 벤처 창업에 대한 의지와 열정만큼은 어느 나라 못지않게 풍성하고 뛰어났다. 그 잠재력이 꽃을 피우기는 고사하고 뿌리째 뽑힐 위기에 직면한 것이다. 여러 가지 이유가 있었을 것이다.

삼성 등 대기업 중심 성장 시스템에 지나치게 의존하면서 정부와 사회 모두 벤처 생태계를 소홀히 대했던 것도 중요한 요인의 하나이다. 재벌 기업들의 횡포도 빼놓을 수 없다. 재벌 기업들은 실리콘밸리에서처럼 벤처기업이 개발한 새로운 기술이나 제품을 고가에 인수하지 않았다. 그들은 기술 인력 빼돌리기 식으로 성과를 가로챘다. 갈취당한 벤처기업은 일거에 나락으로 굴러 떨어졌다. 그동안 재벌 기업은 벤처기업들에게 저승사자나 다름없는 존재였다.

이 모든 요인이 작용하면서 벤처 기업의 성공 확률을 크게 낮추었다. 실패의 사회적 자산화도 제대도 이루어지지 않았다. 대부분의 자금이 결과를 함께 책임지는 주식 투자가 아니라 창업자 연대 보증을 전제로 한 차입 형태로 조달되면서 한 번 실패하면 평생 빚쟁이에게 쫓기는 신세가 되어야 했다.

벤처 캐피탈이 어느 정도 형성되어 있었으나 무늬만 벤처 캐피탈이었을 뿐이다. 벤처 캐피탈은 해당 기업의 잠재력을 보고 투자하는 것이 기본인데 한국의 벤처 캐피탈은 실적을 위주로 판단했다. 벤처기업 입장에서는 실적을 만들어 내는 단계에서 투자 유치가 절실한데 정작 벤처 캐피탈은 실적이 없다는 이유로 투자하지 않았던 것이다. 벤처는 없고 캐피탈만 있었던 것이다. 그 결과 세계 시장에 통할 수 있는 기술을 개발하고도 사장되는 경우가 허다했다.

그나마 창업 종잣돈을 지원하는 개인투자자도 2000년 이후 10년을 지나면서 6만여 명에서 5천여 명으로 감소했다. 투자자금도 같은 기간 동안

5500억 규모에서 300억 원 수준으로 쪼그라들었다.

　이러한 환경에서 벤처 생태계 형성은 낮은 수준에 머물 수밖에 없었다. 판교 테크노벨리와 서울 G벨리 등에 벤처기업이 다수 모여 있지만 벤처 생태계로 간주하기에는 구성요소가 매우 취약하다. 판교 테크노벨리에서 새로운 가능성을 보여주고 있지만 아직은 벤처 생태계라기보다 벤처 단지에 가깝다. 정부와 지자체들의 사고도 과거 산업단지 수준에서 크게 벗어나 있지 않다.

　이른바 벤처 대란으로 불린 2000년 닷컴 버블 붕괴를 계기로 정부가 벤처 창업에 이중삼중의 규제를 가하면서 사정은 더욱 악화되었다. 단적으로 코스닥 시장 신규 상장이 갈수록 줄어들었다. 초창기인 2000년에는 250개였던 신규 상장이 2005년에는 70개, 2013년에는 불과 37개에 머물렀다.

　2010년 이후에 접어들어 사정이 조금은 나아지는 듯했다. 2012년 무렵에는 제2의 벤처 붐이 일기도 했다. 벤처 산업은 가장 빠르게 성장하는 분야로 부상했다. 열악한 환경에도 불구하고 이 정도로 선전한 것이 그저 놀랍기만 하다. 이는 한국의 벤처 산업 잠재력이 아직 살아 있음을 입증하는 것이다. 2016년에는 벤처 투자액이 사상 최고를 기록함으로써 그 가능성을 더욱 키웠다. 글로벌 시장을 겨냥한 양질의 스타트업이 크게 늘어난 점이 주된 요인이었다.

　이 기회에 한국 경제의 틀과 운영 기조를 확 바꾸어야 한다. 종전까지 한국 경제를 지배해 온 수출 대기업 중심의 경제도 이제 막을 내릴 때가 되었다. 다수의 국민들 역시 그렇게 생각하고 있다. 2017년 초 〈조선일보〉에 보도된 한 여론조사 결과에 따르면 응답자의 60%가 수출 대기업 중심의 경제 운용은 더 이상 유효하지 않다는 반응을 보였다.

무엇보다도 제대로 된 벤처 생태계 구축이 절실하다. 벤처 생태계 구축을 중심 고리로 설정하고 최대한 힘을 집중해야 한다.

정부와 지자체가 중심이 되어 한국 실정에 맞는 벤처 생태계 모델을 개발해야 한다. 세계 최고 대학 진학률을 자랑할 만큼 전국 곳곳에 포진해 있는 대학을 벤처 생태계의 지식 거점으로 삼을 수 있다. 협동조합과의 수평적 협력 체제를 적극 도입해 벤처기업의 생산성을 최대한 끌어올릴 수도 있다. 연구개발과 생산, 판매 등의 공정을 나눈 뒤 생산과 판매를 전담하는 공용 플랫폼을 만들 수도 있다. K뷰티벨트에서 제조·개발과 유통의 역할 분담으로 얻은 효과를 기대할 수 있을 것이다. 벤처 생태계에서는 역할 분담을 통해 유기적 관계를 강화할수록 생산성이 높아진다.

이스라엘처럼 정부 주도 아래 실패에 대한 두려움 없이 창업에 뛰어들 수 있는 자금 공급 체계가 마련되어야 한다. 투자 수익을 고르게 나누어 갖는 시민 참여형 벤처 캐피탈도 함께 개발할 수 있다. 이 경우 대박을 기대할 수는 없지만 쪽박은 피할 수 있다는 점에서 전문성이 없는 일반 시민의 참여가 가능하다. 참고로 벤처기업 투자 수익률은 일반 투자의 그것보다 높은 것으로 나타났다.

한국형 벤처 생태계 모델이 지향해야 할 궁극적 목표는 누구나 창업이 가능한 환경을 만드는 것이다. 이는 두 측면을 함께 지니고 있다. 하나는 누구나 원하면 창업을 할 수 있도록 최적의 조건을 조성해 주는 것이다. 또 하나는 누구나 창업할 의지와 능력을 지니도록 하는 것이다.

원칙적으로 따지면 여기서 더 중요한 것은 후자이다. 아무리 조건이 잘 갖추어졌어도 의지가 없으면 소용이 없지만 거꾸로 조건이 미비하더라도 의지가 있으면 능히 헤쳐 나갈 수 있기 때문이다. 누구나 창업의지를 갖도록 하는 것은 결코 어려운 과제가 아닐 듯싶다. 이미 청년세대가 보편적으

로 창업을 꿈꾸고 있기 때문이다. 이는 청년세대가 한 걸음 앞서 미래를 예비하고 있음을 말해 준다.[42]

누구나 창업이 가능한 환경이 만들어지고 실제로 모두가 창업을 향해 질주하면 사회경제 구조에서 질적 변화가 일어난다. 수직적 위계질서는 더 이상 존속할 수 없다. 누구나 창업을 통해 독립을 꿈꾸는 환경에서 과연 어느 누가 남의 밑에서 계속 일을 하려 하겠는가? 누구나 창업이 가능한 환경에서 구성원이 기업이라는 배에 함께 몸을 싣도록 하려면 실질적인 동업자로 만드는 수밖에 달리 길이 없다. 그러자면 창업자는 지분까지도 함께 나누어야 한다.

이러한 과정을 거쳐 벤처기업 세계는 지배 종속 관계가 제거된 온전한 의미의 수평적 협력 관계로 변모한다. 벤처기업은 동업자라는 내부 파트너와 협동조합 소속 외부 파트너를 주축으로 움직인다.[43] 자연스럽게 규모가 커지더라도 벤처기업 초기 속성은 변질되지 않고 그대로 유지된다.

이들 기업은 창조력 발산이 극대화되면서 가장 높은 생산성을 과시할 것이다. 전체 경제에서 차지하는 비중을 빠르게 키워갈 것이며 여타의 기업에게도 유사한 변화를 강제할 것이다. 그에 따라 사람 중심 경제는 더욱더

---

42) 앞으로 벤처 창업에 뛰어든 청년세대가 어떤 관점을 갖느냐가 매우 중요한 문제로 떠오를 것이다. 지금까지 벤처 창업의 주된 동기는 크게 한번 돈을 벌어보는 것이었다. 이를 부정할 수는 없다. 하지만 진정한 벤처기업가는 돈보다는 가치와 비전을 중시한다. 그런 사람이 결과적으로 돈도 더 잘 번다. 대표적인 사례로 구글 창업자들이 창업 이후 시종일관 '세상의 모든 정보를 집대성해서 누구나 쉽게 이용하도록 하자'는 비전을 앞세운 사실을 들 수 있다. 벤처 창업은 역사의 진행과 자신의 삶을 일치시키는 뜻 깊은 과정이 될 수 있다. 높은 역사적 소명의식과 긍지를 갖고 임할 수 있는 것이다. 이에 맞는 의식 형성이 함께 이루어져야 할 것으로 보인다. 그럴 때 한층 높은 열정과 투지를 발휘할 수 있다

43) 내부 파트너와 외부 파트너 두 종류가 존재한다는 사실은 향후 진로와 관련해 상이한 성격의 두 가지 선택지가 있음을 의미한다. 하나는 실패를 각오하고 창업에 뛰어드는 것이다. 또 하나는 협동조합 조합원으로서 장기적 안정성을 보장받는 것이다. 물론 둘 중 하나만을 선택해야 하는 양자택일의 문제는 아니다. 사정에 맞게 벤처 창업과 협동조합 사이를 자유로이 오가는 것이 최선의 선택일 수도 있다.

높은 단계로 성숙되어 간다. 벤처 생태계가 온전히 경영혁명을 선도하는 것이다.[44]

---

44) 사람 중심 경제는 자본주의 내부에서 잉태한다. 사람 중심 경제는 수평적 조직문화 정착이라는 낮은 단계에서 출발하여 점차 높은 단계로 성숙되어 갈 것이다. 그러다 마침내는 자본주의마저 벗어난다.

자본주의의 기초는 자본 임노동 관계이다. 그 제도적 표현은 자본 소유자들로 구성된 주주총회가 이사회 구성을 주도하고 그 이사회가 노동자를 지배하는 것으로 나타났다. 바로 이것이 자본주의를 특징짓는 기본 질서였다.

누구나 창업이 가능해지면 바로 이 기본 질서가 더 이상 유지될 수 없는 상황이 발생한다.

벤처기업에서 피고용자가 동업자로 전환하면 자본 임노동 관계에서 벗어난다. 또 다른 파트너인 협동조합 조합원은 처음부터 자본 임노동 관계에서 벗어난 독립적인 경제 주체이다. 자본 임노동 관계는 존속할 수 있으나 점차 작은 일부가 될 것이다.

뿐만이 아니다. 벤처기업에서 창조력 가치는 자본 가치보다 많은 것이 원칙이다. 이러한 조건에서 창업자가 동업자들과 지분을 나누면 가치 창출에 직접 종사하는 사람들(창업자와 동업자가 된 작업자)의 지분이 다수가 된다. 벤처기업에서 순수하게 자본 투자만으로 획득한 지분은 소수이다. 자본 소유자들이 노동자를 지배했던 질서는 더 이상 유지될 수 없는 것이다.

이러한 형태의 벤처기업은 처음에는 소수일 것이다. 하지만 생산성에서 우위를 점하는 만큼 궁극적으로 다수가 될 수밖에 없다. 그에 따라 전체 경제의 성격도 바뀐다. 양질전화의 법칙이 관철되는 것이다.

앞으로 자본주의가 일시에 붕괴하거나 전복되는 일은 없을 것으로 보인다. 주식회사 제도 등 자본주의를 구성했던 많은 장치들은 자본주의 운명과 무관하게 상당 기간 존속할 것으로 예상된다. 시장은 여전히 다양한 경제적 요소를 통합시킬 유일한 대안으로 작동할 것이다. 하지만 사람 중심 경제의 성숙과 함께 자본주의는 자신도 모르는 사이에 서서히 수명이 다해 갈 것이다. 매우 점진적이면서 평화적 이행이 이루어지는 것이다. 이는 칼 마르크스와 그 후예인 좌파 운동가들이 상상했던 자본주의 극복 경로와는 판이하게 다른 것이다.

제6장

노동, 그 영욕의 역사를 넘어

국민경제 생태계 형성을 바탕으로 사람 중심 경제를 추구하는 경영혁명은 이전에 없던 전혀 새로운 유형의 혁명이다. 그 추진 동력 또한 다르다. 전혀 새로운 사유 체계와 새로운 방법론에 의지해야 하는 혁명이다.

이 모든 사실은 노동자 계급을 중심으로 형성되었던 진보 세계의 관념과 정면충돌할 수 있다. 그동안 '노동'은 진보의 가장 중요한 의제였다. '노동 중심'은 진보 여부를 가리는 기준으로 통용되기도 했다. 적어도 표면적으로 볼 때 경영혁명은 이러한 전제들을 대거 뒤집고 있는 것이다.

과연 노동운동은 이를 어떻게 받아들여야 할까? 노동자들은 경영혁명에 어떤 태도를 취해야하는 것일까? 당장 노동자를 대거 실업자로 만들지도 모를 4차 산업혁명 앞에서 노동운동은 어떤 선택을 해야 하는가?

노동운동은 그 어느 때보다도 발상의 전환이 절실한 시점에 서 있다. 그럴 때 노동운동 앞에 의외의 새로운 지평이 열릴 수 있다. 발상의 전환을 위해서는 노동운동을 지배하고 있는 관념의 형성 배경과 그 유효성 여부를 냉정하게 점검해야 한다. 노동운동 자신을 객관화하고 투시할 수 있어야 하는 것이다.

1

역사의 중심에 섰던 노동자 계급

1988년도에 있었던 일이다. 당시 그는 명문대 출신으로서 남들이 알아주는 대기업에 몸담고 있었다. 그러던 그가 갑자기 다니던 직장을 그만 두었다. 그리고 쥐꼬리만 한 월급에 위험스런 작업을 하는 공장 노동자로 취업했다. 노동운동을 하겠다는 생각에서였다. 그는 왜 이런 선택을 했을까?

노동자 계급과 마르크스주의의 만남

오래 전으로 거슬러 올라가 보자. 1948년 초 칼 마르크스와 프리드리히 엥겔스는 국제노동자혁명의 출생증명서로 불리는 〈공산당 선언〉을 발표했다. 〈공산당 선언〉은 "공산주의라는 유령이 지금 유럽을 배회하고 있다."는 구절로 시작한다. 이 구절은 사람들로 하여금 〈공산당 선언〉을 하나의 예언서로 받아들이도록 했다. 또한 마지막은 '모든 지배계급을 공산주의혁명 앞에 떨게 하라. 프롤레타리아는 잃을 것이라고는 쇠사슬밖에 없으며 얻을 것은 온 세계이다. 만국의 노동자여 단결하라!'로 끝맺는다. 이는 노동자 계급에게 실천 명령과도 같은 것이었다.

〈공산당 선언〉은 마르크스주의의 정수를 담고 있다. 〈공산당 선언〉은 노동자 계급의 다른 이름인 프롤레타리아[45) 계급이 자본주의를 전복할 것이며 이는 피할 수 없는 역사적 필연이라고 단언한다. 긍정과 부정 모두 포함해 수많은 사람들을 전율케 했던 이 메시지의 요지는 이렇다.

부르주아지는 생산 확대를 통해 노동자의 수를 증대시킬 뿐만 아니라 보다 큰 규모의 공장을 설립함으로써 노동자를 한곳으로 집중시킨다. 그리고 노동자를 기계의 부속품으로 전락시켜 그들 사이의 차이를 소멸시킴으로써 결국은 완벽한 위계질서 아래 있는 거대한 군대로 변모시킨다. 이렇게 대규모로 조직되고 군대식으로 훈련된 프롤레타리아는 때가 되면 부르주아가 봉건제를 무너뜨렸던 바로 그 혁명의 무기를 사용하여 부르주아 사회를 무너뜨릴 것이다. 결국 부르주아지는 왕성한 생산 활동을 통해 자기 무덤을 파는 자들을 만들어 낸 셈이다.

만약 노동자들이 아무런 움직임도 없이 쥐 죽은 듯 조용히 살았다면 세상은 〈공산당 선언〉을 정신 나간 몽상가들의 넋두리 정도로 취급했을 것이다. 하지만 〈공산당 선언〉의 예언을 입증하기로 하듯 노동자 계급의 혁명 투쟁이 활화산처럼 폭발했다. 그것도 〈공산당 선언〉이 발표된 직후였다.

1848년 2월 프랑스 파리에서 노동자와 학생을 주축으로 한 반정부 세력이 시가를 점령하고 실력대결에 돌입했다. 사태는 시위 진압을 위해 동원된 군대가 오발 사고를 일으키면서 일순간에 돌변했다. 흥분한 군중은 군대

---

45) 프랑스어로 prolétariat. 자본주의 사회에서, 노동력 이외에는 생산 수단을 가지지 못한 노동자를 가리킨다. 본래 로마 시대에 종소농민들이 오랜 기간 동안 전쟁에 참여하면서 농토가 황폐해지자 도시로 나와 국가의 보호를 받게 된 사람들을 가리키는 용어였다.

를 공격하기 시작했고 그 과정에서 52명이 살상되었다. 사태가 악화 일로를 걷자 결국 왕정이 폐지되고 공화정이 설립되기에 이르렀다. 2월혁명은 반정부 세력의 승리로 끝났다.

혁명은 급속하게 국경을 넘어 이 나라 저 나라로 치달렸고 심지어 바다를 건너 요원의 불길처럼 번져갔다. 2월 24일 프랑스에서 공화제가 수립된 이후 3월 2일에는 남서 독일에서 혁명이 일어났고, 3월 6일에는 바이에른, 3월 11일에는 베를린, 3월 12일에는 빈, 그 직후에 헝가리, 3월 18일에는 밀라노 등 이탈리아에서 잇달아 혁명이 일어났다. 불과 몇 주일 만에 유럽의 10개국이 혁명에 휩싸였으며 그 과정에서 쓰러지지 않고 버틴 정부는 하나도 없었다. 유럽에서의 혁명은 바다 멀리 남미의 브라질과 콜롬비아 등에 영향을 미치면서 일련의 반란을 촉발하기도 하였다.

역사상 이렇게 짧은 기간에 이렇듯 광범위하게 혁명이 일어난 적은 없었다. 양상으로 보면 세계혁명이 현실화되었다고 보아도 무리가 없었다. 하지만 혁명은 실권을 쥐고 있는 부르주아 계급에 의해 대부분 무자비하게 진압되었다. 같은 해 6월 파리 노동자들이 봉기를 일으키는 것으로 회심의 반격을 가했으나 참혹하게 진압되었다. 15만 명의 대규모 군대가 그보다 3분의 1도 안 되는 4만 명의 파리 노동자를 상대로 피의 진압작전을 전개했다. 1,000명 가량이 전투 중 사망했고. 수천 명의 노동자들이 혁명에 가담했거나 동조했다는 이유로 살해되었다. 그 밖에도 3,500명 정도가 식민지로 추방되었다. 말 그대로 피의 진압이 이루어진 것이다.

1948년 혁명은 노동자 계급의 패배로 끝났다. 당시 상황을 헤쳐 나가기에는 노동자 계급의 정치적 각성이나 조직화 정도가 너무나 미약했다. 하지만 1948년 혁명은 국제 노동자 혁명의 개막을 알리는 역사적 사건이 되었다. 〈공산당 선언〉 발표와 1948년 혁명이 연속적으로 진행됨으로써 둘은 쉽게 결합했다. 노동자 계급은 혁명의 동력이 되었고 마르크스주의는 혁명의 방향이 되었다. 노동자 계급은 혁명의 몸통이 되었고 마르크스주의는 혁명의 뇌수가 되었다. 그로부터 세상을 뒤흔들 거인이 탄생했다.

거인은 마르크스주의 정당으로 세상에 그 모습을 드러냈다. 유럽 각국에 마르크스주의 정당이 잇달아 들어서면서 빠르게 영향력을 확대해 갔다. 마르크스주의 정당은 마르크스의 사상적 제자들이 수뇌부를 형성하고 있었고 당원과 지지자 그룹은 주로 노동자들로 채워져 있었다.

세계를 점령한 노동자 국가

마르크스주의 정당을 중심으로 노동자 계급이 역사의 무대 한복판을 향해 발걸음을 재촉하던 중 운명의 순간이 다가왔다. 두 차례에 걸친 세계 대전이 발생한 것이다. 두 차례의 세계 대전은 인류 역사상 최악의 시련을 안겨다 주었다. 동시에 노동자 계급에게는 세상을 뒤바꾸어 놓을 기회였다.

1차 세계대전은 1914년부터 4년 동안 지속되었다. 초기에는 대부분의 정치 세력들이 애국주의 열정에 이끌려 전쟁을 찬성했다. 대표적인 마르크스주의 정당이었던 독일 사회민주당도 400만 노동자의 이름으로 전시공채안에 찬성표를 던졌다. 프랑스 사회주의자들은 '침략국 독일' 사회주의자들과 협력을 거부하고 '신성한 조국방위' 임무를 수행하기 위해 전선으로 달려갔다. 전쟁을 일관되게 반대한 것은 마르크스주의 정당인 러시아 볼셰비키와 몇몇 정치 그룹뿐이었다.

하지만 시간이 흐르자 전후방 가리지 않고 전쟁에 대한 염증이 퍼져 나가기 시작했다. 동부전선을 사이에 두고 독일과 대치하고 있던 러시아의 사정은 특히 심각했다. 러시아 군대는 빈약한 무기와 군수품 부족으로 인해 비참함의 극을 달리고 있었다. 굶주림과 죽음의 행렬이 끝없이 이어졌다. 개전 1년 만에 러시아군은 15만 명이 전사하고 70만 명이 부상당했으며 90여 만 명이 포로가 되었다. 그러나 누구를 위해 왜 싸워야 하는지가 점점 묘연해지고 있었다.

마침내 1917년 2월, 전쟁의 포연을 뚫고 러시아혁명이 일어났다. 금속노동자들의 파업을 시작으로 수많은 군중이 황제 짜르를 향해 몰려갔다. 짜르의 군부대는 군중에 대한 공격을 거부하고 그들과 친교를 나누었다. 짜르 체제는 맥없이 허물어졌고 자유주의적인 케렌스키 임시정부가 들어섰다.

케렌스키 임시정부는 '최후의 승리까지 전쟁을!'이라는 슬로건을 내걸었다. 여기에 맞서 볼셰비키는 강도 높게 전쟁 반대를 외쳤다. 민심은 임시정부를 떠나 빠르게 볼셰비키 쪽으로 이동했다. 볼셰비키는 2월혁명 당시 산업노동자를 중심으로 러시아 전체에 걸쳐 2천여 명의 당원을 거느리고 있었다. 민심의 지지를 바탕으로 당원 수가 급증하면서 같은 해 10월 무렵에는 30만 명 수준에 이르렀다.

상황은 돌이킬 수 없는 지경으로 치닫고 있었다. 병사들은 전쟁을 거부하고 고향으로 돌아가 혁명의 열기를 전파했다. 노동자, 농민, 병사들 사이에서는 임시정부에 맞선 소비에트라는 이름의 민중 자치 권력이 비 온 뒤 버섯처럼 자라나고 있었다. 이른바 이중권력 상태에 돌입한 것이다.

레닌이 이끄는 볼셰비키는 행보를 서둘렀다. 볼셰비키는 4월테제를 통해 '전쟁 반대', '임시정부 반대', '모든 권력을 소비에트로!'를 슬로건으로 내걸었다. 마침내 10월 볼셰비키는 무장봉기를 통해 임시정부를 타도하고 모든 권력을 소비에트로 귀속시켰다. 10월혁명이 성공한 것이다.

혁명에는 성공했지만 볼셰비키 앞을 기다리고 있었던 것은 달콤한 유토피아가 아니라 상상을 초월한 험난한 과정의 연속이었다. 한때는 그 자신을 제외한 모두가 적으로 맞선 경우조차 있었다. 하지만 볼셰비키는 이 모든 것을 헤쳐 나갔다. 그 결과 인류 역사상 최초로 자본가 없는 노동자 국가가 탄생할 수 있었다. 방대한 러시아 제국의 유산 위에 소비에트연방(소련)이라는 현대식 거대국가가 수립되었다. 이후 소련은 미국에 맞서는 초강대국으로 부상했다.

1차 세계대전의 상흔이 채 가시기도 전에 2차 세계대전이 터졌다. 1939년 독일 파시즘의 도발로 시작된 2차 세계대전은 유럽, 아시아, 북아프리카, 태평양 등에서 6년 동안이나 지속되었다.

유럽 전장의 경우 프랑스를 포함한 유럽 대륙이 일찌감치 독일군에게 점령된 조건에서 가장 오랜 기간 독일군 대부대와 혈투를 벌였던 나라는 소련이었다. 희생 또한 타의 추종을 불허할 만큼 엄청났다. 단적으로 군인과 민간인 모두를 합쳐 무려 5000여만 명이 직간접으로 목숨을 잃는 희생을 겪어야 했다.

소련은 우랄산맥 서부 지역 상당 부분이 독일군에 점령당하는 등 시종 고전을 면치 못했다. 하지만 볼가 강 하구에 있는 스탈린그라드전투에서의 승리를 통해 2차 세계대전 전체의 판도를 바꾸는 대역전극을 일구어낼 수 있었다. 인류 역사상 가장 끔찍한 전투로 기록된 스탈린그라드전투에서 독일군은 시가지의 80%를 점령함으로써 승리를 눈앞에 두고 있었다. 바로 그때 역발상의 지혜가 전쟁의 운명을 갈랐다. 외곽으로 밀려난 소련군이 독일군을 포위한 상태에서 보급로를 차단해 버린 것이다. 혹한의 겨울이 닥치자 독일군은 도리 없이 항복하고 말았다.

항복한 독일군 포로 9만 명 중에서 5만 명은 포로수용소에서 티푸스로 사망했고 일부는 중앙아시아로 가던 도중 사망했으며 최종적으로 귀국한 병사는 5000여 명에 불과했다. 이후 전투가 진행된 지역을 발굴하자 독일

병사 14만 7200명, 소련군 4만 6700명의 사체가 발굴되었다.

소련군은 독일군에 대해 파상공세를 펼치기 시작했다. 소련군은 1943년 7월, 사상 최대 규모의 물량이 투입된 쿠르스크대전투마저 승리로 이끌었다. 소련군은 거침없이 독일군을 몰아쳤고 마침내 1945년 4월, 서쪽에서 진격해온 연합군과 함께 베를린을 포위하는 데 성공했다. 견디다 못한 독일은 항복했다.

독일군을 추격하는 과정에서 동독을 포함한 광활한 동유럽 지역이 소련군의 점령 아래로 들어갔다. 이들 지역에서는 소련군의 관장 아래 사회주의 체제가 수립되었다. 덕분에 소련은 종전의 고립에서 벗어나 영역을 급격히 확대시킬 수 있었다. 어찌 되었든 그 덕에 노동자 국가가 유럽의 절반을 삼켰다.

2차 세계대전을 거치며 대반전의 극적인 드라마가 중국 대륙에서도 펼쳐지고 있었다. 그 주인공은 중국 공산당이었다.

중국 공산당은 중국판 마르크스주의 정당이었다. 노동자 계급의 이해를 대변하는 마르크주의 정당이라는 점에서는 유럽과 다르지 않았다. 하지만 중국 공산당은 러시아와는 전혀 다른 전략을 구사했다. 마오쩌둥의 주도 아래 농촌을 근거지로 한 게릴라전 중심의 무장투쟁을 전개했던 것이다.

중국 공산당은 시련 속에서 단련되었다. 그 대표적인 장면은 중국혁명의 대서사시로 불리는 대장정이었다.

1934년 중국 공산당은 쟝제스가 이끄는 국민당군의 총공세에 밀려 근거지였던 장시성을 떠나 서북 변방인 연안으로 대장정을 떠났다. 약 1년에 걸친 대장정 기간 동안 공산당 무장부대 홍군은 겹겹이 에워싼 국민당군의 봉쇄와 지방 군벌들의 공격을 헤쳐 나가면서 평균 130km를 행군한 후 한 번의 휴식을 취했다. 그런 식으로 대륙을 남쪽으로 반 바퀴 돌면서 약 1만

2천km를 걸었다. 홍군이 장시성을 떠날 때 약 8만 6천 명이었다. 하지만 최종적으로 산시성에 도착했을 때 살아남은 자는 8천 명뿐이었다. 결국 장정의 전 과정에서 살아남은 사람은 열 사람 중 한 명꼴이었다.

중국 공산당은 대장정 기간 동안 약 2억 명을 만났으며 그들 속에 혁명의 씨앗을 뿌렸다. 그 결과 공산당은 군사적으로는 장제스 군대에 쫓기는 듯하면서도 움직이는 거리만큼 자신의 영향력을 확대시키는, '후퇴하면서도 승리하는' 독특한 양상을 보여주었다.

중국 공산당이 연안을 근거지로 새로운 도약을 꿈꾸고 있을 무렵 일본군이 전면적인 침략을 감행했다. 중국 공산당은 즉각적으로 적대 관계에 있던 국민당과 항일공동전선을 위한 합작을 성사시켰다. 이를 위해 공산당은 모든 것을 양보했다. 홍군 스스로 국민당 산하 8로군을 자처하기도 했다.

일본이 겁없이 침략을 감행했지만 중국은 감당하기에 너무 큰 나라였다. 당시 일본군은 백만 대군을 자처했지만 중국은 부락 수만도 200만 개에 이르렀다. 부락마다 일본군 병사 1명을 배치한다고 해도 절반밖에 채울 수 없는 것이었다. 도리 없이 일본군은 철로를 통해 이동하면서 해안 주요 도시를 점령하는 데 치중했다. 그 결과 이들 도시를 기반으로 삼고 있던 국민당이 집중적인 타격을 받았다.

이러한 가운데 공산당은 광활한 농촌 지역을 근거지로 게릴라전을 펼치면서 일본군을 수렁에 빠뜨렸다. 공산당은 모든 힘을 항일전에 집중했다. 반면 국민당은 합작과 무관하게 공산당의 부상을 견제하는 데 보다 많은 시간을 소비했다. 이러한 차이는 민심을 공산당으로 대거 쏠리도록 만들었다.

항일전이 승리로 끝났을 무렵 민심은 확고하게 공산당 편이 되어 있었다. 절대열세에 있었던 공산당은 정치적 우위를 확보했다. 공산당은 이어지는 국민당과의 내전을 승리로 이끌면서 중국 대륙을 석권하기에 이르렀다. 그로부터 세계 인구의 5분의 1을 차지했던 중국 대륙에 또 다른 노동자 국가가 탄생했다. 비슷한 양상이 이웃한 북한과 베트남 등지에서도 일어났다.

2차 세계대전의 여파는 자본주의 체제를 유지하던 서유럽에까지 미쳤다. 마르크스주의 정당의 후예들이자 노동자 계급을 대표했던 사회민주주의[46] 계열 정당들이 대거 집권에 성공한 것이다.

끔찍했던 세계대전의 경험으로 기존 질서에 강하게 반발한 유권자들이 대거 사회민주주의 계열 정당을 선택했다. 그런 양상은 이미 1차 세계대전 직후부터 나타났다. 1차 세계대전 직후 사회민주주의 계열 정당들은 유권자들의 지지를 얻어 단독 혹은 연립 형태로 집권에 성공했다. 하지만 이들은 밀어닥친 대공황에 제대로 대처하지 못하고 갈팡질팡하다가 함께 침몰하고 말았다. 2차 세계대전이 끝나자 기회가 다시 온 것이다. 사회민주주의 정당들은 과거의 실패를 반복하지 않기 위해 사력을 다했다. 그 과정에서 러시아, 중국과는 사뭇 다른 모델이 등장했다.

마르크스와 레닌은 기존 국가 권력을 철저한 분쇄 대상으로 삼아야 한다는 입장이었다. 기존 국가 기구 자체가 부르주아적 이해관계를 갖고 있기 때문에 이를 무기로 한 사회주의 사회 건설은 불가능하다고 본 것이다. 그런데 서유럽 사회는 대체적으로 일반 민주주의가 확립되어 있는 상태였다. 합법적 경로를 통한 집권이 가능했지만 거꾸로 그러한 방식의 집권만이 허용되었다. 이는 곧 기존 국가 권력의 분쇄가 제도적으로 봉쇄되어 있었음

---

46) 20세기 초까지 사회민주주의는 사회주의의 또 다른 이름으로 사용되었다. 사회주의야말로 진정한 민주주의라는 의미를 담고 있었다. 마르크스주의를 사상적 원천으로 삼고 있었다는 점에서도 일치했다. 레닌 등 러시아혁명의 주역들도 오랫동안 스스로를 가리켜 사회민주주의자라고 표현하기도 했다. 하지만 1차 세계대전을 거치며 사회주의와 사회민주주의는 뚜렷이 다른 길을 가기 시작했다.

을 의미하는 것이었다. 바로 이러한 이유로 사회민주주의 정당들은 집권에 성공했다 하더라도 사회주의 사회로 나아갈 수 없었다.

사회민주주의 정당들이 선택할 수 있었던 것은 계급대타협에 기초한 복지국가 건설이었다. 다행히도 케인스주의가 일반화되면서 복지국가 건설은 한층 용이해졌다. 계급대타협의 핵심 지점은 헤게모니의 분점이었다. 경제적 헤게모니는 자본가 계급이 갖되 정치적 헤게모니는 노동자 계급이 갖는 것이었다. 이를 전제로 노동자는 생산성 향상에 협조했고 자본가 계급은 복지비용 확충에 협조했다.

노동자의 정치적 헤게모니를 가능하게 했던 것은 산별노조였다. 산업화와 함께 노동자는 지속적으로 확대되었고 인구의 절대다수를 차지하기에 이르렀다. 산별노조는 이들 노동자를 폭넓게 조직함으로써 강력한 힘을 행사할 수 있었다. 스웨덴은 한때 전체 노동자의 80% 정도가 산별노조에 가입해 있었다. 독일의 금속노조는 전성기 시절 조합원 수가 300만 명을 넘어서기도 했다.

이렇게 하여 서유럽 사회에서는 노동자 계급이 균형을 이루는 한 축을 형성했다. 절반의 노동자 국가가 만들어진 것이다.

두 차례에 걸친 세계대전을 거치며 인류는 역사 이래 가장 혹독한 시련을 겪었다. 그 시련을 헤쳐 나오면서 노동자 계급은 역사의 한복판에 우뚝 섰다. 노동자 계급은 어느 누구도 무시하지 못할 강력한 세력이 되었다. 노동자 계급의 조직화는 새로운 미래를 여는 가장 확실한 전제로 간주되었다.

노동운동 폭풍에 휩싸인 한국

1980년대 접어들어 한국의 학생운동은 세계사에 그 유례를 찾아볼 수 없을 만큼 폭발적 성장을 거듭했다. 그러한 학생운동에 노동운동은 매우 중요한 관심사였다. 그 계기 중 하나가 학생운동에 기폭제 역할을 했던 5.18민주화운동이었다. 5.18민주화운동은 노동자들이 군부독재에 항거하는 과정에서 얼마나 헌신적이고 비타협적일 수 있는지 생생하게 입증했다.[47]

1980년대 중반을 넘어서면 학생운동 진영의 비판 의식은 군사독재를 넘어 자본주의 체제 자체를 겨냥하기에 이르렀다. 학생운동은 한층 좌파적 색체를 더해갔다. 러시아혁명 당시 레닌의 역할이 집중적인 탐구 대상이 된 것도 이 무렵이었다. 자칭 볼셰비키의 후예들이 여기저기 넘쳐나기 시작했다.

실천적 결론은 단순 명확했다. 노동자 계급을 조직하는 것이었다. 학생운동 출신자들이 다투어서 노동현장에 뛰어들었다. 주요 공단 요소요소마다 학생운동 출신자들이 포진했다. 한때 수도권 공단 내 중소 공장 하나에 학생운동 출신자들이 10여 명 넘게 자리잡은 경우도 있었다.

당시 한국은 급속한 산업화와 함께 노동자가 폭발적으로 증가하고 있던 추세였다. 경제는 노동자들의 희생을 바탕으로 지속적으로 성장했으나 정작 노동자들의 삶은 비참하기 그지없었다. 그러한 노동자들을 향해 국가 권력과 사용자에 의한 이중삼중의 감시와 탄압이 가해졌다. 노동자들은 주면 주는 대로 받고 시키면 시키는 대로 하는 체념과 순응의 삶을 살고 있었다.

학생운동 출신자들은 노동자들을 모아 소모임을 만든 뒤 의식화 프로그램을 진행했다. 핵심은 노동자가 진정한 역사의 주체이고 함께 노력하면 노동자가 주인 되는 새 세상을 만들 수 있다는 것이었다. 그런 식으로 곳곳

---

47) 1980년 5월 27일 계엄군의 최후의 진압 작전에 맞서 도청 사수투쟁을 전개했던 시민군 중 모두 26명이 희생되었다. 희생자의 절반 정도인 11명이 다양한 직종의 노동자였다. 그 외 6명은 대학생, 8명은 고등학생이거나 재수생이었다. 나머지 한 명은 들불야학 교사이자 항쟁지도부의 일원이었던 윤상원 씨였다.

에서 소모임이 만들어지고 의식화된 선진 노동자들이 빠르게 확대되었다.

소모임 활동을 기반으로 여기저기서 민주노조가 결성되고 이들 사이에 연대활동도 활발해졌다. 파업투쟁도 이어졌다. 1985년 파업투쟁은 대규모 남성사업장인 대우자동차 파업투쟁을 거쳐 '구로동맹파업'에서 그 절정을 보여주었다. 김준용 대우어패럴 노조 위원장 및 노조간부 2명을 부당하게 구속시킨 것에 항의하여 구로지역 민주노조가 함께 투쟁에 나선 것이다.

동맹파업이 시작되자 정부와 기업주는 농성 노동자들에 대한 음식물과 물의 공급을 끊었을 뿐만 아니라 외부에서 음식물을 공급하는 것마저도 철저히 차단했다. 굶주림과 수면 부족으로 실신하는 노동자들이 속출했다. 결국 대부분의 노동자들이 기진맥진한 상태에서 관리자들에게 심한 구타를 당하면서 한 사람씩 농성장 밖으로 끌려 나갔다. 농성은 이렇게 강제 해산당하고 말았다. 뒤이어 40여 명의 노동자를 구속하고 360명을 해고하는 대탄압의 회오리바람이 불었다. 남아 있던 민주노조의 대부분도 전두환 정권의 탄압에 의해 처참하게 깨져나갔다.

패배의식이 만연한 가운데 일단의 노동운동가들은 한국 사회에서 상당기간 동안 합법적 민주노조는 불가능하다고 내다보았다. 그들은 방향을 선회해 1986년 새로운 대안으로 선진노동자 단체를 조직했다. 서울노동운동연합(서노련)과 인천노동운동연합(인노련) 등이 그렇게 해서 만들어졌다. 하지만 이 모든 것을 비웃기라도 하듯 불과 1년 뒤에 노동자 대중은 엄청난 도약을 했다.

1987년 6월민주항쟁의 승리는 노동자 대중의 의식 구조에 혁명적 변화를 일으켰다. 그동안 대부분의 노동자들은 계란으로 바위치기라며 군사독재에 대한 저항에 냉소적 반응을 보였었다. 그런데 꿈쩍도 하지 않을 것 같았던 군사독재가 국민의 저항에 굴복한 것이다. 노동자들은 일순간에 자신감을 회복했다. 수백 권의 책보다 승리한 투쟁이 훨씬 강력한 학습 효과를 낳았던 것이다.

6월민주항쟁이 끝나자 노동 현장은 말 그대로 한 점 불꽃만 당기면 일시에 폭발을 일으킬 수 있는 상태였다. 그동안 소모임을 통해 단련된 소수 선진 노동자들이 그 불꽃 역할을 했다.

7월 28일 현대중공업 노동자 11명이 회사 측이 선수를 쳐 어용노조를 만든 것에 항의, "어용노조 물리치고 민주노조 쟁취하자"는 내용의 플래카드를 들고 구호를 외치면서 회사 안으로 밀고 들어갔다. 그러자 처음에는 주저했던 노동자들이 합세하기 시작했고 대열은 순식간에 1만 명으로 불어났다. 당시 상황에서 절차를 지키는 것은 아무 의미가 없었다. 노동자들은 곧바로 파업농성에 돌입했다.

점화된 투쟁의 불길은 대표적 공업도시인 울산을 일거에 뒤덮었고 순식간에 부산, 거제, 마산, 창원 일원으로 번져 나갔다. 서울, 인천, 부천, 구로, 안양, 구로, 성남 등 수도권 역시 노동자대투쟁의 불길 속에 휩싸였다. 또한 업종별로도 가장 큰 비중을 차지한 제조업을 포함해 운수업, 광업, 사무·판매·서비스직에서 의료 등 전문직에 이르기까지 폭넓게 확산되었다. 7~9월 노동자대투쟁은 말 그대로 지역과 업종을 두루 망라한 전국적 투쟁이었던 것이다.

대투쟁 기간 동안 발생한 노동쟁의 건수는 3458건으로서 하루 평균 40여 건씩 터져 나온 셈이었다. 이 기간 동안 새롭게 결성된 노동조합이 자그만치 1060개에 이르렀다. 가히 봇물 터지는 듯한 기세였다.

한번 지표면을 뚫고 나온 노동자의 투쟁 에너지는 그 무엇으로도 막을 수 없을 만큼 강력하고 끈질긴 것이었다. 그것은 1988년 이후에도 노동자 투쟁의 불길이 거침없이 타올랐다는 사실에서 여실히 드러났다. 단적으로

1988년 한 해 동안 임금인상투쟁의 물결 속에서 2천여 개의 신규 노조가 결성되었다.

7, 8, 9월 노동자대투쟁은 노동자의 역사에서 새로운 출발점이 되었다. 무엇보다도 노동자들 스스로 노동자라는 이름을 자랑스럽게 생각하기 시작했다. 과거에는 작업복 차림은 마냥 숨기고 싶은 부끄러운 모습이었으나 이후부터는 작업복을 걸치고 당당하게 시내를 활보할 수 있었다. 끊임없는 자기 비하에서 벗어난 것이다. 노동자라고 함부로 무시하던 사회적 분위기도 크게 변했다.

1987년 6월민주항쟁과 7, 8, 9월노동자대투쟁을 거치면서 노동운동가들은 한껏 고무되었다. 그들은 군사독재를 굴복시킨 바 있고 노동대중의 폭발적 진출을 경험하기도 했다. 노동운동가들이 보기에 그동안 꿈꾸어 왔던 사회주의 노동자 국가 건설은 의심할 여지없는 미래였다.

노동대중 사이에서 노동자가 주인 되는 새로운 세상을 만들자는 요구는 '노동해방'이라는 네 글자로 집약되어 표현되었다. 어느 정도 의식이 있는 노동자들은 노동해방을 사회주의 건설로 이해하고 받아들였다. 노동해방 구호는 모든 노동자 집회에서 외쳐진 대표적 구호가 되었다. 정파 그룹들마다 상당한 생각의 차이가 있었지만 노동해방이 노동운동의 공동의 좌표라는 사실에 대해서는 이의가 없었다.

적지 않은 사람들 사이에서 사회주의 사회를 향한 노동운동의 진군은 거역할 수 없는 대세처럼 여겨졌다. 대세에서 밀리면 권력의 중심에서 멀어질 수 있다는 조바심도 생겨났다. 1988년 이후에도 학생운동 출신자의 노동현장 투신이 줄을 이었다. 앞서 이야기한 것처럼 어느 명문대 출신도 남들이 부러워하는 좋은 직장을 때려치우고 공장 문을 두들겼다. 과연 그 다음에 어떤 일이 벌어졌을까?

2

거듭되는 노동운동의 실패와 좌절

폭발적 성장을 거듭한 노동운동의 미래는 마냥 밝아 보였다. 하지만 불과 몇 년 지나지 않아 노동운동은 전혀 예기치 못한 복병을 만났다. 이후 노동운동은 실패와 좌절을 반복하는 고통스런 역사를 이어갔다. 도대체 무엇이 문제였던 것일까? 새로운 미래를 기획해야 하는 오늘의 입장에서 지나온 과정에 대한 냉철한 성찰을 통해 더없이 소중한 교훈을 얻을 수 있을 것이다.

이념적 좌표의 상실

앞서 우리는 프랑스대혁명이 극과 극을 오가면서도 역사적 승리를 거둘 수 있었던 것은 인권선언 발표를 통해 좌표를 분명히 했기 때문임을 확인한 바 있다. 혁명의 역사에서 좌표는 긴 항해를 이끄는 지도와 나침반 구실을 한다. 좌표를 상실하는 순간 지도와 나침반 없는 항해처럼 좌초할 가능성이 절대적이다.

앞서 이야기한 것처럼 1987년 노동자대투쟁 이후 1990년까지 노동운동의 이념적 좌표로 기능한 것은 노동해방이었다. 암묵적으로 그것은 사회주의 노동자 국가 건설을 지향하는 것이었다. 노동해방이라는 좌표는 노동운동 발전과 관련해 필수불가결한 여러 가지 기능을 했다.

먼저 노동운동가들이 가장 밑바닥 수준의 일상적인 생활고, 정부의 탄압, 가정불화, 일각의 싸늘한 시선 등 온갖 고난을 무릅쓰고 노동운동에 헌신하도록 만들었다. 특히 좋은 대학 나와 세속적 출세가 보장되어 있음에도 불구하고 노동운동에 뛰어든 경우 이념적 좌표가 지닌 의미는 절대적이었다.

노동해방의 좌표는 선진노동자 대중이 눈앞의 이익에 집착하지 않고 보다 원대한 목표에 헌신하도록 만들었다. 그럼으로써 높은 도덕적 긴장감과 지치지 않는 열정을 간직할 수 있었다. 더불어 난립한 정파 그룹의 온갖 의견 차이에도 불구하고 노동운동의 정체성을 통일시켜 주는 역할도 했다.

노동해방이 노동운동의 이념적 좌표로 확립된 데는 상당 부분 학생운동 출신 노동운동가들이 러시아혁명의 세례를 받은 것과 밀접한 연관이 있었다. 노동운동가들은 러시아에서처럼 한국에서도 혁명이 성공할 것이라 확신하고 있었다. 자신들이 바로 그 성공의 주역이 될 수 있다는 자신감도 충만해 있었다.

그런데 그 확신을 뿌리째 뒤흔들어 놓은 대사건이 발생했다. 바로 러시아혁명의 결과로 만들어진 소련이 붕괴하고 만 것이다! 사회주의 혁명으로 인류 최초로 건설된 노동자 국가가 망한 것이다! 자본주의의 가장 확실한 대안이라 여기던 사회주의 종주국에서 사회주의 체제가 몰락한 것이다! 한 진영을 대표하면서 미국과 쌍벽을 이루던 초강대국 소련이 맥없이 허물어져 내린 것이다!

1991년 8월, 전 세계 뉴스는 소련 붕괴 소식을 전하기에 정신이 없었다. 소련 붕괴는 사회주의 체제 몰락과 15개 공화국으로 구성된 소연방의 해체를 동시에 의미하는 것이었다. 도대체 그 사이 어떤 일이 있었던 것일까? 소련 붕괴는 그동안 이념의 장막에 가려져 있던 진실에 가까이 다가갈 수 있도록 했다.

소련 사회는 한마디로 국가가 모든 것을 책임지고 인민은 전적으로 국가에 의존하는 전형적인 국가사회주의 체제였다. 대부분의 기업은 국가 기구의 일부였으며, 중앙집권적인 계획과 통제 아래 움직였다. 레닌이 사회주의 미래를 구상하면서 자유롭고 독립적인 개체들의 연대와 협력이 국가의 강제력을 대체해 나가는 국가소멸론을 피력했던 것과는 정반대의 결과가 나타난 것이다.

소련은 국가 중심의 중앙집권적 계획 통제를 용이하게 하기 위해 철저하게 거대기업 위주의 경제 체제를 유지했다. 중앙의 결정이 비교적 적은 단계를 거치고도 최종 작업 현장까지 손쉽게 전달될 수 있도록 하기 위한 방편이었다. 거대기업의 비중은 2억 8천만 명의 인민에게 공급되었던 제품의 77%가 단 하나의 공장에서 만들어졌을 만큼 대단한 것이었다.

빈곤으로부터 탈출하려는 인민의 열망이 넘쳐나던 사회주의 건설 초기에는 이러한 시스템이 상당한 효율성을 발휘했다. 자원에 대한 선택과 집중이 가능해지면서 자본주의 사회에서는 도무지 상상조차 할 수 없는 초고속 성장을 일구어낼 수 있었다. 하지만 경제 건설이 어느 정도 궤도에 오르고 인민의 열정도 식으면서 상황은 바뀌었다. 국가사회주의 체제의 문제점이 드러나기 시작했던 것이다.

중앙집권적 계획 경제 아래서 소련 인민이 생산 활동과 관련한 의사 결정 과정에 참여할 여지는 거의 없었다. 결정은 오직 국가계획위원회를 중심으로 한 관료 조직 상층부에서 하고, 관료 조직은 이를 체계적으로 아래로 전달하며, 인민은 이를 이의 없이 수행해야 할 뿐이었다. 이 과정이 반복되면서 소련 사회 전체가 위는 결정을 아래로 내리고 아래는 위에서 결정해주기만을 기다리는 데 익숙해져 갔다. 관료주의가 몸 속 깊숙이 밴 것이다.

인민은 상부의 명령만을 기다리고 있다가 주어진 할당량만을 채우는 수동적 존재로 전락했다. 극단적으로 할당량 기준이 톤이라면 무게가 많이 나가는 물건을 만들면 되었고, 총가치 기준이 루블이라면 비싼 자재를 이용해 물건을 만들면 되었다. 그러다 보니 공장 노동자는 어떻게 하면 좀 더 좋은 품질의 제품을 많이 생산할 것인지에 관심이 없었고, 국영식당 아주머니는 어떻게 하면 맛있는 음식을 만들 것인가를 고민하지 않았다. 소련 사회는 시간이 흐르면서 심각한 무기력증에 사로잡혀 갔다.

중앙집권적인 국가사회주의 체제는 다품종 소량생산 시대로의 전환 과정에서 결정적 한계로 작용했다. 생산력 발전의 질곡으로 작용한 것이다. 자본주의 사회에는 소품종 대량생산에서 다품종 소량생산으로의 전환은 보편적인 추세였다. 하지만 소련 체제는 여기에 부응할 수 없었다. 예를 들어 1년에 신발 몇 켤레를 생산할지 양적 목표를 제시할 수는 있어도 인민의 다양한 수요에 맞게 제품 디자인을 다양화하는 것까지 세세하게 계획하기는 쉽지 않았던 것이다.

더욱이 몇몇 관료가 책상머리에 앉아서 계획안을 작성하는 것이 습관화되면서 문제는 한층 심각해질 수밖에 없었다. 소련 경제의 커다란 약점 중 하나였던 농업을 예로 들어보자. 소련 당국은 농업생산력을 획기적으로 향상시킨다는 목표 아래 비료 공급을 대대적으로 늘리려고 시도했다. 하지만 비료를 담는 자루와 운송 수단, 보관 시설, 살포 기계 등을 동시에 공급하지 못했다. 중앙의 계획 입안자는 단지 상부의 명령대로 비료 생산의 증대에만 관심을 가졌던 것이다. 그 결과 비료의 대부분이 농토에 뿌려지지 못한 채 철도 야적장에 방치되고 말았다.

소련 체제를 위기에 빠뜨린 또 하나의 요소가 있었다. 미국의 레이건 정부는 소련 체제의 붕괴를 최종 목적으로 무한군비경쟁을 유도했다. 소련은 완벽하게 이 게임에 말려들어 갔다. 소련은 국민총생산의 30% 정도를 군비에 쏟아 부었다. 소련의 기초 체력은 과잉 출혈로 급격히 소진되어 갔다.

적어도 1960년대까지 소련 인민은 사회주의 체제의 우월성에 대해 확신을 품고 있었다. 인민 모두가 절대 빈곤에서 벗어나 있었고 비록 소비 수준은 높지 않았으나 국가가 보장해주는 안정된 생활을 누릴 수 있었다. 국제 사회에서 초강대국의 면모를 과시한 것에 대한 긍지도 높았다.

하지만 1970년대를 거치며 소련 인민의 확신은 크게 흔들리기 시작했다. 모든 지표에서 소련이 서방 자본주의 세계에 뒤처지고 있음이 분명해졌다. 삶의 질을 표시하는 평균 수명에서도 뒤처져 갔다. 소련 사회의 정체성 혼란은 갈수록 심해졌다. 더욱이 관료 사회 상층부의 부패는 심각한 수준에 이르고 있었다. 누가 봐도 소련 체제는 더 이상 그대로 방치할 수 없는 지경에 이르러 있었다.

1985년 최고 지도자 자리에 오른 고르바초프는 소련 체제의 문제점을 해결하기 위해 뻬레스트로이까(개혁)와 글라스노스트(개방)를 함께 추진했다. 하지만 고르바초프는 소련 체제의 문제에 대한 진단과 처방 모두에서 빗나갔다. 고르바초프의 시도는 소련 사회의 혼란만 가중시켰다.

엘리트 집단은 방향감각을 상실한 채 갈팡질팡했다. 결국 소련은 그 어떤 외부의 침략이나 내부 반란이 없었음에도 스스로 주저앉고 말았다. 위대한 러시아혁명의 결과는 그렇듯 허망하게 끝났다. 소련 붕괴를 전후해 소련의 영향 아래 세워진 동유럽 사회주의권도 일제히 붕괴했다.

소련 붕괴는 노동운동가들에게 실로 엄청난 사상적 충격을 안겨다 주었다. 소련 붕괴는 그 자체로 사회주의는 실패한 실험임을 입증했다. 무엇보다도 사회주의를 포기하고 자본주의 체제로 전환한 나라 중에서 사회주의로 되돌아간 경우가 아직까지 하나도 없다는 사실이 중요했다. 사회주의를 경험해 본 나라들이 사회주의를 기피한다는 것은 결코 가벼운 문제가 아니었다.

적지 않은 논자들이 소련 붕괴와 사회주의 실패를 분리시키려 애썼다. 실패한 것은 소련식 사회주의이지 사회주의 자체가 아니라는 것이었다. 하지만 결과는 달라지지 않았다. 베네수엘라 등 남미 일각에서 새로운 유형의 21세기 사회주의를 실험했으나 이 역시 실패로 끝나고 말았다.

1992년 한중 수교를 계기로 많은 사람들이 중국을 자유롭게 드나들면서 또 다른 상황에 직면했다.

중국은 마오쩌둥 시절 모두가 함께 가난하게 사는 가장 평등한 나라였다. 그 어느 곳보다 엘리트주의를 경계하고 인민대중의 자발성을 강조했던 나라가 또한 중국이었다. 많은 사람들이 이영희 선생의 〈우상과 이성〉 등을 통해 중국 사회의 참모습을 접하면서 깊은 감동을 느끼기도 했었다.

바로 그 중국이 개혁개방을 통해 신흥경제 대국으로 떠오르면서 상황이 급변했다. 중국은 아직까지도 사회주의를 표방하고 있지만 정작 중국 사회는 자본주의보다 더 자본주의 성향이 강한 곳이 되었다. 가장 평등했던 중국은 지구상에서 가장 빈부격차가 심한 나라로 전락하고 말았다.

소련과 중국은 사회주의 진영을 양분했던 초강대국이었다. 그중 하나는 붕괴했고 나머지 하나는 변질되었다. 사회주의를 보는 사회적 시선도 싸늘해졌다. 많은 노동운동가들이 보기에 사회주의 노동자 국가 건설은 허망하기 짝이 없는 목표였으며 옳고 그름을 떠나 현실 불가능한 목표였다.

여전히 사회주의 관념을 포기하지 않은 노동운동가들이 있었으나 중요한 사실 하나를 놓치고 있었다. 1987년 민주화투쟁의 승리로 헌법이 개정되면서 이른바 87체제가 수립되었다. 이는 서유럽에서 일반민주주의가 확립된 것과 맥락이 비슷했다. 합법적 집권의 길을 열어 두되 오직 그것만을 허용한 것이다. 기존 권력을 분쇄할 가능성은 사라졌다. 사회주의 건설 경로가 봉쇄된 것이다.[48]

사회주의가 현실적 대안의 지위를 상실하자 일각에서는 유럽형 사회민주주의를 새로운 대안으로 제시하기도 했다. 자본주의를 타도할 가능성이 사라진 조건에서 복지국가를 표방한 사회민주주의가 유일한 답이 아니냐는 이유에서였다. 하지만 사회민주주의를 수용한 경우는 그렇게 많지 않았

---

[48] 사회주의의 유효성 여부를 판단하자면 역사적 경험과 정치 환경만이 아니라 경제적 토대에 대한 사회과학적 분석이 함께 수반되어야 한다. 결론적으로 경제적 토대 변화로 사회주의는 더 이상 가능하지 않다.

사회주의 핵심 가치는 '생산수단의 사회화' 즉 집단 소유의 실현에 있다. 이를 떠난 사회주의란 있을 수 없다. 과거 토지나 공장처럼 생산수단이 물질화된 형태로 존재할 때 생산수단의 사회화는 국유화나 협동화 등의 형태로 실현될 수 있었다.

하지만 3차 산업혁명 이후 주요 생산수단이 '창조력'으로 전환되면서 사정이 완전히 달라졌다. 창조력은 개개인 각자에게 체화된다. 각자의 개성과 불가분의 관계에 있다. 이러한 특성의 창조력을 개인에게서 분리시켜 집단 소유로 만드는 것은 원천적으로 불가능하다.

간략히 이야기하면 창조력이라고 하는 새로운 생산수단에 대한 소유의 진화 방향은 사적 소유에서 사회적 소유가 아니라 소수 개인의 소유에서 다수 개인의 소유로 바뀔 것이다. 대학교육이 일반화되고 인터넷의 확산 등 디지털 문명이 꽃을 피우면서 더욱 많은 사람들이 창조력을 보유할 수 있기 때문이다. 이러한 소유 관계의 진화 방향은 기존 사회주의 사회의 구성 원리와는 완전히 다른 것이라 할 수 있다.

우리는 여기서 사회주의 역시 산업사회라고 하는 특정한 역사적 국면에서 성립된 사회 모델임을 알 수 있다. 사회주의는 자본주의를 부정한 모델이지만 동시에 자본주의와 마찬가지로 산업사회를 기반으로 성립된 사회이다. 좀 더 정확히 이야기하면 소품종 대량생산이 지배하던 전반기 산업사회 단계에서 효과를 발휘하는 모델이다.

이를 기준으로 보면 사회주의는 미래형이 아니라 과거형이다. 분명한 것은 역사를 초월한 사회 모델이나 이념은 관념적 허구일 뿐이라는 사실이다. 사회주의 철학인 유물변증법에 비추어 봐도 그렇다.

관련해서 북한 사회주의에 대해 어떻게 판단할지를 문제 삼을 수 있다. 뒤에서 밝히겠지만 북한 사회는 결코 고정되어 있지 않다. 다양한 변화 가능성을 안고 있다. 북한 사회를 보는 고정된 시각이 오히려 문제이다.

다.[49]

　이념적 좌표가 사라지자 대거 노동운동에 뛰어들었던 학생운동 출신자들은 다투어 전망 없음을 선언하며 썰물처럼 빠져나갔다. 노동해방의 깃발도 내려졌다. 노동해방 구호는 더 이상 외쳐지지 않았다. 노동해방 전사를 자처했던 현장 노동자들의 도덕적 긴장감도 크게 이완되었다. 원대한 목표가 사라지면서 노동자들은 직접적인 자신들의 이해와 눈앞의 이익 추구에 충실해져 갔다.

▎길은 잃은 노동운동

　이념적 좌표를 상실한 조건에서도 노동조합은 발전을 거듭했다. 폭발적으로 증가한 노동조합은 지역, 업종, 그룹 등 다양한 영역에 걸쳐 연대를 강

---

49) 모든 이념과 체제가 그러하듯이 사회민주주의도 일정한 역사적 조건 아래서 성립된 것이다. 이를 기준으로 보면 사회민주주의는 오늘날 우리 현실에 부합하지 않는다. 사회민주주의는 세 가지 필수 조건이 있는데 이를 충족시키기 어려운 것이다.

첫째, 정치 분야에서 노동의 헤게모니 확립이 어렵다. 전통적인 노동자의 비중이 줄고 노동자의 동질성이 약화되면서 산별노조 기반이 취약해졌다. 이 점에 관해서는 뒤에서 보다 자세히 살펴볼 예정이다.

둘째, 시장에 대한 국가 우위가 사라졌다. 전성기 시절 사회민주주의 국가들에서는 GDP에서 정부 재정이 차지하는 비중이 절반을 넘어서고 재정의 절반 이상을 복지 지출이 차지했다. 국민경제는 정부 재정을 중심으로, 정부 재정은 복지 지출을 중심으로 움직였던 것이다. 하지만 시장 권력이 강화되고 세계화가 진척됨에 따라 국가 우위가 무너졌다. 그에 따라 전통적인 복지국가들도 상당한 곤란을 겪어야 했다.

셋째, 지속적인 경제 성장을 바탕으로 한 계급 타협이 어려워졌다.

과거 경제가 지속적으로 성장하는 조건에서 자본가는 복지재정 확대에 협력하면서도 적정한 이윤을 확보하는 데 별 어려움이 없었다. 하지만 고도성장 시기가 마감되고 저성장 기조가 장기화되면서 그러한 조건도 함께 사라졌다. 경영혁명은 저성장 국면에서의 탈피를 돕겠지만 과거와 같은 수준의 지속적 성장의 회복은 재현되기 어려울 것이다.

보다 근본적인 관점에서 접근했을 때 자본주의 안에서의 개혁을 추구했던 사회민주주의의 이념적 좌표는 자본 중심에서 사람 중심으로의 전환을 가로막는 질곡이 될 수도 있다. 일부 논자들은 사회민주주의가 신제품으로 대체되어야 할 시기에 구제품 수리에 집착함으로써 '누더기 모델'이 되어 가고 있다는 비판을 제기하기도 한다.

화해 나갔다. 이러한 노력은 전국노동조합협의회(전노협)를 거쳐 1995년 산업, 업종 조직과 지역본부 체계를 갖춘 전국민주노동조합총연맹KCTU(민주노총)탄생으로 이어졌다.

민주노총은 그간 진행된 노동운동의 결과물이 집약된 조직이었다. 수많은 사람들의 희생을 바탕을 이루어진 피와 눈물로 범벅이 된 조직이라고 할 수 있었다. 단 약점이 하나 있었다. 중소기업 노조를 제대로 포괄하지 못했던 것이다. 이는 중소기업 노동자가 전체 노동자의 80%에 이를 만큼 압도적 다수를 차지하고 있음을 감안하면 매우 심각한 약점이 아닐 수 없다.

노동운동은 중소기업 상황에 맞는 모델을 개발하는 데 실패했다. 대부분의 노동운동가들이 대기업에서와 마찬가지로 비타협적인 전투적 노조운동 모델을 중소기업에 적용했다. 하지만 그러한 방식은 중소기업 노동자들의 지지를 받을 수 없었다. 참고로 현재 중소기업 노동자의 노동조합 가입률은 지극히 낮은 수준인 2% 정도이다. 그나마도 대부분 한국노총에 소속되어 있다.

그러던 차에 잔뜩 기대를 안고 출범한 민주노총에게 자신의 힘을 과시할 수 있는 절호의 기회가 찾아왔다.

1996년 12월 26일 새벽, 여당인 신한국당 단독으로 개악된 노동법과 안기부법을 날치기로 통과시키는 사태가 발생했다. 개악된 노동법은 복수노조 허용, 정리해고제·변형근로제 도입, 파업기간 중 무노동 무임금 원칙 적용, 동일사업장 내 대체근로와 신규 하도급 허용 등 신자유주의 구조조정을 제도적으로 뒷받침하기 위한 것이었다. 안기부법은 1993년 말 여야 합의에 의해 박탈했던 안기부(국정원 전신)의 북한에 대한 고무찬양죄와 불고지죄 수사권을 복원하는 것이었다.

날치기 통과는 그간 노동자·사용자·정부 대표로 구성된 '노사정위원회'의 합의를 바탕으로 노동법을 개정하기로 한 약속마저 뒤엎은 것이었다. 개악된 노동법이 여당 단독국회에서 날치기로 통과되었다는 소식이 전달되자 기아자동차, 현대자동차 등 완성차 노조를 시작으로 일시에 총파업 물결이 전국을 뒤엎었다.

1996년 12월 26일부터 민주노총 주도 아래 진행된 총파업투쟁은 1997년 1월 18일까지 23일 동안 지속되었다. 모두 528개 노조 40만 3000여 명의 노동자들이 한 번 이상의 파업에 참가하였다. 민주노총의 총파업투쟁은 광범위한 국민적 지지 속에서 진행되었다. 당시 여론조사 결과에 따르면 국민의 80% 정도가 민주노총의 총파업투쟁을 지지한 것으로 나타났다.

결국 김영삼 정부는 굴복하고 말았다. 노동법 안기부법 개악은 철회되었다. 출범한 지 2년도 채 안 된 민주노총이 정부와의 맞대결에서 빛나는 승리를 거둔 것이다. 민주노총은 일약 세계노동운동계의 영웅으로 부상했고 단체 이니셜인 KCTU는 승리의 희망을 상징하는 로고가 되었다.

만약 어느 조직이 힘이 없어 정부로부터 불이익을 당했다면 사람들은 동정심을 표시할 것이다. 반대로 충분한 힘이 있음에도 불구하고 이를 제대로 사용하지 못해 당했다면 비난을 받아 마땅할 것이다. 민주노총은 정부와의 맞대결에서 승리할 만큼 강력한 힘을 가진 조직이었다.

외환위기 다음 해인 1998년 초 민주노총을 포함한 노동단체와 사용자단체, 정부 대표들이 참여하는 노사정위원회가 개최되었다. 노사정위원회는 정리해고 도입과 파견법 제정 등 노동시장 유연화의 법제화를 합의하였다. 민주노총은 대의원대회를 소집해 약 70%의 지지로 이를 추인했다. 민주노총은 그 대가로 민주노총과 전교조의 합법화, 노동조합 정치활동 자유보장 등의 양보를 얻어냈다 외환위기를 계기로 부실금융기관과 부실기업이 대규모로 양산된 상태였다. 이를 수습하기 위해서 구조조정이 불가피했던 것은 사실이다. 그렇다 하더라도 한국 사회 전체를 뒤틀리게 만들면서 그 부정적 영향이 끝도 없이 지속될 것이 분명했던 사항들을 이렇게 졸속으로 합의 처리한 것은 분명 문제가 있었다. 백번 양보해서 정부와 사용자 측은 어쩔 수 없었다고 하더라도 노동단체는 분명 다른 입장을 취했어야 했다. 적어도 관련 입법을 일정 기간만 적용되는 한시법으로 하고 그 사이 보다 근본적인 대책을 마련할 것을 요구했어야 했다. 그것이 진정한 의미에서의 타협이었다. 1998년 초 노동단체의 선택은 타협이 아니라 백기 투항이었다. 민주노총이 노사정 합의 대가로 얻어낸 양보도 마땅히 누려야 할 권리의 일부였을 뿐이다.

노동단체의 선택이 얼마나 치명적인 것이었는지 입증하기까지는 그다지 오랜 시간을 필요로 하지 않았다.

정리해고가 합법적 지위를 얻게 되자 곧바로 노동자의 목을 치는 칼바람이 거세게 불어 닥쳤다. 신자유주의 구조조정이 진행되는 곳에서는 예외 없이 대량 감원이 뒤따랐다. 마치 대량 감원 자체가 구조조정의 목표인 것 같았다. 부실 문제가 집중적으로 발생한 금융 산업의 경우는 퇴출, 합병 등의 구조조정 과정에서 절반 가까운 노동자들이 직장을 잃고 거리로 쫓겨나고 말았다.

노동단체 대표들이 노동시장 유연화의 법제화에 동의하고 구조조정의 순간 정리해고를 막아내지 못하자 노동자들은 노동조합이 자신들을 끝까지 보호해줄 수 없다는 것을 깨달았다. 결국 노동자들 입장에서 궁극적으로 자신들을 책임질 수 있는 것은 자기 자신뿐이었다.

그럴 때 노동자들이 어떤 모습을 보일지는 어느 정도 예상 가능한 일이었다. 노동자들 사이에서는 나부터 살고 보자는 심리가 빠르게 확산되었다,

아울러 정리해고에 대비해 자리를 차지하고 있을 때 한 푼이라도 더 벌기 위해 사력을 다하였다. 노동자들은 잔업 철야 시간을 늘려가면서까지 생존의 아귀다툼을 벌였고, 일부 사업장에서는 일감을 놓고 다투는 현상마저 나타났다.

노동조합의 생명은 현장 조직력이며 그 조직력은 조합원들의 끈끈한 동료애를 통해 확보된다. 바로 그 동료애가 깨지기 시작한 것이다. 노동조합은 오직 당장의 이익이 일치할 때만 함께 움직이는 조직이 되었다.

그렇지 않아도 이념적 좌표를 상실한 상태에서 노동조합은 눈앞의 이익을 추구하는 데 매우 익숙해져 있었다. 여기에 고용안정 장치마저 사라지자 조합원들은 각자의 이익 추구에 혈안이 되었다.

노동조합의 헌신적 노력의 결과물일까? 민주노총의 주축인 대기업 정규직 노동자들 상당수의 소득 수준은 중상류층 수준에 이르렀다. 대공장이 포진해 있는 대표적인 노동 도시 울산은 소득 수준 1위 지역이 되었다. 금호타이어와 기아자동차 노동자들의 밀집 지역은 광주에서 대표적인 부촌으로 부상했다. 일부 노동운동가들의 냉소어린 표현대로 대기업 정규직만 놓고 보면 노동해방이 되었다 해도 과언이 아니었다.[50] 하지만 이러한 성과는 사회적 양극화의 심화를 대가로 얻어진 것이었다.

7, 8, 9월 노동자대투쟁 이후 몇 년 동안 대기업 노동자들의 투쟁은 노동자 전체의 이익을 증대시키는 데 기여했다. 대기업 노동자들의 투쟁을 지켜본 중소기업 사용자들이 쟁의 예방을 위해 알아서 노동자들의 처우를

---

50) 대기업 정규직 노동자들의 처지가 얼마나 달라졌는지를 보여주는 장면이 하나 있다. 1990년대 초반까지만 해도 대기업 노동자들이 파업투쟁에 동참하는 가장 큰 이유 중 하나는 자신의 삶을 자식들에게 물려주지 않기 위해서였다. 하지만 오늘날 대기업 노조 사이에서는 단체 협약에 조합원 자녀 우선 채용을 명시하는 경우가 꽤 있다. 현재 대기업 정규직 노동자의 삶은 자식에게 물려주고 싶은 그 무엇이 된 것이다.

개선해주었기 때문이었다. 하지만 외환위기 이후 사정은 판이하게 달라졌다.

대기업 노동자들은 그간의 성과가 투쟁을 통해 쟁취한 정당한 결과물이라고 이야기한다. 대기업 노동자의 높은 임금이 막대한 자본 투자를 바탕으로 한 높은 노동생산성의 결과이고 그중 일부를 노동자들이 쟁취한 것은 분명하다. 하지만 대기업의 이익 상당 부분은 중소기업의 막대한 희생을 바탕으로 한 것 역시 부정할 수 없는 진실이다. 중소기업 노동자의 평균 임금은 대기업의 절반밖에 되지 않는다. 대기업 노동자들은 다분히 그 이익 위에서 사용자와 공생 관계를 형성했던 것이다.

또 있다. 노동자들이 노조를 무기로 자신들의 이익을 추구하자 사용자들은 이들의 요구를 적정선에서 수용하는 것으로 타협해 왔다. 대신 두 명 뽑을 것을 한 명 뽑고 그 한 명을 비정규직으로 뽑는 방식의 자연적 구조조정을 도모했다. 그 결과 일자리가 상대적으로 줄어들면서 비정규직의 비중이 급속히 증가했다. 때문에 청년세대 대부분이 비정규직으로 흘러들어갔고 그마저도 구하지 못해 20대 태반이 실업자 신세가 되어 거리를 배회해야 했다.

이렇게 하여 한편에서는 대기업 정규직 노동자들이 고공비행을 하는 가운데 그 맞은편에는 중소기업 노동자들의 희생과 비정규직 양산, 청년 실업자의 급증이라는 아이러니한 현상이 빚어졌다. 이를 노동운동의 잘못만으로 돌릴 수는 없지만 노동운동이 보편적 이익을 옹호하는 데 실패했음은 분명했다.

노동운동을 보는 사회적 시선은 싸늘하게 변해갔다. 민주노총을 국민의 이익을 대표하는 단체로 간주하지 않았다. 협소한 의미에서 자신들의 이익을 추구하는 이익단체의 하나로 치부했을 뿐이다.

과거 노동운동가들이 노동자 조직화를 위해 우선적으로 힘을 집중한 곳은 대규모 사업장이었다. 이유는 간단했다. 엄청난 파괴력을 갖고 있었기 때문이었다. 수만 명이 참여하는 파업투쟁 하나만으로도 세상을 뒤흔들어 놓을 수가 있었다. 노동운동가들은 바로 그 대규모 사업장 노동자들을 주축으로 혁명의 꿈을 이루고 싶어 했다. 하지만 결과는 정반대로 나타났다.

한국 사회 전체로 볼 때 대기업 정규직은 기득권 세력으로 편입되어 있다고 봐도 크게 틀리지 않다. 당사자들 역시 현상유지에 집착하는 기득권 의식을 지니고 있다. 이들 대기업 정규직이 세상을 바꾸는 데 앞장설 가능성은 거의 없어 보였다. 칼 마르크스는 〈공산당 선언〉에서 프롤레타리아가 잃을 것은 쇠사슬뿐이라고 설파했지만 이들은 잃을 것이 너무 많아졌다.

실망한 노동운동가들은 외환위기 이후 양산되기 시작한 비정규직으로 눈을 돌렸다. 노동운동가들을 중심으로 비정규직 문제 해결을 위한 사회적 노력이 경주되었다. 이는 당시 상황에 비추어 볼 때 매우 정당한 선택이었다. 하지만 비정규직 문제 해결을 위한 노력은 현실을 초극할 이념적 좌표의 상실이라고 하는 노동운동의 근원적 한계를 또다시 드러내는 과정이 되고 말았다.

비정규직 문제 해법은 암묵적이든 명시적이든 주로 기존의 틀 안에서 정규직으로의 전환에 초점을 맞추어 왔다. 이에 대해 이의를 제기하는 사람은 별로 없었던 것 같다. 문제는 바로 여기에 있다.

먼저 주의를 기울여야 할 대목이 있다. 비정규직의 정규직 전환을 목표로 한 사회적 노력이 강력해질 때 정규직은 현재 자신의 위치를 어떻게 받아들일까? 벗어나야 할 그 무엇으로 볼까, 아니면 지켜야 할 그 무엇으로 볼까? 누구나 인정하듯이 전자가 아니라 후자이다. 여기서 심각한 문제가 발생한다. 지금의 위치를 지켜야 할 그 무엇으로 본다는 것은 현상유지에 집착한다는 것이며 현상유지에 집착한다는 것은 곧 보수화를 의미하는 것이다. 실제로 비정규직 이슈는 정규직, 그중에서도 대기업 정규직 노동자들을 더욱 보수화시키는 요소로 작용했다.

한 걸음 더 나아가 정규직 노동자는 비정규직의 존재에 대해 어떤 이해관계를 갖고 있을까? 불확실성 시대에 구조조정은 피해갈 수 없는 그 무엇으로 존재한다. 이러한 상황에서 정규직 입장에서 볼 때 비정규직이 있는 것이 좋을까, 없는 것이 좋을까? 모두가 정규직인 상태에서 구조조정이 단행되면 자신도 그 대상에 포함될 가능성이 얼마든지 있다. 반면 비정규직이 존재하면 그들부터 우선적인 구조조정이 될 것이기 때문에 상대적으로 안전하다. 비정규직이 정규직의 고용안전판 구실을 하는 것이다. 그러한 이유로 정규직은 내심 비정규직의 존재를 원한다.

대표적인 사례로 (오직 정규직만 가입이 허용되는) 현대자동차 노조는 사용자와의 단체협약에서 정규직의 고용안정을 보장받는 대가로 16.9% 범위 안에서 비정규직 고용을 양해했다.

이러한 요인들로 정규직과 비정규직 간의 균열이 심화되어 왔다. 냉정하게 판단해 보자. 정규직과 비정규직, 정규직과 사용자 두 종류의 관계에서 어느 쪽이 정서적으로 거리가 더 멀었을까? 단도직입적으로 말해서 비정규직이 사용자와 정규직 중 어느 쪽을 더 불신했을까? 안타깝지만 이 지점에서 때리는 시어미보다 말리는 시누이가 더 얄밉다는 속담이 딱 들어맞고 있다. 정규직과 비정규직의 정서적 거리가 정규직과 사용자의 그것보다 더 멀었다. 비정규직은 사용자보다 정규직을 더 불신한 것이다.

기존의 틀 안에서 정규직으로의 전환을 목적으로 한 문제 해결은 의도와 무관하게 정규직의 보수화와 정규직·비정규직 사이의 균열을 심화시키는 것으로 나타났다. 이는 곧 정규직과 비정규직이 단결하여 투쟁할 여지가 거의 사라졌음을 의미하는 것이다. 이는 사용자 입장에서 볼 때 노무 관리에 필요한 최적의 환경이 마련되었음을 의미한다. 사용자 입장에서 비정규직 문제를 해결하려 노력할 이유가 없으며 도리어 비정규직을 양산할 유혹이 더 커질 수 있는 구조이다. 비정규직의 정규직으로의 전환을 위한 노력이 결과적으로 기존 체제 강화에 기여할 가능성이 큰 것이다.

노동운동의 고유한 속성인 '역량 축적'의 관점에서 보더라도 문제는 매우 심각하다. 그동안 비정규직의 정규직으로의 전환을 위한 투쟁은 부족하지만 웬만큼 성과를 내기도 했다. 바로 그 순간부터 문제가 발생하기 시작했다. 정규직으로의 전환이라는 목표를 달성하자 더 이상의 실천투쟁을 기피하고 현실에 안주해 버린 것이다. 현상 유지에 집착하는 보수적인 정규직 대열 일부로 흡수되어 버린 셈이다. 이는 노동운동의 역량 축적과는 정반대인 역량 유실에 다름 아니다.

제반 요인들이 복합적으로 작용하면서 사회적 노력이 상당한 수준에서 이루어져 왔음에도 불구하고 비정규직 규모는 계속 확대되어 왔다. 일각에서는 이런 추세로 가다보면 노동자의 절반이 비정규직으로 전락할 수 있다고 우려하고 있는데 결코 과장된 이야기라고 볼 수 없다.

그간의 경험을 통해 비정규직 문제는 자본 중심 경제라는 기존 체제 안에서는 해법을 찾을 수 없음이 명확해졌다. 비정규직 양산은 기존 체제가 고용 문제를 안정적으로 해결할 수 없음을 드러내는 징표이다. 기존 체제 안에서 정규직으로의 전환을 통해 비정규직 문제를 해결하려 드는 것은 고용 안정을 구가하던 2차 산업혁명 시기로의 복귀를 꿈꾸는 것에 다름 아니다. 이는 역사의 시계 바늘을 거꾸로 되돌리는 허망한 시도일 뿐이다. 이 모든 것은 비정규직의 양산이야말로 사회경제 구조 자체의 혁명적 전환을 불가피하게 하는 객관적 지점임을 말해 준다.[51]

정규직 입장에서 보더라도 문제는 크게 다르지 않다. 대기업 정규직의 소득 수준이 크게 높아진 것은 사실이지만 그들은 전체적으로 극소수일뿐이다. 중소기업 정규직은 임금 수준이 대기업 비정규직보다도 낮은 수준이다. 대기업 정규직이 100원을 받을 때 대기업 비정규직은 66원을 받은 데 반해 노동자의 절대다수를 차지하는 중소기업(300인 미만 사업체)의 정규직은 59원을, 비정규직은 41원밖에 받지 못했다. 차이는 분명히 존재했지만 그렇다고 해서 비정규직은 지옥에 살고 있고 정규직은 천국에 살고 있는 것도 아니었다. 대부분 정규직의 현재 위치도 실제로는 지켜야 할 그 무엇이 아니라 벗어나야 할 또 다른 대상인 것이다.

불가피하게 우리는 고용 문제를 보다 근본적인 시각에서 접근할 수밖에 없다. 그러자면 기존 체제 안에서 정규직으로의 전환을 통해 고용안정을 추구했던 한계를 과감하게 뛰어넘어야 한다.

▎좌초된 정치세력화 실험

노동운동은 길을 잃었다. 배회하던 노동운동이 출구 전략으로 선택한 것은 정치세력화였다. 노동자가 중심이 되어 정당을 만들고 이를 바탕으로 정치권력을 획득해 그동안 풀지 못한 숙제를 풀자는 것이었다.

여러 가지 계기가 노동자 정치세력화를 서두르도록 했다. 정치권력의 뒷받침 없이 노동조합의 노력만으로 해결하기 어려운 문제들이 너무나 많았

---

51) 그동안 상대적으로 지급 능력이 넉넉한 일부 대기업과 공공 기관에서 비정규직을 정규직으로 전환해 온 사례들이 있었다. 이러한 조치 자체는 바람직한 것이었다. 하지만 전체 노동자들로부터 환영받지는 못했다. 기존 정규직은 자신들과 똑같은 노력을 거치지 않고 정규직이 된 점을 불만스러워했다. 다른 비정규직은 정규직으로 전환된 경우를 두고 일종의 특권으로 보는 경향이 강했다. 이러한 현상은 노동자들 자신이 정규직 전환 조치가 비정규직 일반에게 확대 적용될 수 있는 출발점으로 생각하고 있지 않음을 보여준다.

다. 하지만 1998년 이후 정부는 신자유주의 정책으로 일관하고 있었다. 노동자들의 이해와는 너무나 거리가 멀었다. 노동자들의 이해를 직접적으로 대변할 새로운 정치세력이 필요했다. 민주화의 정착으로 필요한 정치 환경은 어느 정도 마련된 상태였다. 1998년 노사정합의로 노동조합의 정치활동 자유가 보장된 점도 한몫 거들었다.

노동자 정치세력화를 위한 시도는 이전 시기부터 있어왔지만 어느 정도 본궤도에 오른 것은 민주노동당 이후부터이다. 민주노동당은 당시 진보적 이념을 공유하고 있던 세력들이 폭넓게 결집하는 무대가 되었다. 노동자를 중심으로 농민·청년활동가 등 다양한 세력이 민주노동당으로 속속 합류했다.

민주노동당은 2004년 국회의원 10석을 확보해 원내 진출에 성공했다. 민주노동당은 구태에 찌든 기존 정치판에 신선한 바람을 몰고 오기도 했다. 소속 국회의원들의 평균 성적표도 우수했다. 하지만 기성 정치에 진보의 색채를 가미하는 수준을 넘어 새로운 정치 모델 창출에 성공했는지는 의문이다.

민주노동당은 신자유주의 광풍이 몰아치는 한복판에서 복지국가 건설을 주창해 유권자의 관심을 끄는 데 성공했다. 민주노동당이 제기한 '무상의료 무상교육', '부자에게 세금을! 서민에게 복지를!'이란 슬로건은 상당한 효과를 낳았다. 민주노동당의 행보는 신자유주의에 경도되었던 김대중·노무현 정부의 정책과 대비되면서 한층 빛을 낼 수 있었다. 그런 민주노동당에게 마침내 기회가 왔다.

노무현 정부 후반기에 접어들면서 불평등만을 심화시킨 신자유주의 정책에 대한 염증이 널리 퍼져 나갔다. 집권 여당인 열린우리당의 지지율은 곤두박질쳤다. 반면 일관되게 신자유주의를 반대하면서 복지국가 건설을 주창한 민주노동당에 대한 지지는 빠르게 상승했다. 대략 2006년을 통과하면서 민주노동당에 대한 당 지지율은 마의 20%를 돌파하기에 이르렀다.

당 지지율이 20%를 넘어섰다는 것은 각별한 의미가 있는 것이다. 민주노동당이 유권자들 사이에서 수권정당으로서 인정받기 시작한 것이다. 유권자들이 민주노동당 당신이 나서서 정치판을 주도해 보라는 시그널을 보낸 것이었다. 당 지지율만 놓고 보면 민주노동당 중심의 진보적 정계 개편도 가능한 상황이었다. 일각에서 이야기해 온 2012년 진보 집권이 마냥 불가능한 이야기가 아니었다.

하지만 민주노동당은 이 절호의 기회를 살리지 못했다. 2008년 정파 그룹들 간의 갈등이 고조되는 가운데 민주노동당은 끝내 분당으로 치닫고 말았다. 유권자들의 요구를 완벽하게 외면한 것이다. 이후 진보정당은 통합과 분당을 반복하는 지리멸렬한 과정을 이어가며 좀처럼 정세의 중심에 진입하지 못했다.

과연 무엇이 문제였던가? 관련자들 대부분은 정파 갈등에서 문제의 원인을 찾는다. 전혀 근거 없는 이야기는 아니다. 어떤 경우든 정파 갈등과 무관하지 않을 수는 없다. 하지만 근본적인 문제는 다른 곳에 있었다. 결론부터 이야기하면 민주노동당 이후 진보정당은 '집권 의지'가 없었다. 이는 진보정당 핵심 주체들의 정치사상의 문제와도 깊이 연관되는 문제이다.

첫째, '정치의 주체는 시민'이라는 관점이 희미해져 있었다.

한국 현대정치사는 시민들의 자발적 결심과 행동으로 만들어 온 역사이다. 역사의 한 획을 그었던 사건들 예컨대 1960년 4월혁명, 1980년 5.18 광주민주화운동, 1987년 6월민주항쟁은 이 점을 뚜렷이 입증해 주었다. 단적으로 5.18광주민주화운동을 기획한 소수 엘리트 그룹이 존재했었던가?

최근에 나타난 현상들은 정치의 주체로 시민의 존재를 더욱 분명하게 확인해 주었다. 2016년 4.13총선은 새누리당 압승을 예상했던 대부분의 관측과 달리 새누리당 참패로 끝났다. 과연 이러한 결과를 염두에 두고 4.13

총선을 기획한 정치지도자나 그룹이 존재했었던가? 한 걸음 더 나아가 촛불시민혁명에서 시민들은 정치권과 시민사회운동 진영을 선도했다. 시민이 리더십을 발휘한 것이다.

진보정당은 기성정당에 비해 조직력이나 자금력, 언론 장악력 등 모든 부분에서 불리한 위치에 있을 수밖에 없다. 이러한 진보정당이 집권에 성공하기 위해서는 시민의 자발적 정치 활동에 의존해야 한다. 시민을 진보정당의 실질적 주체로 세워야 했던 것이다. 하지만 이 지점에서 진보정당은 기성 정치를 조금도 넘어서지 못했다. 보기에 따라서는 기성 정치인들에게도 못 미쳤다고 볼 수 있다.

민주노동당 이후 진보정당의 의사결정을 좌우했던 것은 정파 그룹들이었다. 당 활동을 주도한 핵심 주체들은 매사를 정파 관계에 비추어 판단하는 데 익숙해져 있었다. 그러는 사이 그들의 사고 속에서 당원, 지지자, 유권자의 존재가 희미해져 갔다. 이러한 현상은 매우 심각한 결과를 초래했다.

2007년 대선을 앞두고 민주노동당 내 다수파인 자주파 수뇌부들은 권영길을 지지하기로 의견을 모았다. 결과적으로 권영길은 민주노동당 대선주자로 선출되었다. 나름대로 여러 가지 근거를 갖고 판단했겠지만 자주파의 선택은 유권자를 우롱하는 것이었다. 유권자들이 당선 가능성이 없어 보여도 진보정당 후보를 찍는 것은 미래를 향한 투자 차원에서이다. 지금 당장은 아니지만 차기 혹은 차차기 당선 가능성을 보고 키우는 입장에서 표를 주는 것이다. 그런데 당시 권영길은 차기 대선에 출마할 의사가 없는 사람이었다. 유권자 입장에서 투자할 미래가치가 없었던 것이다.

2012년 진보정당 계보를 잇고 있었던 통합진보당은 국회의원 비례후보 경선을 둘러싼 부정시비로 몸살을 앓고 있었다. 어느 그룹에 속한 누가 부정을 저질렀든 관계없이 그것은 당 내부에서 발생한 것이었다. 당연히 당 지도부는 지도부와 당원, 당과 유권자 관계에서 이 문제를 해명하고 사과했어야 마땅했다. 하지만 당 지도부와 일부 그룹은 정파 간의 갈등 문제로 치환하고 대응했다. 급기야 사태는 중앙위원회에서 폭력이 난무하는 최악의 지경에 이르고 말았다.

일련의 사례는 진보정당 핵심 주체들이 당원, 지지자, 유권자를 중심에 놓고 사고하지 않았음을 입증한다.

둘째, 연대연합을 경쟁 관계로 대체했다.

한국 정치사를 관통하는 또 하나의 특징은 연대연합이 모든 것을 갈랐다는 점이다. 대표적인 예로 1980년대 민주화투쟁이 승리할 수 있었던 것은 김대중·김영삼 양김의 굳건한 연합과 이를 전제로 한 야권과 재야 민중운동세력의 연대 덕분이었다. 거꾸로 연대연합에 실패하면 파국적인 상황이 이어졌다. 양김의 분열은 1987년 대선에서의 어이없는 패배와 3당 합당으로까지 이어졌다.

진보정당이 소수정당 위치에서 벗어나 수권정당으로 발돋움하려면 연대연합이 필수적이다. 개혁 성향의 정당 안에는 진보적 감수성을 공유하고 있는 정치인들이 꽤 많았다. 진보정당은 이들과 다양한 모임을 통해 교감을 넓혀가면서 그 성과를 바탕으로 정치 질서를 재구성하는 공격적 전략을 구사했어야 했다. 하지만 민주노동당 이후 그런 작업을 하는 국회의원은 거의 찾아볼 수 없었다.

진보정당 핵심 주체들의 사고를 지배한 것은 선거를 둘러싼 경쟁 관계였다. 그들은 매사를 경쟁 관계로 보는 데 익숙해졌다. 그러한 시각은 과거 한배를 탔던 그룹들조차도 경쟁상대로 보는 것으로까지 악화되었다.

셋째, 대통령 중심제 국가에 맞는 실질적 집권 준비를 하지 않았다.

한국 현대정치사는 유력 대선 주자들의 궤적을 중심으로 펼쳐져 왔다. 그것은 대통령 중심제 국가에서 나타날 수 있는 자연스런 현상이었다. 정치 세력의 형성 역시 대선 주자를 중심으로 이루어져 왔다. 정당에 대한 지지율조차도 대선 주자에 대한 지지와 밀접하게 연동되어 나타났다.[52]

진보정당 역시 경쟁력 있는 대선 주자를 발굴하고 이를 체계적으로 육성하는 것을 최우선의 과제로 삼았어야 했다. 이를 위해 정파 이익을 뛰어넘어 당력을 최대한 집중했어야 마땅했다. 진보정당 안에도 나름대로 국민적 기대를 모은 주자들이 존재했었다. 필요하면 외부 영입도 적극 추진할 수 있었다. 그런데 희한하게도 진보정당 안에서는 대선 주자를 키우기 위한 지속적이고 체계적인 노력을 찾아보기 어려웠다. 도리어 가능성 있던 주자들을 정파 논리를 앞세워 훼손하기까지 했다.

종합적으로 볼 때 진보정당이 집권의지를 결여하고 있었음은 매우 분명해 보인다. 있었다 해도 지극히 관념적 수준에 머물러 있었다고 볼 수 있다. 국회의원 몇 석에 목숨 거는 정당이라는 비난에서 자유로울 수 없는 것이다.

집권 의지가 없었다는 이야기는 집권을 통해 세상을 바꿀 의지가 없다는 것과 동의어이다. 진보정당이 변혁성(혁명성)을 상실했다고 표현해도 크게 틀리지 않다. 이는 곧 진보정당 스스로 자신의 존재 이유를 부정한 것이었다. 유권자 입장에서 진보정당을 지지해야 할 뚜렷한 이유가 없었던 셈이다.

그동안 유권자가 진보정당의 존재를 잘 몰랐거나 이해 정도가 떨어져 진보정당을 지지하지 않은 것이 아니었다. 진보정당의 낮은 지지율은 유권

---

52) 진보정당 안에서는 집권 전략으로 유럽형 의회주의 전략이 자주 거론되었다. 하지만 영국, 독일, 스웨덴 등 모델이 된 국가들은 모두 의원내각제를 채택하고 있었다. 한국과는 정치 환경이 판이하게 달랐다.

자가 아니라 온전히 진보정당 자체에 원인이 있었다.

현재 진보정당운동은 여러 갈래로 나뉘어 진행 중이다. 하지만 집권 의지와 관련해 앞서 제기한 세 가지 한계를 극복하기 위한 노력은 여전히 보이지 않는 것 같다. 이런 상태로는 진보정당운동이 성공할 가능성은 희박하다.

어쩌면 정치세력화는 노동자들이 마지막으로 선택한 출구 전략이었는지도 모른다. 비록 현재진행형이라고는 하지만 그간의 결과만 놓고 보았을 때 노동자의 정치세력화 시도는 참담한 실패로 끝났다고 평가할 수밖에 없다. 실패의 후과는 컸다. 노동 현장은 진보정당을 둘러싼 갈등으로 갈기갈기 찢겨졌다. 노동자들의 정치세력화는 뚜렷한 성과 없이 상처만 가득 남겼다.

3

새로운 노동운동과 경영혁명

변함없이 현장을 지켰던 노동운동가들 뇌리 속에는 과거 영광스런 노동의 시대가 지워지지 않고 있다. 그들은 숱한 실패와 좌절 속에서도 영광의 시대가 재현될 것이라는 꿈을 버리지 않았다. 여전히 노동은 미래의 중심이 될 것이며 그 노동의 영역을 지켜 온 자신은 미래의 주역이 될 것이라 믿었다.

과연 노동 중심의 영광스런 시대를 재현할 수 있을까? 앞서 이야기했던 실패들을 제대로 치유한다면 가능한 이야기가 될 수 있을까? 결론부터 이야기하면 그 가능성은 사라져 가고 있다. 노동이 사회의 중심축을 형성할 수 있는 시대는 지났다. 다시 말해서 노동을 중심으로 미래를 기획하기가 어려워졌다는 것이다. 우리는 전혀 새로운 시대로 나아가고 있다.

노동운동으로서는 자칫 영역이 사라질 수도 있기에 매우 달갑지 않은 상황일 수 있다. 하지만 노동자 입장에서 보면 전혀 다를 수 있다. 관점을 달리 하면 노동해방 구호 속에 담았던 애초의 꿈을 실현할 절호의 기회일 수 있는 것이다. 당연히 우리는 노동자 입장에서 접근해야 한다.

사라져 가는 노동

앞서 살펴본 것처럼 칼 마르크스는 자본주의 발전과 함께 노동자의 수는 지속적으로 증가할 것이며 동시에 노동자들의 차이를 제거함으로써 그들을 완벽한 위계질서 아래 있는 거대한 군대로 변모시킬 것이라고 내다보았다. 이러한 마르크스의 예측은 정확히 맞아 떨어졌다.

자본주의의 발전과 함께 노동자 수는 계속 증가했고 마침내 인구의 절대 다수를 차지하기에 이르렀다. 노동은 기계의 부속품으로 전락하면서 단순화되고 표준화되었다. 동일노동 동일임금을 적용하기 좋아졌다. 단결이 용이해지면서 산별노조가 힘을 발휘할 수 있었다. 노동의 시대를 뒷받침한 토대였다.

하지만 3차 산업혁명이 시작되면서 앞서의 전제들이 뒤집히기 시작했다. 이전과는 정반대의 양상이 벌어졌다.

3차 산업혁명은 창조력을 새로운 생산수단으로 등장시켰다. 그에 따라 창조력을 체화한 창조근로자라는 새로운 계급정체성이 만들어졌다. 다시 한 번 이야기하지만 창조근로자들은 보편적으로 창업을 꿈꾸었다. 그들은 노동자이면서 동시에 노동자가 아니었다. 그들은 대체로 직장에서 법적으로는 노동자의 지위에 있으면서 그에 상응하는 권리와 의무를 행사했다. 그러면서도 노동력을 판매하지 않으면 생존할 수 없는 전통적 노동자와는 확연히 다른 계급정체성을 지니고 있었다.

창조근로자로서의 계급정체성은 전통적 사고에 익숙한 노동운동가들을 곤혹스럽게 만들었다.

창조근로자로서의 계급정체성을 지닌 것은 주로 청년세대였다. 이들은 자신이 노동자임을 인정하는 것을 꺼려 했다. 노동조합 활동마저 기피하는 경향을 보였다. 그동안 청년세대가 흘러 들어간 곳은 비정규직이 압도적으로 많았다. 비정규직에 초점을 맞추고 있던 노동운동가들에게 이들은 집중적인 조직화 대상이었다. 하지만 청년 비정규직을 노동조합으로 조직하려는 시도는 실패했다. 청년 비정규직들은 현재의 위치를 어쩔 수 없이 잠시 머무는 곳으로 사고했다. 노동조합 활동을 제안하면 내가 평생 이렇게 살 사람으로 보이냐며 화를 내기도 했다.

노동조합은 대체로 평생 노동자로 살 수밖에 없다고 여기는 사람들이 적극 참여한다. 비정규직 노조가 청소, 식당, 경비 등에 종사하는 비교적 나이 많은 노동자들이 주축을 이루고 있는 것은 이를 반영한다. 청년세대는 이 점에서 뚜렷한 차이를 보여준다. 옳고 그름을 따지자는 것이 아니다. 왜 청년세대가 노동조합 활동에 소극적인지 이유를 정확히 알자는 것이다.

창조근로자들이 수행하는 작업의 특성도 이전과는 180도 달라졌다. 2차 산업혁명을 지배했던 단순화, 표준화는 사라지고 대신 차별화가 대세를 이루었다. 동일노동 동일임금을 적용할 수 있는 토대가 약화되기 시작한 것이다. 창조경제를 관통하는 창조성은 유일무이함을 본질로 한다. 아무리 뛰어난 기술력을 가졌더라도 남과 똑같은 패션을 디자인했다면 아무런 가치도 인정받지 못한다. 도리어 법적 분쟁에 휘말릴 것이다. 달라도 무언가 달라야만 가치를 인정받는 것이다. 온리원Only ono만이 인정받는다. 톡톡 튀는 개성을 갖지 않으면 살아남기 힘들다.

사용자 혹은 경영진을 대하는 입장과 태도도 크게 달라졌다.

2차 산업혁명의 중심인 제조업을 지배한 것은 엄격한 통제 시스템이었다. 억압은 일상화되고 구조화되었다. 그에 대한 노동자들의 일차적인 대응은 저항하고 투쟁하는 것일 수밖에 없었다. 유럽 복지국가에서 노동자들이 생산성 향상을 위해 협력하고 경영에 참여한 것은 어디까지나 이전 시기 지난한 저항과 투쟁의 성과를 바탕으로 한 것이었다. 투항과 굴복이 결코 아니었다.

3차 산업혁명의 중심인 창조경제에서는 전혀 다른 장면이 펼쳐진다. 창조근로자들 입장에서 중요한 것은 경영진과 소통하고 협력하는 것이다. 그러지 않으면 그 어떤 작업도 원활하게 진행될 수 없다. 종종 문제가 된 것은 경영진들이 작업자들과 제대로 소통하지 못하는 것이다.

이러한 이유들로 인해 창조근로자들이 주로 담당하는 신산업 분야에서는 노동조합이 제대로 조직되지 않았다. 다분히 노동운동 영역 밖에 존재한 것이다. 이 역시 옳고 그름을 떠나 원인을 정확히 알자는 것이다.

3차 산업혁명은 창조근로자라는 새로운 계급정체성을 지닌 사람들의 비중을 빠르게 증가시켰다. 그에 따라 전통적 노동자의 비중은 거꾸로 빠르게 줄어들어 왔다. 노동조합의 조직률이 계속 감소한 것도 이와 무관하지 않다. 지난날 노동조합 조직화를 촉진했던 요소들, 예컨대 평생 노동자로 살 수밖에 없다는 자각, 노동의 동질화, 자본과의 날카로운 대립각 등이 모두 약화된 것이다. 변화를 반영하기라도 하듯 현재 한국의 노동조합 조직률은 두 자리 수에서 한 자리 수로 내려앉았다.

4차 산업혁명에 이르러서는 또 한 번의 국면 전환이 일어난다. 3차 산업혁명은 전통적인 노동자의 비중을 감소시켰다. 4차 산업혁명은 남아 있는 바로 그 노동의 영역마저 가차 없이 제거하는 방향으로 갈 것이다.

4차 산업혁명을 이끌 인공지능 장착 기계들은 마치 눈을 부라리며 먹잇감을 찾아 배회하는 맹수들과도 같다. 기계들은 대체하기 좋은 노동 영역을 우선적인 표적으로 삼을 것이다. 단순한 노동일수록 그 가능성이 높다.

인공 지능 기계들은 노동 영역의 제거가 자신들이 이 세상에 나온 이유인 것처럼 굴 것이다.

시장은 정글보다 더 무자비하다. 생존을 다투는 기업들은 인공지능 기계들의 공격에서 조금도 자유롭지가 않다. 기업들은 살아남기 위해 인공지능 기계에게 자리를 내줄 것이다. 이런 이유로 우리가 4차 산업혁명의 공세를 피해가는 것은 궁극적으로 불가능하다. 다만 시간을 조금 늦출 수 있을 뿐이다.

4차 산업혁명은 현존하는 모든 질서를 뒤바꾸어 놓을 수도 있다. 어쩔 수 없이 수많은 일자리가 사라지고 미처 생각지도 못했던 새로운 일자리들이 속출할 것이다. 그 과정에서 수많은 자리바꿈 현상이 나타날 수 있다. 가장 부유했던 울산이 자칫 가장 가난한 지역으로 전락할 가능성도 배제하지 못한다.

감당하기 쉽지 않은 상황에 직면한 노동자들은 과거를 지키는 '보수적 저항'을 선택할 가능성이 크다. 하지만 그러한 선택이 최종적으로 도달하게 될 지점은 명확하다. 안타깝지만 그것은 예정된 패배이다.

고용으로부터의 해방

이제 노동자들은 발상을 전환해야 한다. 문제를 보는 틀 자체를 완전히 바꾸어야 한다. 위기를 기회로 삼는 역발상의 지혜를 발휘해야 한다. 관련해서 지난날 노동운동 실패의 근원을 되짚어 볼 필요가 있다.

소련 사회주의권 몰락의 여파로 노동운동은 이념적 좌표를 상실했다. 오랜 시간이 흘렀지만 현실을 초극할 새로운 좌표는 정립되지 못했다. 그러는 동안 노동자 대중 사이에서는 극단적인 '체제 내화'가 진행되었다. 기존 체제를 극복하기보다는 그 안에서의 이익 극대화에 초점을 맞추어 온 것이다. 그 결과로 대기업 정규직 중심의 노동운동은 '배부른 노예들의 행진'으로 전락하고 말았다. 소득 수준은 크게 높아졌지만 자본에 예속된 비주체적 삶에 결박되어 버린 것이다.

더 큰 문제는 노동자 대중 사이에서 배부른 노예의 삶이 이상향으로 간주되기 시작했다는 점이었다. 노동자들에게 대기업 정규직으로의 진입은 최고의 목표가 되었다. 대기업 정규직으로 전환하기 위한 투쟁은 사회적 반향을 일으키기도 했다. 언론도 주요 기사로 다루었다. 청년세대의 최고 목표 또한 대기업 정규직이 되는 것이었다. 삼성 고시로 불리는 삼성 입사 시험에는 20만 명 이상이 몰렸다.

노동운동가들조차도 상당수가 이러한 현상에 무기력하게 순응해 왔다. 현상에 대한 비판적 문제 제기는 찾아보기 힘들었다. 앞서 살펴본 대로 이같은 노동운동의 선택은 비정규직 문제 해결을 구조적으로 어렵게 만들었다. 결과적으로 기존 체제 강화에만 기여했을 뿐이다.

4차 산업혁명은 이 모든 것에 대한 근본적 재검토를 요구하고 있다.

그동안 노동자들 사이에서 고용 안정은 의심할 여지없는 철의 목표였다. 노동자 집회에서 가장 많이 외쳐졌던 구호도 '고용안정 쟁취'였다. 4차 산업혁명은 바로 이 지점에서 폭풍이 되어 다가올 것이다. 그토록 선망의 대상이었던 대기업 정규직 일자리의 상당 부분이 허망하게 사라져버릴 것이다. 대기업 정규직이 다분히 신기루에 불과할 수 있는 것이다. 특히 2차 산업혁명의 유산이기도 한 컨베이어라인 작업을 하는 일자리가 대거 사라질 가능성이 높다. 고용안정을 요구하는 목소리가 높아질 수 있으나 어쩔 수 없이 공허한 메아리로 전락해 갈 수밖에 없다.

어느 모로 보나 방향 전환이 불가피하다. 그러자면 고용 자체에 대한 근본적 인식 전환이 전제되어야 한다.

노동운동의 체제 내화가 깊숙이 진행되면서 노동을 보는 시각 역시 체제 안에 갇혀 버렸다. 노동자가 노동력이라는 상품을 판매하는 것은 벗어날 수 없는 숙명으로 간주되었다. 남는 것은 노동력의 판매 조건을 개선하는 것뿐이다. 노동의 가치에 대한 평가를 두고 다툼이 일어났지만 그 기준은 오직 돈이었다. 자본에 내재된 돈 중심 논리를 은연중에 공유했던 것이다.

하지만 비판적 입장에 서 있는 사람들이 지적해 온 대로 자본주의 체제 아래서 노동자는 임금노예 신분에서 완전히 벗어날 수 없었다. 판매된 노동력을 어떻게 처분할지는 기본적으로 자본의 권리에 속했기 때문이다. 인류 역사의 진화에서 임금노예 상태는 궁극적으로 벗어나야 할 그 무엇이었다.

노동운동이 궁극적 목적으로 삼아야 할 것은 노동자가 임금노예로부터 벗어나는 것이다. 자본에 예속된 피고용자 신분으로부터의 탈피이다. '고용으로부터의 해방'이 노동운동의 목표가 되어야 한다.

임금노예에서 벗어나는 길은 두 가지가 있다. 실업자가 되든가 경영의 주체가 되는 것이다. 4차 산업혁명은 바로 이 두 가지 중 하나를 선택하도록 몰아붙이고 있다. 어느 쪽을 선택할지는 전적으로 우리의 몫이다. 중요한 것은 지금 그 선택을 해야 한다는 사실이다. 고용으로부터의 해방은 급진적 몽상가들이 쏟아내는 관념의 유희가 결코 아니다.

이런 맥락에서 4차 산업혁명이 가해 오는 고용불안은 보는 시각에 따라 얼마든지 달리 해석될 수 있다. 극단적 고용 불안은 낡은 고용 관계를 파괴하는 역동적 과정일 수 있다. 새로운 질서를 만들어 가는 창조적 파괴일 수 있다. 끔찍하리만치 거대한 위기이지만 놀라울 만큼 거대한 기회이기도 하다.

달라지는 노동자들의 신분

이제 노동운동은 새로운 시대에 자리를 내주고 조용히 보따리를 사서 무대 뒤로 물러나야 하는가? 그렇지 않다. 진실은 정반대이다. 노동운동은 그 어느 때보다도 자신의 몫을 다해야 할 중요한 순간을 맞이하고 있다.

노동운동은 과거와 미래를 잇는 가교가 되어야 한다. 노동조합 등 과거의 유산을 새로운 미래를 여는 무기로 사용할 수 있어야 한다. 무엇보다도 노동운동은 4차 산업혁명의 거대한 파고 앞에서 노동자들을 안전하게 새로운 세계로 안내해야 할 임무가 있다. 극한 상황에서는 노아의 방주 역할을 해야 한다. 그럼으로써 기존의 것을 지키려는 보수적 저항에서 벗어나 예상되는 고용불안을 능동적으로 헤쳐 나갈 수 있어야 한다. 더불어 오랫동안 남아 있을 노동의 영역을 잘 보듬어 주어야 한다. 노동은 여전히 존중되어야 하고 노동자 권익은 변함없이 옹호되어야 한다.

노동운동이 4차 산업혁명을 능동적으로 헤쳐 나가자면 주도면밀한 작전 계획을 수립할 필요가 있다.

그동안 노동운동을 지배해 온 관념의 대부분은 2차 산업혁명을 거치며 형성된 것들이다. 노동운동은 3차 산업혁명에 채 적응하지도 못했다. 그 와중에 4차 산업혁명의 쓰나미를 마주하기에 이르렀다.

아직도 노동운동은 2차 산업혁명 시기의 추억을 좇아 모두가 정규직이 되어 정리해고 없이 고용안정을 누리는 것을 갈구하고 있다. 이는 과거로의 회귀를 통해 존재하지 않는 답을 찾으려는 것에 다름 아니다. 앞서 확인한 것처럼 그런 식의 평생직장이 마련된다 하더라도 초불확실성 시대에 한순간에 날아갈 수 있다. 가장 안정된 직장이 집단 실직의 현장이 될 수 있는 것이다. 분명한 것은 2차 산업혁명 시기에 형성된 관념 체계로는 절대 4차 산업혁명을 돌파할 수 없다는 사실이다.

기존의 낡은 세계에서의 안착을 의미하는 고용 안정이 더 이상 궁극적 목적이 돼서는 안 된다. 그것은 오직 새로운 세계로의 안전한 이동을 위한 부대조건으로서 의미를 가져야 한다. 이제 노동자들은 낡은 세계에서 탈출해야 하며 새로운 세계로 이동해 새로운 질서의 주역이 되어야 한다.

노동자들의 새로운 세계로의 이동은 서로 밀접히 연관된 두 가지 조건을 동시에 충족시키면서 이루어져야 한다. 먼저 단순 노동이 아닌 인공지능 장착 기계에 의해서도 대체 불가능한 창조적인 작업 분야로 이동해야 한다.[53] 더불어 창조작업의 필수 조건인 사람 중심 경제로의 전환을 함께 수반해야 한다. 두 가지 조건이 충족되었을 때만이 노동자의 사회적 지위에 의미심장한 변화가 일어난다.

사람 중심 경제에서 기업이 선택할 수 있는 작업자와의 관계는 정규직으로 채용해 내부 파트너로 만드는 것, 협동조합과의 수평적 협력을 통해 외부 파트너 관계를 형성하는 것, 정규직 임금의 120%를 주고 비정규직을 활용하는 것 등 세 가지이다. 기업은 이 세 가지를 신축성 있게 배합하여 운용할 것이다.

창업의 길을 별도로 치면 노동자 앞에 던져진 선택지 역시 마찬가지이다. 정규직이 되거나 협동조합 조합원이 되거나 자발적 비정규직이 되거나 셋 중 하나인 것이다. 기존의 비정규직 역시 세 가지 중 하나를 선택할 수 있다. 그동안 출구를 찾지 못하고 배회하던 비정규직 문제는 바로 이러한 과정을 통해 해결된다. 분명한 것은 그동안 극심한 차별을 받던 비정규직은 사라진다는 사실이다.

우리는 여기서 매우 단순한 진리를 확인할 수 있다. "모든 피압박 계급

---

53) 이와 관련해서 노동운동이 해결해야 할 가장 큰 과제는 간에 등과 폭넓은 협력이 필요할 것이다.

의 해방은 스스로를 조직할 때 실현된다."

　그동안 비정규직 문제 해결을 위한 조직화는 노동조합을 통해 시도했지만 성공을 거두지 못했다. 노동조합이 청년 비정규직의 정체성에 어울리는 비전을 담을 적합한 그릇이 아니었던 것이다. 이제 협동조합은 비정규직 조직화의 새로운 해답으로 부상할 것이다. 그것은 전혀 새로운 차원의 조직화이다.

　전국적 범위에서 단일하게 조직된 협동조합은 강력한 힘을 행사할 것이다. 자신을 기반으로 삼는 정치 세력이 국가 권력을 장악하면 그 힘은 배가될 수 있다. 그 힘을 바탕으로 협동조합은 경제활동 현장에서 권력과 소득의 수평적 공유를 강제할 것이다. 협동조합은 직장뿐만 아니라 경우에 따라서는 평생직업이 될 수도 있다. 또한 많은 조합원들이 자신이 속해 있던 협동조합을 기반으로 하거나 파트너 삼아 창업에 나설 수도 있다. 바로 여기서 협동조합은 창업의 성공을 보증하는 든든한 배경으로 작용할 수 있다. 이래저래 비정규직은 협동조합 조합원이 되는 순간부터 신분이 달라진다. 그는 더 이상 비정규직 노동자가 아니다.

　정규직 노동자 역시 질적 변화를 겪을 것이다. 보다 높은 생산성을 추구하는 과정에서 정규직은 경영의 동반자로서의 성격을 강화해 나간다. 앞서 이야기했듯이 누구나 창업이 가능한 환경이 마련되면 실질적인 의미의 동업자로 변신할 가능성이 높아진다. 비록 시간이 걸리겠지만 변화의 방향은 분명해 보인다.

　노동자는 지속적인 학습 훈련을 통해 새로운 영역이 요구하는 창조력을 체화해 갈 것이다. 종전에 지니고 있던 노동력은 생산수단의 지위를 갖지 못함으로써 자본과 결합해야만 가치를 창출할 수 있었다. 노동자는 그런 자본 의존적 존재에서 벗어나서 창조근로자의 대열에 합류한다. 그는 전

통적 의미에서의 노동자가 더 이상 아니다. 노동의 자기부정적 진화가 이루어진 것이다.[54]

이 모든 변화는 노동자들이 궁극적으로 자본주의의 기초인 자본 임노동 관계에서 벗어나는 것을 의미한다. 말 그대로 고용으로부터 해방되는 것이다. 이는 노동자가 종전의 자본주의의 족쇄에서 벗어나 자주적 삶을 살기 시작했음을 말해 준다. 노동자가 궁극적으로 가야 할 길은 바로 이것이다.

1987년 노동자대투쟁 이후 몇 년 간 노동자들은 노동해방을 이념적 좌표로 삼았다. 비록 소련 사회주의권 붕괴로 깃발은 내려졌지만 그 정신은 여전히 유효하다. 노동해방의 본래적 의미는 노동자가 세상의 주인이 되는 것이다. 비록 방식은 과거 사회주의 혁명의 그것과는 판이하게 다르지만 경영혁명은 노동자가 자본주의를 극복하고 세상의 주인이 되는 또 다른 길이다. 불평등의 근원적 해소도 이를 통해 이루어진다. 노동운동이 사람 중심

---

54) 노동의 자기 부정적 진화를 보여주는 대표적 사례의 하나로 포스코 계열사인 철강포장 전문업체 포스코엠텍(구 삼정P&A)을 꼽을 수 있다.

포스코엠텍은 2007년 3개 조가 돌아가면서 작업하던 3조 3교대를 2개 조가 번갈아 작업하고 나머지 2개 조는 휴무를 하는 4조 2교대로 전환하였다.

근무 형태를 전환하면서 포스코엠텍 연간 근무일은 317일에서 174.5일로 줄고, 반대로 휴무일은 48일에서 190.5일로 크게 늘어났다. 연간 근무시간 또한 2324시간에서 1920시간으로 줄었다. 포스코엠텍은 연간 1인당 학습 시간을 300시간으로 대폭 늘렸다. 학습 효과가 가시화되면서 직원들의 자격증 취득 건수가 2010년 837개로 근무 형태 전환 이전에 비해 10배 정도로 늘었다.

직원들은 단순 포장공에서 자동포장 설비를 개발·운영하는 엔지니어로 탈바꿈하였다. 단순 육체노동을 하던 전통적 노동자에서 엔지니어로 진화한 것이다.

포스코엠텍은 2009년 세계 최초로 철강 제품을 자동 포장하는 로봇결속기를 개발했는데 바로 이들이 일구어낸 성과였다. 한 걸음 더 나아가 자체 기술로 철강포장라인 전체를 자동화하는 데 성공하였고 이를 일괄 판매할 수 있는 수준에 이르렀다. 상당수 직원들은 철강포장설비 전문 컨설턴트 지위를 갖기에 이르렀다. 덕분에 포스코엠텍은 단순포장 작업을 하던 업체에서 자동포장 설비를 개발·운영·판매 서비스하는 전문적인 엔지니어링 회사로 변신할 수 있었다.

포스코엠텍의 생산성은 현저히 개선되었다. 혁신 역량이 강화되면서 4년 만에 1인당 철강 포장량은 38% 늘었다. 이러한 성과는 지속적인 경영 실적 향상과 임금 상승으로 이어졌고 이는 다시 혁신역량을 더욱 강화시키는 선순환 구조를 낳았다.

경제를 지향하는 경영혁명에 가장 적극적으로 나서야 하는 이유이다.[55]

이런 맥락에서 비명에 세상을 떠난 어느 노동운동가가 남긴 다음의 말은 충분히 기억할 만한 가치가 있다.

"20세기 노동해방이 고된 노동에서 벗어나는 것이었다면 21세기 노동해방은 세상을 경영하는 것이다."

---

55) 경영혁명을 통해 이루어지는 노동해방은 전통적 의미에서 노동의 영역에서 벗어나는 과정이다. 앞으로 전개될 노동해방은 노동으로부터의 해방을 포함하는 것이다. 이는 곧 전통적 의미의 노동자 신분에서 벗어나는 과정이기도 하다. 이런 맥락에서 그동안 진보의 기준으로 통용되었던 '노동 중심'에 대해 전면적 재검토가 불가피하다.

노동 중심은 노동에 절대적 가치를 부여하고 이를 옹호하는 것을 제일의 기준으로 삼는 것을 가리킨다.

노동의 영역이 지속적으로 확대되고 노동자가 인구의 절대다수를 차지하는 상황에서 노동 중심은 정치적 우위를 보장하는 근거가 될 수 있다. 바로 사회민주주의가 성공할 수 있었던 조건이다. 하지만 탈산업사회로 진입하면서 그러한 시대는 이미 지났다. 4차 산업혁명이 본격화되면 노동의 영역은 급속히 축소될 것이다. 노동 중심을 기준으로 삼는다면 진보는 더욱 방어적으로 되고 더욱 영역이 축소되면서 주변화 될 수밖에 없다. 가장 근본적인 문제는 노동 중심의 관점을 고수하는 한 자본의 지배를 넘어설 전망을 제시하기 어렵다는 데 있다.

노동력은 생산수단이 아니기 때문에 자본과 결합해서만 가치를 창출할 수 있다. 이러한 자본 의존적 속성 때문에 노동은 그 자체만으로 자본의 지배를 극복할 수 없다. 자본과 노동이 결합했을 때 기본적으로 생산수단인 자본이 지배적 위치를 점할 수밖에 없기 때문이다. 오직 노동력이 새로운 생산수단인 창조력으로 전환할 때 자본과 대등한 입장에서 수평적 협력을 하거나 그 이상을 넘어설 수 있는 길이 열린다. 노동 중심은 노동을 절대적으로 옹호하지만 거꾸로 자본의 노동 지배를 허용하는 딜레마를 낳는다.

노동 중심은 '노동 존중'이라는 표현으로 대체되어야 하며 진보의 기준은 자본 중심에 맞선 '사람 중심'이 되어야 한다.

제7장

경영혁명의 필수불가결한 요소들

다양한 경제 주체들의 관계를 전환하는 것으로써 경영혁
명은 전혀 새로운 유형의 혁명이다. 생산수단의 소유관
계의 전환에 초점을 맞추었던 사회혁명과 비교해도 접근
방식이 완전히 다르다. 재정 정책을 통한 부의 재분배를
추구했던 케인스주의 처방은 필요에 따라 활용하겠지만
그에 전적으로 의존하지도 않는다. 경영혁명은 그에 앞서
경제 활동 현장에서의 1차 분배를 우선한다.

경영혁명이 효과적으로 추진되자면 여러 보조 장치가 함
께 혁신되어야 한다. 교육과 복지, 금융은 그 대표적인
경우라고 할 수 있다. 이들은 비록 보조 장치라는 표현을
사용하기는 했지만 필수불가결한 요소들이다. 다시 말해
함께 준비되지 않으면 경영혁명이 제대로 추진될 수 없
는 것이다.

교육과 복지, 금융은 상당한 전문성을 요구하는 분야이
다. 깊이 있게 다루는 것은 처음부터 한계가 있을 수밖
에 없다. 그런 만큼 여기서는 최소한의 수준에서 문제의
식을 던지는 것에 그치기로 한다.

교육, 새로운 일자리 창출의 원천

4차 산업혁명은 쉽게 풀리지 않는 질문들을 연거푸 던지고 있다. 4차 산업혁명은 인간 노동이 담당하던 많은 영역을 기계로 대체시킬 것이다. 과연 그에 상응해 새로운 일자리가 충분히 창출될 수 있을까?

이에 대해 적지 않은 사람들이 비관적 답을 내놓고 있다. 극단적으로는 열 개의 일자리가 사라지면 불과 하나 정도의 일자리가 새로 생겨날 것이라 이야기하는 사람도 있다. 가령 열 사람이 하던 청소 작업을 로봇이 대체하면서 그 로봇을 관리하는 일자리가 하나 생겨날 뿐이라는 것이다.

이 같은 비관론은 대체로 경제 활동 영역을 지나치게 고정적으로 파악한 데서 비롯된 것이다. 지나온 역사를 되돌아보면 경제 활동 영역은 끊임없이 변화하면서 확장되어 왔다. 불과 30년 전인 1980년대에 지금과 같은 IT산업은 거의 존재하지도 않았다. 앞으로 어떤 분야가 새로이 등장할지 알 수 없는 일이다.

수요와 공급의 관계에 대해서도 비슷한 맥락에서 이야기할 수 있다. 우리는 일상의 경험에 따라 수요가 있어야 그 다음 공급이 따르는 것으로 생각하는 버릇이 있다. 무엇을 얼마나 공급할지 알기 위해 시장 수요를 살피는 것이 습관처럼 되어 있는 것이다. 하지만 길게 보면 공급이 수요를 낳는다.

최근의 사례를 보자. 스마트폰에 대한 수요가 있어서 스마트폰이 만들어지고 공급되기 시작했는가? 그렇지 않다. 애플이 처음 스마트폰을 출시하기 이전에 사람들은 스마트폰이라는 것이 있는지도 몰랐다. 스마트폰이 세상에 나온 다음에야 그에 대한 수요가 폭발적으로 증가했다. 애플 CEO 스티브 잡스가 대중은 자신에게 필요한 것이 무엇인지를 잘 모른다고 한 것은 이를 반영한 것이었다.

공급이 수요를 낳는다는 것은 결코 스마트폰에 국한된 이야기가 아니라 인간 역사에서 늘 있어 왔던 보편적 현상이다. 자동차가 등장하기 전에 자동차에 대한 수요는 존재하지 않았다. TV가 등장하기 전에 TV에 대한 수요는 존재하지 않았다. 자동차가 공급되고 TV가 공급되기 시작하면서 그에 대한 수요가 발생했다. 뒤이어 엄청난 규모의 시장이 창출되고 덩달아 수많은 일자리가 새로 만들어졌다.

인간에게 필요하고 유익한 새로운 것을 창조하면 그에 상응하는 수요가 발생하고 시장이 생긴다. 일자리도 더불어 만들어진다. 문제는 인간이 그 새로운 것을 얼마만큼 만들어 낼 수 있는가이다.

여기서 우리는 인간의 잠재력에 대해 짚어 볼 필요가 있다. 인간 뇌 세포인 뉴런은 약 1천억 개에 이른다. 각각의 뉴런은 단말기 역할을 하면서 서로 교신을 한다. 그 경우의 수는 우주 안에 존재하는 소립자 수보다도 많다. 우주가 우리 몸 안에 존재하는 것이다. 인간 의식은 그런 과정을 통해 형성된다.

이러한 사실은 인간 뇌의 잠재력이 무궁무진하다는 것을 말해준다. 과학자들은 인간이 평생 살아가면서 뇌 기능의 극히 일부만을 사용한다고 이야기한다. 뇌 활동에 새로이 개척될 여지가 그만큼 많다는 것이다.

근대 이후 인간의 과학기술 능력은 끊임없이 새로운 지식과 기기를 선보이면서 새로운 일자리를 만들어 냈다. 지금 필요한 것은 바로 그런 인간의 새로운 능력이다. 새로운 능력을 지닌 인간의 출현이야말로 새로운 일자리 출현의 출발이다. 새로운 능력을 지닌 인간을 만들어 내는 과정은 다름 아닌 '교육'이다. 새로운 일자리를 얼마나 만들어 낼 수 있는지 여부는 교육에 달려 있다.

그동안 교육을 통해 획득한 인간 능력의 상당 부분은 인공지능에 의해 대체될 것이다. 그러한 능력은 더 이상 쓸모없다. 인공지능이 가질 수 없는 인간만의 창조적 능력을 키워야 한다. 그런 점에서 인공지능의 출현은 인간 고유의 창조적 능력을 키우는 더없이 강력한 자극제이다. 제대로만 소화한다면 기계의 인간화를 이끈 4차 산업혁명이 인간을 더 인간답게 만드는 계기가 될 수 있다.

이런 맥락에서 볼 때 한국의 교육 현실은 4차 산업혁명이 요구하는 것과는 거리가 너무나 멀다.

공부깨나 하는 우등생들이 모여 있는 서울대를 예로 들어 보자. 2015년 EBS에서 방영한 다큐멘터리 '서울대 A+의 조건'과 이혜정 교육과혁신연구소 소장이 낸 '서울대에서는 누가 A+를 받는가'라는 책은 서울대 학생들이 A+를 받는 비결이 무엇인지 적나라하게 전해주었다.

비결은 간단했다. 교수 숨소리까지 놓치지 않고 받아 적겠다는 각오로 강의 내용을 그대로 따라 적는 것이다. 심지어 교수의 농담까지 받아 적는다. 요약조차 하지 않는다. 이렇게 받아 적은 것을 완벽하게 외운 뒤 시험

때 그대로 옮겨 적는다. 자신의 생각은 최대한 배제하고 교수가 한 말만 쓴다. 교수의 의견에 대해 의문을 가지면 절대 안 된다. 교수와 다른 의견은 아무리 좋은 생각이라도 답안에 쓰지 않는다. 감점 요인이 될 수 있기 때문이다. 독창적인 생각은 아예 꿈도 꾸지 않는 게 서울대 학생들이 최고 점수를 받는 공부 비법이었다. 이는 곧 교수들부터 자신과 다른 생각에는 낮은 점수를 주고 정해진 답만을 요구하는 데 익숙해져 있음을 의미한다.

연구 풍토 또한 심각했다. 외환위기 이후 한국 사회를 점령한 신자유주의 논리는 예외 없이 대학도 점령했다. 단기 실적 중심의 평가제가 도입되었고 이를 성과연봉제와 결부시켰다. 새로운 환경 아래서 교수들은 단기적인 연구 실적을 쌓는 데만 골몰했다. 신자유주의가 극성을 부리던 시절 증권시장 종사자들의 연봉이 연간 실적에 따라 결정되면서 철저하게 단기 수익 중심으로 투자 운영을 했던 것과 비슷한 양상이 벌어졌던 것이다. 기성의 것에 안주하지 않고 새로운 목표를 향해 진취적 연구를 진행해야 할 젊은 연구자들 사이에서 이런 경향은 더욱 심하게 나타났다. 어느 분야이든 기존의 판도를 엎을 정도의 획기적인 성과는 10년 이상 지난한 연구를 통해 얻어질 수 있다. 그런 결과를 더 이상 기대하기 힘든 환경이 된 것이다.

주입식, 암기식 교육을 통해 얻을 수 있는 능력으로는 인공지능을 당할 수 없다. 그런 식의 교육 환경에서 인공지능 로봇을 대학 강의실에 앉혀 놓으면 훨씬 점수를 잘 딸 수 있을 것이다. 적당히 데이터를 분석해 논문을 제출하는 식의 단기 실적 중심의 연구라면 빅 데이터 처리 인공지능이 훨씬 뛰어난 능력을 발휘할 것이다. 지금 한국의 교육 현실은 쓸모없는 능력만을 키우고 있다. 인공지능에게 자리를 내줄 수밖에 없는 그런 사람들만을 양산하고 있다.

한국의 교육은 아직도 4차 산업혁명은 고사하고 3차 산업혁명도 소화하지 못한 채 2차 산업혁명 시기를 열심히 헤매고 있다. 이러한 교육 현실을 방치한다면 경영혁명은 절대 성공할 수 없다. 서둘러 교육의 밑뿌리부터 바꾸어야 한다. 경영혁명은 교육혁명과 함께 가야 한다.

희망의 싹은 자라고 있다. 기존 교육의 문제점을 개선하려는 시도들이 꿈틀거리고 있는 것이다. 문제의 서울대로 다시 가 보자.

서로 전공이 다른 서울대 교수 15명이 4차 산업혁명에 대비해 교육 방식을 혁신하기로 마음먹고 '창의성 교육을 위한 교수 모임'을 결성했다. 이들은 각자의 강의에서 다양한 방식으로 창의적 교육을 실험하고 있다.

박남규 경영대 교수가 이끄는 벤처경영학 강좌는 필기, 교과서, 시험이 없는 이른바 '삼무三無 수업'이다. 한 학기 동안 학생들이 실제 벤처기업을 창업할 정도의 아이디어를 내는 것을 목표로 삼고 있다. 박 교수가 가끔 이론 강의를 하지만, 대부분 학생끼리 토론을 하거나 조별 과제를 수행한다. 수업 중에 의미 있는 질문을 한 학생은 조교가 체크해 가산점을 준다.

사범대 수학교육과 권오남 교수는 교수와 학생의 역할을 맞바꾼 '플립러닝'flipped learning을 도입했다. 권 교수는 학생들에게 증명 문제를 내준다. 학생들은 이를 미리 풀어본 뒤 강의 시간에 교수와 학생 앞에서 발표를 한다. 핵심은 기존 공식으로 정답을 찾는 게 아니라 자신만의 풀이법을 찾아내는 것이다.

재료공학부 황농문 교수는 이론이나 공식을 미리 알려주지 않고 질문만을 던지며 학생 스스로 끊임없이 생각하게 하는 몰입 교육을 실시하고 있다. 수업 시간 절반이 학생들이 생각에 빠져드는 몰입 시간이다. 학생이 긴 생각 끝에 답을 내 놓으면 교수는 "왜 그렇게 생각했지?", "그 부분은 모순 아닐까?"라고 되묻는다. 학생은 다시 생각 속에 빠져든다. 그런 방식으로 문제의 본질에 점차 가까이 다가간다.

창의적 교육 효과는 여러 곳에서 입증되고 있다. 학생들의 창의력은 눈에 띄게 향상되었다. 사회 진출 이후에도 고스란히 실력으로 이어지고 있다, 수업에 참여했던 학생들이 이를 증언하고 있다.

새로운 실험은 현장으로부터 변화를 촉발시킬 수 있다는 점에서 의미가 크다. 정부 부처로부터 시작되는 위로부터의 변화보다 그 파급력도 크고 내용도 더 알찰 수 있는 것이다. 많은 기대가 된다.

2

복지, 패러다임의 전환

우리는 4차 산업혁명에 대비해 충분한 사전 노력으로 노동자들이 안전한 영역으로 이동하도록 노력할 것이다. 그럼에도 4차 산업혁명이 본격화되면 수많은 노동자들이 일시적으로 일자리를 잃을 가능성을 배제할 수 없다. 새로운 일자리를 구할 때까지 적지 않은 시간이 걸릴 수도 있다. 그럴 경우까지 충분히 염두에 두고 대비해야 한다. 사회안전망 구축이 절실히 요청되는 상황이다.

실업 기간 동안 두 가지 문제가 해결되어야 한다. 하나는 충분한 실업급여 등으로 생활이 보장되어야 한다. 또 하나는 집중적인 재교육을 통해 새로운 일자리에 적응할 능력을 갖추도록 해야 한다. 문제는 재원이다. 상황에 따라 실업 폭풍이 거세게 몰아칠 수도 있고 그에 비례해서 소요되는 비용이 폭증할 가능성이 얼마든지 있다. 과연 이 문제를 어떻게 해결할 수 있을까?

그동안 많은 사람들이 유럽형 복지국가를 모델 삼아 사회적 문제에 대한 다양한 해법을 제시해 왔다. 하지만 유럽형 복지국가 모델을 재현하는 것은 현실적으로 많은 제약이 따른다. 사회민주주의를 대안으로 받아들이기 어려운 요인들과 긴밀한 연관이 있는데 간단히 정리하면 이렇다.

첫째, 국가 우위가 사라졌다. 과거 복지국가 전성기에는 국가가 시장에 대해 우위를 점하고 있었다. 국가의 시장 개입과 통제가 비교적 용이했다. 하지만 기업을 중심으로 시장권력이 강화되면서 국가 우위가 사라졌다.

둘째, 세계화의 진전으로 기업의 이동이 자유로워졌다. 세계화는 경제적 의미에서의 국경을 지워버렸다. 그에 따라 기업은 가장 유리한 곳을 찾아 자유롭게 이동했다. 이러한 조건에서 세계 각국은 기업 유치를 위해 경쟁적으로 법인세 인하, 노동시장 유연화 등의 조치를 단행해 왔다. 트럼프의 등장과 함께 세계화에 역행하는 조짐이 보이지만 이러한 현상이 당장 변할 것 같지는 않다.

셋째, 고도성장 시기가 끝났다. 과거 서구 사회에서의 복지 국가는 장기간에 걸친 고도성장을 바탕으로 성립된 것이었다. 지속적인 경제 성장으로 소득이 증가했고 증가된 소득 일부를 조세로 흡수해 복지 재원을 확대했던 것이다, 하지만 한국을 포함한 대부분의 나라들에서 고도성장은 더 이상 지속되고 있지 않다. 지속적 소득 증가를 바탕으로 한 추가 증세가 기대만큼 쉽지 않은 것이다.

이러한 세 가지 이유로 국가가 추가적인 증세를 통해 복지 재원을 마련하는 데 상당한 한계가 있을 수밖에 없다. 우리와 달리 오랜 시간에 걸쳐 자산을 축적해 온 유럽 복지국가들조차 위기에 직면해 있는 실정이다. 마지막 수단으로 적자 재정 확대를 통해 복지 재원을 확보할 수 있지만 이 역시 여의치 않다. 2015년 국내총생산 대비 국가 채무 비율이 위험한 수준인 39%에 이르렀기 때문이다. 여전히 OECD 평균 이하이고 정부 자산이 부채

보다 많은 조건에서 적자 재정 확대 여지가 있는 것은 분명하지만 그에 의존하기에는 한계가 많은 것이다.

재원 조달은 넉넉지 않은데 복지 수요는 폭주하고 있다. 이를 감당하지 못해 국가는 전전긍긍하고 있다. 물론 경영혁명이 본격화되면 경제 전반이 활력을 되찾으면서 사정은 나아질 것이다. 그렇다 해도 복지 수요와 공급 사이의 불균형은 쉽게 해소될 것 같지 않다. 적어도 사사건건 복지로 해결하려 드는 일부 복지론자들의 주장대로 간다면 그럴 가능성이 농후하다.

과연 이러한 조건에서 4차 산업혁명의 파고를 타고 넘는 데 필요한 복지 재원을 어떻게 조달할 수 있을까?

우리는 한정된 재원을 효율적으로 사용하는 방향에서 복지 틀 전체를 냉철하게 재검토할 필요가 있다. 기존 복지 틀을 전면 재검토하도록 만드는 가장 파괴적인 요소는 저출산 초고령화 문제이다.

한국의 합계 출산률은 1970년 4.53명에서 2015년 현재 1.24이다. 남녀 둘이서 1.24명의 아이를 낳는 것이다. 연간 신생아 수는 1970년 약 100만 명에서 2015년 44만 명 수준으로 크게 떨어졌다. 출산률이 지속적으로 떨어진 결과 한국은 2017년부터 생산연령인구가 감소하고 2019년부터 총인구마저 감소하면서 이중의 인구재앙을 비슷한 시기에 겪을 가능성이 있다.

이러한 가운데 평균 수명 연장으로 노령 인구의 비중은 빠르게 증가해 왔다. 1960년 52.6세였던 한국인의 평균 수명은 2010년 79.4세로서 OECD의 평균을 앞질렀다. 1960년에 비해 무려 27년이나 늘어난 것이다.

저출산 초고령화로 부양 대상인 노년층과 경제활동 인구 사이의 균형이 심각하게 무너지고 있다. 통계청 자료에 의하면 한국은 경제가 역동적으로 발전하던 1990년 고령자 1명을 경제활동인구 13.5명이 부양했다. 그런데 2030년에는 고령자 1명을 2.6명이 부양해야 할 것이라고 한다. 젊은 세대의 허리가 휘어지는 것이다. 출산률을 높여 경제활동 인구를 늘리더라도 해결되기 쉽지 않다.

60세 이상을 부양 대상 고령자로 가정할 경우 평균 수명이 1990년 70세에서 2010년 80세로 늘어나 고령자가 약 두 배 증가했다. 평균 수명이 90세가 되면 고령자가 약 세 배 증가한다. 여기에 맞게 경제활동 인구를 늘리려면 자녀를 4~6명씩 낳아야 한다. 불가능한 이야기이다.

이 모든 것은 초고령화 문제의 경우 발상을 전환하지 않으면 절대 답을 찾을 수 없음을 말해준다.

평균 수명이 늘어난다는 것은 노년만 늘어나는 것이 아니다. 청년과 장년 기간도 함께 늘어나는 것이다. 30년 전 60세는 완전히 노년층에 속했지만 요즘은 장년층에 가깝다. 평균 수명 연장과 함께 경제활동 가능 기간도 그만큼 증가했다. 그렇다고 해서 정년 연장으로 문제를 해결하려고 하면 젊은 세대의 일자리를 감소시킬 가능성이 있다. 정년 연장은 답이 아니다. 그래서 나온 것이 인생 이모작이다. 인생 후반기에 새로운 경제 활동을 시작하자는 것이다.

〈은퇴가 없는 나라〉를 통해 인생 이모작을 주장해온 김태유 교수는 보다 구체적인 해법으로 세대 간 분업 방안을 제시했다. 그 요지는 이렇다. 젊은 층은 창의성과 연관된 유동지능fluid intelligence이 높고 고령층은 경험과 관련된 결정지능crystallized intelligence이 높다고 한다. 이를 감안하면 젊은 층은 유동지능과 관련된 과학·첨단기술·회계·산업디자인 등의 '가치를 창출하는 일모작 직업'에 종사하는 것이 좋다. 반면, 고령층은 결정지능이 필요한 행정·관리·헬스케어 등 서비스 분야에서 '가치를 이전하는 이모작 직업'에 종사하는 것이 좋다. 이와 같이 세대 간 분업이 이루어지게 되면 국가 경제 효율이 획기적으로 높아질 수 있다는 것이다.

앞으로 '가치를 창출하는 일모작 직업'이 가장 왕성하게 펼쳐질 수 있는 무대는 신성장 동력을 품고 있는 벤처 생태계이다. 만약 벤처 생태계가 충분히 형성된 상태에서 제대로 작동한다면 젊은 세대를 대거 흡수할 수 있을 것이다. 그렇게 되면 노년 세대가 '가치를 이전하는 이모작 직업'에 종사할 여지가 그만큼 넓어질 수 있다. 노년 세대 스스로 경제적 자립을 실현할 수 있는 기회가 커지는 것이다. 그에 따라 노년 세대 부양에 대한 사회적 부담도 크게 줄어든다.

혹자는 노년이 되어서도 일을 해야 한다는 사실을 끔찍하게 여기기도 한다. 하지만 이는 뭘 몰라도 한참 모르고 하는 소리이다. 정말로 끔찍한 것은 평균 수명이 크게 늘어난 상태에서 하는 일 없이 밥이나 축내면서 긴 세월을 빈둥거리며 지내는 것이다.

벤처 생태계가 왕성하게 작동하고 이를 원동력으로 경영혁명이 정상적으로 추진된다면 젊은 세대의 처지는 크게 개선될 것이다. 경제적으로나 정신적으로 한층 여유로워질 수 있다. 그렇게 되면 결혼해서 아이를 낳을 확률도 높아진다. 저출산 문제가 극복될 수 있는 여지가 생기는 것이다.

벤처 생태계를 원동력으로 경영혁명을 추진하는 것이야말로 저출산 초고령화 문제를 보다 근원적으로 극복하는 길이다. 이러한 전제 없이 복지만으로 문제를 해결하려고 드는 것은 분명한 한계가 있다. 과거처럼 60세 이후를 노년층으로 간주하고 사회가 모두 부양 대상으로 삼아야 한다고 생각해 보자. 저출산 극복 역시 오로지 정부 복지 재원만으로 해결해야 한다고 가정해 보자. 필요한 복지 재원은 상상할 수도 없을 만큼 천문학적 규모에 이를 것이다.

설령 재원을 투입한다고 해도 문제가 해결될 수 있다는 보장이 없다. 정부는 2005년 이후 10년 간 저출산·고령화 문제 해소를 위해 152조 원의 예산을 투입했다. 하지만 사정은 조금도 나아지지 않았다. 예산 집행 과정에서 문제가 있을 수 있다. 하지만 그런 식의 접근은 처음부터 한계가 있었다고 보는 것이 정확할 것이다. 지금의 틀을 벗어나지 못하면 국민연금마저 머지않아 바닥이 날 것이라는 예상이다. 자칫 대책 없는 상황으로 치달을 수도 있다는 것이다.

우리는 사회 구조적 모순을 해소하는 방향에서 문제의 근원적 해결을 추구한다. 복지가 불필요할 정도로 문제가 근원적으로 해결되는 것이 최선이다. 복지는 이를 뒷받침하는 보조 장치이거나 2차 혹은 3차 문제 해결 수단이 되어야 한다. 복지가 모든 것에 우선하는 해법이 되어서는 안 된다.

복지를 제공하더라도 국가가 일방적으로 베푸는 시혜가 되어서는 안 된다.

복지를 국가의 시혜로 간주하면서 이를 미덕으로 받아들였던 때가 있었다. 그런 경향은 사회주의 국가에서 특히 강하게 나타났다. 가령 쿠바 지도자 카스트로는 1970년 7월 연설 중에 "오늘날 인민 여러분은 국가가 모든 것을 해결해주기를 기대하고 있습니다. 정말 여러분은 옳습니다."라고 말하기도 했다. 하지만 사회주의 국가에서의 일방적 시혜는 인민을 의존적이고 나약한 존재로 전락시켰을 뿐이다. 사회주의의 장점으로 지적되었던 광범위한 무상 복지는 축소 과정을 거쳤다.

유럽형 복지국가 역시 본질적으로 다르지 않았다. 복지국가에서 복지를 생산 공급하는 주체는 국가였다. 사회구성원은 이를 수용하는 소비자였을 뿐이었다. 복지국가에서 사회구성원은 복지 주체가 아니라 객체였다. 사람은 능동적 주체가 될 때 존엄성을 느낀다. 이런 점에서 복지국가는 근본적인 한계가 있었다. 최근에는 이러한 복지국가 모델의 한계를 극복하기 위한 적극적인 시도들이 있어 왔다. 광주 광산구 '더불어樂복지관' 실험은 그중 하나이다.

2011년 운남노인복지관이 '더불어樂복지관'으로 이름을 바꾸는 것을 시작으로 수많은 변화가 일어났다. 이전 시기 노인복지관은 어르신들이 취미 생활 장소로 활용하면서 이러저러한 지원을 받던 곳이었다. 그러던 곳이 어르신들이 주체가 되어 복지시스템을 만들어 가는 전혀 색다른 공간으로 탈바꿈했다.

어르신들이 십시일반 힘을 합쳐 만들고 운영한 더불어樂 까페도 그중 하나이다. 더불어樂 복지관 1층에 위치한 까페는 도서관 기능을 겸하면서 지역민을 위한 다양한 프로그램을 운영하는 복합적 지역복지 시설이 되었다. 또한 어르신들은 더불어樂 밥상마실, 더불어樂 두부마을 등 마을기업을 스스로 운영하였고 이를 관장할 광주·전남지역 최초의 협동조합을 결성하기도 했다.

일련의 과정을 거쳐 어르신들은 복지 생산자로 변신했고 더불어樂복지관은 일반적인 노인복지관에서 아이들과 지역주민 모두가 이용하는 복지 시설로 탈바꿈했다. 그 과정에서 능동적으로 참여한 어르신들 삶의 질은 이전과 비교도 할 수 없이 높은 수준으로 고양되었다. 약물 복용 없이는 견딜 수 없을 만큼 정서 불안에 시달리던 어르신이 쾌활한 삶을 되찾았다. 협동조합 형태로 식당과 두부공장 등을 운영하면서 함께 어울려 사는 맛을 만끽할 수 있었다. 사람은 능동적 주체가 되어 자기 존엄성을 회복할 때 삶의 질이 고양될 수 있음을 뚜렷이 입증한 것이다.

복지는 무조건 선이라거나 많으면 많을수록 좋다는 생각은 대단히 위험한 발상이다. 복지는 잘못 적용되면 약이 아니라 독이 될 수도 있다. 복지가 사회 구조적 모순의 근원적 해결을 대체하는 것이라면 그건 약이 아니라 독이다. 복지가 국가의 일방적 시혜로만 그친다면 또 다른 독이 될 수 있다.

복지가 절실한 상황에서 이런 이야기가 적절하냐고 따지고 들 수도 있다. 복지의 절대 부족으로 고통 받는 상황에서 복지 과잉을 걱정하는 것은 번지수가 맞지 않다고 지적할 수도 있다, 완전한 오해일 뿐이다.

여러모로 복지가 절실한 것은 두말할 필요가 없다. 절실하니까 꼭 필요한 곳에 재원이 우선적으로 사용될 수 있도록 해야 한다. 귀중한 재원인 만큼 그 효과를 엄정하게 따져 적절한 방식으로 투입해야 한다. 다른 여러 가지 요소들과 유기적으로 연결시켜 최대한 시너지 효과가 나도록 해야 한다.

이럴 때 복지 효과가 극대화될 수 있다. 우리의 목표는 주어진 조건에서 복지 효과를 최소화하는 것이 아니라 최대화하는 것이다.

3

금융, 기생적 가치증식의 종말

경영혁명을 원활하게 추진하자면 극복해야 할 장애물이 많다. 금융이 그중 하나이다. 지금과 같은 열악한 금융 환경을 그대로 방치해서는 경영혁명이 제대로 추진될 수 없다. 언제 터질지 모르는 시한폭탄과도 같은 가계부채는 자칫 한국 경제를 일시에 쑥대밭으로 만들 수도 있다. 오갈 데를 찾지 못한 시중의 부동자금이 900조 원을 넘어섰는데 정작 벤처기업은 투자 유치에 어려움을 겪고 있다. 극단적인 금융 불균형 현상이 나타나고 있는 것이다. 홍수와 가뭄이 동시에 일어나고 있는 꼴이다.

먼저 염두에 둘 사실은 자본주의 사회에서 금융은 가치 증식을 추구하는 금융자본으로 전환하기 쉽다는 점이다. 돈을 갖고 이야기하자면 돈 놓고 돈 먹기로 돈을 끊임없이 불려가는 속성이 있다는 것이다.

가치 증식에는 크게 생산적 증식과 기생적 증식 두 가지 종류가 있다. 생산적 가치 증식의 대표적인 예로는 공장 설립이나 벤처기업 창업에 투자한 경우를 들 수 있다. 가치 창출에 직접적으로 기여한 대가로 가치를 증식하는 것이라 할 수 있다. 경제 발전에 순기능을 하는 경우이다. 기생적 가치 증식은 대부업을 통해 이자 수익을 올리거나 부동산 투기를 통해 프리미엄을 챙기는 경우를 들 수 있다. 가치 창출에 기여하지 않은 채 가치를 증식하는 것이다.

현재 한국의 금융은 바로 가치 증식에서 심각한 곤란에 빠져 있다. 문제의 본질을 정확히 파악하기 위해서는 한국 금융이 걸어온 궤적을 간략히 살펴볼 필요가 있다. 쉽게 말해서 돈의 역사를 알아야 한다.

과연 금융은 어떤 역사를 거쳐 왔을까?

산업화가 본격화되던 1960년대에서 1970년대에 이르는 시기에 돈은 정말 귀한 존재였다. 축적된 자본이 전무한 상태에서 산업화에 필요한 종자돈을 확보하기 위해 온갖 수단이 다 동원되었다. 당시 박정희 정부는 미국이 미군에 상응하는 급여를 지급한다는 조건으로 젊은 장병들을 피 흘리는 베트남 전쟁에 보냈다. 독일에 광부와 간호사를 대거 보내 달러를 송금하도록 하기도 했다.

돈이 귀한 상황에서 돈줄을 거머쥐고 있던 정부는 무소불위의 권력을 행사할 수 있었다. 거꾸로 돈줄에 쉽게 접근할 수 있는 사람은 한순간에 거대한 공장을 지을 수 있었다. 재벌이 그런 식으로 성장했다.

일단 돈이 있으면 불리기도 쉬웠다. 대표적으로 부동산 투기를 들 수 있다. 돈이 있는 사람은 너나 할 것 없이 땅을 사 두었다. 개발 붐을 타고 땅값이 천정부지로 뛰었다. 1963~2004년까지 주요 도시 땅값은 780배, 서울 땅값은 954배로 뛰어올랐다. 반면 이 기간 동안 소비자 물가는 38배 올랐다. 서울의 경우 소비자 물가와 땅값이 무려 25배 정도 차이가 나는 것이다. 1963년에 서울의 땅을 사 둔 사람은 가만히 앉아서 25배나 되는 순이익을 거두었다는 의미이다.

이 시기는 돈을 둘러싸고 공급은 절대적으로 부족한데 수요는 넘쳐나던 때였다. 투자 기회도 널려 있었다. 그러다 보니 대출 이자율도 지금으로서는 상상도 할 수 없을 만큼 비싸게 매겨졌다.

상황이 이렇다 보니 금융자본의 가치 증식이 무척 쉬웠다. 생산적 가치 증식과 기생적 가치 증식 모두에 기회가 널려 있었고 가치 증식의 폭 또한 매우 높았다. 하지만 언제까지나 이런 상황이 지속될 수는 없었다. 경제가 지속적으로 성장하면서 돈이 쌓여 갔고 공급 물량도 풍부해졌다.

곳곳에 쌓인 돈뭉치들이 가치 증식을 추구하는 금융자본으로 탈바꿈했다. 시간이 흐르면서 가치 증식 요구와 실재 기회 사이에 균형이 깨졌다. 수요와 공급이 역전되면서 금융자본의 과잉축적이 시작되었다.

사실 금융자본의 과잉축적은 자본주의의 역사가 긴 선진국에서 먼저 시작된 것이었다. 잠시 그곳으로 눈을 돌려 보자.

금융자본의 과잉축적이 높은 수준으로 진행되면서 기존 시스템으로는 금융자본의 가치 증식 요구를 모두 소화할 수 없었다. 바로 그러한 조건에서 신자유주의가 선택한 것은 기생적 가치 증식 기회를 비약적으로 확대시키는 것이었다. 앞서 이야기했듯이 신자유주의 체제 아래서 주주 이익이 최우선시 되는 가운데 기업 경영자들이 주가 상승을 위해 동원한 수단은 기업 가치를 약화시키는 것들이었다. 다시 말해 가치 창출에 마이너스 기여를 한 것들이다.

신자유주의는 모든 것을 시장에 맡길 것을 요구하며 시장 논리를 강조했다. 하지만 정작 자신은 시장 논리에 크게 역행했다. 신자유주의가 지배했던 시기는 공통적으로 돈의 공급이 수요를 크게 앞지른 때였다. 금융자본의 과잉 축적이란 이를 두고 한 말이다. 일반적인 시장 법칙에 따르면 공급이 수요를 초과할 때 그 상품의 가치는 떨어진다. 그게 정상이다. 돈도 마찬가지이다. 돈의 공급이 수요를 크게 초과하고 있는 상황에서 돈의 가치는 떨어져야 한다. 그런데 신자유주의는 거꾸로 돈의 가치를 극대화시켰다. 이는 명백한 시장 역행이었다.

바로 여기서 신자자유주의가 왜 지속가능성 없는 시스템인지 다시 한 번 확인할 수 있다. 신자유주의는 공급 초과로 돈의 가치가 떨어졌어야 하는 상황에서 거꾸로 이를 키우기 위해 실재하지 않는 '가공의 가치'에 의존할 수밖에 없었다. 그 가공의 가치를 흔히 거품이라고 부른다. 결국 거품 붕괴와 함께 신자유주의는 몰락하고 말았다. 그것은 우발적 사고가 아닌 처음부터 예고된 필연적 결과였다.

외환위기를 거치며 한국 역시 신자유주의 흐름에 강제 편입되었다. 돈의 지위는 다시 한 번 격상되었다. 돈은 모든 것의 지배자가 되었고 세상의 중심이 되었다. 돈 놓고 돈 먹는 머니 게임이 경제의 지배 원리로 자리잡았다. 좀 더 빨리 쉽게 많이 돈을 벌면 유능한 사람으로 취급받았다. 그렇지 않으면 무능한 사람으로 취급되었다. 〈부자 아빠 가난한 아빠〉가 베스트셀러가 된 것은 이러한 사정을 반영한 것이었다. 어느 신문 표현대로 돈바람이 사회를 집어삼켰다.

돈 놓고 돈 먹는 머니 게임이 지배하면서 가치 증식을 추구하는 뭉칫돈이 빠르게 비대해져갔다. 900조 원이 넘는 시중 부동자금과 600조 원 규모에 이르는 20대 대기업 집단의 사내 유보금은 이를 대표한다.

그 와중에 신자유주의가 자체 모순으로 몰락의 길을 걸었다. 신자유주의 몰락의 여파는 한국에도 미쳤다. 누구보다도 기업 경영자들이 민감한 반응을 보였다. 마냥 신자유주의로 흐르다가는 기업이 지속가능성을 상실할 것임을 직감했다. 그로부터 한때 유행병처럼 번졌던 주주가치 중심 경영이 크게 후퇴했다. 주식을 매개로 기업으로부터 이윤을 추출하기가 이전보다 어려워진 것이다.

금융자본이 가치 증식의 기회로 활용한 대표적인 두 축은 주식과 부동산이었다. 그중 하나인 주식 투자는 신자유주의 몰락 여파로 가치 증식 여지가 크게 줄었다.

그렇다면 부동산 시장 사정은 어떠했는가? 부동산 시장 역시 수요와 공급의 법칙의 지배를 받는다. 산업화 시절 개발 붐과 함께 부동산 수요는 폭주했다. 부동산 투기를 통한 가치 증식은 누워서 떡 먹기보다 쉬웠다. 하지만 시간이 흐르면서 이 역시 사정이 달라지기 시작했다. 개발주의 시대가 막을 내리면서 부동산 신규 수요는 빠르게 감소했다. 반면 공급은 꾸준히 늘었다. 전국 평균 주택 보급률은 100%를 넘어섰다.

2017년, 주택 시장은 확연히 공급 과잉 상태에 접어들 예정이다. 아파트의 경우 수요는 27만 가구인데 공급은 그보다 10만이 많은 37만 가구에 이른다. 2018년까지 내다보면 상황은 더 심각하다. 2년 간 단독·다세대까지 합치면 124만 가구가 지어지는데 수요는 77만 가구에 머물 것으로 예측된다.

전문가들도 부동산 프리미엄 시대는 이미 지났다고 진단하고 있다. 건물 임대업이 빠르게 팽창한 것은 이런 사정을 반영한 것이라 할 수 있다. 부동산 투기를 통한 가치 증식 기회가 크게 감소한 것이다.

신자유주의 시대를 거치며 뭉칫돈 규모는 급증했으나 주식과 부동산 모두에서 가치 증식 기회가 크게 감소했다. 마땅한 투자 기회를 찾지 못한 뭉칫돈 규모가 갈수록 커졌다. 그 결과 돈이 좀처럼 돌지 않는 '돈맥경화' 현상이 심화되었다. 상황은 돈의 흐름을 매개하는 것을 본업으로 삼는 은행이 예금을 기피할 정도까지 되었다. 다음은 이를 묘사한 어느 신문 기사 내용의 일부이다.

마땅한 투자처가 없어 기업과 개인이 은행에 돈을 묻어두려 하지만 정작 이 돈을 받은 은행은 돈을 굴릴 곳이 없어 쩔쩔매는 금융업계의 '돈맥경화'가 일어나고 있다. 돈을 모아 적재적소에 나눠주는 '돈의 중개자' 역할을 해야 할 금융회사들이 제 역할을 못하면서 경제의 활력을 더욱 떨어뜨리고 있다.
—〈조선일보〉, 2014. 10. 30

연구기관들에 따르면 돈을 풀어도 돌지 않은 현상이 '잃어버린 20년' 진입 당시인 1990년대 초 일본보다도 심각한 것으로 나타났다. 2014년 2분기 말 우리나라 화폐 유통 속도(돈이 도는 속도)는 0.74로 1992년 일본의 0.95보다 낮은 것으로 나타났다. 이는 지난 25년 간 평균 속도(1.9)의 절반에도 못 미치는 것이다. 사태가 자못 심각한 지경에 이르렀음을 알 수 있다.

과연 위기의 금융은 어떤 선택을 했을까?

돈맥경화증이 심화되는 가운데 금융이 마지막 출구로 찾은 것은 가계를 대상으로 한 소매금융 확대였다.

가처분소득 대비 가계부채 비율은 1980년 22.6%에서 2000년 77.6%로 완만하게 증가했다. 20년 동안 55%포인트 증가한 것이다. 그러던 것이 2010년에는 144.3%로, 다시 2013년에는 160%로 껑충 뛰었다. 13년 만에 무려 82.4%포인트 증가한 것이다. 신자유주의가 본격 상륙한 이후 가계부채가 급증했음을 알 수 있다. 여기에 덧붙여 신자유주의 몰락을 알리는 2008년 글로벌 금융위기 이후 가계부채는 더욱 가파르게 상승했음을 함께 주목할 필요가 있다.

이상의 사실은 가계부채 급증의 일차적 요인이 신자유주의가 빚어낸 사회적 양극화와 불평등 심화에서 비롯된 것임을 알려준다. 즉 부족한 소득을 부채로 보충해 왔던 것이다.

2008년 이후 가계부채가 더욱 크게 증가한 것은 또 다른 요인이 가세했음을 알려 준다. 투자 기회를 찾지 못한 금융자본이 가계를 대상으로 한 대출에 집중했던 것이다. 실제로 이 시기에 들어와서 가계 대출 확대를 유도하기 위한 장치들이 부쩍 늘었다. 빚내서 집을 사도록 권고하는 등 정부까지 힘을 보탰다.

이렇게 하여 2017년 초 현재, 가계부채는 1300조 원을 훌쩍 넘어섰다. 100만 원을 벌면 27만 원을 빚 갚는 데 써야 할 만큼 상환 부담도 상당하다. 번 돈보다 갚을 돈이 더 많은 '한계가구'도 160만 가구 정도에 이른다.

가계부채 급증은 역사 이래 새로운 현상이다. 과거에는 기업과 국가가 부채의 주요 당사자였다. 1980년 당시 제조업 종사 기업의 자기자본 대 부채비율은 무려 487.9%였다. 그러던 것이 2000년 210.6%로, 2013년 92.9%로 뚝 떨어졌다. 주요 부채 당사자가 기업에서 가계로 바뀐 것이다.

가계부채 급증은 상환 부담 증가로 가처분 소득 대비 소비지출을 감소시켰다. 그 결과는 내수시장을 위축시키면서 투자 기회를 감소시키는 것으로 나타났다. 가계 대출 확대로 금융의 숨통을 트이게 하려 했으나 투자 감소라는 부메랑이 되어 숨통을 더욱 조이는 결과를 초래한 것이다.

가계부채 급증은 주식, 부동산 등 전통적인 가치 증식 영역이 제 기능을 못하면서 금융이 직접적으로 사회적 약자의 희생에 의존하기 시작했음을 의미한다. 이는 금융이 선택할 수 있는 사실상 마지막 카드이다.

과연 금융의 역사에서 가계부채의 급증은 어떤 의미가 있을까? 결론적으로 가계부채 급증은 금융의 존재 가치를 뒤집어 놓았다. 경제발전에서 금융의 효용성을 추락시키며 순기능보다 역기능을 키운 것이다.

첫째, 가계부채 급증이 한국 경제에 긍정적으로 기여했다는 증거는 그 어디에도 없다. 그것은 가계의 숨통을 조이고 있을 뿐만 아니라 내수 시장 위축과 투자 기회 감소 등으로 한국경제 전체의 숨통을 짓누르고 있다. 과거 기업의 부채 확대는 생산시설 확대 등을 통해 경제를 발전시키는 순기능이 상당 부분 있었으나 가계부채 급증에는 그런 순기능이 전혀 없다.

둘째, 금융의 본래 기능은 원활한 순환을 통해 생산과 소비를 매개해 주는 것이다. 하지만 가계부채가 투자기회 감소를 매개로 돈맥경화증을 더욱 심화시키면서 금융은 경제 흐름을 마비시키는 구실을 하고 있다.

셋째, 경제 활성화를 목적으로 정부와 중앙은행이 사용하는 금융 정책도 기능을 상실해가고 있다. 과거에는 금리 인하로 돈을 풀면 경제 활성화로 즉각 이어졌으나 요즘은 그런 효과가 전혀 나타나고 있지 않다. 이유는 간단했다. 과도한 가계 부채로 돈을 풀어도 끌어다 쓰지 않기 때문이다.

신자유주의 체제 아래서의 주식 투자나 부동산 투기, 가계대출 확대를 통한 이자수익 추구는 모두 기생적 가치 증식에 해당한다. 그런데 이 세 가지 모두 정상 작동이 힘들어졌다. 금융의 기생적 가치 증식이 사실상 종말에 이르렀음을 의미한다. 금융의 가치 증식에서 혁명적 전환이 불가피해졌다.

지금 상태로 계속 가다가는 가계부채가 도화선이 되어 언제 파국적 상황이 금융 전반을 덮칠지 아무도 모른다. 그런 상황에서는 금융자산이 가치를 보전하는 것조차 힘들어진다. 자본주의의 냉혹함은 파멸적인 공황을 통해 불필요하게 누적되어 있는 금융자본을 가차없이 파괴해 버린다는 데 있다. 2000년 월가 주가대폭락이나 2008년 글로벌 금융위기가 바로 그런 과정의 일환이었다.

누가 봐도 지금의 금융 상태는 혁명적 재구성이 절실히 필요한 상황이다. 금융에 대한 시각부터 바꾸어야 한다. 금융은 더 이상 기생적 가치 증식의 도구가 되어서는 안 된다. 금융이 기생적 가치 증식에서 벗어나 생산적 기능을 할 수 있도록 하는 근본적인 해법을 찾아야 한다. 더불어 금리에 대한 근본적 검토가 있어야 한다. 돈의 공급이 수요를 크게 앞지르고 있는 상황에 맞게 돈의 가치를 전면 재조정해야 하는 것이다.[56]

시간이 갈수록 공급 과잉이 심화됨에 따라 금융의 가치 증식에 앞서 '가치 보전'이 우선적 과제가 될 가능성이 높다. 길게 보아 은행에 돈을 맡기고 이자수익을 얻던 시대에서 거꾸로 가치보전 비용을 지불해야 하는 상황이 얼마든지 올 수 있다.

이런 관점에서 보면 가계부채는 금융 가치를 보전시키는 데 매우 큰 기여를 하고 있다고 볼 수도 있다. 그에 대한 보상이 있어야 마땅한 것이다. 이를 감안해 가계부채 이자 부담을 대폭 완화하는 정책을 강구할 필요가 있다.

이 모든 문제 해결의 선결 조건은 금융 공공성 회복이다.

본디 금융은 공적 성격이 강한 영역이다. 금융업 자체가 정부 차원의 다양한 보호와 지원 없이는 유지될 수 없다. 예를 들면 한국은 예금자보호법에 의해 특정 금융 기관이 파산하더라도 예금자에 대해 원리금 5천만 원까지는 정부에서 지급 보장하도록 되어 있다. 마찬가지로 금융기관이 유동성 위기에 빠졌을 때는 중앙은행이 시중 금리보다 싼 이자로 비상 자금을 공급하도록 되어 있다.

현재 금융은 시장 실패에 빠져 있다. 금융시장에 내맡겨서는 스스로 문제를 해결할 수 없는 상황이다. 금융 자신을 살리기 위해서라도 금융은 공

---

56) 이와 관련해서 일본 등에서 실시되었던 제로 금리 정책을 주목할 필요가 있다. 일본은 1995년 7월 정책금리를 비롯해 대부분의 금리가 0%로 하락하자 1999년부터는 아예 공식적으로 제로금리 정책을 선언하였다. 제로금리 정책은 내수 자극을 통한 경기회복, 엔화강세 저지, 기업의 채무부담 경감, 금융회사들의 부실채권 부담 완화 등 여러 측면에서의 효과를 겨냥한 것이었다.

적으로 통제되고 관리되어야 한다. 금융이 철저히 공적 이익에 따라 움직이도록 해야 한다. 금융을 본래 위치로 되돌려 놔야 한다.

제8장

한국혁명, 인류 역사의 새로운 등불

혼돈의 시대이다. 낡은 것은 물러가고 있으나 새로운 것은
아직 오지 않고 있다. 전형적인 과도기의 혼란을 겪고 있다.
소련 사회주의권의 붕괴와 함께 영생불명을 꿈꾸던 자본주
의도 연거푸 고장을 일으키고 있다. 일각에서는 그래도 인류
가 고안해낸 시스템 중에서 자본주의만 한 것은 없다며 열
심히 고쳐 쓰자고 제안하고 있다.[57] 하지만 여기저기서 고쳐
쓰자니 수리비가 더 먹힌다며 연신 푸념을 늘어놓고 있다.
세계화라는 이름 아래 나름대로 통일적인 규칙 아래 움직였
던 세계 질서도 혼돈 속으로 빠져들고 있다. 신자유주의 세
계화를 선도했던 미국과 영국이 세계화에서 가장 먼저 발을
빼면서 비롯된 현상이다.
이 모든 위기는 좌파 운동가들에게는 절호의 기회가 될 수
있다. 하지만 당사자인 좌파 운동가들은 나라를 불문하고
극도로 무기력해져 있다. 그들은 지금의 상황을 어떻게 헤쳐
나가야 할지 뚜렷한 답을 제시하지 못하고 있다. 좌파의 관
념 체계 또한 낡은 것으로 전락해 가고 있는 추세이다. 좌파
관념 체계는 1. 2차 산업혁명을 배경으로 형성된 경우가 많
은데 3차 산업혁명 이후에 맞게 재구성하지 못한 결과다.
뿐만이 아니다. 사회과학의 꽃으로 자부해 오던 경제학마저
예측과 처방 모든 점에서 제 기능을 상실해 가고 있다. 근대
가 남긴 지적 유산들이 하나둘씩 고물로 전락해 가고 있는
것이다. 찬란하게 빛을 뿜어내던 근대 문명이 거대한 박물관
으로 변질하면서 그 위로 먼지가 수북이 쌓여가는 느낌마저
든다.
갈피를 못 잡고 우왕좌왕하고 있는 인류 앞에 4차 산업혁명

의 쓰나미가 거침없이 밀어닥치고 있다.

혁명이 필요한 시기이다. 혁명이라는 이름의 등불을 치켜 올려야 할 시기이다. 우리는 지금까지 그 혁명을 탐색해 왔다. 한국혁명은 혼돈의 시대 인류사의 등불이 되리라 믿는다. 물론 유일한 등불은 아닐 것이다. 전혀 예기치 못한 곳에서 새로운 등불이 켜질 것이며 능히 그러기를 희망한다.

앞으로 우리는 한반도 통일과 동북아경제권에 대해 함께 살펴볼 것이다 이 둘은 한국혁명과는 전혀 다른 영역이다. 추진 주체 또한 다르다. 하지만 한국혁명과 깊이 연동되어 있다. 한국혁명과 한반도 통일, 동북아경제권은 서로에게 풍부한 영감과 에너지를 공급하는 원천이 되어 줄 것이다. 한반도 통일과 동북아경제권 또한 인류사에 새로운 장을 열 고도의 창조적 실험의 장이 될 것이다. 우리는 그 모든 과정에 한층 능동적이고 창조적으로 임해야 한다.

---

57) 세바스티안 둘리엔 등이 함께 지은 <자본주의 고쳐 쓰기>, 아나톨 칼레츠키의 <자본주의 4.0> 등은 이러한 문제의식을 담은 저작들이라고 할 수 있다.

1

대한민국, 성공의 추억으로부터 탈출

한국혁명의 무대는 이름 그대로 대한민국이다. 대한민국은 과연 한국혁명을 추진할 준비가 되어 있는가? 진보개혁 세력으로 불리기도 한 민주화 세력은 아직은 지켜봐야 할 지점이 많다. 보수 세력은 붕괴했다. 그럼에도 불구하고 우리는 한국혁명은 충분히 가능하다고 판단한다. 그 근거는 무엇일까?

▎혁신에 게을렀던 민주화 세력

먼저 민주화 세력의 그간의 궤적을 살펴봄으로써 이들이 한국혁명에서 어느 정도 역할을 할 수 있는지 가늠해 보도록 하자.

민주화 세력은 자신의 역사에 대해 남다른 자부심을 지니고 있다. 불가능에 가까울 정도로 열악한 조건에서 민주화를 성공시켰기 때문이다. 그만큼 민주화 세력이 상당한 수준의 내공을 쌓아 왔다는 의미이기도 하다.

한국은 분단국가이다. 더군다나 같은 분단국가였던 독일과 달리 남과 북이 총부리를 겨누고 전쟁을 치렀던 나라이다. 전쟁을 경험한 분단국가라는 특수성은 북한을 제외하고는 세계에서 인구대비 가장 거대한 규모의 군 조직을 탄생시켰다. 여기에 그치지 않고 군 조직을 배경으로 강력한 (중앙정보부에서 출발해 오늘날 국가정보원에 이르는) 정보조직이 가동되었다.

이를 바탕으로 군사정권은 물샐 틈 없는 대국민 감시망과 함께 강력한 물리적 억압 시스템을 구축했다. 1980년 5월 광주에서 극적으로 드러났듯이 억압 장치들은 경우에 따라 대규모 학살을 자행할 만큼 극도의 잔인성을 보여주었다. 말 그대로 목숨을 걸지 않으면 저항을 시도하기가 쉽지 않은 상황이었다.

여기에 덧붙여 한국전쟁 트라우마로 북한의 위협만 들먹이면 꼼짝없이 움츠러 드는 상황이 계속 이어졌다. 군사정권은 민주화 요구를 북한을 이롭게 하는 국론 분열로 간주했고 상당수의 국민들이 그에 굴복했다. 다른 나라에서는 찾아볼 수 없는 물리적 억압보다 더 강력한 심리적 억압이 가해졌던 것이다.

한국과 비슷한 시기에 고도성장을 구가한 타이완, 홍콩, 싱가포르 등 아시아 국가에서는 경제적 성공에 만족하면서 상당 기간 동안 민주화 요구를 억제하는 경향이 있었다. 군사정권 역시 똑같은 양상이 한국에서도 나타나기를 기대했다. 다행히 경제가 지속적으로 성장했다. 군사정권은 경제성장으로 배가 부르면 국민들은 민주화라는 사치스런(?) 요구에 관심을 두지 않을 것이라 믿었다.

그러나 민주화 세력은 이 모든 장애를 극복하며 완강하게 자신의 길을 갔다. 여기서 결정적 작용을 한 것은 5.18광주민주화운동이었다.

5.18광주민주화운동은 시민의 자발성이 어떻게 역사를 만들어 가는지를 가장 극적으로 보여 주었다. 엘리트 그룹의 사전 기획에 따라 시민들이

움직인 흔적은 어디서도 찾을 수 없다. 바로 그러한 시민들이 자발성을 토양으로 역사의 획을 긋는 장면들이 잇달아 만들어질 수 있었다.

5월 21일 오후 1시, 계엄군이 도청 앞 광장에 운집한 시민들을 향해 집단 발포를 자행했다. 일단의 청년들이 시 외곽으로 빠져나가 무기를 확보한 뒤 시내로 돌아왔다. 시민군이 결성된 것이다. 집단 발포로부터 불과 2시간 뒤의 일이었다. 시민군 결성이 사전 토론 과정 없이 시민들의 본능적 선택의 결과였음을 알 수 있다. 계엄군을 시 외곽으로 몰아낸 시민군은 5월 27일 계엄군의 최후의 진압 작전에 맞서 도청 사수 투쟁을 전개했다. 그 과정에서 26명이 목숨을 잃었다.

만약 21일 집단 발포 이후 시민군이 등장하지 않았다고 가정해 보자. 이후 사람들은 5.18광주를 어떻게 대했을까? 군부에 무모하게 저항하다 극심한 피해만을 입은 사건으로 받아들였을 가능성이 크다. 만약 시민군이 최후의 진압 작전에 굴복한 채 도청 사수 투쟁을 포기하고 도피와 은신을 선택했다면 이후 사람들은 5.18광주를 어떤 시각으로 대했을까? 아마도 사람이란 목숨이 위태로워지는 순간이 오면 자기 살길을 찾기 마련이라고 생각할 것이다.

이러한 시각들은 암암리에 군부독재에 맞서 목숨 걸고 투쟁하지 않는 것에 대한 자기 합리화의 논리를 재생시켜주기 쉽다. 하지만 시민군이 등장하고 도청 사수 투쟁을 전개하면서 군사독재에 대한 굴종과 타협, 자기 합리화의 여지를 깡그리 날려 버렸다. 수많은 사람들로 하여금 광주에서 그토록 피 흘리며 투쟁할 때 나는 어디서 무엇을 하고 있었는지 되묻지 않을 수 없도록 만들었다. 군부독재에 목숨 걸고 항거하지 않으면 양심의 목소리에서 잠시도 자유롭지 못하도록 만들었다.

5.18광주는 수많은 사람들로 하여금 군부독재에 맞서 목숨 걸고 투쟁

할 것을 결심하도록 만들었다. 민주화투쟁의 불길을 전국으로 확산시키는 기폭제가 된 것이다. 즉각적이고도 격렬하게 반응한 것은 학생운동이었다. 5.18광주의 세례를 받은 학생운동은 세계사에 그 유례를 찾을 수 없을 만큼 폭발적 성장을 거듭했다. 학생운동은 민주화운동의 거대한 저수지였다. 학생운동 출신자들이 부챗살처럼 사회 각 분야에 퍼져나가면서 민주화투쟁이 들불처럼 번져 나갔다.

1987년 6월, 마침내 민주화 세력은 승리의 봉우리에 우뚝 올라섰다. 시민들은 군부대 투입 위협에도 아랑곳없이 군부정권 연장 기도에 맞서 결연하게 투쟁했다. 투쟁은 전국 각지에서 동시다발로 진행되었다. 일부 지방 도시 중에는 단군 이래 최초로 시위를 경험한 곳도 있었다. 상황은 군부대를 투입해 제압할 수 있는 수준을 훨씬 넘어섰다. 결국 전두환 정권은 두 손을 들었다.

민주화세력은 일거에 대세를 형성할 수 있는 기회를 맞이했다. 하지만 앞서 살펴본 것처럼 양김씨의 분열과 이어진 3당 합당으로 민주화 세력은 코너로 몰리는 신세가 되었다. 김대중이 이끄는 정당은 소수 정당으로 고립되었다. 김대중의 노련한 정치력은 바로 이런 상황에서도 진가를 발휘했다. 1997년 대선에서 김대중은 김종필과의 정치 연합을 바탕으로 승리를 거두었다. 풍찬노숙하며 김대중과 함께 온갖 시련을 겪었던 민주화 세력이 권부의 중심부로 진출했다.

정권을 손에 넣은 김대중은 남북정상회담을 성사시킴으로써 한국 사회 지형을 다수의 평화 세력 대 소수 냉전 세력의 대결 구도로 일거에 바꾸어 버렸다. 정치 9단의 실력이 유감없이 발휘된 지점이었다. 변화된 지형을 배경으로 가장 개혁적인 정치인으로 평가받은 노무현이 후임 대통령에 당선되었다.

민주화 세력은 일시적 패배를 딛고 승승장구했다. 특히 노무현의 당선은 젊은 민주화 세력에게 가별한 의미가 있었다.

노무현은 1987년 민주화투쟁의 승리와 함께 이제 막 정치 무대에 데뷔한 신출내기에 불과했다. 관록 있는 정치인과는 거리가 먼 인물이었다. 조직력이나 지역 기반 모두에서 절대 열세였다. 자산이라고는 참신한 개혁 이미지밖에 없었다고 해도 과언이 아니었다. 그런 노무현 주변으로 1980년대 학생운동을 경험했던 86세대를 중심으로 지지자들이 결집했다. 이들은 급속히 확산된 인터넷 기반을 십분 활용했다. 10만 회원을 자랑하는 '노무현을 사랑하는 사람들의 모임'(노사모)이 그렇게 해서 만들어졌다. 결국 이들은 기성 정치판을 뒤엎고 최종 승리를 거두었다.

지지자들 입장에서 노무현 정부의 출범은 일종의 혁명적 체험이나 다름없었다. 지지자들은 기성 정치 질서에 반기를 들었다. 어쩌면 마이너의 길을 선택한 것일 수도 있다. 하지만 그들은 일거에 메이저 자리를 차지했다. 세상은 자신들이 마음먹으면 얼마든지 쥐고 흔들 수 있는 만만한 상대였다. 자신감이 넘쳐흘렀다. 자신감은 2004년 노무현 탄핵 역풍으로 여당인 열린우리당이 과반수 의석을 차지한 것과 함께 86세대 정치인이 대거 국회에 진출하면서 더욱 강해졌다.

그간의 과정을 간략히 살펴보았지만 민주화 세력이 걸어온 여정은 결코 가벼운 것이 아니었다. 민주화 세력은 성공과 실패를 반복하며 풍부한 경험을 쌓았다. 무엇보다도 자신감이라는 귀중한 자산을 획득했다. 하지만 지나친 자신감은 자만으로 이어질 공산이 컸다. 자만은 자신의 오류에 대한 무지로 이어질 수 있다. 국정 운영 과정에서 그러한 일단이 드러났다.

거듭 확인한 것처럼 김대중·노무현 정부는 신자유주의 정책으로 올인했다. 청와대 관계자의 증언에 따르면 김대중 정부 초기 모든 판단의 기준은 IMF의 요구였다고도 한다. 당시 IMF는 철저하게 미국 재무부 지침에 따라 움직이는 기구였다. 결국 김대중 정부는 미국 재무부 지침대로 움직였다는 이야기이다.

김대중·노무현 정부를 이끈 민주화 세력은 당시 상황에 따라 어쩔 수 없이 신자유주의 정책을 펼친 것이 아니었다. 그들은 신자유주의를 대안으로 받아들이면서 적극 추종했다. 왜 그랬을까?

여러 가지 이유가 있다. 소련 붕괴 이후 미국이 유일한 초강대국으로 부상하면서 미국적 가치가 대세를 이루었다. 민주화 세력 역시 그 영향을 크게 받았다. 1990년대 미국의 신경제가 사상 최고의 호황을 누리면서 신자유주의의 정당성에 대한 믿음은 더욱 확고해졌다. 민주화 세력은 지난날 군부독재에 저항하면서 국가의 개입과 통제에 대해 체질적 거부감을 갖고 있었다. 그것이 국가의 개입을 거부하고 시장의 자유를 옹호한 신자유주의에 쉽게 정서적 친밀감을 가질 수 있었던 이유이다.

신자유주의가 얼마나 심각한 폐해를 남겼는지는 재론할 필요가 없을 것 같다. 그로 인한 고통은 아직까지도 지속되고 있다. 그 주요 책임 당사자가 김대중·노무현 정부를 이끌었던 민주화 세력이었던 것이다.

이명박 정부 출범과 함께 민주화 세력은 야당의 위치로 돌아갔다. 충분한 시간을 갖고 집권 시기를 되돌아보면서 성찰의 시간을 가질 수 있는 기회였다. 그 기간 동안 얼마나 깊이 있는 성찰의 시간을 가졌는지는 정확히 알 수 없다. 분명한 것은 국민 앞에 고해성사하듯이 신자유주의에 경도된 지난날의 잘못을 솔직담백하게 토로하고 고백한 경우는 별로 없다는 사실이다.

알을 깨고 나오는 고통스런 성찰 없이는 결코 새로운 미래를 밝힐 비전을 만들 수 없다. 현재 민주화 세력은 새로운 미래를 담은 포괄적 비전을 제시하고 있지 못하다. 단편적인 선심성 공약 위주에서 크게 못 벗어나고 있다. 민주화 세력이 주로 의존하고 있는 것은 김대중·노무현의 정치적 유산이다. 과거의 권위에 기대고 있는 것이다. 이 점에서 보수 정치 집단과 본질적으로 다르지 않다.

마냥 이대로 가다가는 민주화 세력 역시 보수의 뒤를 따라 붕괴되는 운명을 피할 수 없을 것이다. 민주화 세력이 그로부터 벗어나는 길은 보수 붕괴의 원인을 정확히 파악하고 교훈을 새기는 것이다. 그런 점에서 민주화 세력에게는 아직 충분한 기회가 있다. 제대로 된 혁신 과정을 거친다면 그동안 축적한 내공을 바탕으로 한국혁명에서 의미있는 역할을 수행할 수 있는 것이다.

보수 붕괴의 교훈

마냥 견고해 보였던 보수는 왜 그리 맥없이 붕괴했을까? 보수 붕괴로부터 교훈을 얻자면 그 원인을 좀 더 자세히 들여다 볼 필요가 있다.

일각에서는 그동안 유지되어 왔던 보수의 우위가 다분히 허상에 불과했다고 보는 경향이 있다. 독재와 부패로 얼룩진 보수가 다수파가 될 수 있었던 것도 무지한 국민들을 교묘히 현혹해서 만들어 낸 결과에 불과하다는 것이다. 이런 입장에서 보자면 보수의 붕괴는 그 허상이 드러나면서 나타난 예정된 결과일 뿐이다. 하지만 이는 보수의 실체를 제대로 파악한 것이 아니다. 이런 시각으로는 보수 붕괴의 정확한 이유도 밝힐 수 없을 뿐더러 교훈도 끌어낼 수 없다.

보수 세계의 의식 구조에는 여러 겹의 지층이 쌓여 있다. 그 지층 대부분은 산업화 성공의 신화들로 채워져 있다. 물론 한국의 산업화가 보수의 노력만으로 이루어졌다는 것은 분명히 어폐가 있다. 높은 교육열과 저축률, 중소 기업인들의 과감한 투자 열기 등 국민들의 헌신과 열정이 없었다면 산업화는 절대 성공할 수 없었다. 그럼에도 산업화 성공 신화가 보수 세계의 의식을 지배한 것만은 틀림없다.

산업화 성공 신화의 진가를 이해하려면 먼저 한국의 산업화가 어떤 조건에서 출발했는지 주목할 필요가 있다.

산업화가 본격 시작되었던 1960년대 초, 한국은 세상에서 가장 가난한 나라에 속해 있었다. 한국은 그 어느 곳에서도 희망을 찾아보기 힘든 황량한 폐허의 땅이었다. 분단과 전쟁으로 온 나라는 처참하게 망가져 있었고, 구석구석 절대 빈곤의 그림자가 짙게 드리워져 있었다.

자본과 기술이 전혀 갖추어져 있지 않은 조건에서 경제 건설에 성공할 수 있는 가능성은 거의 없어 보였다. 남미의 브라질처럼 풍부한 지하자원이나 거대 국내 시장이 형성되어 있지도 않았다. 분단으로 인해 북으로의 진출이 차단된 조건에서 교역의 요충지로 기능할 수도 없었다. 타이완, 홍콩, 싱가포르 등 다른 아시아의 용들처럼 전 세계에 걸쳐 형성된 막강한 화교 네트워크도 없었다.

한국은 손에 쥔 것이라고 아무것도 없는 상태였다. 우방을 자처한 미국이나 일본마저 결정적 순간마다 소극적 태도를 취했다. 이런 점에서 한국에서의 산업화 성공은 상당히 예외적인 것이 아닐 수 없었다.

보수 의식의 가장 밑바닥을 채우고 있는 것은 박정희 시대에 만들어진 신화들이다. 산업화 과정에서 박정희와 가장 호흡을 맞추었던 경제인은 현대그룹 회장 정주영이었다. 이 두 사람 사이에서 만들어진 다양한 스토리들은 아직까지도 보수 세계의 의식을 지배하고 있다. 시간이 좀 걸리더라도 구체적 사례를 들어 설명하는 것이 실상을 파악하는 데 도움이 될 것 같다.

1970년대 초 최고 통치자 박정희는 조선 산업 육성에 강한 의지를 보였고 그 일환으로 신규 조선소 설립을 현대 그룹 회장 정주영에게 맡겼다. 자본이 절대적으로 부족한 조건에서 해외로부터 차관 도입이 불가피했다. 정주영은 차관 제공 가능성이 가장 크다고 여긴 미국과 일본을 방문해 협의했다. 그러나 미국과 일본은 한국에는 선박 제조 능력이 없다며 차관 제공을 거절했다. 정주영은 조선업을 포기하자는 의견을 냈다. 박정희는 완강했다. 박정희는 조선업을 포기하면 정주영과의 관계를 모두 끊겠다고 선언하면서까지 차관 도입을 위해 계속 노력할 것을 요구했다.

정주영은 박정희가 권유한 대로 유럽으로 갔다. 숱한 고비를 넘긴 끝에 영국 바클레이 은행과 차관 도입을 협의할 수 있었다. 바클레이 은행은 차관 제공에 동의하면서 영국 정부 기관인 수출신용보증국^{ECGD}의 승인을 받아올 것을 요구했다. 그러자 ECGD는 선박을 살 선주를 미리 확보하면 차관을 승인하겠다는 입장을 보였다. 사실상 차관 제공 승인을 에둘러 거절한 것이나 다름없었다. 있지도 않은 조선소의 선박을 살 사람은 이 세상에 아무도 없기 때문이었다.

정주영은 존재하지도 않는 조선소 선박을 사줄 선주를 찾아 나섰다. 급한 대로 선박 도면은 설계사무소에 빌렸다. 하지만 선주들의 반응은 예상대로 냉담하기 그지없었다. 천신만고 끝에 그리스 선박왕 오나시스의 처남을 만날 수 있었고 (약속 위반 시 계약금에 이자까지 지불하고 하자가 있을 시 원금을 되돌려 주겠다는) 파격적인 제안을 한 끝에 유조선 두 척을 주문받을 수 있었다. 마침내 ECGD의 승인을 거쳐 바클레이 은행으로부터 차관을 도입하는 데 성공했다.

1972년 3월 울산 미포만에서 현대 조선소 건설을 향한 대역사가 시작되었다. 그렇게 출발한 현대조선은 이후 현대중공업으로 이름을 바꾸어 오늘에 이르고 있다. 2000년대 이후 현대중공업은 오랫동안 기술 수준과 수주량 모두에서 세계 최고의 조선소로 군림했다. 생산 구조도 초대형 컨테이너선, 해양 플랜트, 쇄빙 유조선 등 고부가가치 선박 중심으로 고도화되었다.

현대자동차 이야기로 넘어가 보자. 1967년에 설립된 현대자동차는 미국 포드와의 합작을 바탕으로 자동차를 단순 조립하는 데 주력했다. 포드로부터 도면을 들여와 국산 부품 21 대 포드 부품 79의 비율로 조립하는 것이었지만 그나마 기술력을 요구하는 부품은 모두 포드 제품이었다. 현대자동차는 이런 방식으로 코티나와 뉴코티나 등을 국내 시장에 출시해 나름대로 성공을 거두었다.

바로 그 때 박정희가 다시 전면에 등장했다. 박정희는 정부 지원을 약속하면서 현대자동차가 수출 가능한 국산 고유 모델을 개발할 것을 강력히 종용했다. 취약한 기술 여건상 고유 모델 개발은 자칫 회사 전체가 망하는 것으로 이어질 가능성이 컸다. 곳곳에서 거센 반발이 일어났다

하지만 최고 통치자의 요구를 거역하는 것은 불가능했다. 현대자동차 경영진은 고유 모델 '포니' 개발을 최종 확정 짓고 개발에 착수했다. 천신만고 끝에 포니 개발이 성공을 거두었다. 포니는 일순간에 국내 승용차 시장을 석권했다. 한때 한국의 도로 위를 달리는 승용차의 대부분은 포니였다고 해도 과언이 아니었다. 동시에 중동과 아프리카, 중남미 등에서 수출 주문이 밀려오기 시작했다. 하지만 곳곳에서 품질 하자가 발생했다. 포니는 문제투성이 차로 판명이 났다.

현대자동차는 포니 개발 과정에서 비로소 자동차를 만든다는 것이 무엇이지 감을 잡을 수 있었다. 현대자동차가 자신감을 갖고 새로운 도전을 향해 나아갈 때 뜻하지 않은 일이 발생했다. 1980년 5.17군사쿠데타로 권력을 장악한 신군부 세력이 중화학공업화 교통정리 차원에서 발전설비 산업

을 대우에게 맡기고 현대는 자동차산업을 전담하도록 했다. 그에 따라 현대자동차가 대우자동차의 합작선인 GM과 합작을 해야 할 상황이 발생했다. GM은 사실상 경영권을 자신들에게 넘길 것을 요구했다. 현대자동차는 이를 거부하고 자신들만의 길을 선택했다.

그로부터 현대자동차는 독자 기술력을 축적하기 위한 험난한 여정을 이어갔다. 목표는 미국 시장에서 통할 수 있는 중형차를 만드는 것이었다. 하지만 미국 시장이 요구하는 기술 수준은 상상 이상으로 높은 것이었다. 현대자동차는 수많은 실패를 반복하면서 자동차에 대한 지식을 축적했고 독자적인 기술 개발을 향해 조금씩 다가갈 수 있었다. 그러는 동안 20여 년의 세월이 흘렀다.

오늘날 현대자동차는 100% 자체 기술로 자동차를 만들 수 있는 기업이 되었다. 기술 수준에서는 세계 선두 그룹을 형성하고 있다. 한때 미국 시장에서 판매 신장률이 가장 높은 자동차 업체로 평가받기도 했다.

한국의 산업화 성공의 주역으로 삼성을 빼놓을 수는 없을 것이다. 삼성전자를 오늘날 매출액 기준 세계 최대 전자업체로 등극시킨 일등 공신은 두말할 필요도 없이 반도체 개발이었다. 이와 관련해서는 앞에서 어느 정도 언급하기는 했지만 좀 더 자세히 들여다 볼 필요가 있다.

삼성이 반도체 사업을 시작한 계기는 1975년 이건희가 아버지인 이병철 회장을 설득해 파산위기에 내몰린 한국반도체를 인수한 것이었다. 삼성의 반도체 개발을 대하는 정부와 언론의 분위기는 냉랭하기 그지없었다. 그에 아랑곳하지 않고 삼성은 반도체 개발을 집요하게 밀어붙였다. 마침내 1992년 삼성전자는 64메가 D램을 개발하는 데 성공함으로써 선두 주자였던 일본을 제치고 메모리 반도체 기술 세계 1위에 올라섰다. 삼성이 반도체 개발에 착수한 지 꼬박 17년 만의 일이었다.

이후 삼성전자는 메모리 칩 분야에서 줄곧 세계 1위를 달렸다. 1996년의 1기가 D램, 2001년의 4기가 D램 개발 모두 세계 최초였다. 그 결과 삼성전자는 반도체 메모리 용량이 1년 반마다 2배로 늘어난다는 인텔 창업자 무어의 법칙을 뒤집을 수 있었다. 대신 메모리 용량이 1년마다 2배로 늘어난다고 말한 삼성전자 황창규의 '황의 법칙'이 널리 통용되기에 이르렀다.

삼성전자가 반도체 분야에서 대성공을 거둘 수 있었던 것은 몇 가지 요인이 뒷받침된 결과였다. 먼저 해외 우수 인력 스카우트에 전력을 기울였다. 또한 해외 경쟁업체보다 한 걸음 앞서 과감하고도 공격적인 투자를 아끼지 않았다. 빼놓을 수 없는 중요한 요인이 또 하나 있다. 삼성전자는 공정에서의 대대적인 혁신을 통해 신제품 개발, 생산 원가, 품질 등에서 절대적 우위를 확보할 수 있었다. 삼성전자는 이 지점에서 가히 예술이라는 평가가 나올 정도로 뛰어난 기량을 발휘했다.

반도체는 제품 주기에 따라 값이 크게 차이가 난다. 공정 혁신은 바로 이러한 속도 싸움에서 압도적 우위를 점하기 위한 것이었다. 삼성전자는 여러 세대의 제품 개발을 거의 동시에 추진했다. 덕분에 삼성전자는 신제품 개발에서 항상 한 걸음 앞설 수 있었을 뿐만 아니라 차세대 혹은 차차세대 제품 개발에서 획득한 기술을 현세대 제품에 적용함으로써 품질을 획기적으로 개선할 수 있었다. 삼성전자가 칩 크기를 절반으로 줄인 것은 그 대표적인 경우이다. 칩 크기가 줄면 안전성이 높아질 뿐만 아니라 부품의 소량화가 생명인 모바일 제품에 사용될 여지가 그만큼 커진다.

삼성전자는 제품 개발과 생산 체계를 긴밀하게 통합했다. 이를 위해서 삼성전자는 제품 설계에서 대량생산에 이르기까지 모든 단계의 엔지니어들이 동시에 참여하도록 했다. 제품 개발과 대량생산체제 구축이 거의 동시에 이루어지면서 신제품 개발과 시판 사이의 시차를 최소화할 수 있었다.

삼성전자는 생산라인의 활용을 극대화시켰다. 세계 반도체 업체는 신제품이 개발되면 으레 새로운 생산라인을 깔았다. 삼성전자는 이 통념을 깨고 기존 라인에서 신제품을 생산하고 D램 생산라인에서 플래시메모리 등 비D램 제품을 생산하는 방식을 개발했다. 신규 생산라인을 설치하는 데 소모되는 시간과 비용을 절약함으로써 대량생산 시기를 앞당긴 것은 물론 제조 원가를 대폭 절감할 수 있었다.

삼성전자는 세계 반도체 업계에서 유일하게 생산라인과 연구시설을 한 공간 안에 배치함으로써 문제가 생기면 연구원들이 즉각적으로 해결하도록 하는 기민함을 보였다. 문제 해결 방식 또한 독특하다. 경쟁업체들은 가능성이 가장 높아 보이는 부분에서 문제 해결을 시도하고 그래도 안 되면 다른 부분으로 옮겨가는 순차적 해결 방식을 취했다. 삼성전자는 달랐다. 어떤 문제가 발생했을 때 문제의 원인이 될 만한 확실한 것 다섯 가지를 찾아낸 다음 그 해결을 동시에 시도하는 병렬적 해결 방식을 사용했다. 그럼으로써 최단 기간 안에 문제를 해결할 수 있었다.

이런 식으로 삼성전자는 반도체 분야에서 목표의 대부분을 주어진 기간 안에 달성하면서 매번 거짓말 같은 기록을 세울 수 있었다.

지금까지 우리는 재계를 대표해온 현대와 삼성이라는 두 기업에서 이룩한 성공 신화에 대해 살펴보았다. 유사한 성공 신화가 곳곳에서 이루어졌다. 한국의 산업화 성공은 그러한 신화들로 엮어진 거대한 드라마였다. 수많은 성공 신화들이 보수층 의식 구조의 지층마다 빼곡하게 새겨졌다.

이러한 과정을 거쳐 한국 기업들은 국민 전체의 의식을 뒤흔들어 놓을 만큼의 놀라운 기적을 만들어 냈다.

일본은 과거 한국을 식민 지배했던 나라였다. 그런 역사적 배경으로 인해 일본의 기업인과 관료들은 한국을 노골적으로 멸시했다. 한국을 발톱의 때만큼으로도 여기지 않았다. 대놓고 "니들이 뭘 하겠다고 까부느냐"며 경멸했다. 그러다 보니 한국 기업인들은 일본에 대해 깊은 원한을 품을 수밖에 없었다. 어떻게 해서든지 일본을 이겨보겠다는 강한 의지를 가슴에 새기기에 이르렀다. 미국 스탠포드 대학교에서 수석연구원으로 있던 황창규 박사가 도무지 가망이 없어 보였던 삼성 반도체 사업에 합류하기로 결심한 이유도 단순명료했다. "일본을 한번 이겨보고 싶어서"

일반 국민들 사이의 분위기는 크게 달랐다. 국민들 입장에서 일본을 넘어선다는 것은 도무지 가당치 않은 일이었다. 기술력이나 모든 점에서 일본과 한국 사이에는 넘어서기 어려운 벽이 존재한다고 느꼈던 것이다. 특히 전자 분야는 1990년대까지만 해도 소니, 파나소닉 등 일본 전자업체가 최강의 위치에서 세계 시장을 뒤흔들고 있던 판국이었기에 더욱 그러했다. 이런 상황에서 한국의 전자업체가 머지않아 일본을 추월할 것이라고 상상한 국민이 과연 몇 명이나 되었겠는가?

그런데 상상조차 불허했던 지점을 한국 기업들이 넘어선 것이다. 한국의 기업들은 많은 분야에서 도무지 불가능할 것만 같았던 일본을 넘어서는 데 성공했다. 2000년대 접어들어 조선·반도체·휴대폰·TV·자동차 등 주요 제조업 분야에서 일본을 제치고 세계 1위에 올랐거나 '글로벌 강자'로 부상했다.

조선 분야는 애초에 일본이 50여 년 동안 부동의 세계 1위를 고수해온 분야였다. 그 자리를 한국 기업들이 차지했다. 2000년대 이후 한동안 세계 1위에서 7위까지를 모두 한국 조선업체가 차지하기도 했다. 삼성과 LG에서 만드는 TV는 일본 제품을 능가하며 세계 최고의 품질을 자랑하고 있다.

사회적 분위기도 크게 달라졌다. 일본쯤이야 하는 자신감이 생겼다. 외신 기자들 눈에 한국은 전 세계에서 유일하게 일본을 우습게 보는 나라였다. 당시 일본은 잃어버린 20년을 겪으며 바닥을 기고 있었다.

한국 경제의 국제적 위상도 확연히 달라졌다. 한국은 2015년 무역 규모가 1조 달러를 넘어서는 세계 8대 무역대국이다. 대외 채권채무 관계에서 채무보다 채권이 1천 억 달러 이상 많은 유력 채권 국가이기도 하다. 2004년 이후 10년 간 외국자본의 국내 투자는 1268억 달러인 것에 비해 국내 자본의 해외 투자는 2905억 달러로 한국 자본이 해외에 설립한 법인 수도 줄잡아 6만 개에 이르는 유력 자본수출 국가의 하나이기도 하다. 10대 경제대국이라는 표현이 어색하지 않다.

한국의 기업, 그중에서도 수출을 주도하던 대기업들은 정점을 찍었다. 바로 그때부터 문제가 불거지기 시작했다.

성장의 견인차 구실을 하던 재벌 시스템에서 비효율성이 누적되어 갔다. 승자독식으로 빚어진 사회적 양극화는 내수 침체를 불러오면서 기업들의 발목을 잡았다. 구조적 문제가 누적되어 가면서 생산성도 뚜렷하게 저하되기 시작했다. 설상가상으로 중국 부메랑이 한국을 본격적으로 위협하기 시작했다.

1990년대 이후 중국은 새로운 기회의 땅이었다. 중국과의 교역 및 투자 급증은 한국 경제의 지속적 성장을 떠받친 가장 큰 동력의 하나였다. 분위기를 타면서 다수 한국 기업이 중국에 현지 법인을 설립했다. 중국인들은 영악했다. 한국 기업에 취업한 중국인들은 우수한 생산기술을 완벽하게 소화한 뒤 자기들의 기업을 새로 설립했다. 그런 다음 세계 시장을 거침없이 잠식했다. 시간이 흐르면서 중국 기업은 가격 경쟁력은 물론 기술력까지 한국을 능가하기 시작했다. 중국의 파상 공세 앞에서 수출을 주도했던 대부분의 한국 기업들이 맥없이 시장을 내주었다. 세계 1위를 질주하던 조선업 1위 자리를 중국에 내주더니 급기야 2위 자리마저 일본에 내주었다.

고강도 혁신이 절실히 요청되었다. 하지만 한국의 기업들은 과거 성공의 추억에 사로잡혀 혁신을 게을리 했다. 시간이 흐르자 문제가 구조화되고 고착화되면서 사태의 심각성을 깨닫게 되었지만 시장 스스로 문제를 해결하기 쉽지 않은 상황으로 치닫고 말았다. 시장실패가 현실화된 것이다.

불가피하게 정부가 나서야 하는 상황이었다. 이명박 정부부터 이 작업에 본격적으로 나서야 하는 순서였다. 하지만 보수 정치 세력은 구태의연하기 짝이 없었다. 앞서 살펴본 것처럼 이명박 정부는 4대강에서 내내 삽질만 하다 시간을 다 까먹었다. 박근혜 정부에 이르러서는 보수 정치권이 이른바 '친박놀음'에 빠져 골든타임을 놓치고 말았다. 당시 새누리당에서는 친박근혜 세력이 다수파를 형성하고 있었다. 이들은 새로운 미래를 담은 비전으로 상황을 돌파하려 하지 않고 박정희의 정치적 유산에 의존해 권력을 유지하려 들었다. 구태의연함의 극치를 보여준 것이다.

보수는 과거 성공 신화에 도취되어 '자만'이라는 병에 걸려 있었다. 그 자만이 혁신이 절실한 시기에 이를 외면하도록 만들었다. 마침내 국민적 신뢰를 상실하면서 보수 붕괴라는 최악의 상황을 맞이하게 했다.

보수 붕괴가 남긴 교훈은 매우 단순하고 명료하다. 아무리 과거 화려한 성공의 추억이 넘쳐나더라도 자만에 빠지면 한순간에 무너질 수 있다. 끊임없이 성찰하고 혁신하고 전진하지 않으면 살아남을 수 없는 것이 오늘의 현실이다. 역사상 실패의 절반은 성공의 추억으로부터 비롯되었다는 영국의 역사가 아놀도 토인비의 말이 그대로 맞아 떨어진 것이다.

한국혁명을 낙관할 수 있는 이유

민주화 세력과 보수 세력이라고 하는 집권 경험이 있는 두 집단의 드러난 모습만 놓고 보면 한국혁명의 성공을 장담하기 쉽지 않다. 그럼에도 한국혁명의 미래를 낙관하는 것은 세 가지 이유 때문이다.

첫째, 과거 성공의 추억으로부터 자유로운 청년세대의 존재이다.

청년세대는 민주화와 산업화 과정에서 형성된 성공의 추억과 무관한 존재이다. 적어도 촛불시민혁명 이전의 그들은 승리해 본 경험이 전혀 없다시피하다. 청년세대가 걸어온 여정은 외환위기 이후 수 없이 반복되는 실패와 좌절뿐이었다. 그로 인한 자신감 결여가 문제라면 문제였다.

청년세대는 기성세대의 복제품이 아니다. 청년세대는 전혀 다른 환경에서 태어나 자라면서 기성세대와는 전혀 다르게 사고하고 행동한다. 1990년대 10대를 보낸 청년들의 모습은 지독한 반항아 그 자체였다.

당시 10대들이 세상을 어떤 시각으로 보고 있었는지는 그들이 열광했던 '서태지와 아이들'의 노래 〈시대유감〉을 통해서 어느 정도 알 수 있다. 〈시대유감〉은 "정직한 사람의 시대는 갔어", "거 짜식들 되게 시끄럽게 구네 그렇게 거만하기만 한 주제에", "나이든 유식한 어른들은 예쁜 인형을 들고 거리를 헤매 다니네", "모두를 뒤집어 새로운 세상이 오기를 바라네"라는 노랫말에서 나타나듯이 기성세대의 위선과 허위의식을 신랄하게 폭로하고 비판한 노래였다.

청년세대는 외환위기 이후 생존을 향해 몸부림치면서 부모세대에게 굴복하기도 하고 무한경쟁 논리를 수용하기도 했지만 그들의 내면세계에는 현실과의 불협화음이 존재했다. 경험을 통해 충분히 확인되었듯이 청년세대는 생래적으로 기존 체제에 굴복하고 순응해서 마음의 평화를 얻을 수 있는 존재가 아니었다. 그들에게 허락된 것은 체제 자체의 극복뿐이었다.

청년세대는 오랫동안 길이 보이지 않아 고통스러워했다. 그런 점에서 촛불시민혁명은 청년세대에게 운명적 순간이었다. 무엇보다 촛불시민혁명은 일련의 정치적 승리를 통해 청년세대에 강력한 자신감을 불어넣어 주었다. 청년세대는 촛불시민혁명을 세상을 바꾸는 본격적인 출발점으로 받아들였다.

청년세대가 아직 미성숙한 존재임은 부정할 수 없다. 세상을 바꾸는 데 주도적으로 나서기에는 아직 제대로 학습되어 있지도 훈련되어 있지도 않다. 중요한 것은 청년세대들에게 그러한 한계를 극복할 의지와 능력이 있다는 사실이다. 그들은 머지않아 한국혁명의 한복판에 설 것이다.

둘째, 민주화 세력은 양쪽으로부터 혁신의 압력을 받을 것이다.

먼저 보수의 붕괴가 직접적이면서도 강력한 형태로 민주화 세력의 혁신을 압박할 것이다. 최소한의 식견이 있는 사람이라면 보수의 붕괴라는 엄청난 사태 앞에서 그 원인을 찾고 교훈을 얻으려 할 것이다. 민주화 세력 내부에서 그러한 흐름이 형성되는 것은 너무나 자연스런 현상이다. 그렇지 않다면 민주화 세력은 구제불능의 바보천치 집단에 다름 아닐 것이다. 결코 그런 수준은 아니라고 본다.

또 다른 혁신의 압력이 청년세대와 시민으로부터 강하게 제기될 것이다. 보수 세력의 가장 큰 약점은 기득권 세력이 절대적 영향력을 행사하면서 혁신 지향적 세력을 억압한다는 데 있다. 민주화 세력은 이 점에서 다른 조건에 놓여 있다. 기득권 세력으로부터 상대적으로 자유로우면서 거꾸로 혁신지향적인 청년세대와 시민 세력으로부터 보다 직접적인 영향을 받는 것이다.

민주화 세력의 역사를 보면 보다 개혁적이고 혁신적인 세력으로 중심축이 이동하는 과정의 연속이었다. 약체 노무현이 권력의 중심에 설 수 있었던 것도 그러한 전통이 있었기 때문에 가능했다. 앞으로 민주화 세력 내부에 혁신을 둘러싼 치열한 다툼이 일어나면서 중심축 이동이 또다시 일어날

것이다.[58]

일련의 혁신 과정을 거쳐 민주화 세력은 그간 축적된 내공을 바탕으로 한국혁명에 능동적으로 기여할 것이라 기대된다.

셋째, 누구도 쉽게 예상치 못한 일이겠지만 합리적 보수층이 한국혁명에 적극 합류할 가능성이 매우 높다.

붕괴와 함께 사분오열된 보수 세력이 어디로 갈지 자못 귀추가 주목된다. 그중에서도 관심의 초점은 산업 현장과 경영 일선을 책임졌던 합리적 보수층의 향방이다. 이들은 한국혁명의 핵심 공정인 경영혁명에 적극 합류할 가능성이 매우 높다. 이는 한국 사회의 판도를 흔드는 매우 중요한 지점이다.

그동안 진보와 보수는 기업 경영을 보는 시각에서 극단적으로 엇갈렸다. 진보는 기업 경영을 노동력 착취의 무대로, 보수는 부의 창출 무대로 상반되게 보아 왔던 것이다. 그 결과 기업 경영은 거의 보수의 독무대가 되다시피 했다. 경영혁명은 이러한 시각 차이를 일소시킨다. 경영혁명은 기업 경영을 수평적으로 협력하는 새로운 사회적 관계 창출의 무대로 전변시킨다. 이는 기업 경영이 보수의 독무대에서 벗어나 사회 진보를 이끄는 핵심 무대로 기능함을 의미한다. 진보와 보수로 양분되었던 한국 사회의 지형을 결정적으로 뒤바꾸어 놓을 수 있는 지점이다.

산업 현장과 경영 일선을 책임지는 합리적 보수층은 이념보다 실리를 중시하는 사람들이다. 이들은 무엇이 더 이로운지를 냉철하게 판단하고 선

---

58) 민주화 세력은 크게 김대중·노무현 정부에 참여한 메이저 그룹과 진보정당운동에 합류한 마이너 그룹으로 나누어진다. 후자를 특별히 다루지 않은 것은 그 구성이 매우 복잡하여 일률적으로 이야기하기 어렵기 때문이다. 한국혁명을 대하는 태도도 매우 복잡다기할 것으로 예상된다. 일부는 적극 합류할 수도 있고 일부는 교조적 좌파 이념을 고수할 수도 있다. 단 이들이 단일한 세력이 되어 정세를 주도할 가능성은 별로 없어 보인다.

택할 수 있는 감각을 소지하고 있다. 그렇기 때문에 이들이 경영혁명에 적극 합류할 가능성은 매우 높다. 이념의 지배를 받던 진보 세력보다 도리어 가능성이 더 크다고 볼 수 있다. 실제로 사람 중심 경영에 대해 가장 먼저 고민을 시작한 층도 이들이다.

경영혁명은 산업 현장과 경영 일선을 책임지는 합리적 보수층의 참여와 협력 없이는 원천적으로 불가능하다. 합리적 보수층의 합류는 한국혁명 성공의 필수불가결한 요소이다. 따라서 모든 정치 행위는 합리적 보수층과의 연합에 초점을 맞추어 진행되어야 한다. 이는 한국혁명의 성과를 가르는 전략 지점이다.

한국혁명은 구시대 이념에서 자유로운 합리적 진보와 합리적 보수의 연합을 바탕으로 추진될 것이다. 두 세력은 그동안 절대시 되었던 진보, 보수의 이분법을 무의미하게 만들면서 신주류 연합을 추구할 것이다. 향후 정세를 일관되게 헤쳐 나갈 수 있는 대통합 정치는 이를 기반으로 성립된다.[59]

이런 맥락에서 보자면 기존의 진보, 보수의 구도가 부활하고 보수가 다시금 우위를 회복할 가능성은 거의 없다. 단 반대편에 있는 진보 세력이 모든 것을 엉망진창으로 만들어 버린다면 이야기는 달라진다.

한국혁명의 미래는 낙관적이다. 적지 않은 착오와 시련이 있을 수 있지만 이를 능히 극복할 수 있을 것이라는 점에서 낙관적이다. 낙관적 미래를

---

[59] 앞서 정치의 재구성과 관련하여 진보 주도의 대통합 정치를 설파한 바 있다. 이것과 합리적 진보와 합리적 보수의 연합이라는 논지는 상호 충돌하는 것 아닌가. 전혀 그렇지 않다. 두 가지 이유가 있다.

먼저 합리적이지 않으면 진보라 말할 수 없다. 그러한 이유로 압도적 다수는 합리적 진보의 길을 걸을 수밖에 없다. 반면 보수는 기득권으로부터 자유롭지 못하기 때문에 합리성 견지가 크게 제약된다. 진보 우위의 불가피성이다. 보다 중요한 것은 합리적 보수층이 한국혁명에 합류하는 순간 이미 그들은 내용적으로 진보의 일원이다. 단지 상호 존중의 입장에서 합리적 보수라는 표현을 유지할 뿐이다.

이런 맥락에서 합리적 보수와의 연합을 적극 추진할수록 진보 주도의 대통합 정치는 더욱 의연히 관철된다.

가로막는 가장 큰 적은 성공의 추억에 결박되어 혁신을 기피하는 것이다. 이제 대한민국은 통째로 성공의 추억으로부터 탈출해야 한다. 과거의 시선 으로 현재를 보는 것에서 미래의 시선으로 현재를 보는 것으로 서둘러 전 환해야 한다.

2

고도의 창조적 실험장, 한반도 통일

한국인과 외모가 가장 유사한 나라로 몽골이 있다. 몽골은 본디 외몽골과 내몽골로 나누어진 분단국가였다. 지금의 몽골은 외몽골에 속하며 내몽골은 오래 전에 중국에 편입되어 네이멍구자치구로 존재한다. 그런데 당사자들은 물론이고 전 세계 어느 누구도 몽골을 분단국가라고 생각하지 않는다. 외몽골과 내몽골이 분단을 극복하고 통일로 가야한다고 생각하지도 않는다.

시간이라는 것이 이렇게 무서운 것이다. 기나 긴 시간의 흐름은 모든 것에 무감각하게 만든다. 현상을 있는 그대로 인정하게 만든다. 2017년 올해로 분단된 지 72년이 되었다. 적지 않은 세월이다. '우리의 소원은 통일'이라는 노래는 더 이상 불려지지 않는다. 법륜 스님의 이야기는 세태를 전해준다.

법륜 스님이 거리에서 북한 어린이 돕기 모금 운동을 펼쳤다. 가까이 다가와 모금함에 돈을 넣거나 욕지거리를 퍼붓는 사람들은 모두가 나이 먹은 기성세대였다. 젊은 세대는 대부분 무관심한 모습으로 지나쳤다. 충분히 그럴 만했다. 젊은 세대는 통일을 해야 할 절실한 이유를 경험하지 못했기 때문이다.

이런 맥락에서 통일 문제를 다룰 때 가장 먼저 던져야 할 질문은 "통일은 꼭 해야 하는 것인가?"일 수밖에 없다.

통일을 더욱 절실하게 만든 '북핵'

북한하면 무엇이 가장 먼저 떠오르는가? 북핵? 아마도 그럴 것 같다. 북한은 핵 프로그램을 갖고 국제 사회를 들쑤셔놓는 골치 아픈 존재이다. 굳이 그런 북한과 꼭 통일을 하고 싶은가? 많은 사람이 고개를 흔들지도 모른다. 아무리 피가 섞인 동생이라고 하지만 사고뭉치하고 같은 집에서 살고 싶은 생각은 추호도 없다고 말할지 모른다. 좋다! 북한은 더 이상 통일의 대상이 아니라고 가정해 보자.

통일을 포기하면 지금의 휴전선은 일반적인 의미에서 국경선이 된다. (물론 지금은 절대 국경선이 아니다.) 남북한은 더 이상 통일을 지향하는 특수 관계가 아니라 일반적인 의미에서 국제 관계로 바뀐다. 문제는 북한을 당장 없애버릴 수도 없고 멀리 이사 보낼 수도 없다는 데 있다.

일반적으로 국제 분쟁은 가까이 붙어 있는 나라들 사이에서 일어날 가능성이 높다. 멀리 떨어져 있는 나라들 사이에서 분쟁이 발생할 확률은 상대적으로 낮다. 통일을 포기하는 순간 북한은 분쟁 가능성이 매우 높은 이웃 국가가 된다. 전쟁 가능성은 상존한다. 북한은 핵무기를 보유하고 있다. 다급해지면 그걸 사용할 수도 있다. 대한민국은 일순간에 초토화된다. 끔찍하지 않은가?

휴전선이 국경선이 되는 순간 우리는 언제 터질지 모르는 초대형 폭탄을 옆에 끼고 사는 것과 다름없다.

보수층 일각에서는 이러한 위험성을 사전에 제거하기 위해 북한을 계속 압박해 핵을 포기기하도록 유도하고자 애썼다. 하지만 그런 식의 접근은 경험적으로 확인되었듯이 북한의 핵 개발을 더욱 부채질하는 것밖에는 되지 않았다. 북한으로 하여금 핵 개발에 더욱 집착하도록 만들 뿐이었다. 이는 북한이 왜 핵 개발에 나섰는지 전후 맥락을 살펴보면 보다 명확히 드러난다.

이야기는 1990년대 초로 거슬러 올라간다. 1991년 소련의 붕괴와 함께 냉전체제가 해체되었다. 그 결과 세계는 미국 중심의 일극 체제로 급속히 재편되는 움직임을 보였다. 북한으로서는 자칫 국제 미아로 전락할 수 있는 위험천만한 상황이었다. 북한은 위기 상황에서 벗어날 수 있는 길은 미국과의 관계 개선뿐이라고 판단했다. 그 일환으로 북한은 1992년 미국을 향해 특사 파견을 요구했으나 거절당했다. 미국은 북한과 관계 개선을 할 의지가 전혀 없었다. 미국 입장에서는 북한이 그들의 표현대로 '악의 축'으로 남아 있는 것이 더 유리했던 것이다.

공교롭게도 같은 해 남한은 중국과의 수교를 추진하고 있었다. 북한의 김일성은 당시 중국 외교부장을 묘향산 초대소로 데려가 극진히 대접하면서 중국으로 하여금 북한이 미국과 수교하는 것에 맞추어 남한과 수교해 줄 것을 요청했다. 하지만 중국은 이를 무시했다. 외교부장이 귀국한 지 한 달 뒤에 중국은 남한과 전격 수교했다. 이를 계기로 북한은 중국이 결코 믿을 상대가 아니라고 판단했다. 북한으로서는 그 누구에게도 의존하지 않고 홀로 상황을 헤쳐 나가야 하는 입장이 된 것이다.

1990년대 초 북한이 처한 상황을 입장을 바꾸어 남한이 북한이라고 간주하고 묘사하면 이렇다. 자본주의 종주국을 자처했던 미국이 소련과의 경쟁에서 패하면서 붕괴하고 말았다. 이를 계기로 전 세계는 소련을 정점으로 하는 사회주의 진영에 포섭되었다. 일본은 사회주의 색체를 강화하면서 경제적으로 큰 성공을 거두었고 북한과 수교를 맺고 경제 교류를 확대하면서 남한을 일방적으로 편들지 않았다. 남한이 이런 처지에 놓였다면 과연 얼마나 더 버틸 수 있었을까?

북한은 생존의 벼랑 끝에 섰다. 비상수단을 강구하지 않으면 생존 자체가 불투명한 상황이었다.

북한이 비상수단으로 선택한 것은 핵개발 프로그램이었다. 핵 프로그램은 세 가지로 구성된다. 기폭장치, 플루토늄과 고농축 우라늄을 포함한 핵물질 그리고 운반수단이다. 운반수단은 다시 전략폭격기, 대륙간탄도미사일(ICBM), 잠수함발사탄도미사일(SLBM) 세 가지로 구성된다. 이 중 전략폭격기는 북한으로서는 개발 능력이 없기에 제외되었다. 북한은 3종 세트로 구성된 핵 개발 프로그램에 착수했다. 북한의 최종 목표는 미국 본토를 겨냥한 핵 공격 능력을 확보하는 것이었다.

북한은 핵 개발 프로그램을 지렛대로 미국과의 관계개선을 압박하든가 그렇지 못하면 체제 유지 수단으로 삼고자 했다. 자신의 본토를 보복 공격할 능력을 갖추고 있는 조건에서 미국이 북한을 건드리기는 어렵다고 본 것이다. 이로부터 핵 개발을 둘러싼 북미간의 첨예한 다툼이 막을 올렸다.

핵 개발을 둘러싼 북한과 미국의 대립은 1994년처럼 전쟁 일보직전까지 가는 극한 대결과 협상을 통한 해결 사이를 오가는 매우 복잡한 양상을 보였다. 북한은 핵확산금지조약[NPT] 탈퇴, 장거리 로켓 발사, 핵실험 등 핵 개발 프로그램을 가시화하는 초강수를 잇달아 두면서 미국을 협상 테이블로 끌어들였다. 그 결과 1994년 '제네바 합의', 2000년 '북미공동성명',

2005년 '9.19합의', 2007년 '2.13합의' 등이 도출되었다. 세부 사항에서는 차이가 있었지만 큰 틀에서 보면 내용은 대체로 비슷했다. 북한은 핵 개발을 포기하고 미국은 그에 상응해 경제 지원과 관계 개선을 추진하는 것이었다. 하지만 실질적인 북핵 문제 해결로 나아가지는 못했다.

매번 이유는 동일했다. 미국이 합의 사항을 제대로 이행하지 않은 것이다. 단적으로 미국은 북한이 강력히 요구한 경제 지원과 관계 개선 약속을 이행하지 않았다. 미국 내 강경파들에게 발목이 잡힌 것이다. 강경파들은 그들 표현대로 북한이 악의 축으로 계속 남아 있어 주기를 바랐다. 그렇게 해주는 것이 군산복합체의 이익과 미국의 세계 전략을 관철시키기 유리하다고 본 것이다.

2008년 북한 지도부는 미국이 협상을 통한 문제 해결 의지가 전혀 없음을 최종 확인했다. 그 충격은 매우 컸다. 북한 최고 지도자 김정일 국방위원장은 스트레스를 견디다 못해 뇌출혈로 쓰러지기까지 했다. 그로부터 북한은 모든 협상의 여지를 배제한 채 핵 개발 프로그램 완성을 향해 치달아갔다.

새로이 출범한 오바마 행정부는 '전략적 인내'를 내세우면서 시종 사태를 방관했다. 일부 논자들은 오바마 행정부의 태도를 무능과 무책임의 극치라고 비판했지만 맥을 정확히 짚은 것은 아니었다. 오바마 행정부가 노린 것은 북핵 위기를 키워 동아시아에서의 개입 여지를 확대하는 것이었다. 북핵 위기를 이른바 '재균형 전략'이라는 이름 아래 추진된 중국 견제의 지렛대로 활용한 것이다.

여러가지 측면에서 미국은 북핵 문제를 해결할 의지가 없었다. 북한 역시 유일한 체제 유지 수단으로 간주하고 있는 핵 개발 프로그램을 자발적으로 포기할 가능성 또한 전혀 없어 보인다.

북핵 문제를 방치한 채 지금 상태로 계속 가는 것은 대단히 위험하다. 북핵 문제는 어떤 형태로든 해결되어야 한다. 해결의 길은 북핵이 더 이상 존재해야 할 이유가 없도록 만드는 것이다. 그러한 상황을 만들 수 있는 것은 매우 원칙적인 수준의 이야기일 수 있지만 오직 하나 통일밖에 없다. 북핵 문제는 통일을 성가신 것으로 만드는 것이 아니라 거꾸로 절실한 과제로 제기한다.

북한, 사귀어 볼 만한 나라인가?

이제 우리는 통일과 관련된 두 번째 질문을 던질 차례가 되었다. 통일을 하자면 좋든 싫든 북한과 길게 사귀어야 한다. 과연 북한은 사귀어 볼 만한 나라인가. 답을 내리기 쉽지 않은 질문이다.

우리들에게 먼저 다가오는 북한의 이미지는 3대 세습을 바탕으로 한 철권통치와 인권에 대한 부정적 소식이다. 소식의 진위 여부를 정확히 알 수는 없지만 북한에 대한 좋지 않은 인상을 재생시키고 있는 것은 분명하다. 하지만 진짜 중요한 것은 북한 인민의 삶이다. 온갖 장막을 거두어내고 인민의 삶을 있는 그대로 들여다 볼 필요가 있다. 그러자면 그간 북한이 어떤 변화를 겪었는지 알아야 한다.

지난 수십 년 동안 북한은 매우 중요한 전환기를 거쳤는데 결정적 계기는 이른바 '고난의 행군'이라 불리는 1990년대 중반 경제 위기였다. 경제 위기를 낳은 일차적 요인은 에너지난이었다.

1960년대 이후 북한은 외부에 대한 의존을 최소화하는 자력갱생 노선을 추구했다. 하지만 정작 가장 기본적인 과제인 에너지 자립에서 실패하고 말았다. 문제가 불거지기 시작한 직접적 계기는 소련의 붕괴였다. 소련 붕괴로 구상무역(물물교환) 형태로 들어오던 원유 공급이 중단되었다. 또한 전기 관련 시설의 상당수를 소련에 의존해 왔는데 노후 시설을 교체하기가 힘들어졌다. 결국 에너지의 핵심 분야인 원유와 전기 공급에서 심각한 차질이 빚어지기 시작했다. 전기 공급이 어려워지자 덩달아 에너지의 한 축을 형성했던 석탄 생산마저 어려워졌다.

에너지 공급 체계가 붕괴되자 원료 공급과 수송이 덩달아 어려워지면서 경제 전반이 마비되기에 이르렀다. 끝내 북한 산업의 심장이라고 하는 김책제철소 용광로마저 식어버리고 말았다. 민간 연료 공급마저 어려워지자 달리 방법이 없었던 인민들은 나무를 베어 땔감을 조달했다. 순식간에 인근 야산이 민둥산으로 돌변하면서 토사가 휩쓸려 하천을 메웠다. 그런 상태에서 장맛비가 내리자 일순간에 대규모 홍수가 발생, 논밭을 덮쳤다. 결국 농업 생산이 붕괴되면서 심각한 식량난을 야기했고 급기야 대규모 아사자가 발생하는 최악의 상황에 이르고 말았다.

하지만 북한 지도층을 큰 충격에 빠뜨린 것은 경제위기 자체가 아니었다. 경각을 다투는 위급한 상황에서 북한 인민들이 그저 국가만 쳐다보며 위기를 수습하기 위한 노력을 하지 않았다. 왜 그랬을까?

그동안 북한은 국가가 모든 것을 책임지고 인민은 국가에 전적으로 의존하는 소련식 '국가사회주의' 체제를 유지해 왔다. 오랫동안 북한에서는 세금이 없었는데 경제 잉여의 대부분을 국가가 관리하고 있는 조건에서 세금 징수가 불필요했기 때문이었다. 국가사회주의 시스템은 적어도 1960년대까지는 상당한 순기능을 했다. 하지만 오랫동안 국가사회주의 시스템이 유지되면서 심각한 부작용이 발생했다. 무엇보다 인민들 사이에 국가에 대한 의존성이 체질화된 것이다. 바로 그 국가 의존적 체질이 위기 상황에서 여과 없이 폭발하고 만 것이다.[60]

경제 위기는 북한 시스템의 전환을 불가피하게 했다. 2001년 7.1경제개선조치는 그 중대한 전환점이었다.

그동안 북한은 국가 재정에서 '공짜'로 표현된 무상 지원액의 비중이 30% 정도에 이르렀다. 북한은 과도한 국가 지원이 결과적으로 인민을 의존적으로 만들었다고 판단하고 교육과 의료 등 필수적인 사회복지 분야를 제외하고는 공짜를 대폭 줄였다. 그에 따라 인민 각자가 자신의 삶을 책임져야 할 영역이 급속히 확대되었다. 반면 이전에 북한 체제의 우월성을 상징했던, 무상에 가까운 의식주 보장은 인민을 나약하고 게으르게 만드는 사회악으로 간주되기 시작했다.

평균주의를 불식하기 위한 조치도 취해졌다. 그동안 노동자의 임금은 노력의 차이에도 크게 다르지 않았다. 도가 넘는 평균주의는 시간이 흐르면서 노동자들 사이에 적당히 놀고먹는 '건달' 풍조를 크게 만연시키고 말았다. 7.1경제개선조치는 임금체계를 직업 특성에 맞게 차별화함과 동시에 개인 노력에 따라 지급 액수가 달라지는 차등임금제로 바꾸었다.

기업 독립채산제를 도입해 소속 근로자들이 기업 지배인을 직접 선출하도록 했다. 이를 바탕으로 국가에서 배정된 의무량만 채우면 나머지를 시장에서 판매할 수 있도록 했다. 그로부터 발생한 이익은 노동자들의 임금을 올리거나 투자 확대에 사용하는 등 자유롭게 처분할 수 있게 했다. 자연스럽게 기술 혁신과 설비 갱신에 대한 책임 또한 종전의 국가에서 기업으

---

60) 이는 북한의 지도사상인 주체사상의 내부 모순을 드러내는 과정이기도 했다. 주체사상은 한편으로는 인민대중의 자주성을 집중적으로 강조했다. 역사 자체를 인민대중의 자주성을 실현하는 과정으로 파악했다. 그러면서 다른 한편으로는 수령과 당, (국가) 인민 사이의 엄격한 수직적 위계질서를 강조했다. 하지만 위계질서는 인민의 의존성만을 체질화시켰을 뿐이다. 인민의 자주성 고양을 억눌렀던 것이다. 경제 위기는 북한 인민이 전혀 자주적이지 못함을 드러냈다. 주체사상이 강조했던 것과는 정반대의 결과가 나타난 것이다.

로 이동했다.

북한은 7.1경제개선조치를 통해 그들 나름의 방식으로 개혁의 시동을 걸었다. 일련의 변화를 겪으면서 경제는 살아나기 시작했고 느리기는 하지만 꾸준히 성장했다. 인민들의 생활은 지속적으로 개선되었다. 당장의 수준과 관계없이 오늘보다 나은 내일을 기대할 수 있는 환경이 만들어졌다.

일련의 과정을 거치면서 북한 사회는 종전과는 확연히 다른 모습을 보이기 시작했다.

무엇보다도 북한 경제에서 차지하는 시장의 비중이 급속히 커졌다. 경제 위기 당시 국가 공급 체계가 붕괴되면서 인민들은 농민시장을 통해 식료품을 조달하기 시작했다. 그렇게 해서 형성된 농민시장이 상당수 되었는데 북한 당국은 경제 위기가 종료된 이후 이를 제도권 안으로 흡수했다. 아울러 국가가 관리하는 시장(장마당)을 계속 신설해 갔다. 여기에 그보다 두 배 이상 많은 비공식 장마당이 생겨났다. 그 결과 시장 거래를 통해 소득을 올리는 상인도 급격히 증가했다.

시장 확대와 연동되어 무역의 비중도 함께 증가했다. 중국과의 무역이 절대적인 비중을 차지하고 있지만 두만강 접경지역을 거점으로 러시아와의 경제협력도 빠르게 강화되는 추세이다. 전문가들은 북한 경제에서 차지하는 무역의 비중을 GDP 대비 56% 정도로 추정하고 있는데, 이는 OECD 평균치에 해당하는 것이다. 이를 기준으로 보면 북한은 개방경제로 전환했다고 볼 수 있다.

일련의 과정을 거치면서 시장을 떠난 북한 경제는 더 이상 생각할 수조차 없게 되었다. 독립채산제를 바탕으로 기업이 국가 의무량 이외의 부분을 자유롭게 처분할 수 있도록 한 것도 시장을 전제하지 않으면 불가능한 것이다. 2016년 현재 북한에 보급된 휴대폰은 얼추 300만 대를 넘어선 것으로 추정되고 있는데 이 역시 시장의 발달을 전제하지 않으면 설명할 수 없는 현상이다. 공식 부문에 집계된 소득만으로는 휴대폰 구입이 가능하지 않기 때문이다.

시장의 비중이 커지면서 사회적 분위기도 크게 달라졌다. 과거에는 개인의 이익을 앞세우는 것은 자본주의 사상에 오염된 것으로 간주해 철저한 경계 대상이 되었다. 그러나 요즘 북한 사회에서 개인의 이익 추구는 오히려 자연스러운 것으로 받아들여질 뿐만 아니라 권장 사항이기도 하다. 개인의 돈벌이 기회도 한층 다양해졌다. 예를 들면 국가가 관장해 오던 시외버스 영업권을 개인이 불하받아 운영하는 대신 영업세를 내는 경우가 크게 증가했다. 자금을 공급해주는 이른바 '돈주'도 늘었다.

시장 비중의 증가와 휴대폰 보급 확대는 자연스럽게 인민들 사이의 수평적 관계의 확장으로 이어졌다. 과거에는 주로 당과 국가, 인민 사이에 형성된 수직적 위계질서를 통해 정보가 흘렀는데 이 점에서도 변화가 일어났다. 존 에버라드 전 북한 주재 영국 대사는 〈평양에서의 900일〉이라는 책을 출간했는데 그에 따르면 북한 인민 사이에서는 입소문이 신기하리만큼 빠르고 정확하다고 한다. 예컨대 잘 알고 지내던 사람으로부터 개성공단에 대한 이야기를 들었는데 내용이 매우 정확했다고 한다. 어떻게 알았느냐고 물었더니 '지인의 지인의 지인'으로부터 들었다고 했단다. 지인들끼리 정보를 교환하는 정도가 크게 늘었다는 이야기이다.

북한은 변화하고 있다. 경제 위기 이전 북한 사회를 이끌었던 국가사회주의는 뚜렷한 후퇴를 보이고 있다. 그렇다고 우리가 생각하고 있는 자본주의 사회로 방향을 틀고 있다고 단정하기도 어렵다. 북한의 미래는 매우 가역적이다. 어쩌면 지구상의 어느 나라도 경험하지 못한 전혀 다른 길을 갈 수도 있다.

그러나 북한 역시 사람이 사는 곳인지라 크게 다르지 않을 것이라는 생각이 든다. 너무 이질적이어서 접근 자체가 어려운 그런 나라가 아닌 것이다. 보기에 따라 무척 촌스러울 수 있지만 사귀어볼 만한 나라일 수도 있다. 시각을 달리하면 무척 흥미를 끄는 나라이기도 하다. 월가 투자의 귀재로 알려진 짐 로저스가 "할 수도 있다면 전 재산을 북한에 투자하고 싶다. 한반도 통일은 대박의 기회이다."라는 말을 한 배경을 곰곰이 되짚어 볼 필요가 있을 것이다.

예술로서의 한반도 통일

통일에 대해 긍정적 시각을 갖게 되면 의외로 우리를 새로운 미래로 안내해 줄 것 같은 점이 여기저기서 발견된다.

첫째, 인구 8천만 정도를 포괄하는 내수 시장이 형성될 수 있다. 트럼프 등장 이후 대외 환경이 크게 악화되고 있는 조건에서 이 점은 매우 중요하다. 둘째, 북한 땅에 매장되어 있는 1경(1조×1만) 원어치에 해당하는 지하자원이 본격적으로 빛을 볼 것이다. 북한에는 약 600억에서 900억 배럴에 이르는 것으로 추정되는 원유도 매장되어 있다. 첨단 제품에 필수적인 희토류는 매장량 세계 2위이다. 셋째, 한반도가 유라시아 대륙과 태평양을 잇는 물류 허브로 떠오를 수 있다.

그동안 남북한은 분단으로 인해 반도 국가로서의 이점을 전혀 누릴 수 없었다. 남한은 대륙으로 진입할 수 있는 통로가 막히면서 사실상 섬나라와 똑같은 처지가 되고 말았다. 어느 나라로 이동하든 섬나라인 일본과 마찬가지로 비행기나 선박을 이용하지 않으면 안 되었던 것이다. 북한 역시 동해와 서해가 분리되면서 해군마저 따로 운영하는 기형적 상황이 되었다.

한반도 통일은 이러한 기형성을 극복하고 해양성과 대륙성을 온전히 회복하고 결합시킬 수 있게 된다.

그 이외에도 많을 것이다. 핵 개발 프로그램조차도 귀중한 자산으로 전환될 수 있다. 북한은 대륙간탄도미사일 발사 능력을 획득하기 위한 일환으로 1만 킬로미터 상공 고고도에 인공위성을 진입시키는 데 성공했다. 자체 기술로 인공위성 발사에 성공한 세계 7번째 나라이다. 이 과정에서 축적된 기술력이 상당할 것으로 추측된다. 이를 경제적으로 활용할 기회가 열리는 것이다.

여기서 통일에 관련된 세 번째 질문이 떠오른다. 과연 어떻게 통일을 이룰 것인가? 구체적이고도 명확한 답이 요구된다.

통일에 막 관심을 갖기 시작한 사람들이 가장 먼저 품는 질문의 하나는 북한 정권이 저렇게 버티고 있는데 어떻게 통일이 가능하냐이다. 진실은 정반대이다. 북한 정권이 버텨주니까 통일이 가능해진다.

노태우 정부 시절 대북 협상을 주도했던 박철언 전 장관이 적절하게 지적했다시피 북한 정권이 무너지면 중국이 즉각적이고 전면적으로 개입할 가능성이 농후하다. 북한은 중국의 영향권 아래로 깊숙이 편입될 수밖에 없을 것이다. 그런 상황에서는 통일을 기약하기가 사실상 불가능하다.

통일은 남과 북의 체제가 안정적으로 유지되는 조건에서 점진적이고 평화적으로 이루어져야 한다.

통일과 관련해서 제기되는 또 하나의 의문은 남과 북의 체제가 달라도 너무 다른데 어떻게 합칠 수 있느냐는 것이다. 논리적으로는 다른 쪽을 어느 한쪽으로 흡수하면 해결될 수 있지만 상대방이 응할 가능성은 절대 없다. 답을 찾자면 또다시 역발상의 지혜를 발휘할 필요가 있다.

남북의 체제가 같다면 통일을 통해 새로운 체제가 만들어질 가능성은 없다. 반면 남과 북의 체제가 다르기 때문에 통일 과정에서 새로운 체제가 만들어질 가능성이 높다. 통일은 이전에 없던 전혀 새로운 방식과 결과물을 만드는 고도의 창조적 과정이 될 수 있다. 실험과 도전으로 가득찬 흥미로운 과정일 수 있다.

문제는 통일의 과정을 얼마나 예술적으로 기획하고 연출할 수 있는가에 달려있다. 물론 그 전 과정을 완벽하게 기획하는 것은 불가능하다. 변수가 너무 많기 때문이다. 그럼에도 불구하고 어떤 경로를 따라 어떤 방식으로 통일이 가능한지는 얼추 가늠할 수가 있다. 결정적 단초가 존재하기 때문이다.

답은 다름 아닌 개성공단이다. 개성공단은 비록 박근혜 정부가 대북 압박 조치의 일환으로 분별없이 폐쇄 조치했지만 그것이 지닌 가치는 여전하다. 개성공단을 떠나서는 통일의 길을 모색할 수 없다. 당연히 가능한 빠른 시일 안에 원상 복원하는 것을 전제로 접근해야 한다.

개성공단은 통일의 숙성에 필수불가결한 요소들을 골고루 갖추고 있다. 대표적으로 네 가지를 들 수 있다.

첫째, 평화정착의 담보였다. 통일은 오직 남북 사이에 군사적 긴장이 완화되고 평화가 정착되는 조건에서만 실현될 수 있다. 개성공단이 위치하고 있는 곳은 남과 북 어느 쪽도 상대방을 향해 무력 진격을 감행할 때 최우선적으로 통과할 확률이 높은 최고의 군사요충지이다. 그런 곳에 남북 합작 공단이 가리잡았다는 것은 그 자체만으로 남과 북이 서로에 대한 군사적 공격 의사가 없음을 입증하는 것이었다. 그 어떤 장치보다도 강력한 효과를 낳는 평화 정착의 담보였다.

둘째, 민족 상생의 보증수표였다. 통일은 남과 북 모두에게 이익이 된다는 것이 확실히 입증될 때 추진될 수 있다. 아무리 통일이 절실한 민족적 과제라 해도 이익이 불투명하면 성사되기 어렵다. 바로 그 점에서 개성공단은 남과 북이 손을 잡고 협력하면 쌍방 모두에게 이익이 될 수 있음을 생생히 입증했다.

중소기업인들 사이에서 개성공단은 '엘도라도'로 통했다. 국내와 다름없이 지리적으로 가깝고 언어 소통에 문제가 없다. 지가도 매우 낮다. 낮은 임금에 비해 생산성은 높은 편이다. 입주기업 관계자들에 따르면 개성공단 노동자들의 봉제기술은 세계 최고 수준이라고 한다. 국내 중소기업의 10년간 생존 확률은 20% 수준이다. 반면 2005년 개성공단이 가동되기 시작한 이후 이명박 정부의 추가 투자 금지조치 등 악조건 속에서도 123개 입주기업 중 단 한 곳도 망하지 않았다.

개성공단에서 북한 노동자들에게 지급하는 임금은 남한 노동자들의 그것에 비해 턱 없이 낮은 수준이었다. 하지만 북한 근로자 평균 급여 수준보다는 높은 편이었다. 북한 입장에서는 귀중한 달러 조달 창구이기도 했다.

셋째, 통일 역량의 배양 기지였다. 통일은 그에 대한 의지와 열정을 품은 사람이 충분히 준비될 때 추진될 수 있다. 개성공단은 바로 그러한 사람들을 대규모로 키우는 곳이 되었다. 개성공단은 관계자들의 표현대로 매일같이 통일이 이루어지는 곳이었다. 이질적 환경에서 살아온 사람들이 서로를 이해하고 적응했다. 서로 호흡을 맞추는 방법을 터득했다. 나아가 정기섭 개성공단기업협회 회장 말대로 남과 북이 함께 어우러지면서 자신도 모르게 통일을 향한 열정을 품게 되었다.

넷째, 고도의 창조적 실험장이었다. 남과 북이 각자 상대를 자기 체제로 흡수하려 든다면 통일은 절대 불가능하다. 통일은 남북 모두가 인정할 수 있는 새로운 시스템을 만들어 갈 때 앞으로 나아갈 수 있다.

개성공단은 이 점에서 확실한 답을 주었다. 개성공단은 자본주의 경영

조직과 사회주의 노동 조직의 결합으로 이루어졌다. 개성공단 입주 기업은 독자적인 채용이나 노동 관리를 할 수 없다. 노동자는 북측 국가 기구에서 일괄적으로 조직 배치하고 관리한다. 문제가 발생하면 대체로 남측 경영조직을 대표하는 법인장과 북측 노동조직을 대표하는 직장장이 협의하여 해결한다.

전체적인 맥락에서 보자면 남측의 경영 조직과 북측의 노동 조직은 기본적으로 수평 관계라 할 수 있다. 자본주의 사회에서 나타나는 일반적인 자본 임노동 관계와는 다른 것이다. 굳이 따지자면 2013년에 있었던 북한의 일괄 철수 조치는 이러한 조건에서 가능한 것이었다.

이 모든 것을 고려할 때 박근혜 정부가 개성공단을 폐쇄 조치한 것은 사실상 통일을 포기한 것이나 다름없다.[61]

개성공단은 조속히 복원되어야 하며 애초 계획대로 정상화시켜야 한다.[62] 나아가 개성공단과 같은 남북 합작공단을 연속적으로 확대해 나가야 한다. 정녕 그렇게 된다면 어떤 결과를 기대할 수 있을까?

수많은 합작공단이 가동 중이라는 사실은 이미 남과 북이 경제적 운명 공동체가 되었다는 이야기다. 상대에 대한 무력 공격은 곧 자살 행위일 수밖에 없다. 한반도 평화 정착은 돌이킬 수 없는 대세가 될 것이다. 수많은

---

61) 정부의 개성공단 폐쇄 조치도 문제이지만 그에 대한 뚜렷한 저항이 없었다는 점도 심각하게 짚어봐야 한다. 저항 부재는 개성공단에 대한 국민적 공감대가 폭넓게 형성되어 있었던 점을 고려할 때 매우 의아하지 않을 수 없다. 이는 민간 통일운동이 개성공단의 중요성을 제대로 인식하지 못했다는 징표일 수 있다. 여러모로 통일을 관념적으로 접근하고 있었던 것은 아닌지 되돌아볼 필요가 있다.

62) 애초 남과 북이 합의했던 계획대로라면 개성공단은 800만 평 위에서 70만 명이 일을 하고 있어야 한다. 하지만 이명박 정부 시절 천안함 사건을 계기로 취해진 5.24조치로 대북 투자가 금지되면서 2014년 현재 5만 5천명만이 일을 했다. 진출 기업도 추가 투자가 이루어지지 않은 조건에서 인공호흡기에 의존해 겨우 숨만 쉬고 있는 꼴이었다. 그로 인해 남한 스스로도 막대한 경제적 손실을 입어야 했다. 보수 진영 안에서조차 5.24조치는 자해조치라며 비난의 목소리를 높였던 것은 이런 맥락에서이다.

합작공단을 운용하고 발전시키는 과정에서 남북 사이의 정치적 협력도 증진될 것이다. 남북 사이의 갈등과 대립을 해결하는 노하우도 꾸준히 축적되어 갈 것이다.

수많은 합작공단을 통해 남북 모두에서 통일은 확실한 이익이라는 인식이 일반화될 것이다. 합작공단에서의 일상적 접촉을 통해 남한의 국민과 북한의 인민은 한층 쉽게 서로를 이해하고 포용할 수 있을 것이다. 합작공단이 통일 역량 배양기지의 역할을 하면서 통일의 추진력이 또한 비상하게 강화될 것이다.[63]

수많은 합작 공단은 남과 북의 기존 체제를 뛰어넘는 새로운 방식과 시스템, 모델을 실험하고 창조하는 실험장이 될 것이다. 그 과정에서 한국혁명이 잉태한 사람 중심 경제와 부단히 상호 작용하며 서로가 서로를 풍부하게 해주는 다양한 결과물이 만들어질 수 있다. 개성공단에서 경영조직과 노동조직이 수평적 관계를 형성한 것은 이를 예고하는 단적인 징표이다.

한반도 통일은 인류 역사상 보기 드문 고도의 창조적 실험 무대가 될 것임이 분명하다. 문제 해결의 새로운 해법을 선보일 것이며 새로운 가치를 기반으로 새로운 모델을 창출할 것이다. 인류 미래와 관련된 풍부한 영감의 원천이 될 것이다. 한국혁명과 맞물려 한반도가 인류사의 등불로 떠오를 것이다.

---

63) 그동안 개성공단에는 중소기업 중심으로 진출했다. 이에 대해 대기업, 나아가 외국기업의 진출도 함께 모색해야 한다는 주장이 제기되었다. 그 배경에는 중소기업만 진출해 있다 보니 정부가 만만하게 보고 폐쇄했다는 판단이 게재되어 있다.

3

세계 질서의 새로운 축, 동북아시아

낡은 질서를 붕괴시킬 균열은 모든 지점에서 동시에 일어나고 있다. 근대 이후 구미 제국이 지배해 온 세계 질서 역시 예외가 아니다. 균열과 뒤이은 붕괴는 새로운 질서를 만들어 가는 창조적 파괴의 과정일 수 있다. 새로운 질서 형성을 선도할 대표적인 곳은 한반도를 둘러싸고 있는 동북아시아 지역이다. 우리는 이 변화를 주도하기 위한 능동적 계획을 마련해야 한다.

동아시아 역습과 세계화 위기

2016년에 발생한 영국의 브렉시트와 미국의 트럼프 당선은 세계정세의 불확실성을 키우는 대표적인 사건이었다.

미국과 영국은 어떤 나라인가. 두 나라는 산업혁명 이후 명실상부하게 세계를 지배해 온 나라이다. 영국은 전 세계에 식민지를 거느린 대영제국의 주인공이었다. 미국은 20세기 한복판을 통과한 말 그대로 초강대국의 대명

사였다. 세계의 부는 각 시기마다 이들 두 나라 속으로 빨려들어 갔다. 런던과 뉴욕이 세계 금융시장의 중심을 이룬 것은 이를 상징적으로 보여준다.

미국과 영국은 공히 신자유주의 세계화를 선도한 나라이다. 그런데 두 나라가 거의 비슷한 시기에 세계화로부터 가장 먼저 발을 빼는 양상을 보였다. 영국의 브렉시트는 세계화의 일환으로 추진된 EU 즉 유럽 단일시장으로부터의 철수이다. 트럼프는 자유무역 반대 기조를 앞세워 대통령에 당선되었다.

과연 이 두 사건이 발생한 배경은 무엇이며 향후 세계정세에 어떤 영향을 미칠까?

본디 미국과 유럽 등 제국주의[64] 세계 지배를 주도했던 나라들은 제조업 경쟁력에서도 절대 우위를 차지하고 있었다. 이들 나라들은 기술집약적인 고부가가치 산업에 집중하고 대신 노동집약적인 저부가치 산업은 가난한 개발도상국으로 이전시켰다. 이를 바탕으로 자신들의 제품은 비싸게 팔고 개발도상국 제품은 헐값에 구매하는 부등가 교환을 통해 막대한 이익을 취할 수 있었다.

미셸 초스토프스키의 〈빈곤의 세계화〉는 선진국이 개발도상국과의 거래에서 어느 정도 이익을 취했는지 적나라하게 보여주었다. 그에 따르면 선진국은 국제무역업자와 도소매자의 유통이윤, 운송, 저장 등 물류비용, 상품이 선진국을 통과할 때 매겨지는 관세와 판매될 때 부과되는 부가가치

---

64) 일반적 의미에서 제국주의는 다른 나라를 정복 지배하는 일체의 경향을 가리키는 용어이다. 제국주의에 대해 가장 포괄적이고 역사적 정의를 내린 사람은 러시아혁명의 지도자 레닌이었다. 레닌은 자신의 저서 <제국주의론>을 통해 제국주의를 독점자본주의를 기초로 세계를 분할 지배한 자본주의의 최후 단계로 파악했다. 20세기에는 직접 지배를 뜻하는 식민주의와 간접 지배를 뜻하는 신식민주의 모두를 포괄하는 용어로 사용되기도 했다. 제국주의는 비판적 입장에 서 있는 사람들이 주로 사용한 용어였지만 동시에 당사자들도 즐겨 사용한 표현이기도 했다. 가령 대영제국이나 대일본제국 등은 당사자들이 채택해 사용한 것들이었다.

세 등을 통해 개발도상국에서 생산된 상품 가치의 대부분을 취득해 왔다. 개발도상국에서 생산되는 셔츠를 예로 들면 선진국이 취득하는 몫은 상품 총가치의 97% 정도에 이를 정도이다. 불과 2~3%만이 임금과 제조업자 이윤이라는 형태로 개발도상국의 몫으로 남겨질 뿐이었다.

이런 식으로 선진국들은 세계의 부를 자신들의 수중으로 집중시킴으로써 번영을 구가할 수 있었다. 그런데 위기를 알리는 빨간불이 반짝거리기 시작했다. 그것도 정점에 있던 미국에서 집중적으로 나타났다. 미국의 제조업 경쟁력이 약화되면서 무역적자 규모가 눈덩이처럼 불어난 것이다.

미국 무역적자 확대의 일차적 요인은 같은 선진국인 일본의 파상공세 때문이었다. 1980년대 일본은 막강한 경쟁력을 바탕으로 미국 시장을 거침없이 잠식했다. 여기에 한국, 타이완, 홍콩 등 아시아의 호랑이들이 가세했다. 동아시아의 공습이 시작된 것이다. 하지만 진짜 주역은 아직 대기 상태에 있었다. 중국은 이제 막 개혁개방의 닻을 올린 상태에서 본 모습을 드러내고 있지 않았다.

미국은 사태 수습을 위해 자신이 지니고 있는 막강한 권력을 동원했다. 미국은 1985년 플라자합의[65]를 통해 달러 가치를 강제로 하락시킴으로써 수출 경쟁력 회복을 시도했다. 더불어 한국 등을 대상으로 대미 수출 제품에 보복무역 관세를 부가하는 등 보호무역주의 장벽을 높이는 한편 수입개방 압력을 강화했다. 이와 함께 북미지역 공동 시장 형성을 목적으로 1992년 캐나다와 멕시코가 함께 참여하는 북미자유무역협정NAFTA을 체결했다.

---

65) 1985년 9월 25일 미국, 일본, 독일, 영국, 프랑스 등 5개국 재무장관이 미국 뉴욕에 위치한 플라자호텔에 모여 미국의 경상수지 적자 해소 방안을 논의하였다. 그 결과 관련국 환율 조정을 통해 달러 가치를 하락시키는 조치를 취하기로 합의하였다. 그 결과 엔/달러 환율은 1년 남짓한 기간에 달러당 243엔에서 157엔까지 대폭 조정되었다. 덕분에 미국은 대외불균형의 불을 끌 수 있었으나 일본은 수출경쟁력 급감으로 고전해야 했다. 일본이 잃어버린 20년으로 불린 장기 침체 늪에 빠진 주요 요인의 하나였다.

세계 시장 질서는 혼란 속으로 빠져들었다. 강제적인 환율 조정, 보호무역주의 장벽과 수입 개방 확대 요구가 엇갈리는 불공정 무역의 강화, NAFTA와 같은 지역 블록의 확대로 인한 세계 시장의 균열 조짐 등이 갈수록 심화되었다. 자칫 세계 시장이 붕괴될 수도 있는 위험한 상황이었다.

뒤이어 반작용이 일어나기 시작했다. 우루과이라운드 협상을 통해 세계 시장의 붕괴를 방지하기 위해서는 각국 시장을 공평하게 개방하는 것이 최선이라는 논의 흐름이 형성되었다. 논의 흐름을 지배한 좌표는 '세계화'로 표현되었다. 미국 역시 세계화를 적극 추진하는 것으로 방침을 정했다.

두 가지 요소가 작용한 결과였다. 미국은 제조업에서 손해를 보더라도 금융 분야에서의 이익 확대를 통해 충분히 보충할 수 있다고 자신했다. 세계화를 신자유주의 세계화로 요리할 수 있다고 본 것이다. 또 하나는 소련 동구 사회주의권 붕괴 사태에 대한 대응의 필요성이었다. 미국 입장에서는 이들 나라를 서둘러 자본주의 세계 시장으로 편입시키는 것이 시급한 과제였다. 그러자면 그간의 혼란을 종식하고 가능한 공정한 룰이 지배하는 세계 시장을 만들 필요가 있었다.

결국 우루과이라운드 협상은 종료되었다. 1995년 세계화를 관장할 국제기구로서 세계무역기구^{WTO}가 출범했다. 세계화 시대가 본격적으로 막을 올리면서 방향을 달리하는 두 개의 흐름이 세계 시장을 지배했다.

표면상 지배적 흐름은 미국 주도의 신자유주의 세계화였다. 미국계 중심의 금융자본이 전 세계로 퍼져나가 부를 빨아올려 다시금 본국에 쏟아냈다. 신자유주의 세계화의 뒷받침을 받으면서 미국의 종합주가지수는 1990년대 전 기간에 걸쳐 지속적으로 상승했다. 덕분에 중산층의 호주머니가 두둑이 채워질 수 있었다.

다른 한편에서는 '동아시아 세계화'라고 부를 만한 흐름이 강력히 형성되었다. 동아시아산 제품이 미국을 포함해 전 세계 시장을 점령한 것이다. 그 중심에 불시에 세계의 공장으로 부상한 중국이 자리잡고 있었다. 동아시아 세계화의 위력은 외환보유고에서 뚜렷이 입증된다.

2016년 각국 외환보유고 순위를 살펴보면 1위는 3조 3천억 달러 수준인 중국이고, 2위는 약 1조 2600억 달러인 일본이다. 5위는 4600억 달러 수준인 타이완이 차지하고 있다. 한국은 약 3700억 달러로 7위를 차지하고 있다. 도시 국가인 홍콩과 싱가포르마저도 10위 안에 랭크되어 있다.

동아시아 나라들의 외환보유고는 외환보유고 3위인 스위스처럼 각국의 예금을 받아 이루어진 것도 아니고 4, 6위인 사우디아라비아와 러시아처럼 원유와 천연가스 등 자원 판매로 얻은 것도 아니었다. 동아시아 나라들의 외환보유고는 대부분 제조업 기반의 제품 수출을 통해 형성된 것이었다.

동아시아 국가들이 제조업에서 이룩한 강력한 경쟁력의 원천은 뛰어난 기술력이었다. 동아시아 국가들은 산업화 초기에는 불가피하게 저임금 노동력을 바탕으로 국제경쟁력을 확보했다. 국제 분업 질서에서 하위 체계에 자리잡았던 것이다. 하지만 시간이 지나면서 독자적인 기술력을 구축했고 이를 세계 최고 수준으로 끌어올렸다. 이 지점에서 일본이 가장 먼저 성공했고, 한국이 뒤를 이었으며, 신흥 경제대국 중국이 가세하면서 그 영역을 비약적으로 확대시켜 나갔다.

높은 기술력을 바탕으로 동아시아 국가들은 국제 분업 질서의 하위 체계에서 완전히 벗어났다. 한 걸음 더 나아가 우월적 위치에서 구미 열강들의 시장을 거침없이 점령해 들어갔던 것이다.

과연 동아시아의 저력은 어디로부터 나오는 것일까? 이는 긴 역사적 안목에서 접근하지 않으면 답을 찾기 어려운 문제이다. 근대 이후 유럽의 지식인들은 좌우를 막론하고 동아시아를 변방에 위치한 후진 지역으로 사고

하는 경향이 강했다. 하지만 동아시아는 변방은커녕 근대 이전 세계 문명의 중심지로서 찬란한 역사를 이어온 곳이었다. 폴 케네디조차도 〈강대국의 흥망〉에서 "근대 이전의 문명 가운데 중국 문명만큼 앞서고 자부심에 찬 문명은 일찍이 없었다"고 말했다.

특히 과학기술 분야에서는 대부분의 역사 동안 동아시아가 유럽을 압도했다. 로버트 로이드 조지의 〈세계는 어디로 가는가〉는 근대 이전 과학기술의 발전과 발명의 상당 부분이 중국을 중심으로 한 동아시아에서 이루어졌음을 소개하고 있다. 이들 결과가 유럽에 소개된 것은 한참 후의 일이었다.

역사는 하루아침에 이루어지지도 않지만 하루아침에 사라지지도 않는다. 1842년 아편전쟁 이후부터 1949년 현대 중국이 건설되기까지 동아시아는 굴욕의 시간을 보내야 했다. 중국은 서구 열강들의 간섭과 지배로 반식민지로 전락했다. 조선과 타이완은 수십 년에 걸쳐 서구식 근대화를 거친 일본의 식민 지배를 받았다. 하지만 동아시아 고유의 지적, 문화적 유산은 사라지지 않았다.

동아시아는 다시 기지개를 펴기 시작했다. 그리고 오랜 역사를 통해 축적해 온 잠재력을 폭발시켰다. '동아시아의 역습'이 본격화된 것이다. 과연 구미 열강 중심의 제국주의 지배 역사에 어떤 영향을 미쳤을까?

2008년 글로벌 금융위기와 함께 신자유주의는 급속히 몰락의 길을 걷기 시작했다. 그동안 누차 확인한 것처럼 신자유주의는 애초부터 지속가능성이 없는 시스템이었다. 몰락은 필연적 결과였다. 그러자 신자유주의의 신기루에 의해 가려져 있던 참상들이 적나라하게 모습을 드러내기 시작했다.

금융자본에 대한 의존도가 컸던 미국과 영국은 신자유주의 몰락으로 더 이상 중산층의 호주머니를 채워줄 수 없었다. 반면 상대적으로 소홀하게 대했던 제조업 기반은 동아시아 제품의 공습으로 크게 망가져 있었다.

미국의 대표적 공업 지대였던 오대호 일대는 공장들이 연이어 문을 닫으면서 '러스트 지역'으로 전락했다. 그 최종 결과는 선진국의 상징이었던 두터운 중산층의 급속한 붕괴였다.

제국주의 지배 체제의 근간은 압도적인 생산력 우위를 바탕으로 전 세계에서 부를 빨아들여 국내에 쏟아냄으로써 두터운 중산층을 형성시킨 것이었다. 한 시대 제국주의 열강을 대표했던 영국과 미국에서 그 근간이 무너진 것이다. 신자유주의의 자체 모순과 동아시아의 역습이 결합되어 빚어낸 결과이다.[66]

상황이 이렇게 되자 미국과 영국의 여론 지형이 급격히 바뀌기 시작했다. 중산층에서 떨어져 나와 몰락했거나 몰락 위기에 처한 노동자들을 중심으로 세계화에 대한 강력한 반발이 형성되었다. 바로 이 반발 여론이 브렉시트와 트럼프 당선이라는 세기의 이변을 낳은 요소였다. 신자유주의를 앞세우고 세계화를 선도했던 미국과 영국이 세계화 흐름에서 가장 먼저 발을 뺀 배경이기도 하다.

그동안 진행된 세계화는 평가를 떠나 세계 질서에 일정한 규칙을 부과해 왔었다. 이를 바탕으로 불확실성을 최소화시킬 수 있었다. 하지만 트럼프 당선으로 그 규칙들이 크게 흔들리고 있다. 트럼프 행정부는 자국의 경제적 이익을 유일한 기준으로 삼고 있다. 적과 우방도 가리지 않을 방침이다. 시장 논리를 뛰어넘어 글로벌 기업들에게 미국 내 투자를 겁박하고 있으며 각종 무역 분쟁을 예고하고 있다. 트럼프는 신설된 백악관 국가무역위

---

66) 미국의 수입국 비중은 이를 뒷받침한다. 2016년 현재 미국 수입 대상국 1위는 압도적으로 중국으로 전체의 25%를 차지하고 있다. 2, 3위는 각각 13% 정도를 차지하는 캐나다와 멕시코인데 이들 나라는 북미자유무역협정에 의해 시장이 통합되어 있는 경우이다. 여기에는 북미공동시장 진출을 노리고 멕시코 등에 투자한 나라들의 우회적 수출품이 다수 포함되어 있다. 4위는 5.8%인 일본, 5위는 5.5%인 독일이 각각 차지하고 있다. 한국은 3.2%로 그 뒤를 잇고 있다.

원회와 미 무역대표부 수장에 반중反中 인사를 지명하면서 중국과의 무역전쟁에 돌입했다. 전문가들은 트럼프 행정부가 환율·무역정책에서 중국과 사사건건 충돌할 것으로 내다보고 있다.

트럼프 시대 미국의 행보는 세계 질서를 송두리째 흔들어 놓을 가능성이 크다. 세계화는 암초에 부딪쳤다.

한국은 세계화 시대를 관통한 두 가지 흐름이 극단적으로 교차한 나라이다. 한국은 1997년 말 외환위기를 겪으며 동아시아 나라들 중에서는 예외적으로 신자유주의 세계화 흐름에 깊숙이 편입되었다. 중국과 일본은 그로부터 상당히 벗어나 있었다. 그러면서도 동아시아 세계화 물결을 타고 일약 8대 무역대국의 반열에 올라섰다.[67] 그 과정에서 수출 의존도 또한 50% 가까이 크게 높아졌다.

이 모든 것은 한국이야말로 그 어느 나라보다 세계화 동향에 가장 민감하게 반응할 수밖에 없는 나라임을 말해 준다. 그만큼 세계화 위기를 어떻게 헤쳐 나가야 할지 가장 깊이 고민해야 하는 나라이기도 하다. 분명한 것은 세계화가 안정적으로 진행되던 시절로 되돌아갈 확률은 매우 낮다는 사실이다.

격화되는 신냉전 구도

트럼프 시대 초강대국 미국의 앞을 기다리고 있는 운명은 어떤 것일까?

---

67) 한국의 무역 확대가 동아시아 세계화의 흐름을 탄 것이라는 증거는 여러 가지이다. 대표적으로 최대 무역 상대국인 중국의 수출 확대와 한국 수출 확대 사이의 관계에서 드러난다. 중국은 완제품 위주로 해외 수출을 확대해 왔는데 한국은 그에 필요한 소재와 부품·반제품을 공급했던 것이다. 참고로 한국의 수출 시장에서 중국이 차지하는 비중은 약 25% 정도인데 이는 미국보다 두 배 이상 높은 수치이다.

이는 전 세계인의 관심사가 아닐 수 없다.

일반적으로 제국이 몰락의 길을 걷는 대표적인 원인으로는 엘리트 집단의 자만, 지배층의 사치와 부패, 그리고 내부 분열 등이 있다. 트럼프 시대 미국은 바로 그 분열의 위기에 직면해 있다.

미국은 제국주의 지배 체제의 정점에 있으면서 자신들의 세계 지배를 보편적 가치를 실현하는 과정으로 인식시켜 왔다. 미국의 세계 지배를 민주주의, 자유, 인권, 시장 가치 등을 실현하기 위한 과정으로 포장한 것이다. 미국을 명실상부한 '세계국가'로 만든 중요한 요소였다. 다분히 위선과 가식이 뒤섞여 있기는 했지만 미국인들은 이 점에서 강한 자부심을 갖고 있었다. 같은 G2의 일원이면서도 보편적 가치를 뚜렷이 앞세우지 못한 중국과 비교되는 지점이다.

문제는 보편적 가치조차도 자신의 이익과 일치할 때라야 지속적으로 옹호할 수 있다는 데 있다. 이익과 충돌하면 얼마든지 지지는 철회할 수 있다. 실제로 미국 중산층이 붕괴하면서 그런 상황이 발생했다. 트럼프 당선은 그로 인해 빚어진 결과였다. 반이민 행정명령 등에서 극적으로 드러났듯이 트럼프는 미국이 더 이상 보편적 가치에 충성하지 않을 것임을 명백히 선언했다. 허울 좋은 세계국가이기를 포기하고 욕을 먹더라도 실속을 차리겠다는 의중의 표현이었다.

미국인의 적어도 35%는 트럼프 정책에 극렬하게 반발했다. 반면 최대 55%의 미국인은 트럼프 정책을 적극 지지했다. 문제는 트럼프 지지와 반대 사이에 타협의 지점이 별로 없다는 사실이다. 미국 사회가 트럼프 정책을 둘러싸고 극심한 분열에 휩싸일 가능성이 농후한 것이다.

사태의 심각성은 단순한 트럼프 개인의 캐릭터에서 비롯된 것이 아니라는 데 있다. 본질적인 문제는 미국 사회 자체가 세계화를 둘러싸고 이해관계가 크게 엇갈린다는 데 있었다. 트럼프 현상은 어디까지나 이를 반영한 것에 불과할 뿐이다. 미국 사회의 분열은 상당히 오랫동안 지속될 것이다.

내부 분열이 가속화될수록 이를 봉합하기 위해 대외 정책을 더욱 강경하게 몰고 가는 것이 지배 엘리트들이 선택하는 일반적 해법이다. 현재 미국은 새로운 적이 절실히 필요한 상황이다. 그것도 자신의 존재를 위협하고 있다고 비쳐질 정도의 매우 강력한 적이어야 한다.

미국에게는 강경한 대외 정책을 뒷받침해줄 든든한 자산이 있다. 그 이느 나라도 감히 넘볼 수 없는 강력한 군사력이다. 미국의 군사력은 나머지 나라들이 모두 합쳐 덤벼도 당할 수 없다고 할 만큼 강력하다. 항공모함 한 척이 지닌 화력만 해도 웬만한 나라의 군사력과 맞먹는 수준이다. 미국은 바로 그 강력한 군사력을 배경으로 대외 정책을 강경 모드로 몰아갈 것이다.

이 모든 상황은 그동안 꾸준히 내연되어 왔던 미국과 중국의 대결 구도를 격화시키는 것으로 귀결되고 있다. 여기에 또 다른 강대국인 일본과 러시아가 가세하면서 '신냉전 구도'가 본격적으로 가열되기 시작했다.

1980년대 미국과 중국은 함께 손을 잡고 소련에 대항했다. 반소련 공동전선에서 두 나라는 동반자 관계를 유지했다.[68] 1991년 소련이 붕괴하자 세계는 미국을 유일한 정점으로 통합되었다. 미국은 승자의 프리미엄을 마음껏 누리면서 비교적 여유롭게 세계 질서를 관리했다. 그 사이 중국은 개혁개방을 가속화시키면서 미국 중심의 세계 자본주의 시장을 깊숙이 파고들었다. 중국은 대미 수출로 막대한 무역흑자를 기록했다. 중국은 벌어들인 달러로 미국 국채를 매입했고 미국은 이를 통해 무역적자를 보충했다. 그런 식의 '달러 사이클'을 바탕으로 두 나라는 밀월 관계를 유지했다.

미국은 자신을 유일 정점으로 하는 세계질서가 오랫동안 지속될 것으로 낙관했다. 중국은 견제 대상이 아니었다. 하지만 시간이 흐르면서 사정이 달라지기 시작했다. 중국은 빠르게 실력을 키우면서 미국의 지위를 넘볼 수 있는 위치에 섰다. 세계는 미국과 중국을 G2로 부르며 대등하게 취급하기 시작했다.

중국의 GDP 규모는 미국에 바짝 다가섰으며 머지않아 추월할 것으로 전망되고 있다. 중국은 엄청난 외환 보유고를 바탕으로 국제무대에서의 영향력을 빠르게 넓혀가고 있다. 유인 우주왕복선을 띄우는 등 우주개척에서도 도전장을 내밀고 있다. 항공모함을 진주시키는 등 군사대국의 길에도 성큼 발을 내디뎠다. 중국은 '대국굴기'를 선언하며 강대국의 길을 가겠다는

---

68) 중국이 같은 사회주의 진영의 일원인 소련에 맞서 미국과 손을 잡은 것은 중소분쟁에 뿌리를 두고 있다.

소련 지도부는 자신들이 세계 사회주의 운동의 지도권을 갖고 있다고 생각했고 그 연장선에서 중국이 자신의 모델을 따라 혁명을 추진하기를 원했다. 하지만 마오쩌둥이 이끄는 중국은 자신들만의 고유 모델을 추구했다. 여기서 두 나라는 틈이 벌어지기 시작했다. 중화인민공화국이 수립된 직후인 1919년 12월 마오쩌둥은 각종 지원을 얻기 위해 소련을 방문했다. 소련의 스탈린은 마오쩌둥을 홀대했고 방문 90일 만에야 조약을 체결할 수 있었다. 마오쩌둥은 소련의 지원을 이끌어냈으나 상당한 대가를 지불한 결과였다.

앙금이 남아 있던 두 나라는 후르시초프의 등장과 함께 이념논쟁에 돌입했다. 이념논쟁의 형식을 취하기는 했지만 그 내면에는 세계혁명의 주도권을 둘러싼 대립이 존재했다. 소련은 사회주의 종주국으로서 응당 자신이 세계혁명에 대한 지도권을 행사해야 한다고 생각했고 중국은 반식민지 상태에서 혁명을 성공시킨 자신이 식민지·반식민지의 민족해방운동을 지도해야 한다고 생각했다. 소련과 중국의 갈등은 서로를 용납할 수 없는 지경에 이르렀다. 결국 두 나라는 전 세계를 경악하게 만든 국교 단절로 치달았다.

중국은 먼 적을 끌어들여 가까운 적을 견제하기로 했다. 먼 적은 미국이었고 가까운 적은 소련이었다. 뛰어난 전략적 감각을 자랑해 온 미국 수뇌부는 중소 분쟁을 예의주시했다. 그동안 미국은 상대적으로 약체일 것이라 평가한 중국을 봉쇄하는 데 집중했었다. 미국은 신속하게 전략을 전환했다. 중국과 손잡고 소련을 압박하기로 한 것이다. 마침내 1972년 미국의 닉슨 대통령이 중국을 공식 방문하면서 두 나라는 관계 개선에 돌입했다.

소련과 중국은 사회주의 진영의 두 축이었다. 소련은 세계에서 가장 넓은 영토를 지닌 나라였고 중국은 최대 인구 대국이었다. 두 나라의 분쟁으로 소련은 고립되었고 결국 붕괴에 이르고 말았다. 중소 분열은 사회주의 실험의 역사적 실패를 야기한 핵심 요소의 하나였다. 반면 자본주의 진영은 미국을 중심으로 견고한 단결을 유지했다.

중국은 미국과의 관계 개선을 바탕으로 덩샤오핑의 지도 아래 개혁개방의 길을 걸었다. 중국은 자본주의 세계 시장에 깊숙이 발을 들여놓았고 해외 자본을 대거 끌어들여 경제를 활성화시켰다. 개혁개방은 성공했고 중국은 신흥 경제대국으로 부상했다. 여전히 공식적으로는 사회주의 국가를 표방하고 있는 중국은 전 세계에서 자본 동원력이 가장 큰 나라가 되었다. 기묘한 역설이 아닐 수 없다.

의도를 숨기지 않았다.

　오바마 행정부는 재균형 정책을 표방하며 중국 견제를 군사 외교 정책의 중요한 기준으로 삼기 시작했다. 최근에 이르러서는 두 나라의 군사적 긴장이 크게 고조되고 있다. 미국 항공모함이 남중국해에 깊숙이 진입하는 가운데 중국은 미국 본토 타격 능력을 지닌 핵잠수함을 전격 배치했다. 여기에 트럼프 행정부 발 무역 분쟁이 가세하고 있는 형국이다. 트럼프 행정부의 보호무역주의 정책에 대한 맞대응으로 시진핑은 다보스포럼에서 자유무역을 옹호했다. 이는 중국이 미국과의 직접적인 이해 다툼을 넘어 세계 질서의 향방을 둘러싼 주도권 경쟁으로 나아가고 있음을 말해준다.

　전통적으로 일본은 영토 분쟁, 역사 분쟁 형태로 중국과 갈등을 빚어온 나라이다. 일본은 중국을 견제하기 위해 미국과 더욱 밀착하는 방향으로 나아가고 있다. 일본 수상 아베는 트럼프가 당선되자마자 정상으로서는 처음으로 미국을 방문해 트럼프와 회담을 갖기도 했다. 일본이 가장 두려워하는 것은 미국이 아시아의 일부이기를 포기하는 것이다. 일본은 어떤 형태로든지 미국이 아시아 지역에 남아서 중국을 견제하도록 사력을 다해 임할 것이다. 미국과 일본은 중국 견제에서 이해관계가 확연히 일치되고 있다. 미일 밀월 시대는 상당 기간 지속될 것으로 보인다.

　러시아는 매우 독특한 위치에 있다. 러시아는 서유럽 세계와 각을 세우고 미국과도 거리를 두는 등 고립주의의 길을 가는 것 같으면서도 광범위한 영향력을 행사하고 있다. 최근 전문가들이 꼽는 영향력 세계 1위 인물도 러시아의 푸틴이다. 러시아는 2016년 한 해 동안에 발트해 군사훈련으로 나토를 견제했으며, 터키와 밀월 관계를 형성하면서 시리아를 영향권 안으로 끌어들였다. 중국과는 정상회담을 갖고 합동군사훈련을 실시했으며 유라시아경제연합EEC 형성 등을 통해 경제협력을 더욱 강화했다. 날로 강화되는 미일동맹에 맞서 중러동맹을 가일층 강화한 것이다.

미일 남방동맹과 중러 북방동맹이 격돌하는 신냉전 기류가 갈수록 강화되고 있다. 그 양상은 어쩌면 미국과 소련이 주축이 되어 전개했던 냉전 시대보다도 더 극렬하게 펼쳐질지 모른다.

과거 냉전 시대에 미국과 소련은 각각 자본주의와 사회주의라는 명확한 경계선을 사이에 둔 서로 다른 영역에 존재했었다. 극도의 긴장감이 감돌기는 했지만 직접적으로 충돌할 여지는 적었다. 신냉전 구도는 이 점에서 확연히 다르다. 신냉전 구도는 세계 시장이라는 단일한 무대 위에서 서로 뒤엉킨 상태로 펼치는 혈투이다. 그만큼 직접적으로 충돌할 여지가 많다.

단적으로 달러와 위안화가 기축통화[69] 지위를 놓고 첨예하게 다툴 수 있다. 중국은 더욱 많은 나라들이 위안화를 국제결제 수단으로 채택하기를 희망하고 있지만 미국은 이 점에서 한 치도 양보할 의사가 없다. 미국은 기축통화로서 달러의 지위는 곧 자국의 위상과 직결된다고 본다.

날로 격화될 소지가 큰 신냉전 대결 구도 한복판에 한반도가 자리잡고 있다. 지난날 우리는 이들 강대국들의 패권 경쟁의 희생양이 되어 식민지와 분단이라는 비운을 겪었다. 분단은 미국과 소련이 냉전에 돌입하면서 빚어진 첫 번째 부산물이었다. 그 상처는 아직도 지속되고 있다.

그러나 위기는 거꾸로 기회일 수도 있다. 두 진영 사이의 패권 경쟁이 격화될수록 한반도의 지정학적 가치는 상승될 수 있기 때문이다. 신냉전 시대를 어떻게 헤쳐 나갈지 전략적 지혜가 절실히 요청된다.

---

69) 기축통화는 국제 간 결제나 금융거래의 기본이 되는 통화를 가리킨다. 2차 세계대전 이후 자본주의 세계에서는 1944년에 체결된 브레튼우즈 협정에 입각해 달러를 유일 기축통화로 삼았다. '달러의 금태환'과 '조정 가능한 고정환율제' 유지가 그 기본 전제였다. 하지만 1971년 미국의 닉슨 정부가 금태환 정지를 선언하고 각국이 변동환율제로 전환하면서 유일 기축통화로서 달러의 지위는 공식 마감되었다. 이후 달러의 지위가 꾸준히 약화되면서 현재는 달러, 유로, 위안화가 기축통화로 함께 사용되고 있다.

다시 지피는 동북아경제권의 꿈

트럼프 시대가 열리면서 세계는 한 치 앞을 내다보기 힘든 초불확실성 시대로 진입했다. 여기에 미국과 중국이 주축이 된 신냉전 구도가 가열되면서 정세는 더욱더 요동치고 있다. 그 한복판에 한국이 존재한다.

과연 작금의 정세를 어떻게 헤쳐 나갈 것인가? 고차방정식 만큼이나 난해한 문제가 아닐 수 없다. 그렇다고 해서 해법이 없는 것은 아니다. 도리어 다방면에서 해법이 꾸준히 제시되어 왔다고 볼 수 있다. 지금 필요한 것은 그간 제기된 해법들을 재조명하고 업그레이드하기 위해 노력하는 것이다.

첫째, 총량적 관점에서 등거리 자주외교 전략을 구사해야 한다.

우리는 지난날 주변 강대국의 각축전에 제대로 대응하지 못함으로써 망국과 분단이라는 쓰라린 경험을 했다. 구한말에는 지도층이 일본과 청나라, 러시아 중 어느 나라 힘에 의지할 것이냐를 놓고 다투다 결국 일본에게 먹히고 말았다. 해방 직후에는 미국과 소련 두 편으로 갈리면서 결국 분단의 비운을 안고 말았다. 그러한 오류를 두 번 다시 반복해서는 안 된다.

우리는 굳건히 제자리를 지켜야 한다. 강대국이 우리에게 잘 보이기 위해 경쟁하도록 유도해야 한다. 필요하면 이이제이以夷制夷를 할 수 있어야 한다. 미국에는 중국 카드를, 중국에는 미국 카드를 사용할 줄 알아야 한다. 분야마다 경중은 다를 수 있으나 총량적 관점에서 등거리 자주외교를 펼쳐야 하는 것이다. 단 고루한 이념에 결부되지 않고 철저히 실리 중심으로 접근해야 한다.[70]

어떤 형태든 강대국에 대한 환상은 독약이다. 선한 강대국이란 세상에 존재하지 않는다. 강대국이라는 것 자체가 강력한 지배의 산물이라는 점을 잊지 말아야 한다. 강대국은 늘 지배의 욕망을 품고 있다.[71]

이런 맥락에서 사드 배치는 어리석기 짝이 없는 저질 외교의 극치라고 할 수 있다. 사드의 군사적 효용성은 미국 내에서도 충분히 검증되지 않은 상태이다. 그런 사드를 한국에 배치하려는 미국의 의중은 전혀 다른 곳에 있을 가능성이 크다. 영악한 미국은 사드 배치를 통해 한국과 중국을 이간질하려는 것으로 보인다. 이런 기준으로 보자면 미국은 이미 상당한 성공을 거두고 있다고 평가할 수 있다.

둘째, 실제적 효과를 낳은 방향에서 통일 프로젝트를 지속적으로 추진해야 한다.

초불확실성 시대로 진입하면서 대외의존성을 줄이고 내수 시장을 키워야 한다는 목소리가 높아지고 있다. 무조건 맞는 이야기다. 사람 중심 경제로의 전환을 통해 내수 시장을 활성화해야 한다. 내수 시장의 파이를 키우

---

70) 진보운동 세력 중 일부는 아직도 '반미 자주화'를 이념적 좌표로 갖고 있다. 하지만 이는 시대 상황과 맞지 않다. 두 가지 이유에서이다.

반미 자주화의 기초가 되었던 혁명이론은 민족해방민중민주주의혁명론(NLPDR)이었다. 베트남에서 시원한 이 혁명론의 요체는 노동자 계급의 주도 아래 민족해방투쟁을 전개하고 승리와 함께 사회주의 혁명으로 직행하는 것이었다. 이때 민족해방투쟁의 이념적 좌표로 기능한 것이 바로 반미 자주화였다. 그 핵심은 미국에 대한 예속의 사슬을 끊고 사회주의 진영으로 합류하는 데 있었다. 사회주의 진영이 건재했던 냉전 시대에 가능했던 전략인 것이다. 하지만 냉전체제가 해체되면서 조건이 180도 달라졌다. 북한과 쿠바 등의 사례에서 확인되었듯이 냉전 이후 절박해진 과제는 미국에 대한 예속의 사슬을 끊는 것이 아니라 거꾸로 미국과의 관계 개선을 통해 국제적 고립에서 벗어나는 것이었다.

또 하나는 한국에서 일어난 실질적 상황 변화이다. 과거 한국이 정치·군사·경제·문화 모든 방면에서 미국의 식민지나 다름없는 상태에 놓여 있었다는 것은 상당 부분 진실이었다. 하지만 산업화와 민주화에 동시에 성공하면서 그 상태에서 크게 벗어났다. 민주화의 성공은 미국의 통제 아래 있던 국가 권력을 국민의 통제 안으로 끌어들이는 과정이었다. 식민지 여부를 가리는 가장 중요한 징표는 주권의 소재임을 감안하면 이는 매우 중요한 질적 변화이다. 경제적으로 보면 자본·기술·시장 모든 분야가 대미 종속에서 벗어났다. 군사 등의 분야에서 여전히 해결해야 할 과제가 남아 있지만 한국 사회 전체의 성격을 규정짓는 요소는 아니다. 단적으로 주한 미군이 철수한다고 해서 비정규직 문제가 해결되는 것은 아니다.

자주화는 결코 포기할 수 없는 소중한 가치이다. 단 상황에 맞게 실질적 접근을 할 때만이 생산적 결과를 기대할 수 있다.

71) 중국과 관련해서 유념해야 할 사실이 있다. 중국은 이웃 나라들과 선한 동반자 관계를 유지할 것을 강조한다. 하지만 이면을 지배하는 사고는 전혀 다르다. 중국은 자신들이 세계의 중심이라고 하는 중화사상이 배어 있는 나라이다. 중국은 대등한 지위에 있는 나라만을 '협상의 대상'으로 본다. 그에 해당하는 나라로는 미국과 러시아 등이 있다. 그 외 한국이나 인도네시아 등 주변 국가는 협상의 대상이 아닌 '관리의 대상'으로 본다.

는 또 하나의 길은 통일에 있다. 그것도 먼 미래의 이야기가 아니라 당장부터 효과를 낼 수 있다. 개성공단을 재개, 정상화하고 연속적으로 확대시켜 나가는 것이다.

생산의 확대 자체가 내수 시장을 키우는 법이다. 단적으로 개성공단이 정치적 상황에 의해 성장이 극도로 제약되었음에도 불구하고 그곳에 원부자재를 납품한 업체만도 5천여 개에 이르렀다.

대외 환경이 악화되면 될수록 통일은 더욱 절실한 과제가 될 것이며 최고의 출구 전략으로 떠오를 것이다. 분단의 역사는 우리에게 말할 수 없는 고통을 안겨다 주었고 그 관리를 위해 막대한 비용을 지불해야 한다. 이제 정반대의 역사가 펼쳐질 수 있다. 통일은 우리에게 커다란 축복이 될 수 있으며 비용이 아니라 자산으로 다가올 것이다. 중요한 것은 선제적으로 기획하고 추진하는 것이다.

셋째, 동북아를 무대로 예측 가능하면서도 지속가능한 새로운 국제협력 모델을 창출해야 한다. 세계 질서의 불확실성이 커질수록 보다 확실하게 미래를 보장할 국제협력 질서가 요구된다. 바로 지금부터 살펴야 할 주제다.

동북아를 무대로 새로운 국제협력 모델을 창출하려면 무엇보다도 관련 국가에 대해 정확한 이해가 선행되어야 한다. 여기서 그 모두를 살펴보기는 힘들다. 다만 관심에서 상당히 멀어져 있으나 실제로는 보다 깊은 관심이 필요한 나라 하나만 짚어보는 것으로 하자. 바로 러시아다.

미국, 중국, 일본, 러시아 등 한반도 주변 4대 강국 중에서 러시아가 다른 세 나라와 결정적으로 다른 점은 한반도 통일에 대한 입장이다. 이에 관해서 러시아의 한반도 전문가인 블라지미르 리 교수는 이렇게 말했다.

"한반도가 통일되면 미국은 가장 큰 '잃은 자'가 될 것이다. 통일 한국은 현재

보다 미국에 덜 의존할 것이고, 한반도에서 미군이 가급적 떠나줄 것을 요구할 것이다. 한미상호방위조약은 변화할 수밖에 없다. 중국은 사회주의 동맹국인 북한을 잃게 되고, 일본은 강력한 잠재적 경쟁자를 얻게 될 것이다."

실제로 미국·중국·일본은 내심 한반도의 통일을 원치 않는다. 표면상 한반도의 통일을 지지하는 중국도 가장 원하는 것은 현상유지이다. 세 나라 모두 한반도 통일로 인해 얻을 것보다 잃을 것이 많은 것이다. 하지만 러시아는 한반도 통일로 인해 손해볼 것이 없을 뿐만 아니라 많은 플러스 효과를 기대할 수 있는 유일한 나라이다. 그런 점에서 러시아는 한반도 통일에 가장 적극적으로 협력할 가능성이 있다.[72] 대륙횡단철도는 이를 상징적으로 보여준다.

통일이 되면 한반도 철도는 만주 혹은 연해주를 거쳐 시베리아 횡단철도와 연결되면서 궁극적으로 유럽으로 이어질 수 있다. 이 대륙횡단철도를 이용할 경우 그동안 해양 수송로를 이용했던 유럽으로의 물류 수송을 기간과 비용 모두 4분의 1로 단축시킬 수 있다. 뿐만 아니라 새로운 수송로를 매개로 러시아, 중앙아시아, 몽골 등과의 경제협력을 크게 활성화시킬 수도 있다. 이러한 과정은 러시아에도 커다란 이익이 된다. 대륙횡단철도가 본격 가동되면 러시아는 명실상부한 의미에서 동아시아와 유럽을 연결하는 물류 중심지가 될 수 있기 때문이다. 아시아와 유럽에 걸쳐 있는 러시아의 지리적 특성이 커다란 장점으로 전환될 수 있는 것이다.[73]

한국과 러시아의 협력이 갖는 시너지 효과는 경제 분야에서도 뚜렷하다. 한국과 러시아는 경합 부분이 별로 없는데 상호 보완 효과는 매우 크

---

72) 2002년 4월 북한의 김정일 국방위원장은 특사 자격으로 평양을 방문한 임동원 전 통일부 장관에게 러시아를 특별히 주목할 것을 강조했다. 2차 남북정상회담도 러시아의 이르쿠츠크에서 개최할 것을 제안했다.

다. 한국은 러시아가 취약한 소비재 산업을 보완해 주고 러시아는 한국이 취약한 기초과학기술과 지하자원을 보완해 줄 수 있다. 세계 최고 수준의 러시아 기초과학기술과 첨단 군사기술은 이미 한국의 경제 발전에서 매우 중요한 요소가 되고 있다.

그동안 1천 명이 넘는 러시아 과학기술자들이 한국의 기업과 정부출연 연구소 등에서 기술개발에 종사해 왔다. 또한 많은 기업들이 기술을 습득하기 위해 러시아 현지에 기술연구소를 설립하여 운영하고 있다. 한국은 미국과 일본 등 선진국이 원천 기술 이전을 엄격히 통제하고, 자체 기초과학 기술 토대가 취약함에도 불구하고 1990년대 이후 기술 축적에서 빠른 도약을 일구어 낼 수 있었는데 이는 상당 부분 러시아의 과학기술을 흡수할 수 있었기 때문에 가능한 것이었다.[74]

이러한 맥락에서 향후 다방면에서 러시아와의 협력을 강화하는 것이 매우 중요하다고 할 수 있다.

그러면 이제부터 동북아를 무대로 어떻게 새로운 국제협력 모델을 창출할 수 있을지 탐색해 보도록 하자. 동북아에 걸쳐 있는 나라는 남북한과 중국, 일본, 러시아, 몽골 등 모두 여섯 나라이다. 이들 나라들이 협력할 수 있는 방안에 대해서는 다양한 지점에서 모색되어 왔다. 유엔개발계획UNDP의 주관 아래 진행되었던 동북아경제권 논의는 그중 대표적인 것이라고 할 수 있다.

---

73) 일본은 대륙횡단철도의 가치를 누구보다 잘 알고 있다. 일본은 섬나라임에도 어떤 형태로든지 대륙횡단 철도와 연결을 맺고자 노력해 왔다. 한국의 거제와 일본 큐슈를 연결하는 해저터널 공사를 한국에 제안한 바 있으며, 러시아 철도와 한반도 철도의 궤도 폭이 다른 점을 감안해 자동적으로 폭이 조절되는 열차를 개발하기도 했다.

74) LG전자가 개발해 세계 시장을 휩쓴 휘센도 러시아 기술을 응용한 것이다. 노트북 PC로는 가장 두께가 얇은 삼성의 센트리노 노트북 'X10'이 충격에 구부러지지 않는 것도 러시아 군사기술을 적용했기 때문에 가능했다. 한국이 짧은 시간 안에 항공우주산업에 진출할 수 있었던 것도 전적으로 러시아의 협력 덕분이었다.

동북아경제권이 주목을 받기 시작한 것은 이 지역에 세계에서 가장 우수한 경제적 요소들이 망라되어 있기 때문이다. 세계에서 가장 앞선 러시아의 기초과학기술, 자원의 보고라고 하는 시베리아의 무진장한 지하자원, 중국이 보유하고 있는 광활한 시장과 풍부한 노동력, 일본으로 대표되는 선진 기술과 풍부한 자본, 남북한의 숙련된 생산기술 등이 바로 그것이다. 많은 관측자들은 이러한 요소들이 하나로 융합된다면 상당한 수준의 성장력을 과시할 것이라고 예상했다.

문제는 동북아 관련 국가들이 규모나, 경제 체제, 발전 수준 등에서 매우 다양한 모습을 보여주고 있다는 데 있다. 군사 외교 관계 또한 매우 복잡하기 그지없다. 이러한 특성으로 인해서 유럽연합이나 북미자유무역협정과 같은 지역 통합 전략은 동북아에 적용하기 어렵다. 전혀 다른 전략이 필요하다. 경제적 효과를 극대화하는 방향에서 동북아 관련 국가들이 취할 수 있는 최선의 협력 방안은 특정 지역을 거점으로 다양한 요소들을 융합시키는 '허브 전략'이다.

과연 동북아경제권의 허브로 기능할 수 있는 곳은 어디일까? 동북아경제권의 한가운데 위치해 있으면서 동시에 사통팔달의 요충지에 해당하는 곳은 두만강 하구를 둘러싼 지역이다. 이 지역은 북한, 중국, 러시아가 국경을 마주하고 있는 곳일 뿐만 아니라 동북아 관련 국가들이 다른 지역으로 이동하려고 할 때 가장 빈번하게 통과해야 하는 곳이다. 이 지역을 통과함으로써 북으로는 시베리아, 서로는 만주, 남으로는 한반도, 동으로는 일본에 가장 빠르고도 쉽게 접근할 수 있다. 대륙에서 북극해와 태평양으로, 거꾸로 해양에서 대륙으로 들어가는 관문이기도 하다.

두만강 지역 공동 개발이 최초로 제기된 것은 1990년 중국 장춘에서 개최된 동북아경제협력학술회의에서였다. 이후 두만강 지역에 대한 공동개발은 유엔개발계획UNDP의 주관 아래 두만강개발회의가 거듭 개최됨으로써 중국, 러시아, 남·북한, 일본 등 관련 당사국 간 논의로 발전하였다.

1991년 몽골의 울란바토르에서 첫 회의를 가진 두만강개발회의는 장소를 바꾸어 가면서 회의를 거듭한 결과 개발전략보고서의 채택을 통해 두만강 지역 공동개발에 대한 대략적인 윤곽을 잡게 되었다. 그 핵심은 두만강 지역의 황금의 삼각주(이는 다시 북한의 나진·선봉과 중국의 훈춘, 러시아의 포시에트를 연결하는 소삼각과 북한의 청진, 중국의 연길 및 러시아 블라디보스톡을 연결하는 대삼각으로 나뉜다.) 지대를 중점 개발하여 단기적으로는 무역 및 상호투자협력을 증진하고 장기적으로는 두만강 지역을 동북아의 수송, 생산, 관광의 중심지로 발전시킨다는 것이었다.

두만강 지역이 동북아경제권의 허브로 떠오를 가능성이 커지자 북한은 1991년 두만강을 끼고 있는 나진·선봉 지구를 '자유무역경제지대'로 지정했다. 말하자면 나진·선봉 지구를 북한식 특구로 지정한 것이다.

나진·선봉 지구는 두만강 지역에서 유일하게 겨울에도 얼지 않는 부동항을 보유하고 있는 곳이다. 대륙과 해양의 연결이라는 두만강 지역 핵심 가치는 오직 나진·선봉 지구를 통해 실현될 수 있는 것이다. 두만강 지역이 동북아경제권 허브로 떠오르는 가운데 나진·선봉 지구가 심장부 위치를 차지한 것이다.

북한은 자유무역경제지대를 자본주의식으로 운영할 구상을 갖고 있었다. 100% 외국인 투자는 물론이고 관리인을 직접 투입할 수 있으며, 이익금도 마음대로 가져갈 수 있게 한다는 것이었다. 아울러 국적에 관계없이 비자 없이도 자유로이 출입하고, 머물 수 있도록 보장하였다. 말하자면 북한은 전일적 사회주의 체제에서 벗어나 자본주의 시장경제와의 공존을 꾀했던 것이다.

동북아경제권은 그 풍부한 잠재력으로 인해 많은 관심을 끌면서 상당한 탄력을 받는 듯했다. 유럽과 일본 등에서는 나진·선봉 자유무역경제지대로의 적극적인 진출을 타진하기도 하였다. 하지만 얼마 안 가 동북아경제권 구상은 실종되고 말았다. 나진·선봉 자유무역경제지대로의 진출도 모두 취소되었다.

크게 봐서 두 가지 이유가 작용했다. 먼저 이 지역을 둘러싼 군사 외교적 긴장이 해소되지 않았다.

남한과 일본은 여전히 북한과 적대적 관계를 유지하고 있었다. 동북아경제권의 운명을 좌우할 1990년대 중반 남북 관계와 북일 관계는 최악의 상태였다. 결정적으로 북한 핵 개발을 둘러싼 북미 간의 긴장이 고조되고 있었다. 미국의 경제 봉쇄가 지속되면서 나진·선봉 자유무역경제지대로의 물자 반입과 역외로의 수출이 용이하지 않은 점 또한 크게 작용하였다.

또 하나의 요인은 1995년 세계무역기구WTO의 출범과 관련이 있었다. WTO의 출범으로 세계 각국으로의 무역 확대가 한층 용이해졌다. 그 결과 동북아경제권의 가치가 상대적으로 약해지고 말았다.

이렇게 하여 동북아경제권 구상안에 먼지가 쌓이기 시작했다. 동북아경제권 구상은 역사의 뒤편으로 사라져가는 듯했다. 하지만 2010년대 접어들어 새로운 가능성이 비치기 시작했다. 중국과 러시아, 북한 세 나라가 중심이 되어 두만강 지역 개발에 박차를 가하기 시작한 것이다.

중국은 동북진흥계획을 바탕으로 동해로의 출구 전략을 적극 추진했다. 두만강에 인접해 있는 훈춘과 중국 관내를 연결하는 고속도로, 철도, 고속전철 등을 건설하는 등 인프라 투자에 집중했다. 러시아는 극동 연해주 개발 일환으로 남진 정책을 적극 추진했다. 두 나라의 개발 전략이 맞물린 곳이 바로 두만강 지역이었다. 북한은 두 나라의 에너지를 나진·선봉 지구로 끌어들여 융합시키는 전략을 구사했다.

중국과 러시아는 경쟁적으로 나진·선봉 지구에 진출했다. 중국은 나진·선봉 지구와 훈춘을 연결하는 고속도로를 완공시켰다. 운영권을 갖고 있는 나진항 제1부두와 4~6호 신설 부두에 대해 국가 기관들이 달라붙어 관리하고 있다. 중국은 북극항로가 본격화되면 나진항을 허브로 삼을 계획을 갖고 있다.

러시아는 개발권을 갖고 있는 나진항 제3부두와 터미널에 대한 대대적인 보수작업을 진행했다. 더불어 시베리아횡단철도^{TSR}와의 연계를 염두에 두며 나진과 러시아 핫산을 잇는 철도공사도 추진했다. 러시아는 오랫동안 간직해 온 태평양으로 향하는 부동항의 꿈을 나진항을 통해 펼치고자 하고 있다.[75]

나진·선봉 지구가 활기를 띠기 시작했음이 도처에서 감지되었다. 나진·선봉 지구로 들어가는 중국측 관문인 취안허 세관에는 1년 365일 통관을 기다리는 차량들이 하루 종일 길게 줄을 서 있다. 중국인들은 시장 선점을 위해 나진·선봉 지구에 밀려들어가 적극적인 투자에 나섰다. 상점·아파트에 투자하기도 하고, 식당·목욕탕을 운영하기도 했다. 중국인들의 투자·교역이 늘어나면서 북한 주민들의 생활 여건은 몰라보게 좋아졌다. 문화생활은 평양이 좋지만 먹고사는 건 나진이 좋다는 말이 나올 정도였다.

북한 역시 나진·선봉 지구 활성화를 위해 다양한 방안을 모색했다. 그 일환으로 담당 간부들을 젊은 해외 유학파로 대거 교체했다. 개방 정책을 과감하게 추진할 수 있도록 뒷받침한 것이다.

---

[75] 러시아는 2012년 북한이 지고 있던 부채 110억 달러 중 90%를 탕감해줬다. 부채를 갚지 않은 국가와는 경제협력을 하지 못한다는 러시아 국내법의 제약을 풀기 위한 조치였다. 그만큼 러시아 입장에서 북한과의 경제협력이 절실했다는 것을 의미한다.

이러한 가운데 동북아경제권 관련국의 하나이자 내륙 국가인 몽골은 바닷길을 확보하기 위해 북한과의 협력을 강화했다. 비록 인구 300만의 작은 나라이지만 동북아경제권의 부활과 관련해 상징적 의미가 크다.

한국이 빠른 시일 안에 이 흐름에 가세할 수 있는 길은 없을까? 의지만 있으면 참여할 수 있는 확실한 통로가 있다. 러시아의 연해주이다. 연해주는 광대한 지역에 비해 인구가 너무 적다. 시베리아까지 합쳐도 600만 명밖에 되지 않는다. 러시아 당국은 이 빈 공간을 한국이 채워주기를 강력히 희망하고 있다.

연해주 진출은 북한과의 우회적 협력을 통해 경색된 남북 관계를 회복할 수 있는 발판이기도 하다. 중국의 북한에 대한 독점적 영향력 확대를 견제하는 의미도 있다. 그 일환으로 전문가들은 나진항에 7~9호 부두를 남북한과 러시아가 협력해 건설하는 방안을 제안하기도 했다.[76]

이 모든 것은 동북아경제권의 활성화가 한반도 통일의 촉진에 크게 기여할 수 있음을 말해 준다. 거꾸로 통일이 된 한반도는 지리적 이점을 최대한 살려 동북아경제권에서 중심적 역할을 수행할 수 있을 것이다. 한반도 통일과 동북아경제권은 서로 긴밀하게 맞물려 돌아간다.

지금은 없는 길도 만들어서 가야 할 만큼 절박한 상황이다. 이미 길이 나 있는데도 가기를 꺼린다면 미래는 우리에게 등을 돌릴 것이다. 혼돈의 시대, 새로운 미래로 향하는 길이 두만강 지역에 선명하게 뻗어 있다.

---

76) 동북아경제권과 관련해서 보완해야 할 점이 많이 있다. 1990년대 초 동북아경제권이 처음 논의된 시점은 2차 산업혁명의 연장선에 있던 시점이었다. 3, 4차 산업혁명을 어떻게 접목시킬 것인지 별도의 고민이 필요하다. 이와 함께 일본, 나아가 미국의 참여를 유도하는 방안이 함께 모색되어야 한다. 이는 동북아경제권의 효과를 키울 뿐만 아니라 신냉전 대결 구도의 완충 효과를 기대할 수 있는 길이기도 하다. 동북아경제권이 신냉전 대결 구도에서 어느 일방의 거점으로 기능해서는 매우 곤란하다. 한반도의 존재 가치는 대립하는 두 세력의 완충지이자 균형추 역할에 있음을 잊지 말아야 한다.

〈에필로그〉

한국혁명은 어떤 리더십을 요구하는가?

일반적 의미에서 리더십은 구성원들이 어떤 목표를 향해 자발적으로 움직이도록 하는 능력을 가리킨다. 리더십이 어떻게 발휘되는가에 따라서 단체, 기업, 국가의 운명이 크게 달라진다. 경우에 따라 흥망을 가르기도 한다. 그런 만큼 한국혁명의 성공 여부 역시 리더십에 절대적으로 좌우될 수밖에 없다.

단, 리더십을 특정 지도자에 국한된 것으로 파악해서는 안 된다. 그동안 살펴본 것처럼 리더십은 일방향의 수직적 리더십이 아닌 쌍방향의 수평적 리더십으로 바뀌어 가고 있다. 저마다의 위치에서 리더십을 발휘하는 방향으로 가고 있다는 이야기이다. 그러므로 진정한 리더십은 모두가 리더가 되도록 만드는 데 있다. 홀로 빛나는 것이 아니라 모두가 빛나도록 하는 것이다.

여기서는 한국혁명의 성공을 위해 가장 기본적이면서도 필수적인, 그렇지만 현실에서는 여전히 취약하기 그지없는 세 가지 리더십에 대해 살펴보고자 한다.

공감의 리더십

　박근혜 탄핵을 둘러싸고 찬성 측의 촛불집회와 반대 측의 태극기집회가 동시에 개최되었다. 태극기집회 주최 측은 촛불집회와의 경쟁 속에서 참가자 수를 부풀리기에 여념이 없었다. 하지만 이들은 참가자 수보다 더 중요한 것이 지켜보는 국민의 공감 정도라는 사실을 충분히 인식하지 못했다. 촛불집회 참가자들은 자신들보다 수십 배 많은 국민들의 공감을 이끌어내는 데서 뚜렷한 성공을 거두었다. 반면 태극기집회 참가자들은 자신들 이외 국민들의 공감을 별로 얻지 못했다.

　촛불집회 참가자들은 집단지성을 바탕으로 공감의 리더십을 발휘했으며 그 위력을 생생하게 입증했다.

　공감의 리더십과 정반대되는 것은 폭력의 리더십이다. 폭력으로 상대를 제압해 알아서 기게 하는 리더십이다. 표면상 자발적으로 협력하는 것처럼 보일 수 있으나 진정한 의미에서 자발일 수는 없다. 공감의 리더십과 폭력의 리더십이 어떻게 다르며 각각 어떤 결과를 낳는지 보여주는 고전적 사례가 있다.

　중국 역사상 최초로 통일제국을 건설한 진나라는 만리장성 축성 등 각종 무리한 공사를 벌인 결과 백성들의 원망을 사 급속히 쇠락하기 시작했다. 이때 진나라를 멸망시키면서 천하를 다툰 두 사람이 항우와 유방이었다. 항우와 유방은 여러모로 대조적인 인물이었다. 항우는 초나라 장군 집안 출신인 데 반해 유방은 하급 관리 출신이었다. 또한 항우는 군사력에 의존한 폭력의 리더십을 발휘한 반면 유방은 새로운 나라에 대한 비전을 바탕으로 공감의 리더십을 보여 주었다.

　유방에게는 장량이라는 뛰어난 참모가 있었다. 유방이 장량을 처음 만나 "천하를 경영하는데 무슨 묘책이 없을까?"라고 물었다. 장량은 이렇게 답했다. "지금 천하의 인심은 몹시 흔들리고 있습니다. 이런 세상에 무엇인가 확실한 것은 없을까 하고 사람들은 찾고 있습니다. 병서에서는 확고부동한 것을 사람들에게 제시할 때 천하를 경영할 수 있다고 말하고 있습니다." 유방은 장량의 말을 깊이 새겼다.

초나라 희왕은 진나라 수도인 함양을 먼저 점령하는 사람을 관중왕으로 삼겠다고 약속했다. 항우와 유방은 함양 점령을 두고 경쟁을 벌였다. 유방은 출신이 미천하다 보니 군사력이 변변치 않았다. 반면 항우는 막강한 군사력을 거느리고 있었다. 군사력으로 보면 유방은 항우의 상대가 되지 못했다. 그런데 함양을 먼저 점령한 것은 항우가 아니라 유방이었다. 어떻게 된 것일까?

항우는 군사력만 믿고 힘으로 성을 제압하려 했다. 힘들게 성을 굴복시킨 다음에는 보복으로 항복한 사람들을 생매장하기도 했다. 그 다음 성 사람들은 항복해도 생매장당한다는 사실을 알고 결사적으로 싸웠다. 항우의 군대는 진격하는 데 오랜 시간이 걸릴 수밖에 없었다. 반면 유방은 진나라 성을 만나면 함께 힘을 모아 새로운 나라를 세우자고 설득함으로써 싸우지 않고 자기편으로 만들었다. 그 결과 유방은 빠르게 진격할 수 있었고 항복한 진나라 군대를 받아들여 군대 규모를 키워갈 수 있었다. 유방이 항우보다 먼저 함양을 점령할 수 있었던 이유였다.

군사력에서 여전히 우위에 있었던 항우는 쿠데타를 단행, 유방을 지금의 쓰촨성인 파촉 땅으로 몰아넣었다. 하지만 민심은 유방의 편이었다. 결국 유방은 항우 군대를 사면초가에 몰아넣은 뒤 대역전승을 거두었다.

공감의 리더십을 발휘하자면 가치와 비전, 전략 등을 담은 메시지를 잘 던져야 한다. 소프트 파워가 필요한 것이다. 소프트 파워는 조직력, 물리력 등 하드 파워보다 강력한 효과를 발휘한다. 소프트 파워는 사람의 마음을 보다 쉽게 움직이며 물리적 공간의 제약을 받지 않고 쉽게 전파된다.

메시지만 잘 던진다고 공감의 리더십이 발휘되는 것은 아니다. 실천에 의해 뒷받침될 때 공감의 리더십은 비로소 강력한 힘을 발휘한다. 〈설득의 심리학〉 저자 로버트 치알디니 교수의 실험은 이에 대해 많은 것을 시사해 준다.

치알디니 교수는 호텔에서 환경보호 관련 메시지를 걸어 놓았을 때 투숙객의 반응을 살폈다. 첫 번째는 "환경보호를 위해 수건을 재활용해 주세요!" 두 번째는 "만약 손님들께서 수건을 재활용해 주신다면 절약되는 금액의 일부를 환경단체에 기부하겠습니다", 세 번째는 해당 호텔이 환경보호를 위해 어떤 노력을 하고 있는지 이야기한 뒤 "저희의 환경보호 노력에 동참해 주시겠어요?"라는 메시지를 걸어 놓았다. 첫 번째 메시지가 35%의 재활용률을 기록한 반면, 두 번째 메시지는 오히려 30%로 떨어졌고, 세 번째 메시지는 45%로 급격히 늘어났다.

공감의 리더십에서 탁월함을 발휘한 정치인으로 노무현을 꼽을 수 있다.

정치인 노무현이 국민들 앞에 처음 모습을 드러낸 것은 1988년 민주화 바람을 타고 개최된 국회 청문회였다. 노무현은 5공비리 청문회에서 두각을 나타냈다. 특히 노동자 탄압을 놓고 정주영 현대그룹 회장을 집요하게 물고 늘어지면서 제압한 모습은 국민들 머릿속에 강한 인상을 남겼다.

노무현은 국회 청문회를 통해 일거에 스타 정치인으로 부상했지만 당시만 해도 세련미와는 거리가 먼 우직하고 촌스럽기 짝이 없는 인물이었다. 그런 이미지가 거꾸로 진정성 넘치는 정치인이라는 인상을 심어주었지만 그가 대한민국의 대통령으로 등극할 것이라고 생각한 사람은 거의 없었다.

그런 노무현에게 운명의 순간이 다가왔다. 김영삼이 3당 합당을 결행한 것이다. 노무현은 같은 부산 출신 국회의원인 김정길과 함께 합당 합류를 기부했다. 노무현은 합당 합류 거부로 젊은 유권자들 사이에서 신념과 지조를 갖춘 정치인이라는 이미지를 추가할 수 있었다. 하지만 노무현 앞을 기다리고 있는 것은 온통 가시밭길뿐이었다. 노무현은 그 길을 거침없이 달려갔다. 그럼으로써 대의를 위해 험한 길만 골라서 가는 인물이라는 강렬한 이미지를 심어주었다.

노무현은 김대중이 이끄는 정당에 합류했다. 영남 출신으로서 호남 지역을 주된 기반으로 삼는 정당에 몸을 담은 것이다. 노무현은 자신의 선택을 뒷받침할 명분으로 지역주의 정치 타파를 내세웠다.

숱한 우여곡절 끝에 노무현은 1998년 서울 종로구 보궐선거에서 국회의원에 당선되었다. 그로부터 2년 뒤인 2000년 다시 국회의원 선거가 닥쳤다. 노무현은 원하기만 하면 종로구 공천을 받아 재차 국회의원에 당선될 수 있었다. 하지만 노무현은 그 길을 거부했다. 노무현은 모두의 예상을 뒤엎고 그의 정치 인생 전체를 좌우할 승부수를 던졌다.

노무현은 서울 종로구 공천을 포기하고 지역주의 타파를 외치며 당선 가능성이 희박한 부산 지역에서 출마했다. 호남 지역에 기반을 둔 정당 후보로서 영남 지역 한복판에 뛰어든 것이다. 결과는 예상했던 대로 낙선이었다. 그러나 노무현의 행보는 수많은 사람들을 감동시켰고 '바보 노무현'이라는 표현이 나오기 시작했다. 분위기를 타면서 '노무현을 사랑하는 사람들의 모임'(노사모)이 만들어졌다.

노무현은 노사모의 헌신적 활동에 힘입어 대선 승리를 거머쥐었다. 한국 정치의 새 역사를 쓴 것이다.

노무현은 독자적 지역 기반이나 조직력과 자금력 등에 의지해 남다른 세력을 형성한 정치인이 아니었다. 노무현의 유일한 자산은 다수의 공감을 이끌어낼 수 있는 능력이었다. 자신이 내세우는 가치에 헌신하고 그를 위해서는 희생을 마다하지 않는 '가치 중심의 정치'로 일궈낸 능력이었다. 이를 통해서 노무현은 공감의 리더십이 얼마나 강력한 힘을 발휘할 수 있는지를 입증했다.

오늘날 대부분의 정치인들은 공감의 리더십에서 극도의 취약성을 드러내고 있다. 대부분의 정치인들은 자신이 충성하고 있는 가치가 무엇인지 뚜렷하게 형성화시키고 있지 못하다. 이유는 간단하다. 정치인을 실질적으로 지배하고 있는 것은 가치가 아니라 자리를 탐내는 속물적 이해이기 때문이다.

한국혁명은 시민들의 광범위한 동의와 동참, 협력 없이는 성공을 기대할 수 없다. 시민의 자발적 참여를 이끌어내자면 그만큼의 광범위한 공감대 형성이 필수적이다. 공감의 리더십이 절실한 것이다.

역발상 리더십

인류 역사를 되돌아보면 위기를 기회로 삼고 상대의 강점을 약점으로 이용하는 역발상 리더십으로 운명을 뒤바꾼 사례들이 자주 발견된다. 두 가지 역사적 사례를 통해 역발상 리더십의 진가를 확인해 보도록 하자.

기원전 3세기 지중해를 사이에 두고 있던 카르타고와 로마가 세 차례에 걸쳐 격돌한 포에니 전쟁이 발발했다. 1차 포에니 전쟁은 밀고 밀리는 공방전을 거듭했다. 카르타고 측에서는 하밀카르 장군이 선전했으나 공을 시기한 원로원 의원들이 보급을 중단함으로써 참패하고 말았다. 2차 포에니 전쟁을 주도한 것은 하밀카르 장군의 아들 한니발이었다. 포에니 전쟁의 주인공이자 고대 세계사에서 보기 드문 군사적 천재로 평가받는 인물이 마침내 무대 위에 등장한 것이다.

한니발은 요즘의 전차 기능을 하는 코끼리 부대를 앞세워 속주인 스페인을 거쳐 눈과 빙하로 덮인 알프스 산맥을 넘었다. 한니발의 대부대가 알프스 산맥을 넘어 코앞에서 모습을 드러내자 로마인들은 경악했다. 그때부터 한니발은 로마 군대를 연파하면서 궁지에 몰아넣었다. 기원전 216년 8월 2일 치러진 칸나이 전투에서는 5만 명 가까운 로마군을 몰살시키기도 했다.

로마가 운명의 기로에 서 있던 그 순간 한니발에 대적할 뛰어난 명장이 등장했다. 젊은 스키피오가 바로 그였다. 스키피오는 한니발에 직접 대항하지 않았다. 스키피오는 한니발 부대가 이탈리아 반도에 머무르고 있는 걸 거꾸로 이용했다. 스키피오는 카르타고의 배후 기지인 스페인을 공략하여 무력화시킨 다음 곧바로 카르타고로 쳐들어갔다. 불의의 역습을 당한 카르타고는 갈팡질팡했다.

그 상황에서 카르타고의 원로원은 로마에 굴욕적인 협상을 제안하고 말았다. 결국 휴전이 이루어졌고 한니발은 단 한 번도 전투에서 패배한 적이 없는데도 패장의 신세가 되어 고향으로 돌아가야 했다.

이후 한니발과 맞붙은 3차 전투에서도 스키피오는 상대의 전술을 역으로 이용해 승리를 거두었다. 이로써 포에니 전쟁은 최종적으로 로마의 승리로 끝났고 카르타고는 단 한 명의 생존자도 남기지 못한 채 지구상에서 영원히 사라지고 말았다. 카르타고가 지배하던 지중해 서쪽 해역은 모두 로마 영향 아래로 들어갔다. 로마는 절체절명의 위기를 역발상 리더십으로 극복함으로써 크게 비상할 수 있었다.

또 다른 사례로 수나라와 고구려의 전쟁을 살펴보자. 수나라가 고구려를 공격하기 위해 동원한 부대는 보급부대까지 합쳐 줄잡아 300만 명에 이르렀다. 부대가 모두 출발하는 데만 40여 일이 걸렸다고 한다. 1, 2차 세계

대전이 일어나기 전까지 인류 역사상 가장 큰 규모의 군대가 동원된 전쟁이었다.

당시 고구려의 인구는 모두 합쳐 200만 명 정도로 추산되었다. 고구려는 자신의 인구보다 많은 대군을 상대로 전쟁을 벌여야 했던 것이다. 이런 상태에서는 누구나 쉽게 어마어마한 대군이 영토 안에 발을 들여놓는 순간 모든 것이 초토화될 것이라 생각할 수밖에 없다. 그 연장선에서 어떻게 하면 상대가 영토 안에 한 발짝이라도 발을 들여놓지 못하게 할까 고민하기 쉽다.

그런데 고구려는 정반대로 접근했다. 고구려는 수나라 대부대가 강점이 아니라 거꾸로 약점이 될 수 있다고 판단했다. 고구려는 그 약점을 노출시키기 위해 수나라 군대를 깊숙이 끌어들이는 전략을 쓰기로 했다. 인류 역사에서 보기 드문 역발상 리더십의 극치를 보여준 것이다.

고구려가 채택한 전략의 요체는 들을 비우고 성을 지키는 '청야수성'淸野守城 전략이었다. 수나라 대군이 침략해오자 고구려 백성들은 너 나 할 것 없이 들판에 자라고 있던 곡식과 집을 모두 불태우고 모두 성 안으로 들어가 방어태세를 구축했다. 고구려 백성들은 남녀노소 가릴 것 없이 목숨 건 저항을 함으로써 수나라 군대의 공격으로부터 성을 지켜낼 수 있었다. 참고로 고구려의 성곽 축조 기술은 공격과 방어 측면에서 세계 최고 수준을 자랑했다.

난관에 부딪힌 수나라는 작전을 바꾸어 성 점령을 포기한 채 곧바로 평양을 향해 진격하기로 했다. 고구려 군대는 싸우다 짐짓 후퇴하는 척하며 수나라 군대를 계속 끌어들였다. 수나라 군대는 승리를 확신하며 진격을 서둘렀다. 평양을 점령하여 왕을 사로잡기만 하면 승리는 떼 논 당상이었다.

수나라 군대가 이르는 곳마다 들판은 불타고 아무것도 남아 있지 않은 상태였다. 현지로부터 식량과 군수 물자를 조달하는 것이 불가능했다. 하는 수 없이 수나라 대군은 중국 본토에서 식량과 군수물자를 실어 날랐다. 군대 규모가 방대하다 보니 보급 규모 또한 엄청날 수밖에 없었다. 중국 본토로부터 고구려 영토 깊숙이까지 기나긴 보급 행렬이 끝없이 이어졌다.

고구려는 이 상황을 간과하지 않았다. 성을 지키고 있던 고구려 군사들은 도처에서 수나라 보급 행렬에 기습적인 공격을 퍼부으며 보급품을 가로챘다. 어쩔 수 없이 수나라는 더욱 더 많은 군사들을 보급 행렬을 보호하는 데 투입해야 했다. 보급 행렬이 워낙 길다 보니 정작 전투에 투입할 수 있는 군대는 줄어들었다. 대규모 군대가 강점이 아닌 약점으로 작용한 것이다.

난감해진 수나라 지휘부는 전투 병사가 직접 식량을 지고 나르도록 함으로써 보급 행렬을 보호하는 데 드는 별도의 노력을 줄이고자 했다. 하지만 고통을 견디다 못한 수나라 군사들이 식량을 몰래 버리거나 아예 도망치는 사태가 빈번하게 발생했다. 겨우겨우 힘든 과정을 거쳐 평양 근처에 도착했을 무렵 수나라 군대는 더 이상 전투를 수행할 수 없을 만큼 기진맥진해 있는 상태였다.

때맞추어 고구려 정규군의 전면적인 반격이 시작되자 수나라 대군은 연쇄적인 붕괴를 면치 못했다. 역사서는 살아 돌아간 수나라 병사가 불과 3600여 명에 불과하다고 기록하고 있다. 고구려가 자신의 인구수보다도 많은 수나라 대군을 맞이해 기적과도 같은 승리를 거둔 것이다. 역발상 리더십의 힘이었다.

역발상 리더십은 위기를 기회로 삼는다. 추락의 기회마저 도약의 기회로 삼는다. 역발상 리더십이 결여되어 있으면 위기에 굴복함으로써 더 큰 위기를 자초하기 쉽다. 한국 현대사에는 그런 일이 종종 일어났다.

1997년 외환위기는 그 발생 배경을 떠나 우리 사회를 통째로 뒤흔들어 놓은 전대미문의 위기였다. 하지만 역발상 리더십만 발휘되었다면 낡은 체제를 혁신할 수 있는 절호의 기회이기도 했다. 대표적으로 외환위기 초래에 직접적인 책임이 있는 재벌체제를 혁파할 둘도 없는 기회였다. 안타깝게도 정치권과 노동계 모두에게 그러한 안목이 전혀 없었다. 너 나 할 것 없이 공포감의 노예가 되어 미국과 IMF 요구에 맹목적으로 끌려다녔다. 그 결과 한국 사회는 신자유주의 세계화 흐름에 강제 편입되면서 극단적인 사회적 양극화와 불평등 심화에 시달려야 했다.

민주노동당 이후 진보정당의 역사를 되돌아보면 정파 그룹들 간의 갈등이 고조되면서 분당으로 치달은 적이 몇 차례 있었다. 역발상 리더십 관점에서 보면 정파 그룹 간의 갈등이 고조된 순간은 거꾸로 정파 구조에 내재된 문제들을 전격적으로 해결할 절호의 기회이기도 했다. 여기서 긴 이야기는 하지 않겠지만 해결 방법은 얼마든지 있었다. 하지만 상당수가 전향적 노력을 포기한 채 문제가 있다고 여긴 그룹들과 갈라서는 쪽을 선택했다. 하수 중의 하수의 길을 간 것이다. 결과는 진보정당운동에 회복불능의 치명적 손상을 안겨다 준 것으로 나타났다.

새로운 것은 늘 낡은 것을 대체하려는 속성을 지니고 있다. 낡은 것의 입장에서 보면 새로운 것의 출현은 언제나 위기로 느껴질 수밖에 없다. 지금 우리는 새로운 것들이 모든 방면에서 연속적으로 밀어닥치는 시대를 살고 있다. 말 그대로 역사의 변곡점을 통과하고 있는 것이다. 이 상황에서 위기를 위기로만 인식하고 그에 굴복하거나 보수적 저항으로 일관하면 감당하기 어려운 파국을 맞이할 수밖에 없다. 오직 다가오는 위기를 새로운 시대를 여는 기회로 삼을 때만이 살길을 찾을 수 있다. 여러모로 역발상 리더십이 절실한 시대이다.

현장 리더십

현장 리더십은 한 국가의 존망과 직결될 만큼 결정적 의미를 갖는다. 이 사실은 두 거대 국가의 지도자였던 중국의 덩샤오핑과 소련 고르바초프의 행적을 통해 극적으로 확인된다.

먼저 덩샤오핑에 대해 살펴보자. 1960대초 대약진운동의 실패로 중국 공산당의 1인자였던 마오쩌둥이 2선으로 물러나자 덩샤오핑은 류사오치와 함께 권력의 전면에 나섰다. 덩샤오핑은 대대적인 개혁정책을 추진했다. 인민 대중이 각자 자유롭게 자신의 이익을 추구하도록 유도하면서 개인 경작지를 허용하고 자유 시장을 활성화시켰으며 독립채산제를 새롭게 도입했다. 하지만 당시 개혁정책은 너무 성급하게 추진되었고, 국가 기구에 지나치게 의존하면서 갖가지 문제를 야기하고 말았다. 결국 사회적 불평등과 관료 사회의 부패가 심화되면서 대중의 불만이 빠르게 확산되었다.

그러던 차에 1966년 마오쩌둥이 역습을 가하면서 문화대혁명이 터졌다. 문화대혁명과 함께 덩샤오핑은 실각되어 연금 상태에 들어갔다. 그 상황에서 덩샤오핑은 지난날 실패의 원인을 끊임없이 곱씹었다. 길고 긴 성찰의 시간을 가진 것이다. 그 과정을 거쳐 향후 개혁개방을 성공시킬 수 있는 새로운 청사진을 그릴 수가 있었다. 마침내 덩샤오핑에게 기회가 찾아왔다.

1970년대 후반 마오쩌둥의 사망과 함께 권력의 핵심으로 떠오른 덩샤오핑은 오랫동안 성숙시켜 온 개혁개방 구상을 실행에 옮기기 시작했다. 그런데 이번에는 전혀 방식이 달랐다. 조급하지도 않았고 국가 기구에만 의존하지도 않았다. 덩샤오핑은 철저하게 현장에서 답을 찾는 관점을 유지했다.

덩샤오핑이 가장 먼저 착수한 것은 농촌개혁이었다. 당시 인구의 80%가 농촌에 거주하고 있던 상황에서 농민의 지지와 동참을 이끌어내는 것은 개혁의 성패를 가늠하는 절대적 요소였다. 덩샤오핑은 가장 빈곤한 지역으로 알려진 쓰촨성과 안후이성의 작은 농촌 지역으로 내려갔다. 애써 빈곤 지역을 택한 것은 그곳에서 성과를 이루어 냈을 때 파급 효과가 극대화될 것이라는 생각에서였다. 덩샤오핑은 장시간 농민들과 동고동락하며 농촌개혁의 해법을 찾았다.

덩샤오핑이 찾아낸 농촌개혁의 핵심은 '포산도호'包産到戶, 즉 토지에 대한 소유는 기존 공유제를 유지하되 가족 단위 생산을 한 다음 생산량의 일정 비율을 국가와 공사에 바치고 나머지를 가족 몫으로 하는 것이었다. 일종의 토지 소유권과 경영권의 분리라고 할 수 있었다. 새로운 모델은 즉각 효과가 나타났다. 안후이성을 급습한 극심한 가뭄에도 사상 최고의 수확량을 기록한 것이다.

시범 사업이 성공을 거두자 덩샤오핑은 가족별 생산도급제를 중국 전역으로 확산시켰다. 농민들은 개혁 모델을 적극 지지했다. 농업 생산량도 빠르게 증가했다. 농촌 개혁은 안정적으로 마무리됐다.

자본주의 시장경제와의 접목을 위한 개혁개방 정책과 관련해서도 홍콩에 인접해 있는 선전 등 몇몇 해안 도시로 내려가 새로운 모델을 실험했다. 역시 성과가 나타나자 이를 해안의 여러 도시에 확대 적용한 뒤 다시금 내륙으로 확산시켜 나갔다. 그 유명한 '점·선·면 전략'을 선보인 것이다.

이런 전략은 두 가지 효과를 안겨다 주었다. 먼저 충분히 검증된 결과를 바탕으로 일반화시켰기 때문에 실패할 확률이 매우 적었다. 인민을 점차적으로 준비시키며 진행했기 때문에 혼란이 발생할 가능성도 적었다. 현장에서 인민과 함께 찾은 해답이었기 때문에 인민의 지지와 동참을 이끌어 낼 확률도 높았다. 거대한 중국을 비교적 안전하게 개혁개방으로 이끌었던 비법이 여기에 있었다.

이어서 고르바초프에 대해 살펴보자. 고르바초프는 중병에 걸린 소련을 치유할 목적으로 뻬레스트로이까(개혁)와 글라스노스트(개방)를 함께 추진했다. 글라스노스트가 주로 초점을 맞춘 것은 뻬레스트로이까 추진에 적합하도록 국가 기능을 정상화하고 강화하는 것이었다. 이를 위해서 대통령과 의원을 자유선거를 통해 선출하는 등 일련의 입헌적, 민주적 국가 운영을 도입하였다.

개방 물결이 밀려오자 체제에 순응하면서 자신의 욕구를 억제하는 데 익숙해져 있던 소련 인민은 적극적으로 자신의 요구를 표현하기 시작했다. 곳곳에서 허가받지 않은 집회와 시위, 파업투쟁이 빈번하게 발생했다.

고르바초프는 인민을 불온시했고 급기야 인민을 멀리하면서 당내 다수파인 보수파에 기대기 시작했다. 그 일환으로 보수파가 요구한 허가받지 않은 시위를 금지하는 법령에 서명했다. 그렇다고 해서 자신의 정치적 입장을 보수파와 확고하게 일치시킬 수도 없었다. 그동안 공언해 온 것이 있기 때문이었다.

고르바초프와 인민 사이에 균열이 점점 커져가는 가운데 보수파와 급진개혁파가 동시에 고르바초프를 공격하기 시작했다. 보수파는 무분별한 개혁 요구를 확고하게 억누르지 못하는 것에 대해, 급진개혁파는 개혁의 속도를 늦추고 있는 것에 대해 문제를 삼았다. 폭넓은 개혁을 요구하던 인민들 역시 고르바초프는 더 이상 믿을 만한 인물이 못 된다는 생각을 품기 시작했다.

고르바초프는 말 그대로 사면초가에 빠졌다. 모든 것을 주도하던 최고 권력자 고르바초프는 아무것도 통제할 수 없는 무기력한 존재로 전락해 갔다. 구심력이 사라지자 소련 사회는 총체적인 무정부 상태에 빠져들었다. 결국 소련은 갈피를 못 잡고 헤매다 끝내 붕괴되는 사태를 맞이했다.

덩샤오핑과 고르바초프는 똑같이 개혁개방을 추진했다. 덩샤오핑은 성공했고 중국은 신흥 경제제국으로 부상했다. 고르바초프는 실패했고 소련은 붕괴로 치달았다. 이 극단적인 차이는 어디서부터 비롯된 것일까?

리더십의 관점에서 보았을 때 두 사람의 운명을 가른 결정적 지점은 현장에서 답을 찾았느냐의 여부였다.

현장은 인민이 생산 활동을 하면서 삶을 영위하는 곳이다. 현장에서 답을 찾는다는 것은 곧 인민 속에 들어가 인민과 함께 답을 찾고 인민의 지지와 동참 속에서 문제를 해결해 감을 의미한다. 이런 의미에서 덩샤오핑은 현장 속에서 답을 찾은 반면 고르바초프는 현장과 상당한 거리를 두었다. 인민 속으로 들어가기보다는 인민을 불온시하고 억압과 탄압의 대상으로 삼기까지 했다.

과거 한국의 산업화와 민주화 과정을 지배한 것은 철저한 현장주의였다. 산업화는 망치 소리 울려 퍼지는 생산 현장에서 왕성한 에너지를 만들어갔다. 민주화는 투쟁 현장에서 거대한 흐름을 형성해 갔다. 너 나 할 것 없이 현장 한복판에 뛰어들어 상황을 헤쳐 나갔다. 학생운동 지도자들의 최종 코스는 시위 주동자가 되어 투쟁 현장을 지휘하는 것이었다. 재계의 지도자들도 현장에 붙박이로 눌러앉다시피 했다. 관료들조차 현장을 부지런히 누비며 문제점을 체크했다.

그런데 어느 순간부터 너도나도 현장과 멀어지기 시작했다. 노동조합 상층부는 현장과 유리된 채 보고받고 지침을 내리는 데 익숙해졌다. 관료 사회 상층부는 삶의 현장과 분리된 채 세종시에서 섬처럼 떨어져 지낸다. 정치인들은 원내 활동에 충실하겠다며 현장과 거리를 두고 있다.

정치인들은 현장 감각이 상당히 무디어져 있다. 이를 단적으로 보여주는 사례의 하나가 비정규직 관련법 제정이다. 2004년 노무현 정부 시절 국회는 날로 심각해지는 비정규직 문제 해결을 목적으로 관련법을 제정했다.

요지는 비정규직으로 2년 이상 근무한 경우 정규직으로의 전환을 의무화한 것이다. 국회는 이를 통해 비정규직의 정규직 전환을 촉진할 수 있을 것으로 기대했다.

결과는 정반대로 나타났다. 사용자들이 2년을 채우기도 전에 계약을 해지한 것이다. 법 제정은 애초 의도대로 고용불안을 해소한 것이 아니라 도리어 악화시켰다. 현장과 유리된 탁상공론이 빚어낸 결과였다.

한국혁명은 과거 덩샤오핑이나 고르바초프가 겪었던 것 못지않은 어쩌면 그 이상의 심도 깊은 체제 전환의 과정이다. 조급해서도 안 되고 국가기구에만 의존해서도 안 된다. 철저하게 민초 속으로 들어가 함께 답을 찾고 헤쳐 나가지 않으면 성공을 기대할 수 없다. 현장 리더십이 절실하다.

혁명을 욕망하는 사람은 시계가 아니라 역사를 보고 움직인다. 그 어떤 목표를 추구함에 있어 최소 10년 정도는 버틸 느긋함과 인내력이 필요하다. 동시에 역사의 계절이 바뀌면 기꺼이 사상의 옷을 갈아 입는 민첩함을 보인다. 무엇보다 조급증을 경계하며 관성에 빠지는 것을 두려워한다.

역사는 매정하리만치 냉혹하다. 많은 고생을 했다고 해서 온정을 베풀지 않는다. 오직 삶을 자신의 진행 방향과 일치시킨 사람에게만 승리의 꽃다발을 건넨다. 촛불시민혁명은 새로운 역사의 시작이다. 스스로가 경계선이 되어 이전 시기에 형성된 숱한 관념을 낡은 것으로 전락시켰다. 그 낡은 관념의 감옥 속에 스스로를 가두는 자는 어쩔 수 없이 과거의 퇴적장 속에 묻힐 수밖에 없다.

새로운 시대는 새로운 언어와 함께 열린다. 극단과 극단이 충돌했던 20세기의 적대 언어를 청산하고 상생 언어를 구사할 수 있어야 한다. 수명이 다 된 재화(돈 혹은 자본) 중심의 경제학을 넘어 사람 중심의 경제학을 새로 세워야 한다. 경제학과 경영학의 경계선을 지우는 '통합이론'을 정립해야 한다. 촛불시민혁명을 빛나게 했던 소통과 공감의 문화가 일상생활 속에 자리 잡도록 해야 한다.

혁명은 시대정신으로 충만한 새로운 인간형의 출현으로부터 시작된다. 그 모티브는 익숙한 세계와의 고통스런 작별이다. 스스로를 미지의 세계 한복판으로 떠미는 용기있는 결단이다.

여기 모든 것을 포기함으로써 모든 것으로부터 자유로워진 한 사람이 있다. 역사는 그를 구원하리라!

한국 혁명

불평등 해소의 새로운 길

제1판 1쇄 인쇄   2017년 3월 20일
제1판 1쇄 발행   2017년 3월 24일

지은이   박세길

펴낸이   김덕문
펴낸곳   더봄
등록번호   제399-2016-000012호(2015.04.20)
주소   경기도 남양주시 별내면 청학로중앙길 71, 502호(상록수오피스텔)
대표전화   031-848-8007   **팩스** 031-848-8006
전자우편   thebom21@naver.com
블로그   blog.naver.com/thebom21

ISBN 979-11-86589-96-0 03300